Hermann Usener

Die Sintfluthsagen

Hermann Usener

Die Sintfluthsagen

ISBN/EAN: 9783741157844

Hergestellt in Europa, USA, Kanada, Australien, Japan

Cover: Foto ©Andreas Hilbeck / pixelio.de

Manufactured and distributed by brebook publishing software (www.brebook.com)

Hermann Usener

Die Sintfluthsagen

DIE SINTFLUTHSAGEN

UNTERSUCHT

VON

HERMANN USENER

MIT FÜNF ABBILDUNGEN UND EINER MÜNZTAFEL

BONN

VERLAG VON FRIEDRICH COHEN

1899

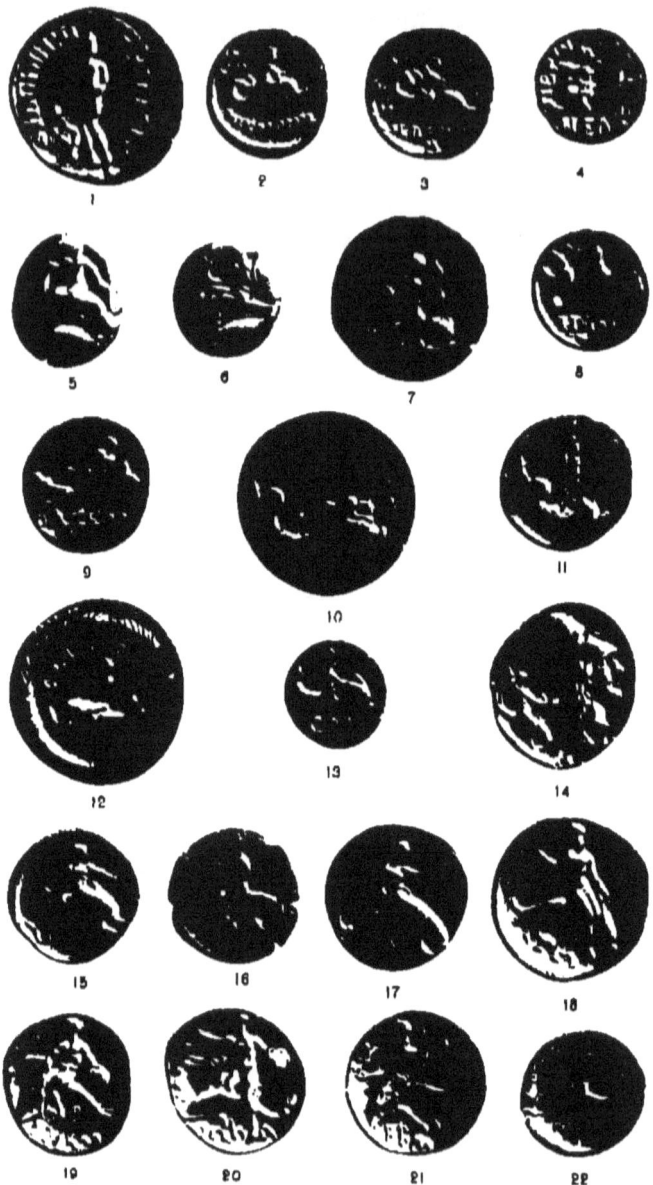

DEM FREUNDE

Dr. FRIEDRICH IMHOOF-BLUMER

IN WINTERTHUR

ZUGEEIGNET

INHALTSÜBERSICHT

EINLEITUNG
Verbreitung von sintfluthsagen über die erde. Melanesier 1. beschränkung der untersuchung auf die semitischen und arischen sagen 2.

I DIE SAGEN VON DER SINTFLUTH
Entdeckung des keilschriftepos von Izdubar 4. fragestellung 5.
1 Der keilschriftbericht 5. Berosos 13. Abydenos 14. verhältniss des Berosos zur keilschrift 15.
2 Erzählung der Genesis 16. des Jahvisten 17. des Elohisten 19. verhältniss der beiden zu einander 22, zu den babylonischen berichten 23.
3 Indische fluthsage des Çatapatha-Brahmaṇa 25, des epos 28.
Griechische fluthsagen
4 Deukalionische fluth bei Hesiodos 31. Apollodorisches handbuch 33. logographen 34. dichter 35. philosophen 39.
5 Ort der landung 40. ursache der fluth 42. entstehung der menschen 43.
6 Ogygische fluth 43. fluth des Dardanos 45. succession von fluthen 46.
7 Hellenistische berichte bringen semitisches gut: sage von Hierapolis 47. influzen von Apameia 48. Phrygische fluthsage 49.

II DEUKALION (wortbedeutung und vorstellung)
1 Wechsel der endung in eigennamen auf -κλης: formen auf -κλέας ·κλᾶς ·κλᾶς 51 auf -κλος, übersicht 53 priorität der bildung auf -κλος 56, nicht von -κλέος abgeleitet, sondern deminutivbildung 57 gleich lat. -c(u)lo 58 vom gr. suffix -καλο 58.
2 Ἡρύκαλος neben Ἡρακλῆς 58. der 'kleine Heros' und 'der Heros' 61.
3 Δευκαλίων aus Δεύκαλος fortgebildet 65 und dies deminutiv von Δεύς gleich Ζεύς [Lüschcke erinnert noch an Ζδεύς und Δεύς auf vasenbildern bei Kretschmer, Gr. vaseninschr. s. 102 f.] 66. gleichheit des Zeus und Deukalion erwiesen durch die vaterschaft des Hellen 66 und athenische überlieferung 67. heroen in tempelräumen begraben 68 und tempel gründend 69. parallelen sind Δίοκλος Διοκλῆς 70 und (Δίος) Κόρινθος 71.

VI Inhaltsübersicht

4 Zeus-knäblein auf Kreta 73. dort auch Deukalion heimisch 74. Πύρριχος πυρρίχη 75.
5 Die ortsnamen Λυκώρεια 76, Kynos 78. Αἴγλη das delphische sintfluthopfer 79.

III DAS GÖTTERKNÄBLEIN IN DER TRUHE
Durchmusterung der mythen mit gleichem motiv 80
1 Perseus und Danae 81. Proitos und Akrisios 84, Diktys und Polydektes 85. bedeutung des Perseus 85.
2 Telephos und Auge 86. Pergamenische sage 88.
3 Oidipus 90.
4 Tennes und Hemithea 90. cultus des Tennes 92, der Hemithea 93. Achilleus als gegner des Tennes 94. insel Λεύκοφρυς 95.
5 Anios auf Delos 96. seine töchter die Oinotropen 98.
6 Dionysos und Semele in der truhe bei Prasiai angetrieben 99.
7 Eurypylos mit dem schnitzbild des Dionysos zu Patrai 100. verehrung 101. bedeutung 102. götterbilder vom himmel gesandt 104.
8 Thoas 105 gleich Dionysos 106.
9 Anwendungen des bildes: Adonis 106. Arsinoe 107.
10 Verbreitung des bildes: rumänisches märchen 108. Gregoriuslegende 108. Sigurd 110. aussetzung und ernährung durch thiere 110. deutsche märchen 111. der storch 113.
Gleichwerthige bilder:

IV SCHIFF
1 Dionysos im schiff 115. schiffskarren im Anthesterienbrauch von Smyrna 116 und Athen 117. carnaval 119.
2 Anwendung des festbrauchs auf den himmlischen aufzug des Dionysos 120. jugend des D. nach Oppian 122. sage von Dodona 125. umführung des schiffs in anderen culten 125.
3 Schiff des Saturnus 127. auch christliches bild 127. weihnachtslieder 129.
4 Die gestirne als barken gedacht 130. 133. becher des Helios 131. Apollon auf dem dreifuss 133.
5 Auch götterbilder und christliche reliquien kommen in wunderschiffen gefahren 134.

V FISCH
Parallelen zum fisch des Mann 138. Der griech. delphinreiter verbreitetes bild 139, übersicht 140. heiligkeit des delphins 144.
1 Delphin im hymnus auf den Pythischen Apollon 145. Apollon Delphinios 147.
2 Koiranos und das Koiraneion auf Sikinos 148.
3 Denkmäler von delphinreitern 149. Arion 150. Melikertes 151.

4 Delphinreiter der münzen von Tarent 154 und Brundusium 159. Taras und Phalanthos 158. Arion? auf münzen von Methymna 160 Enhalos 161 Phallen 162.
5 Hesiods leiche vom delphin gelandet 163.
6 Sage von Iasos: Dionysios und Hermias 166 Hermes als träger 167.
7 Der h. Lukianos 168 und die Bithynische epiphanie des Dionysos 177.

VI VIELFALTIGKEIT UND MEHRDEUTIGKEIT MYTHISCHER BILDER

Grundlage des mythus ist das bild 181. Dies bild aber ist
I vielfaltig und wechselnd 182. als beispiele dienen
1 die vorstellungen vom himmlischen schatz 182
2 die bisher betrachteten bilder vom lichtaufgang 185. andere gleichwerthige 186. Herakles träger des Dionysos 187. Christophorus 189. Iason ua. 190.
II mehrdeutig, wie auch die bilder der gewöhnlichen rede 191, so
3 die bilder des himmlischen schatzes 192 und des kampfes gegensätzlicher paare 195.
4 Weitere beobachtungen an der begriffsreihe: götterland 197 sitz der seligen 201 goldenes zeitalter 202 reich gottes auf erden 205.
5 Eranische Yima-sage 208.
6 Die oben (III—V) betrachteten bilder 213 übertragen auf die fahrt ins jenseits 214. schiff 214.
7 Delphinreiter 221. Christus als fisch 223.

VII ERGEBNISSE

1 In der sage vom berg Apesas bei Nemea tritt Deukalion an stelle von Perseus 230.
2 Keimpunkt der fluthsage 234. vorstellung von der Jordantaufe 235 und von Christi geburt 237.
3 An den fünf wesentlichen bestandtheilen der semitischen fluthsage (239) geprüft zeigt sich die indische sage als unabhängig 240.
4 Die griechische ihr verwandt 244 bewahrt in der erschaffung der menschen altes gut 245 und hat das göttliche strafgericht aus einer anderen sagengruppe entlehnt 246.
5 Die verladung von thieren in die arche konnte durch phoenikische handelsartikel früh bekannt sein 248, ist aber nie ein bestandtheil der fluthsage geworden 253.

6 Die auffassung der taube, die Plutarch dem Deukalion zuschreibt, ist semitisch gefärbten jüngeren berichten entlehnt 254.

7 Die semitische sage war durch dichter gestaltet 256, aber ist demselben mythischen bild entwachsen wie die arischen 257. das alte bild tritt greifbar hervor in aegyptischen hymnen 260. ableitung der übrigen elemente 261.

Die sage von grossen wasserfluthen, welche die erde überschwemmt und alles lebende ausgetilgt bis auf einen menschen oder eine familie, die gnade vor gott gefunden, ist über den ganzen erdball verbreitet. Schon Jacob Grimm[1] hat auf diese weite verbreitung hingewiesen. Neuerdings hat der ethnograph Richard Andree[2] eine dankenswerthe übersicht über diese fülle mannigfacher überlieferungen gegeben. Ich darf mich hier mit einer hinweisung auf diese zusammenstellung begnügen. Wer in der ausgedehnten litteratur der reisen und ethnographischen forschungen bewanderter ist als ich, wird vielleicht die genannte sammlung durch einzelne nachträge vermehren können.

So hat sich auf Gaua, einer der Banks-inseln in Melanesien, eine fluthsage[3] erhalten, welche durch die biblische erzählung nicht beeinflusst ist. Sie knüpft sich an den grossen see namens Tas, der inmitten der insel auf einer höhe liegt. Ehemals war da eine grosse, mit wald bedeckte ebene. Aus einem der längsten bäume baute sich Qat einen kahn und liess sich durch die spöttereien seiner brüder darin nicht stören. Wenn sie ihn fragten, wie er denn ein so grosses boot zum meere bringen wolle, gab er stets zur antwort: sie würden es bald sehen. Als das boot fertig gestellt war, lud er weib und brüder hinein, sammelte die lebewesen

---

1 Deutsche mythologie s. 541 ff.
2 Die fluthsagen, ethnographisch betrachtet von RA. Braunschweig 1891.
3 RACodrington, The Melanesians, studies in their anthropology and folk-lore (Oxford 1891) p. 166. Ich verdanke die hinweisung darauf meinem freunde H.Jacobi.

1

der insel, auch so kleine wie die ameisen, und schloss sich mit diesen in das boot, zu welchem er einen deckel gemacht hatte. Dann kam eine fluth von regen. Die grosse höhlung der insel wurde voll von wasser und dieses bahnte sich einen weg durch die umgebenden hügel, wo nun der grosse wasserfall von Gaua herabstürzt. Das boot bohrte sich selbst eine rinne bis zur see und verschwand. Als Qat hinweggefahren, glaubte das volk, dass das beste von allen dingen von den inseln weggenommen wäre, und sie warteten seitdem auf seine rückkehr. So wurde bei der landung bischofs Patteson's und seiner begleiter zu Mota, wie einige noch jetzt lebende einwohner sich erinnern, gesagt, dass Qat und seine brüder zurückgekommen wären.

Unsere aufgabe kann es nicht sein, die ganze mannigfaltigkeit dieser meist von einander unabhängigen, oft fragmentarischen, nicht selten auch durch mittheilung christlicher missionare mehr oder weniger beeinflussten überlieferungen zu durchmustern. Sie zeigen in ihrer gesammtheit, wie leicht und natürlich sich solche sagen unter den verschiedensten verhältnissen einstellten. Es kann kein gedanke daran sein, dass eine erinnerung an die grossen umwälzungen, welchen die oberfläche unserer erde einmal ausgesetzt war, sich in diesen sagen erhalten hätte: die erinnerungsfähigkeit des menschengeschlechtes ist an fortschritte der cultur geknüpft, welche weit diesseits jener grauen vorzeit erst ihren anfang nehmen. Nur örtlich beschränkte vorkommnisse, wie sie noch heute in gebirgsthälern von engem abfluss vorkommen können, lassen sich als thatsächlicher anstoss zu vergrössernder sagenbildung denken.

Wir dürfen alle jene sagen der betrachtung des ethnographen überlassen, gegenstand mythologischer forschung können nur diejenigen unter ihnen sein, deren ursprung und geschichtlicher zusammenhang mit aussicht auf erfolg zum gegenstand der forschung gemacht werden kann. Das sind für uns zunächst nur die semitischen und arischen fluthsagen. Selbst unter diesen letzteren müssen abstriche gemacht werden. Von einer germanischen oder auch nur skandinavischen fluthsage möchte ich nicht reden, obwohl man die kosmologische sage vom blute des riesen Ymir, in welchem das riesengeschlecht bis auf Bergelmir und seine frau ertrank, zu einer sintfluthsage aufgebauscht hat[1]. Die litauische überlieferung[2] ist mir schon ihres gewährsmannes wegen verdächtig. Zahlreiche örtliche sagen Deutschlands und der Schweiz können höchstens insofern ein interesse beanspruchen, als sie mythologische motive auf geschichtliche erinnerung anwenden. So fallen denn in unser gesichtsfeld ausser den semitischen nur die indische und die griechische fluthsage.

---

1 So KSimrock, Handbuch der deutschen mythol. § 9 s. 16 f.[3] Zur sache vgl. Grimm, Deutsche mythol. s. 526. 547.

2 bei Grimm, D. mythol. s. 545 nach Narbutt (s. Götternamen s. 84, 17).

I
DIE SAGEN VON DER SINTFLUTH

Man erinnert sich der staunenden bewegung, in welche die gebildete welt weit über die kreise der fachgenossen hinaus versetzt wurde, als George Smith am 3 december 1872 die erste nachricht und probe eines keilschriftlichen sintfluthberichtes gegeben hatte[1]. Gerade damals war die grosse frage über das verhältniss der semitischen und arischen sagen kurz hinter einander von theologen und orientalisten[2] erörtert worden: am 9 februar desselben jahres hatte ein meister orientalischer philologie, Theodor Nöldeke, eine scharfsinnige besprechung des problems vor das grosse publicum gebracht. So waren die geister vorbereitet zu würdigem empfang der grossen entdeckung Smith's. Die geschichte der semitischen fluthsagen war durch dieselbe zu unerhoffter klarheit gebracht; dass die berichte der Genesis jüngere monotheistische umbildungen der heidnischen fluthsage Babyloniens seien, war augenfällig. Ohne unerschütterliche festigkeit des glaubens an offenbarung war es nicht möglich den keilschrifttafeln gegenüber an der 'ursprünglichkeit der biblischen erzählung' festzuhalten,

---

1 The Chaldean account of the deluge, in den Transactions of the society of biblical archaeology (1873) 2, 213—234.
2 OZöckler, Jahrbücher f. deutsche theologie 1870 b. 2, 337 ff. LDiestel, Die sintflut und die flutsagen des altertums (sammlung von Virchow und Holtzendorff heft 137) Berlin 1871 (1876). Nöldeke, Der mythus von der sündfluth in der wochenschrift 'Im neuen reich' 1872 n. 7 s. 247—259.

und so haben selbst katholische geistliche[1] der erkenntniss der sachlage sich nicht verschlossen. Die frage über das verhältniss der indischen und griechischen sagen zu der semitischen blieb offen. Die orientalisten, voran François Lenormant[2], unter ihnen auch Nöldeke, sprachen sich mit entschiedenheit dahin aus, dass allein die semitische sage original, die der Inder und Griechen von ihr entlehnt seien. Dagegen hat Lindner[3] die selbständigkeit der indischen fluthsage betont und ganz kürzlich Paul Regnaud dies in seiner weise zu erhärten gesucht: für ihn löst sich die ganze sintfluth in die ausgelassene butter eines indischen opfers auf. Wenn daher die frage hier von neuem aufgeworfen wird, so bedarf dies wohl kein wort der entschuldigung. Welche wichtigkeit ihre lösung für die geschichte der völkerbeziehungen hat, leuchtet von selbst ein. Die wege aber, welche eine solche untersuchung zu gehen hat, scheinen bei der gegenwärtigen lage der mythologie methodologischen werth in einem masse zu besitzen, dass eine besondere neubehandlung der frage schon darum gerechtfertigt sein möchte.

Ich will zunächst in möglichster kürze einen überblick der akten geben, um deren würdigung es sich handelt.

1 Unter den resten der bibliothek Assurbanipals, die in den trümmern des alten Ninive ausgegraben und jetzt dem Britischen Museum einverleibt sind, hat sich eine ansehnliche zahl von bruchstücken alter, mit keilschrift ver-

---

1 so ALoisy (prof. à l'institut catholique de Paris), Les mythes chaldéens de la création et du déluge (Amiens 1892) s. 50 ff. Ich verdanke herrn prof. Weyman in München die bekanntschaft mit dieser schrift. Anders urtheilt zb. FKaulen, Assyrien und Babylon (2 aufl. 1882) s. 158.
2 Origines de l'histoire d'après la Bible 1, 410 ff. Nöldeke ao. s. 255 ff. Auch HOldenberg, Religion des Veda s. 276, 3 betrachtet die indische fluthsage, übrigens ohne angabe von gründen, als 'semitisches lehngut'.
3 im Festgruss an RRoth s. 215 f. Regnaud, Comment naissent les mythes (Paris 1897) s. 59—151.

sehener thonplatten gefunden, aus welchen die beharrlichkeit und der scharfsinn GSmith's stücke von zwölf ehemals ein ganzes bildenden tafeln zusammengesetzt hat. Diese tafeln enthalten die niederschrift eines Babylonischen epos, das die geschicke des nationalhelden Izdubar[1] erzählt, in welchem man längst eine anschauungsform des sonnengottes und einen doppelgänger des biblischen Nimrod erkannt hat. Durch den zorn der göttin Ištar mit unheilbarer krankheit geschlagen beschliesst Izdubar, seinen vergöttlichten ahnen Ṣit-napištim[2] aufzusuchen. Mit göttlichem rath und beistand gelingt es ihm, alle gefahren zu überwinden, und nachdem er zuletzt durch das meer des todes gefahren, gelangt er 'zur mündung der ströme', wo der göttliche ahne haust. Vom schiffe aus führt er das gespräch mit dem ahnen, der ihm den weg der heilung zeigen will. Die frage, wie Ṣit-napištim, der längst entrückte, sich unvergängliche jugend bewahrt habe, gibt diesem den anlass, seine errettung aus der fluth zu erzählen. Dies ist der inhalt der elften tafel[3].

Die götter von Surippak, an ihrer spitze Anu, hatten beschlossen, einen fluthsturm zu erregen. Der gott Ea, der ihrem rathe beigewohnt, verkündete es dem Ṣit-napištim und gab ihm die weisung, ein schiff zu zimmern gleich

---

[1] Über die richtige lesung des sehr verschiedenartig zb. *Namrûdu* auch *Gi-il-gameš* gedeuteten ideogramms s. AJeremias, Izdubar-Nimrod (s. anm. 3) s. 1 f.

[2] Das ideogramm für den ersten bestandtheil des wortes wurde früher *šamaš* (sonne) gelesen. Die jetzt durchgedrungene lesung hat PJensen, Kosmologie der Babylonier (s. anm. 3) s. 384 begründet; danach ist Ṣit-napištim 'der entkommene', 'gerettete'.

[3] Übersetzungen des stücks findet man bei GSmith, Chaldean account of Genesis Lond. 1876 ch. XVI, deutsch übers. von HDelitzsch Leipz. 1876 s. 223 ff. PHaupt in der zweiten aufl. von Eberh. Schraders buch 'Die keilinschriften und das alte testament' (Giessen 1883) s. 60 ff. PJensen, Die kosmologie der Babylonier (Strassb. 1890) s. 369 ff. AJeremias, Izdubar-Nimrod, eine altbabylonische heldensage (Leipz. 1891) s. 32 ff. HZimmern bei Gunkel, Schöpfung und chaos (Gött. 1895) s. 423 ff.

lang wie breit, samen von allem, was da lebt, hineinzubringen und es dann vom stapel zu lassen. Den leuten von Surippak soll er auf ihre verwunderten fragen die antwort geben, weil Bel ihn hasse, wolle er nicht länger in dessen land bleiben, sondern zu seinem gotte Ea hinfahren; ein gewaltiger regen werde kommen und ihm das zeichen zur abfahrt geben. Dem befehle des gottes gehorsam zimmerte der held ein schiff in grossem maasstabe, verlud alle seine habe und die samen der lebewesen, liess seine familie und das gesinde einsteigen und, als eines abends schwerer regen losbrach, sah er das zeichen, das Šamaš[1] ihm gesetzt hatte, erfüllt; er bestieg und verschloss das schiff, dessen leitung er dem fährmanne Puzur-Bel übergab. Als der morgen anbrach, war der himmel von schwarzem gewölk überzogen und die götter des sturmes und unwetters tobten einher; die menschen verendeten in den fluthen; die götter selbst von furcht erfüllt retteten sich zum himmel und kauerten da wie hunde; Ištar jammerte, dass ihre geschöpfe wieder zu lehm würden. Sechs tage und nächte dauerte das unwetter, am siebenten tage hörte regen und sturm auf; Sītnapištim stiess die luke auf und fuhr vom lichte geblendet zurück; er sah über ein weites meer, sein ruf blieb ohne antwort: das meer hatte alle menschen verschlungen, der held weinte. Nur zwölf ellen hoch sah er den gipfel des berges Niṣir aus dem wasser ragen, an ihm blieb das schiff hangen. Sechs tage wartete Sīt-napištim hier. Am siebenten liess er eine taube hinausfliegen, die bald zurückkehrte. Dann liess er mit nicht besserem erfolge eine schwalbe aufsteigen. Der rabe, den er zuletzt entsandte, liess sich zum frasse nieder und kehrte nicht zurück. Da öffnete der held das schiff, entliess die thiere nach den vier winden und veranstaltete ein dankopfer auf dem gipfel des berges.

---

1 Unvermittelt, offenbar aus älterer fassung der sage, tritt hier plötzlich der sonnengott hervor an stelle des vorher genannten Poseidonischen Ea.

Wie die fliegen werden die götter von dem opferdufte herbeigelockt; Ištar spricht flüche aus über Bel, der dies verhängniss den menschen bereitet habe; Bel selbst kommt heran und als er des schiffes ansichtig wird, äussert er seinen zorn, dass ein mensch seinem strafgericht entronnen sei. Aber Ea versteht es, den zorn des gottes von dem unschuldigen abzuwenden; Bel steigt auf das schiff, holt Sit-napištim und sein weib auf das deck, lässt beide niederknieen, umarmt und segnet sie, und verkündet ihnen, dass beide fortan gleich göttern sein und an der mündung der ströme wohnen sollen.

Um dem leser den einblick in den wortlaut des berichtes zu erleichtern, erlaube ich mir, die übersetzung, welche Jeremias von der elften tafel des Izdubar-epos gegeben, hier einzurücken.

Izdubar sprach zu Sit-napištim dem fernen: 'Ich sehe dich an, Sit-napištim: dein aussehn ist nicht verändert; wie ich, bist du und du bist nicht anders; wie ich bist du . . . . . (3 verstümmelte zeilen) Sage mir, (wie kommt es) dass du erlangt 5 hast das leben in der versammlung der götter, welches du begehrtest?'[1] Sit-napištim sprach zu Izdubar: Ich will dir, Izdubar, eröffnen das geheimniss, und die entscheidung der götter will ich dir sagen. Die stadt Surippak, die stadt die du kennst, am ufer des Euphrat gelegen, selbige stadt war (schon) alt, als 10 die götter drinnen einen fluthsturm anzurichten ihr herz antrieb, die grossen götter. [Es hielten rath?] ihr vater Anu, ihr entscheider der held Bel, ihr führer (?) Ninib[2], ihr oberster En-nugi. Der herr der weisheit Ea redete mit ihnen[3], ihren befehl that er kund[4] dem gefilde (rufend): 'Gefilde, gefilde! Umhegung, 15 umhegung! Gefilde vernimm, umhegung merke auf. Mann von Surippak, sohn des Kidinu-Marduk[5], zimmere ein haus

---

1 Die nun folgende erzählung von der grossen fluth spricht Sit-napištim vom ufer aus, Izdubar hört ihm im schiffe zu.
2 über *Ninib* vgl. Jensen Kosmol. s. 457 ff.
3 Jensen und Haupt: sass bei ihnen.
4 'Das ganze ist nach dem folgenden eine traum-offenbarung' Jeremias s. 53. Vgl. Berosos unten s. 13 z. 5.
5 übersetzung des im texte stehenden *Ubara-tutu* vgl. Jensen s. 393 f.

(arche), baue ein schiff, rette was du von lebensamen finden kannst, lass fahren deine habe, rette das leben, bringe lebenssamen aller art hinauf auf das schiff. Von dem schiff, das du
20 bauen sollst, sollen die zahlen ausgemessen werden; es soll übereinstimmen seine breite und seine höhe, (dann) lass es vom stapel ins meer'. Ich merkte auf und sprach zu Ea meinem herrn: '* * mein herr, was du also geboten hast, will [ich] in ehren halten und ausführen; [aber was?] soll ich antworten der stadt, dem
25 volk und den ältesten?' Ea that seinen mund auf und sprach zu mir, seinem knechte: [Als antwort?] sollst du so zu ihnen sprechen: [Weil?] mich Bel hasst, will ich nicht wohnen bleiben in [eurer stadt], will auf Bels ort mein haupt nicht (mehr) niederlegen, zum meer will ich [hinabsteigen], bei dem gott [Ea], der
30 mein herr ist, will ich mich niederlassen. Er (Bel) lässt auf euch regnen reiche fülle, * * vögel, eine menge fische..... (2 zeilen) der den sturzregen sendet, [in der nacht wird er über euch regnen lassen] furchtbaren regen'. Als das morgenroth erschien, ...(11 zeilen) den bedarf brachte ich herbei. Am fünften tage
35 entwarf ich seine gestalt. In seinem mitteltheil (?) waren seine wände 10 gar¹ hoch, 10 gar betrug auch die ausdehnung seines decks .... (19 verstümmelte zeilen²) Mit allem was ich hatte füllte ich es an, mit allem was ich an silber hatte füllte ich es, mit allem was ich an gold hatte füllte ich es; mit
40 allem was ich an lebenssamen aller art hatte füllte ich es; ich brachte hinauf auf das schiff meine ganze familie und mein gesinde, vieh des feldes, gethier des feldes, die handwerker, alle zusammen brachte ich sie hinauf. Ein zeichen setzte Šamaš fest: 'Wenn der, welcher den sturzregen sendet, am abend einen
45 furchtbaren regen sendet, dann tritt ein in das schiff, verschliesse dein schiff (thor)'. Dieses zeichen traf ein. Der den sturzregen sendet, liess in der nacht einen furchtbaren regen regnen. Vor dem tagesanbruch zitterte ich, den tag zu schauen hatte ich furcht. Ich trat in das schiff, verschloss mein thor, die verwah-
50 rung (?) des schiffs übergab ich dem Puzur-Bel³ dem schiffer, die

---

1 'ein *gar* ist 12 oder 14 ellen lang' Jerem. s. 53.

2 In den verstümmelten zeilen war der bau des schiffs erzählt. Es wird in 6 stockwerken(?) angelegt, die lücken mit erdpech und naphtha verstopft. 'Nach vollendung des baus opfert Sit-napištim den göttern, veranstaltet ein fest und beginnt dann mit der verladung'. Jer.

3 *Puzur-Bel* heisst 'schützling des Bel' vgl. Jensen Kosmolog. 420 Jeremias s. 53 n. 88, unten abschn. VII 7.

grosse arche samt ihrem inhalt (übergab ich ihm). Als die
morgenröthe anbrach, stieg am horizont des himmels schwarzes
gewölk auf; Rammān donnerte darinnen, während Nabū und
Marduk hervortraten und als führer (?) über berg und thal schrit-
55 ten. Der gott Uragal riss das schiff (?) los, es schritt Ninib dahin, überschwemmte die ufer; die Anunnaki[1] erhoben die fackeln,
in ihrem glanze machten sie das land erzittern. Rammān's
(wogen)-schwall stieg zum himmel empor, alles licht verwandelte
sich in finsterniss . . . . . (2 zeilen verstümmelt) wie ein schlacht-
60 sturm fuhr [das unwetter] auf die menschen los. Nicht sah der
bruder seinen bruder, nicht wurden die menschen im himmel erkannt. Die götter fürchteten sich vor dem fluthsturm, sie flüch-
teten, stiegen hinauf zum himmel des Anu, die götter gleich
hunden waren sie * *, kauerten nieder am damm (?). Es schrie
Ištar wie eine gebärende[2]; es rief die hehre, die freundlich
65 redende: 'Dies volk (?) ist wieder zu lehm geworden; was ich
vor den göttern böses (voraus) gesagt habe, wie ich es (voraus)
gesagt habe vor den göttern, das böse, zur vernichtung meiner
menschen führend, habe ich den sturm (voraus) gesagt. Was
ich geboren habe, wo ist es? wie fischbrut füllen sie das meer.'
70 Die götter weinten mit ihr über die Anunnaki, die götter sassen
gebeugt unter weinen, ihre lippen waren zusammengepresst * * *
6 tage und [6?] nächte wüthete fort der sturmwind, die fluth,
platzregen. Als der siebente tag herankam, hörte auf der regen,
die fluth; der sturm, der einen kampf gekämpft hatte wie ein
75 kriegsheer, ruhte; das meer wurde enger (trat in die ufer zurück),
der orkan, der fluthsturm hatte ein ende. Da sah ich auf das
meer, liess meine stimme erschallen: aber alle menschen waren
wieder zu erde geworden, gleich dem *uru* war der *usallu*[3]. Ich
öffnete die luke: licht fiel auf mein antlitz; ich sank (geblendet)
80 zurück, setzte mich und weinte, über mein antlitz flossen mir
thränen. Ich schaute auf: die welt ein weites meer. Zwölf ellen hoch
stieg land auf. Nach dem gebirgsland Niṣir nahm das schiff den
lauf. Der berg des landes Niṣir hielt das schiff fest und liess es
nicht von der stelle. Einen tag, einen zweiten tag hielt der berg
85 Niṣir das schiff fest und liess es nicht von der stelle. Einen 3. und

---

1 'Die Anunnaki erscheinen als die bösen geister, die ganz besonders die verderblichen elemente beim fluthsturm entfesselt haben'
Jerem. s. 53 n. 89.
2 variante: [zorn]erfüllt.
3 noch unerklärt. Haupt übersetzt 'wie baumstämme trieben
die leichen umher', Jensen 'wie ein kahler acker(?) lag vor [mir]
das waldfeld'.

4. tag usw., einen 5. und 6. tag usw. Als der siebente tag herannahte,
liess ich eine taube hinausfliegen; die taube flog hin und her; da
kein ruheplatz da war, kehrte sie zurück. Dann liess ich eine
schwalbe hinausfliegen; die schwalbe flog hin und her; da kein
90 ruheplatz da war, kehrte sie zurück. Einen raben liess ich fliegen; der rabe flog, sah das abnehmen des wassers, frass, liess
sich nieder * * kam nicht zurück. Da liess ich nach den vier
winden (alles) hinaus, goss ein opfer aus, veranstaltete eine
opferspende auf dem gipfel des bergs. Sieben und sieben ge-
95 fässe stellte ich auf, darunter schüttete ich aus calmus, cedern-
holz und *sim-gir*[1]. Die götter rochen den duft; die götter rochen
den guten duft; die götter sammelten sich wie fliegen um den
opfernden. Als die hehre (dh. Istar) herankam, erhob sie die
grossen blitze(?)[2], die Anu nach ihrem begehren(?) gemacht
100 hatte: 'Diese götter — bei meinem halsschmuck, ich will es
nicht vergessen; an diese tage will ich denken, will sie ewig
nicht vergessen. Die götter mögen zum opfer kommen: Bel soll
nicht zum opfer kommen, weil er unbesonnen den fluthsturm
erregt und meine menschen dem gericht preisgegeben hat'. Als
105 Bel herankam, sah er das schiff. Da ergrimmte Bel, mit zorn
ward er erfüllt über die götter der Igigi[3]: 'Wer ist lebendig
entronnen? Kein mensch soll leben bleiben in dem gericht'.
Ninib öffnete seinen mund und sprach zum helden Bel: 'Wer
ausser Ea hat die sache angerichtet? aber Ea, der kennt jede
110 beschwörung'. Ea öffnete seinen mund und sprach zum helden
Bel: 'Du entscheider der götter, du held, wie(?) unbesonnen
hast du den fluthsturm angerichtet. Dem sünder lege seine
sünde auf; dem frevler lege seinen frevel auf. Sei nachsichtig:
er soll nicht vertilgt werden; fasse liebe (zu ihm): er soll nicht
115 [vernichtet?] werden. Anstatt dass(?) du einen fluthsturm anrichtest, mögen löwen[4] kommen und die menschen vermindern;
anstatt dass du einen fluthsturm anrichtest, mögen leoparden(?)

---

1 Haupt übersetzt das von Jensen und Jeremias nicht ge-
deutete wort mit 'blitzkraut'.

2 Haupt (vgl. ao. s. 59, 15) 'bogen', Jensen 'intaglio's'.

3 'die götter der Igigi' di. die himmelsgeister, die z. 70 f. über
die Anunnaki weinen, (werden hier) ausdrücklich als gegner des Bel
dargestellt, auf dessen seite die verderbenbringenden götter (götter
der Annnnaki?) bei der sintfluth gestanden haben' Jeremias s. 53 f.

4 Zu den vier strafgerichten verweist Jeremias s. 54 auf
Ezechiel 14, 21 Jeremias 15, 3 (vgl. 42, 17), zur löwenplage insbeson-
dere auf Kön. II 17, 15 Ezech. 14, 15.

kommen und die menschen vermindern; anstatt dass du einen
fluthsturm anrichtest, mag eine hungersnoth entstehen und die
120 [menschen vermindern]; anstatt dass du eine sintfluth anrichtest,
möge Urugal (der pestgott)[1] kommen und die menschen [ver-
mindern]. Ich habe (ihm) den rathschluss der grossen götter
nicht eröffnet. Den Atrahasis[2] liess ich einen traum schauen
und so hörte er die entscheidung der grossen götter; da fasste
125 er seinen entschluss'. Es stieg der gott Bel hinauf auf das schiff,
ergriff meine hand, führte mich hinauf, führte mein weib hinauf
und liess es niederknieen an meiner seite; er umfieng uns, zwischen uns tretend, und segnete uns: 'Vormals war Sit-napistim
mensch: jetzt soll Sit-napistim und sein weib gleich göttern
130 erhaben sein; wohnen soll Sit-napistim in der ferne an der
mündung der ströme'. Da entführten sie uns, an der mündung
der ströme liessen sie uns wohnen.

Trotz ihrer alterthümlichen fremdartigkeit der empfin-
dung und des ausdrucks vermag diese erzählung uns noch
heute zu fassen. Es ist echte dichtung. Aber so alt sie
ist, sie hat selbst schon eine geschichte. Unverkennbare
spuren zeigen, dass hinter der uns erhaltenen niederschrift
ältere fassungen standen, welche von dem dichter oder
redactor des Izdubar-epos benutzt wurden. Was die be-
rathung der götter und ihren entschluss, eine sintfluth
anzurichten, veranlasst hatte, erfahren wir erst am ende:
ein strafgericht soll gehalten und die frevelhafte menschheit vertilgt werden. Auffallender ist, dass an stelle des
sonst als beschützer des Sit-napistim handelnden wasser-
gottes Ea einmal plötzlich und unvermittelt der sonnengott
Šamaš tritt (z. 43). Und so wird der held der sintfluthsage

---

1 über Urugal-Nergal vgl. Jensen Kosmol. s. 476 ff.

2 *Atra-hasis* ist ein aus anderer fassung der sage entlehnter
zweiter name des Sit-napistim, vgl. unten s. 15. Jeremias hat die
stelle merkwürdig missdeutet, indem er seine übersetzung folgendermaassen erläutert: 'Den Adrahasis (nach s. 54 u. 93 'wohl name eines
götterboten') liess ich einen traum schauen, und so hörte er (Sit-napistim durch Adrahasis) die entscheidung der grossen götter; da
fasste er (Bel) seinen entschluss'. Aber in dem erhaltenen fragment
einer verschiedenen fassung ist der [Atra-]hasis, zu welchem Ea redet,
kein anderer als der held der sintfluth dh. Sit-napistim.

statt des sonst festen namens z. 123 an einer stelle, die zur ersetzung des eigennamens durch ein etwaiges epitheton keinen anlass bot, *Atra-hasis* genannt. In der that hat sich zu der stelle, wo Sit-napištim die anweisungen über den bau des schiffes erhält, das bruchstück einer abweichenden fassung[1] erhalten, und hier ist Atra-hasis der name des helden. Die litterarische überlieferung gibt sowohl für diesen namenwechsel wie für den umlauf älterer fassungen erwünschte bestätigung.

Längst war durch Eusebios' chronik und ihren byzantinischen ausschreiber[2] die babylonische fluthsage, wie sie Berosos und aus ihm Alexander Polyhistor überliefert hatte, bekannt:

'Nach dem tod des Ardates habe dessen sohn Xisuthros 18 saren (18 × 3600) von jahren geherrscht; unter diesem habe eine grosse fluth stattgefunden, von der folgender bericht aufgezeichnet sei.

5 Kronos sei ihm im schlaf erschienen und habe ihm offenbart, am fünfzehnten des monats Daisios würden die menschen durch eine fluth zu grunde gehn; drum habe er ihn geheissen, alle (heiligen) schriften, eingang mitte und ende, nach der Sonnenstadt Sipara zu bringen, um sie dort zu vergraben; dann solle
10 er ein fahrzeug zimmern und darin mit seinen blutsverwandten und angehörigen hineingehn; er solle speise und trank darein laden, auch thiere, vögel und vierfüssler, hereinschaffen, und alles bereit machen zur fahrt. Da habe er gefragt, wohin denn die fahrt gehe, und zur antwort erhalten: "Zu den göttern, um
15 für die menschheit gutes zu erflehen". Da habe er gehorcht und ein fahrzeug gezimmert von 15 stadien länge und von 2 stadien breite, habe alles, was ihm aufgetragen war, zusammengebracht und weib und kinder sowie seine angehörigen in das

---

1 Übersetzt von Haupt bei Eb. Schrader, Keilschrift und altes testament s. 61[2] vgl. 57, 2 Jensen Kosmologie der Bab. s. 371. 373 anm. Über den namen Atra-hasis s. unten s. 15.

2 Eusebios chron. I p. 19—24 Schoene (Synkellos p. 53, 19 ff. Bonn). Dass Berosos die quelle war, bezeugt Euseb. p. 7 ff. vgl. Synk. p. 25, 15. 2. 30, 6 na. Dass sich Alexander Polyh. wörtlich an Berosos anlehnte, sieht man aus dem von Josephus Ant. Jud. I 3, 6 (93 Niese) aufbewahrten satze des Berosos über die überbleibsel des schiffs.

schiff steigen lassen. * * * Nachdem die überschwemmung geschehen war, habe Xisuthros sofort, als diese nachliess, einen seiner vögel abgelassen; da er aber weder nahrung noch einen ort, wo er sich hätte niederlassen können, gefunden hätte, sei er zurück in das schiff gekommen. Xisuthros aber habe nach einigen tagen wiederum die vögel abgelassen; diese aber seien ins schiff zurückgekommen mit lehmbeschmutzten füssen. Als sie dann zum dritten mal abgelassen worden, seien sie nicht mehr zum schiffe zurückgekehrt. Da habe Xisuthros sich gedacht, dass wieder erdboden hervorgetreten sein müsse, habe die fugen des schiffes an einer stelle aus einander genommen und wahrgenommen, dass das schiff an einem berge aufgelaufen sei. Da sei er ausgestiegen mit seinem weib, seiner tochter und dem steuermann; und nachdem er die erde geküsst, einen altar errichtet und den göttern geopfert hätte, sei er sammt denen, die mit ihm aus dem schiff gestiegen waren, entrückt worden. Die im schiff zurückgebliebenen waren, seien, als Xisuthros mit seinen begleitern nicht wieder einstieg, herausgetreten und hätten ihn gesucht, indem sie ihn bei namen riefen. Xisuthros aber selbst sei ihnen zwar nicht mehr vor augen gekommen, doch sei eine stimme aus der luft erschollen, die habe ihnen aufgetragen, sie müssten gottesfürchtig sein, denn auch er verdanke es seiner frömmigkeit, dass er nun gehe mit den göttern zusammen zu wohnen, und dieselbe ehre sei seinem weib und seiner tochter und dem steuermann zu theil geworden. Er sagte ihnen auch, dass sie zurück nach Babylon gehn und, wie es bestimmt worden, zu Sipara die (heiligen) schriften ausgraben und unter den menschen verbreiten sollten; und dass das land, worin sie sich befänden, ein theil Armeniens sei. Die zurückgebliebenen hätten darauf hin den göttern opfer gebracht, und zu fuss den weg nach Babylon angetreten. Von diesem schiffe sei noch ein stück erhalten im Kordyaier-gebirge Armeniens, und manche leute holten sich von dem schiffe harz, das sie abkratzten und als mittel zur übelabwehr benutzten. Jene aber seien schliesslich nach Babylon gekommen, hätten die (heiligen) schriften zu Sipara hervorgegraben und alsdann durch anlage vieler städte und erneuerung von tempeln Babylon wieder aufgerichtet.'

Derselben quelle entstammt der zusammengeschnittene bericht des Abydenos [1], den wir gleichfalls dem Eusebios verdanken:

---

1 Abydenos fr. 1. 3 *FHG* 4, 280 f. in Eusebios chron. I p. 31 f. Sch., auch praep ev. IX 12 p. 414[d] vgl. Synkellos p. 70 Bonn.

'Dem Sisithros kündigte Kronos im voraus an, es werde eine überfülle von regen sich am 15ten Daisios ergiessen, und hiess ihn alles, was schriftlich vorhanden war, in der stadt des Helios im lande Sippara verbergen. Sisithros that das und schiffte sich sogleich ein in der richtung nach Armenien, und alsbald kam der regen vom himmel über ihn. Am dritten tage nachdem der regen aufgehört, machte er einen versuch mit seinen vögeln, ob sie wohl land aus dem wasser sich emporheben sehen würden; die aber waren angesichts eines weithin gähnenden meeres rathlos, wo sie sich niederlassen sollten, und flogen zu Sisithros zurück, und so nach ihnen andere. Wie er aber mit der dritten sendung glück gehabt hatte (als sie nämlich zurückkehrten, waren sie unten an den füssen voll von lehm), da entrückten ihn die götter aus dem bereich der menschen. Das fahrzeug aber lieferte den bewohnern Armeniens in seinem holze amulete, die sie zur abwehr von übeln sich anzubinden pflegten.'

In dem Sisithros des Abydenos erkennt man leicht den Xisuthros des Berosos wieder. Unvereinbar scheint der name, den der held der fluthsage in dem keilschriftlichen epos trägt. Aber dies Sît-napištim ist, wie oben (s. 6, 2) bemerkt, eine adjectivische benennung: der 'gerettete'. Das Izdubar-epos kennt ihn noch unter einem anderen namen, und dieser war in anderen fassungen der sage als sein eigenname gebraucht (s. 13), *Atra-hasis* oder, wie die beiden elemente mit demselben recht gestellt werden konnten, *Hasis-atra*. Jensen[1] erklärte diese wortzusammenstellung 'hervorragend weise', FDelitzsch 'hervorragend an weisheit'. Diese letztere erklärung, welche in *hasis* das substantivum 'weisheit' sieht, bietet den vorteil, den stellungswechsel der beiden worte befriedigender zu erklären. Mit *Hasis-atra* ist aber zugleich die altbabylonische lautgestalt des Xisuthros und Sisithros gewonnen, wie die fachgelehrten längst erkannt haben.

---

1 Kosmologie der Babylonier s. 385f. Delitzsch, Assyr. handwörterbuch (Leipz. 1896) s. 249. Die beiden bestandtheile sind *atáru* vorzüglich, hervorragend und *hasîsu* (anlaut *ch*) denken, verstand (Delitzsch no. 285).

16 I Die sintfluthsagen

Trotz seiner weit jüngeren entstehungszeit hat der bericht des Berosos alterthümliche züge gerettet, die dem keilschriftepos verloren gegangen sind. Dahin rechne ich, dass weit bestimmter als es dort geschieht hier die aufnahme des helden unter die götter ausgesprochen, ja dies (z. 14) geradezu als zweck der fahrt bezeichnet wird, und dass auch dem steuermann diese ehre zu theil wird: auch die keilschrift kennt einen führmann des Ṣit-napistim und benennt ihn bedeutungsvoll Puzur-bel, lässt aber nur den helden und sein weib 'gleich göttern erhaben sein'. Auch was bei der zweiten vogelsendung bei Berosos (z. 25) hervorgehoben wird, dass sie mit lehmbeschmutzten füssen zurückgekehrt seien (bei Abydenos wird das z. 13 ungeschickt von der dritten sendung gesagt), fehlt in der keilschrift.

2 Wir treten zu dem bekannten biblischen bericht von der sintfluth und der errettung Noahs. Die entdeckung des französischen arztes Astruc, dass in der Genesis zwei selbständig neben einander stehende quellen, dadurch unterschieden, dass die eine als namen gottes bis zu Exhodus c. 6 ausschliesslich *Elohim*, die andere *Jahve* gebraucht, zusammengearbeitet sind, hat sich in besonders glänzender weise an der erzählung von der sintfluth bewährt[1]. Von ihr liegen in unserer Genesis zwei durchaus selbständige, zum theil widersprechende darstellungen vor. Wenn sie in einzelnem sich ergänzen, so mag das in zwei fällen daher kommen, dass der redactor die kürzere form der einen quelle zu gunsten der ausführlicheren darstellung der anderen strich. Die anweisung gottes, ein schiff zu bauen,

---

[1] s. Hupfeld, Die Quellen der Genesis Berl. 1853 s. 6ff. 132ff. Eberh. Schrader, Studien zur kritik und erklärung der biblischen urgeschichte, Zürich 1863 s. 136ff. Th. Nöldeke, Untersuchungen zur kritik des alten testaments, Kiel 1869 s. 10f. und in der zeitschr. Im neuen reich 1872 I 247—50 JWellhausen, Die composition des Hexateuchs usw. Berl. 1889 (zuerst 1876) s. 5f. KBudde, Die biblische urgeschichte, Giessen 1883 s. 248ff.

fehlt heute in der erzählung des Jahvisten: in dem origiginale konnte nicht, wie es heute geschieht, das schiff als vorhanden betrachtet werden; ebenso sind beim aufhören der sinthfluth die ursprünglichen worte des Jahvisten über das verlassen der arche gestrichen. Andere bestandtheile sind durch haltung und tendenz der quelle von vornherein ausgeschlossen gewesen; für die bestätigung des von gott mit den menschen abgeschlossenen bundes durch den regenbogen hat der Jahvist, für die brandopfer nach der glücklichen rettung der Elohist keinen raum. Selbst die vogelsendungen wird der Elohist wohl absichtlich weggelassen haben, weil sie in seine tagesrechnung sich nicht leicht einordnen liessen. Kurz, wir dürfen von zwei verschiedenen befriedigend erhaltenen sintfluthberichten der Genesis reden. Um ihr verhältniss zu einander anschaulich zu machen, setze ich die beiden nach der die quellen scheidenden übersetzung von Kautzsch und Socin[1] gesondert her, wobei ich auf die feineren unterscheidungen verzichte.

A Jahvist

VI 5 Da nun Jahve befand, dass die übelthaton der menschen sich häuften und all' ihr sinnen und trachten immerfort nur
6 böse war, da bereute Jahve, die menschen auf der erde ge-
7 schaffen zu haben und war schwor bekümmert. Da dachte Jahve: Ich will die menschen, die ich erschaffen habe, wegtilgen von der erde [sowohl menschen als vierfüssler, als reptilien und selbst die vögel unter dem himmel], denn es reut
8 mich sie geschaffen zu haben. Noch jedoch hatte gnade bei Jahve gefunden.

VII 1 Da gebot Jahve dem Noch: * * * Begib dich samt deiner ganzen familie hinein in das schiff; denn dich habe ich rechtschaffen vor mir erfunden in dem gegenwärtigen geschlecht.
2 Von allen reinen thieren nimm zu dir je sieben, jedesmal ein männchen mit seinem weibchen, und von den nicht reinen thieren [nur] je zwei, je ein männchen mit seinem weibchen.

---

1 Die Genesis mit Âusserer unterscheidung der quellenschriften übersetzt von EKautzsch und ASocin. Freib. Br. 1888 s. 10 ff.

3 Auch von den vögeln unter dem himmel je sieben [ein männchen und ein weibchen][1], damit allenthalben auf der erde ein
4 stamm erhalten bleibe. Denn in sieben tagen werde ich es regnen lassen auf erden vierzig tage und vierzig nächte lang, um alles bestehende, das ich geschaffen habe, von der erde
5 wegzutilgen. Da that Noch ganz so, wie ihn Jahve geheissen
7 hatte. Da gieng Noch samt seinen söhnen, seinem weibe und seinen schwiegertöchtern hinein in das schiff, (um sich zu
8 retten) vor den gewässern der fluth. Von den reinen thieren und von den nicht reinen thieren und von den vögeln und
9 von allem, was auf dem boden kriecht, giengen je zwei [ein männchen und ein weibchen] zu Noch in das schiff, wie Jahve
10 Noch geboten hatte. Und nach ablauf der sieben tage, da
16 kamen die gewässer der fluth über die erde. Da schloss Jahve
12 hinter ihm zu. Da strömte der regen auf die erde vierzig tage
17 und vierzig nächte lang. Und das wasser stieg und hob das
22 schiff empor, so dass es über der erde schwebte. Alles was lebensodem in seiner nase trug, soweit es auf dem trockenen
23 war, das starb. So vertilgte (Jahve) alles bestehende, was auf dem erdboden war, so dass nur Noch übrig blieb und was bei
VIII 2ᵇ ihm in dem schiff war. * * und der regon strömte nicht länger
3ᵃ vom himmel herab. Da verliefen sich die gewässer immer mehr
6 von der erde. Nach verlauf von vierzig tagen aber öffnete Noch das fenster des schiffs, das er angebracht hatte, und schickte
7 den raben aus; der aber flog hin und wider, bis das wasser sich
8 von der erde zurückzog. Hierauf liess er die taube hinausfliegen, um sich zu überzeugen, ob sich die gewässer von der
9 erdoberfläche verzogen hätten. Aber die taube fand keinen ort, wo sie fussen konnte; daher flog sie zu ihm in das schiff zurück, weil auf der ganzen erdoberfläche (noch) wasser stand; da reckte er seine hand aus, ergriff sie und nahm sie zu sich
10 hinein in das schiff. Hierauf wartete er noch weitere sieben tage, da liess er die taube abermals aus dem schiff ausfliegen.
11 Da kam die taube zur abendzeit zu ihm und zwar mit einem frischen ölzweig im schnabel; daran erkannte Noch, dass sich
12 die gewässer von der erde verzogen hatten. Hierauf wartete er noch weitere sieben tage und liess die taube fliegen; dies-
13 mal aber kehrte sie nicht wieder zu ihm zurück. Da entfernte Noch das dach des schiffes und schaute aus: da war

---

1 Die erwähnung der unreinen vögel scheint ausgefallen zu sein; die worte 'ein männchen und ein weibchen' sind vom redactor zugesetzt, ebenso v. 9.

berichte des Jahvisten und Elohisten

20 die erdoberfläche trocken geworden. * * * Da errichtete Noch
Jahve einen altar und nahm je eines[1] von allen reinen vierfüsslern und von allen reinen vögeln und brachte brandopfer
21 dar auf dem altar. Als nun Jahve den angenehmen duft roch,
da beschloss er bei sich: Ich will künftig die erde nicht mehr
zu grunde richten um der menschen willen; denn was der
mensch in seinem herzen sinnt, ist böse von jugend auf; und
will künftig nicht mehr alles lebendige umbringen, wie ich
22 gethan habe; fortan sollen, so lange die erde steht, säen und
ernten, frost und hitze, sommer und herbstzeit und tag und
nacht ununterbrochen wechseln.

B Elohist oder Priestercodex

VI 9 Dies ist die familiengeschichte Noch's. Noch war ein gerechter und unsträflicher mann unter seinen zeitgenossen, in
10 gemeinschaft mit Elohim führte Noch seinen wandel. Und Noch
11 erzeugte drei söhne, Schem, Cham und Japhet. Aber die erde
zeigte sich immer verderbter vor Elohim, und die erde wurde
12 voll von freveltbaten. Da befand Elohim, dass die erde in
der that verderbt sei; denn jedermann auf der erde war auf
13 gar schlimme wege gerathen. Da sprach Elohim zu Noch:
Ich bin entschlossen, ein ende zu machen mit allen geschöpfen;
denn die erde ist voll von freveltbaten, die sie verüben; so
14 will ich sie denn von der erde vertilgen. Baue dir ein schiff
aus pinienholz mit lauter zellen und verpiche es inwendig und
15 auswendig mit harz. Und zwar sollst du es nach folgenden
maassen bauen. 300 ellen betrage die länge des schiffes, 50
16 ellen seine breite und 30 ellen seine höhe. Eine lichtöffnung
sollst du oben an dem schiff herstellen, eine elle weit, und
den eingang zum schiff sollst du an seiner seite anbringen; in
drei stockwerken mit lauter einzelnen gelassen sollst du es
17 erbauen. Denn ich stehe jetzt im begriff, die fluth über die
erde hereinbrechen zu lassen, um alle geschöpfe unter dem
himmel, die lebendigen odem in sich haben, zu vernichten;
18 alles was auf erden ist, soll sein leben aushauchen. Dir gegenüber aber will ich folgende verfügung in kraft treten lassen,
dass du samt deinen söhnen und deinem weibe und deinen
19 schwiegertöchtern in das schiff hineingehen sollst. Und von

---

1 Die übersetzer bemerken: 'richtiger vielleicht "je einige".
Die LXX übersetzen καὶ ἔλαβεν ἀπὸ πάντων τῶν κτηνῶν τῶν καθαρῶν καὶ ἀπὸ πάντων τῶν πετεινῶν τῶν καθαρῶν, καὶ ἀνήνεγκεν
εἰς ὁλοκάρπωσιν ἐπὶ τὸ θυσιαστήριον.

allen lebenden wesen, von allen geschöpfen sollst du je zwei
von allen mit hineinnehmen in das schiff, um sie bei dir am
leben zu erhalten, je ein männchen und ein weibchen soll es
20 sein. Von den vögeln je nach ihrer art, von den zahmen
thieren je nach ihrer art, von allen reptilien je nach ihrer art
sollen immer zwei zu dir in das schiff eingehen, damit sie
21 am leben bleiben. Du aber beschaffe dir vorrath von allem,
was man essen kann, und speichere ihn bei dir auf, dass er
22 dir und ihnen zur nahrung diene. Da that Noch ganz wie
ihn Elohim geheissen hatte, so that er.

VII 11 Im sechshundertsten lebensjahre Noch's, im zweiten monat, am
siebzehnten tag des monats, an diesem tage brachen überall
die sprudel des Oceans durch und thaten sich auf die gitter
13 am himmel. An eben diesem tage giengen Noch und Schem,
Cham und Jephet, die söhne Noch's, und das weib Noch's und
seine drei schwiegertöchter mit ihnen in das schiff, sie und
14 alle wilden thiere nach ihrer art und alle zahmen thiere nach
ihrer art und alle reptilien, die auf der erde kriechen, nach
ihrer art und alle vögel nach ihrer art, samt und sonders, klein
15 und gross; die giengen hinein zu Noch in das schiff, je zwei
16 von allen geschöpfen, die lebendigen odem in sich hatten; und
was eingieng, das war je ein männchen und ein weibchen von
18 allen geschöpfen, wie Elohim ihn geheissen hatte. Und die gewässer nahmen zu und stiegen hoch empor über die erde; da
19 fuhr das schiff dahin auf der wasserfläche. Und die gewässer
stiegen überaus hoch über die erde empor, so dass alle die hohen
20 gebirge aller orten unter dem himmel überschwemmt wurden.
Fünfzehn ellen hoch stieg das wasser darüber empor, so dass die
21 gebirge überschwemmt waren. Da kamen um alle geschöpfe, die
sich auf der erde regten, an vögeln und zahmen und wilden thieren, und alles gewürm das auf erden kroch, samt allen menschen.
24 Und die gewässer nahmen zu auf der erde hundertfünfzig tage
VIII 1 lang. Endlich in rücksicht auf Noch und alle die wilden und
die zahmen thiere, die bei ihm in dem schiff waren, liess
Elohim wind über die erde wehen, so dass die gewässer fielen.
2 Da schlossen sich die strudel des Oceans und die gitter am
3 himmel. Und die gewässer nahmen ab nach verlauf von hundert-
4 fünfzig tagen. Da sass das schiff am siebzehnten tag des
5 siebenten monats auf einem der berggipfel von Ararat auf. Und
die gewässer nahmen immer weiter ab bis zum zehnten monat;
am ersten des zehnten monats wurden die gipfel der berge
13 sichtbar. Und im sechshundertsten jahre (Noch's), am ersten
tage des ersten monats, da waren die gewässer auf der erde
14 versiegt. Und am siebenundzwanzigsten tage des zweiten

15 monats war die erde ganz trocken geworden. Da redete
16 Elohim zu Noch folgendermaassen: Verlass das schiff samt
deinem weibe, deinen söhnen und deinen schwiegertöchtern.
17 Alle thiere, welche bei dir sind, alle geschöpfe, sowohl vögel
wie vierfüssler, wie alles gewürm, das auf der erde kriecht,
lasse gleichfalls hinaus, damit sie sich auf der erde tummeln
18 und sich fortpflanzen und vermehren auf der erde. Da gieng
Noch mit den seinigen, seinen söhnen und seinem weibe und
19 seinen schwiegertöchtern, heraus. Alle (vierfüssigen) thiere,
alle reptilien und alle vögel, alles was sich auf erden regt
nach ihren verschiedenen arten, verliessen das schiff.

IX 1 Da segnete Elohim Noch und seine söhne und sprach zu ihnen:
Pflanzet euch fort, damit ihr zahlreich werdet, und bevölkert
2 die erde. Und furcht und schrecken vor euch soll kommen über
alle vierfüssler auf erden und über alle vögel unter dem himmel,
über alles was sich auf erden regt, und über alle fische im
3 meere: in eure gewalt seien sie gegeben. Alles was sich
regt und lebt, soll euch zur nahrung dienen; ganz wie gras
4 und kraut weise ich es euch alles an. Nur fleisch, das noch
sein leben dh. sein blut in sich hat, dürft ihr nicht essen.
5 Dagegen euer eigenes blut will ich fordern; von jedem thiere
will ich es fordern, wie von den menschen; von jedem, der
seinen mitmenschen erschlägt, will ich das menschenleben
6 fordern. Wenn einer menschenblut vergiesst, so soll durch
menschen sein blut vergossen werden; denn als sein abbild
7 hat Elohim den menschen geschaffen. Ihr aber pflanzet euch
fort, damit ihr zahlreich werdet; regt euch auf der erde und
werdet zahlreich auf ihr.

8 Da sprach Elohim zu Noch und seinen söhnen, die bei ihm
9 waren, folgendermaassen: Ich meinerseits will eine verein-
10 barung treffen mit euch und euren nachkommen, sowie mit
allen lebendigen wesen, die bei euch sind, sowohl den vögeln
als den zahmen und wilden thieren, die bei euch sind, mit
11 allem was an gethier das schiff verlassen hat. Und zwar will
ich folgende vereinbarung mit euch treffen, dass künftig kein
geschöpf mehr durch fluthgewässer hinweggetilgt werden und
keine fluth mehr kommen soll um die erde zu verheeren.
12 Und Elohim sprach: Dies sei das zeichen der vereinbarung,
die ich zwischen mir und euch und allen lebendigen wesen,
13 die bei euch sind, treffe, auf die fernsten geschlechter. Meinen
bogen stelle ich in die wolken, damit er als ein zeichen der
14 vereinbarung zwischen mir und der erde diene. Und wenn
ich je wolken über der erde versammle und der bogen in den
15 wolken erscheint, so will ich dann der vereinbarung zwischen

mir und euch und allen lebendigen wesen, allen geschöpfen
gedenken, und es soll das wasser sich nicht wieder zu einer
16 fluth steigern, alle geschöpfe zu grunde zu richten. Und der
bogen soll in den wolken stehen, damit ich, wenn ich ihn an-
sehe, eingedenk werde der für alle zeiten gültigen vereinbarung zwischen Elohim und allen lebendigen wesen, allen
17 geschöpfen, die auf erden sind. Und Elohim sprach zu Noch:
Dies sei das zeichen der vereinbarung, die ich zwischen mir
und allen geschöpfen, die auf erden sind, getroffen habe.

Dass der jahvistische bericht den vorzug höherer alterthümlichkeit und verhältnissmässig grösserer ursprünglichkeit
gegenüber dem elohistischen besitzt, wird jetzt wohl niemand
mehr in frage stellen. Der Elohist zeigt durchweg planmässige
ausgestaltung, künstliche berechnung. Am handgreiflichsten
in der chronologie. Während dem Jahvisten 7 tage nach
der offenbarung an Noah der regen beginnt und dann 40
tage lang anhält, währt dem Elohisten die fluth 150 tage,
also 5 mondmonate lang, um dann allmählich und in bestimmt hervorgehobenen stufen abzunehmen; bis die erde
wieder völlig trocken geworden, verläuft die zeit von einem
jahre und 10 tagen dh. ein ganzes sonnenjahr (355 + 10).
Um diese dauer und ausdehnung der fluth wahrscheinlicher
zu machen, öffnet er nicht nur die schleussen des himmels
sondern auch die quellen des Oceans (7, 11), während der
Jahvist sich an regengüssen genügen lässt. Eine weitere
merkwürdige abweichung bieten die zahlen der thiere, die
von jeder gattung als samen für kommende zeiten mit-
genommen werden. Der Elohist scheint auf den ersten
blick hier einfacher und ursprünglicher zu sein. Er lässt
von allen gattungen je ein paar, ein männchen und ein
weibchen, in die arche eingehn; er unterscheidet nicht
zwischen reinen und unreinen thieren, aber er vergisst
nicht den zahmen und wilden thieren (dh. vierfüsslern) und
vögeln die reptilien zuzufügen: der Jahvist gedenkt nur
der thiere und der vögel, aber diese scheidet er nach dem
mosaischen gesetz in reine und unreine, und bestimmt ihre
zahl verschieden; die unreinen sollen nur durch je ein paar

vertreten sein, die reinen durch 7, doch nicht paare, wie man gewöhnlich versteht, sondern stücke (also 3.2 + 1). Die unreinen thiere sollen gegen die reinen in minderzahl sein, ausserdem aber musste stoff für das brandopfer vorgesehen werden, das der Elohist ausgemerzt hat. Und hiermit sind wir zu dem schroffen gegensatz naiv alterthümlicher sage und reflectierter umbildung geführt, der im abschluss der beiden erzählungen hervortritt. Der Jahvist lässt, hierin keineswegs in einklang mit dem jüdischen brauch, der zwar nur reine thiere, aber von diesen nur wenige zum opfer zulässt, Noah zum dank für die errettung ein brandopfer von sämmtlichen arten reiner thiere anrichten, und bewahrt dabei den alterthümlichen zug, dass Jahve 'den angenehmen duft riecht' und im wohlbehagen darüber bei sich beschliesst künftig den menschen und den lebewesen der erde gnädiger zu sein. Bei dem Elohisten dagegen spricht gott über Noah und seine familie, nachdem sie sammt allem gethier das schiff verlassen, seinen segen aus und schliesst dann mit ihnen einen bund, dessen wahrzeichen der regenbogen sein soll.

Was im Elohisten völlig verwischt ist, das vom Jahvisten erhaltene opfer und dessen wirkung auf den herrn, ist ein sicheres merkmal für die abhängigkeit der jüdischen sintfluthsage von der babylonischen. Noch Berosos gedenkt des opfers, aber in der keilschriftlichen fassung ist der alterthümliche zug der sage in seiner vollen ursprünglichkeit bewahrt: 'die götter rochen den duft, die götter rochen den guten duft, die götter sammelten sich wie fliegen um den opfernden' (z. 96), und so wird dort denn mit den anderen göttern auch Bel, der die fluth angeregt und keinen hatte verschonen wollen, zu dem opfer hingezogen (z. 105). Der grimm des Bel, als er des schiffes, das den Sit-napištim gerettet, ansichtig geworden, wird durch Ea, den gönner des geretteten, beschwichtigt, der den grundsatz zur anerkennung zu bringen weiss, dass die göttliche strafe nur den schuldigen treffen, aber nicht zu einer allgemeinen vernichtung schuldiger und unschuldiger führen dürfe. Aehnlich beschliesst in dem älteren berichte der Genesis Jahve bei sich, künftig die erde und alles lebendige nicht mehr um der menschen willen zu grunde zu richten. Die ganz veränderte darstellung des Elohisten ist es unmöglich als eine parallele oder gar ältere fassung jüdischer sintfluthsage zu betrachten. Einen bund mit Noah und seinen nachkommen abzuschliessen hatte Gott der herr keine veranlassung; erst der ordnende geist des schriftstellers, der die spuren alterthümlicher sage tilgte, hat die sintfluth zu einem ausgangspunkt der israelitischen geschichte gemacht, der durch einen bund zwischen Gott und seinem auserwählten volke besiegelt werden musste.

Es ist nicht meine absicht, den babylonischen und die jüdischen berichte bis in alle einzelheiten zu vergleichen; aber ein punkt hat trotz scheinbarer nebensächlichkeit doch so grosse bedeutung, dass ich nicht unterlassen darf darauf hinzuweisen, die aussendung der vögel. Der Jahvist, der allein sie bewahrt (s. 17), lässt zuerst einen raben ausfliegen und nicht zurückkehren; dann werden in zwischenräumen von je sieben tagen tauben aufgelassen: die erste kehrt erfolglos zurück, die zweite bringt einen frischen ölzweig, die dritte kehrt nicht wieder und giebt dadurch das zeichen, dass die erde bewohnbar geworden. Die sieben tage kennt auch die keilschrift, in der weise, dass sie die auflassung des ersten vogels auf den siebenten tag, nachdem das schiff auf dem berge Niṣir aufgelaufen war, ansetzt. Sie kennt ausserdem drei aussendungen von vögeln und stimmt darin mit dem kürzeren, auf die art der vögel nicht eingehenden bericht des Berosos und Abydenos. Ṣit-napištim lässt zuerst eine taube aufsteigen, später eine schwalbe: beide kehren, da sie noch keinen halt finden, zurück; erst der dritte vogel, ein rabe, lässt sich zum frasse nieder und kehrt nicht wieder. Berosos hat noch den schönen zug bewahrt, durch den wir den bericht des keilschriftepos ergänzen dürfen, dass die an zweiter stelle aufgelassenen

vögel bei ihrer rückkehr schlamm an den krallen tragen
(s. s. 16). Wenn wir nach diesem überblick wieder vor
den bericht des Jahvisten treten, werden wir leicht uns
überzeugen, dass der rabe, der dort eine völlig unnütze
rolle spielt, mit ebenso viel treue als unverstand aus über-
kommener sage fortgeführt ist. Die alte dreiheit der vogelsendungen, welche unsere drei babylonischen berichte her-
vorheben, ist insofern bewahrt, als dreimal eine taube aufgelassen wird. Die dritte taube ist an die stelle des keilschriftlichen raben getreten; von einem planmässigen schriftsteller, wie es der Elohist war, würde darum der rabe ausgemerzt worden sein: der Jahvist hat sich dazu nicht ent-
schliessen können, sondern lässt ihn an unpassender stelle
dasselbe thun, was er nach der keilschrift an dritter stelle
thun musste.

3 Die indische fluthsage liegt schon in der an die
Veden sich anschliessenden litteratur der Brāhmaṇa vor.
Das Brāhmaṇa 'der hundert pfade'[1] erzählt, wie Manu,
der erste mensch, der sohn des sonnengottes Vivasvat bei
der waschung ein fischlein in die hand bekam, das ihn
um schonung und pflege bat und zum entgelt dafür versprach ihn zu retten, wenn eine fluth die übrigen geschöpfe
vertilgen werde. Der fisch wurde erst in eine schüssel
gesetzt, und da er fortfuhr zu wachsen und sich auszudehnen, erst in einen graben, dann ins meer gebracht, wobei
er dann Manu die zeit angab, wann die fluth erfolgen
werde, und ihn bis dahin ein schiff bauen hiess. Als die
zeit gekommen war, bestieg Manu das schiff, der fisch
stellte sich ein und zog das an seinem horn befestigte
schiff durch die gewässer, bis es auf dem gipfel eines
hohen berges anlangte; dort band Manu auf geheiss des

---

[1] Çatapatha-Brāhmaṇa I 8, 1—10 übersetzt von Ad. Weber Ind.
studien I 161 f. Ind. streifen I 9 f. Max Müller History of ancient
Sanskrit literature p. 425 JMuir Original Sanscrit texts 1, 182 Egge-
ling in Sacred books of the East b. XII s. 216 ff. PRegnaud, Comment naissent les mythes (Par. 1897) p. 66 ff.

fisches das fahrzeug an einen baum, und stieg dann in
dem maasse, als die fluth sich senkte, den berg hinab.
Aus seinem inbrünstig mit dem gebet um nachkommenschaft dargebrachten butter- und milchopfer entstand in
jahresfrist ein weib, das sich seine tochter nannte, Idā (der
'segensspruch'); durch ihre hülfe erzeugte er das menschengeschlecht, das nach ihm sich nennt. Ich lasse die stelle
nach der wörtlichen übersetzung Ad. Webers hier folgen.

Dem Manu brachten sie (seine diener) früh waschwasser, so
wie man das jetzt noch für die hände zum abwaschen herbei-
2 bringt; als er sich wusch, kam ihm ein fisch in die hände. Der
sprach zu ihm: 'Pflege mich, ich will dich retten'. "Wovor
willst du mich retten?" 'Eine fluth wird alle diese geschöpfe
fortführen, davor will ich dich retten.' "Wie soll ich dich
3 pflegen?" Er sprach 'so lange wir klein sind, ist uns viele gefahr, denn ein fisch frisst den andern: du magst mich zuerst in
einer schüssel bewahren; wenn ich für dieso zu gross werde,
magst du eine grube graben und mich darin nähren; wenn ich
dafür zu gross werde, dann magst du mich hinab ins meer schaffen,
denn dann werde ich den gefahren gewachsen sein'.
4 Bald war er ein grossfisch (jhasha), denn er wuchs gewaltig.
Da (sprach er) 'Das und das jahr wird die fluth kommen, dann
magst du ein schiff zimmern und zu mir dich wenden (im geiste):
wenn die fluth sich erhebt, magst du das schiff besteigen, dann
5 will ich dich retten'. Nachdem er ihn also gepflegt, schaffte er
ihn hinab ins meer; das wievielte jahr er ihm nun anzeigte, das
sovielte jahr zimmerte er ein schiff und wandte sich zu ihm.
Als die fluth sich erhob, bestieg er das schiff; der fisch schwamm
zu ihm heran, an dessen horn band er (Manu) das tau des
schiffes; damit setzte er (der fisch) über diesen nördlichen berg[1].
6 Er sprach 'Ich habe dich gerettet. Binde das schiff an einen
baum, damit dich nicht, ob du auch auf dem berge bist, das
wasser fortspült: wenn das wasser allmählig fallen mag, dann
magst du auch allmählig hinabsteigen'. Er nun stieg so allmählig
hinab, darum ist für den nördlichen berg dieser (jetzige name) 'des
Manu herabsteigen' (*Manor avasarpaṇam*). Die fluth nun führte
7 alle diese geschöpfe fort, Manu blieb allein übrig. Er lebte
betend und fastend, nach nachkommenschaft begierig; da ver-
richtete er auch das *pāka*-opfer, er opferte *ghee* (*ghṛta* geklärte
butter), dicke milch, molken und matte ins wasser. Daraus ent-

---

[1] nach anderer lesart: damit eilte er zum nördlichen berge hin.

stand in einem jahr ein weib; sie stieg (ghee) träufelnd hervor, ghee troff auf ihren fussstapfen. Mit ihr kamen Mitra und
8 Varuṇa zusammen; sie sprachen zu ihr 'Wer bist du?' "Des Manu tochter". 'Die unsere sage'. "Nein" sprach sie "wer mich erzeugte, dessen bin ich". Sie wünschten an ihr einen theil: das versprach sie, oder vorsprach es nicht, gieng aber
9 weiter; sie kam zu Manu. Manu sprach zu ihr 'Wer bist du?' "Deine tochter". 'Wie so, herrliche, meine tochter?' "Jene opfergaben, die du ins wasser opfertest, ghee, dicke milch, molken, matte, daraus hast du mich erzeugt. Ich bin der segensspruch (*Idā*). Wende mich beim opfer an. Wenn du mich beim opfer anwenden wirst, wirst du reich an nachkommenschaft und vieh werden. Welchen segensspruch du irgend mit mir wünschen wirst, der wird dir ganz zu theil werden". Er wandte sie nun in der mitte des opfers an: denn das ist die mitte des opfers, was zwischen den vorceremonien und nachceremonien stattfindet.
10 Er lebte mit ihr betend und fastend, nach nachkommenschaft begierig; er erzeugte durch sie dieses geschlecht, was jetzt hier das geschlecht des Manu heisst. Welchen segenswunsch er irgend mit ihr wünschte, der ward ihm zu theil.

Eine unzweideutige beziehung auf diese sage ist im bereiche der vedischen litteratur bis auf eine stelle des Kāṭhaka, auf welche A Weber aufmerksam gemacht hat[1] 'die wasser wischten dies (die-existierende welt) aus, Manu allein blieb übrig' (wie oben Çatap. v. 6 am ende) nicht gefunden worden. Es ist wichtig festzustellen, dass die indische fluthsage schon in vedischer zeit allen wesentlichen zügen nach feststand. Manu, der urvater der menschen, der sohn des sonnengottes, ist es, der durch die fluth zur höhe gehoben wird und von des berges gipfel allmählig herabsteigt; er ist es, der (und zwar kraft seines gebetes und opfers) die übrigen menschen und wesen schafft. Durch die verderbtheit einer sündigen menschheit wird die austilgende fluth nicht motiviert. Zwar findet Weber in dem worte, das jene stelle des Kāṭhaka für 'auswischen' gebraucht (*niramṛijan*), 'einen hinweis auf den reinigenden, entsühnenden charakter der fluth'; aber keine andeutung

---
1 Weber in Kuhns und Schleichers Beiträgen zur vergl. sprachf. 4, 288 Ind. streifen 1, 11 anm. 3.

der älteren Sanskritlitteratur gestattet diese reinigung auf
die sünde zu beziehen; erst in dem epos und den Purāṇas
werden, wie mich HJacobi belehrt, die weltzerstörungen
durch wasser oder feuer mit der verderbtheit der geschöpfe
begründet. So ist denn die berühmte episode des Mahābhārata,
das Matsyopākhyāna, nicht mehr als eine reicher aus-
gemalte schilderung derselben vorgänge, die schon das
Brahmaṇa erzählt. Die abweichungen sind nicht tiefgrei-
fend. Im epos kommt der fisch aus eigenem antrieb zu
Manu um hilfe zu erbitten (v. 6 f.); er wird erst in einen
trog (v. 11), dann einen teich (15), sodann in den Ganges
(19), endlich in das meer (23) gesetzt; der Ganges ist hier
eingeschoben; im schiffe fährt nicht Manu allein, sondern
mit ihm die sieben seher, ausserdem ist samen jeglicher
art darin geladen (31 f.); im epos wird sodann hervorgehoben (v. 46), dass die fahrt durch die fluth viele jahre
gedauert habe und die landung an dem gipfel des Himālaya erfolgt sei (v. 47 ff.); das bemerkenswertheste aber ist,
dass am ende der fisch selbst sich als gott Brahman ent-
hüllt und Manu die gabe verleiht, alle wesen, einschliess-
lich götter, Asuren und menschen, zu schaffen (v. 51 f.).
Wie diese welt von Manu erschaffen wurde, darüber geht
das epos mit kurzen andeutungen hinweg, während das
alte Brahmaṇa wenigstens den anfang mit priesterlicher
phantasie ausführt. Eine neue, ton und haltung des epos
nachbildende übertragung der stelle[1] verdanke ich meinem
freunde HJacobi:

---

[1] früher FBopp, Die Sündflut nebst drei anderen... episoden
des Mahâ-Bhârata (Berl. 1829) s. 1 ff. Allöfer, Ind. gedichte in deutscher nachbildung (Leipz. 1844) 1 29 ff. Milman, Nala and Damayanti
and other poems, Oxf. 1835. Muir Orig. Sanskrit texts 1² 199. The
Mahabharata translated into English prose, published... by Protap
Chandra Roy t. III (Calcutta 1884) p. 552 ff.

Matsyopākhyāna
(M. Bh. III 187, 2 ff.)

2 Vivasvat hatte einen sohn, einen grossen seher, voll hoheit,
3 herrlich wie Prajāpati, den Manu; der übertraf seinen vater und
grossvater an stärke, kraft, schönheit und zumal an askese. In
4 der grossen Badarī-einsiedelei übte der könig mit erhobenen
5 armen auf einem beine stehend harte, grosse busse. Und gesenkten haupts, nie blinzelnden aug's, büsste er furchtbare busse
6 zehntausend jahre lang. Als er so in nassem gewande, mit flechten auf dem haupte büsste, kam zu ihm an der Ciriṇī strand
7 ein fisch und sprach: 'Ich bin ein winziger fisch, vor den starken fischen schwebe ich in gefahr; davor, frommer, musst du mich
8 schützen. Dass die starken den schwachen verzehren, gilt besonders bei den fischen; nach ewiger satzung so nur zu leben
9 ist uns für immer bestimmt. Aus dieser grossen fluth von nöthen, in der mir ja der untergang droht, musst du mich retten; in zu-
10 kunft werde ich dir deine wohlthat vergelten.' Nach diesen worten des fisches von mitleid ganz erfüllt, nahm Manu, Vivas-
11 vat's sohn, ihn in seine hand. Manu, Vivasvat's sohn, brachte den fisch, glänzend wie mondesschein, zum wasserrand und that
12 ihn in einen trog. Wohl gepflegt wuchs drin der fisch; und
13 Manu wurde ihm wie einem sohne gar sehr zugethan. Nach langer zeit wurde der fisch so gross, dass er in dem troge nicht
14 mehr platz hatte. Und als er Manu sah, sprach er wieder zu ihm: 'Wohlan, erhabener, bereite mir jetzt eine andere stätte.'
15 Da nahm der erhabene Manu den fisch aus dem troge und
16 brachte ihn in einen grossen teich. Dort setzte ihn Manu aus;
17 und weiter wuchs der fisch während vieler, vieler jahre. Zwei meilen lang und eine breit war dieser teich; aber der fisch hatte
18 nicht raum genug darin zum herumtummeln. Und als er Manu
19 sah, sprach er wieder zu ihm: 'Bringe mich, erhabener, heiliger,
20 zur Gangā, des Oceans lieber gattin, dort zu leben. Doch wie es, lieber, dir gefällt; denn willig deinem befehle zu gehorchen liegt mir ob; dank dir, reiner, bin ich ja so ungeheuer gewachsen.'
21 So angeredet brachte Manu, der erhabene selbstbezähmer, den fisch zum flusse Ganges, und dort setzte ihn der ewige aus.
22 Und dort wuchs der fisch einige zeit; und als er Manu sah,
23 sprach er wieder zu ihm: 'In dem Ganges kann ich mich ob meiner länge nicht mehr tummeln, herr; bringe mich schnell zum
24 Ocean, erweis mir diese gunst, erhabener.' Darauf nahm Manu selbst den fisch aus dem wasser des Ganges, brachte ihn zum
25 Ocean und liess ihn dort frei. So gross der fisch auch war, so

war er doch leicht zu tragen für Manu auf seinem gange; ange-
26 nehm war er ihm für berührung und geruch. Als da der fisch
vom Manu im meere ausgesetzt war, schien er zu lächeln und
27 sprach: 'Du, erhabener, hast mir jeden schutz gewährt; von mir
28 lerne nun, was dir jetzt zu thun frommt. In bälde wird, o erhabener, alles auf erden, was da steht und was sich bewegt,
29 zu grunde gehen, o edler. Jetzt ist die zeit der weltüberschwemmung angebrochen; drum lehr ich dich, was dir zum höchsten heil
30 gereicht. Für lebendes und lebloses, für das was sich regt und
reglos ist, für alles dies bricht nun herein die schwere, schwere
31 schreckenszeit. Erbaue dir ein festes schiff, mit tauen wohl be-
spannt. Das besteige, grosser weiser, zusammen mit den Sieben
32 sehern (*rshi*); und bringe an bord samen jeglicher art, wie es
vor zeiten die Brahmanen lehrten, und berge ihn gut, jeden be-
33 sonders. An bord, o liebling der weisen, erwarte mich; ich
werde kommen; an meinem horne wirst du, büsser, mich er-
34 kennen. Dies musst du thun, leb wohl; ich gebe fort. Ohne
35 mich kannst du nicht über das weite wasser kommen; zweifle
nicht an meinem wort, o herr.' "Ich führ' es aus" antwortete
36 er dem fisch. Und abschied von einander nehmend gieng jeder
37 seine wege. Wie der fisch es ihm geboten hatte, fuhr Manu
auf schönem schiffe mit samen aller art auf dem hochwogenden
38 Ocean. Und Manu gedachte da jenes fisches, und seinen ge-
39 danken errathend kam flugs der gehörnte fisch herbei. Als
Manu in dem Ocean den gehörnten fisch erblickte, in der voraus-
40 gesagten gestalt, wie einen ragenden berg, da befestigte er ein
aus tauen gewundenes seil an des fisches kopf, an seinem horn.
41 Festgebunden mit diesem seil zog der fisch das schiff aufs
42 schnellste durch die salzfluth und steuerte jene auf ihrem schiff
43 über den Ocean mit seinem wogentanz und wassergebrüll. Und
auf dem meere von orkanen geschüttelt wirbelte das schiff wie
44 eine trunkene dirne. Kein land zeigte sich und alle himmels-
gegenden waren unkennbar; alles war ein wasser und luft und
45 himmel. So war die welt in wirrsal, und drin waren nur die
46 Sieben seher, Manu und der fisch zu sehen. Viele, viele jahre
schleppte so der fisch unermüdet das schiff in dem schwall der
47 gewässer. Wo der höchste gipfel des Himālaya ragt, dahin
48 schleppte der fisch das schiff und er sprach zu den sehern mit
sanftem lächeln: 'Auf diesem gipfel des Himālaya verankert
49 schnell das schiff.' Alsbald legten die seher das schiff dort vor
anker, gemäss den worten des fisches, an den gipfel des Himālaya.
50 Und jener hohe gipfel des Himālaya heisst noch heute der
Schiffsankerplatz (*naubandhanam*) — dies sei dir kund, o Bha-
51 ratersier! Da sprach der fisch zu den sehern in ihrer runde:

'Ich bin Brahman, der Prajāpati; keinen höhern gibts als mich;
52 in fischgestalt habe ich euch aus dieser gefahr befreit. Und
Manu soll alle wesen schaffen mitsammt göttern, Asuren und
53 menschen, und allen welten und was sich regt und was reglos
ist. Und durch schwere busse wird ihm eine eingebung zutheil
54 werden; durch meine gnade wird er nicht in irrthum verfallen
bei der erschaffung der wesen.' Nach diesen worten verschwand
55 sofort der fisch. Manu aber selbst in seinem verlangen die wesen
zu schaffen, gerieth in verwirrung über die erschaffung der wesen;
56 drum that er grosse busse. Mit grossem busselohn ausgerüstet,
begann da Manu zu schaffen alle wesen, in eigener person, wie
57 alles sich gehört. — So ist[1] von mir das berühmte Purāṇa namens
58 Mātsyaka, diese alle sünden tilgende legende, erzählt worden. Der
mann, der stets diese geschichte Manu's von anfang an hört, der
wird glücklich, reich an allen dingen und erlangt die ganze welt.

4 Das sagenfrohe volk der Griechen hat sich mit
der sintfluth verhältnissmässig spät beschäftigt. In den Homerischen gedichten findet sich nicht die spur einer hinweisung oder anspielung auf das grosse ereigniss[2], nach
welchem erst die geschichte des volks beginnen konnte.
Selbst in Hesiodeischen werken, deren dichter in so naher
verbindung mit der landschaft des Parnass gestanden,
scheint der fluth mit keiner silbe gedacht worden zu sein.

---

1 Die beiden letzten çloken enthalten die am schluss der einzelnen abschnitte oder abenteuer des epos übliche segensversicherung
für die hörer, das sog. *çravaṇaphala* di. 'lohn für das anhören'.
Schon in den Brahmaṇas und Upanishads sind ähnliche verheissungen
üblich. Es ist bemerkenswerth, dass auch in den christlichen legenden dem abschreiber, besitzer oder leser der lebens- und leidensgeschichte eines märtyrs vergebung der sünden und wohlstand zugesichert wird; richtige märtyror wie Marina (Acta s. Marinae et s. Christophori in der Festschrift der univ. Bonn für Heidelberg 1886 p. 43,
17—37 vgl. 44, 11—23) und Christophoros (ebend. 74, 16) boten ausdrücklich darum.

2 Freilich hat man eine andeutung in dem bilde der Ilias
Π 384 ff. finden wollen, wo von den verderblichen überschwemmungen
gesprochen wird, die Zeus durch herbstliche regengüsse über gottlose,
das recht beugende menschen verhänge. Aber der nicht seltene naturvorgang wird dadurch, dass er nach antiker vorstellung auf gottes
zorn zurückgeführt wird, noch nicht mythologisch.

Man hat daraus, dass die Prometheuslieder und namentlich die dichtung von den weltaltern, welche auf die sage hinführen musste, davon schweigen, einen schluss auf späteres hervortreten der fluthsage machen wollen [1]. Da die abfolge der metalle durch das heroengeschlecht (Werke 156 ff.) unterbrochen wird, das eine anknüpfung an Deukalion leicht gestattete, so hinderte nichts den untergang des gewaltthätigen chernen zeitalters (143—155) durch eine von Zeus verhängte sintfluth herbeizuführen. Der dichter dieser weltalter, das müssen wir bereitwillig zugeben, hat die Deukalionische fluth nicht gekannt oder nicht an sie gedacht. Aber weitere ausdehnung dürfen wir dem schluss nicht geben; bewiesen ist die unkenntniss der sage nur für den dichter einer einlage von 93 versen. Die entscheidung darüber, ob die Hesiodeischen dichter die fluth berücksichtigten, liegt in dem Frauenkatalog, der die reihen der griechischen heroen- und adelsgeschlechter von dem urpaar Deukalion und Pyrra ableitete. Diese dichtung ist zwar verloren, aber von den mythographischen gelehrten des alterthums fleissig gelesen und ausgebeutet worden. Obwohl uns nun nirgend berichtet wird, ob und wie in derselben die Deukalionische fluth erzählt war, darf doch aus den erhaltenen versen über Lokros (fr. 141 Rz.) unter der voraussetzung, dass der dichter eine folgerichtig zusammenhängende erzählung geliefert hatte, mit einer gewissen sicherheit ein schluss gezogen werden. Wenn hier die Leleger abgeleitet werden von den vielen 'aufgelesenen' steinen, zu denen Zeus dem Deukalion verholfen (λεκτοὺς ἐκ γαίης ἀλέας πόρε Δευκαλίωνι), so wird damit die sage vorausgesetzt, dass Deukalion und Pyrra durch rückwärts geworfene steine ein neues menschengeschlecht schufen. Da aber Deukalion nach derselben dichtung (fr. 21 f.) sohn des Prometheus war, den auch sonst die Hesiodeischen gedichte als wohlthäter des menschengeschlechts feiern, so folgt

---

[1] Nöldeke, Im neuen reich 1872 b. I 256.

weiter, dass die erneuerung des menschengeschlechts durch
die vorgängige sintfluth nothwendig geworden war. In dem
Hesiodeischen Frauenkatalog scheint also die Deukalionische
fluth, wenn auch kurz, erzählt gewesen zu sein. Hohes alter
kann freilich dem indirect gewonnenen zeugniss nicht bei-
gemessen werden: der Frauenkatalog ist schwerlich vor
etwa 600 abgefasst[1], und es liegt nahe, seine entstehung
mit dem aufschwung des hellenischen gemeingefühls, der
sich in der neuordnung der Pythischen spiele (586) aus-
spricht, in zusammenhang zu setzen.

Sicher haben die logographen der grossen fluth in
ihren geschichtsbüchern eine stelle eingeräumt. Als ersatz
für sie muss uns heute der zusammenfassende bericht des
Apollodorischen handbuchs dienen[2].

'Zeus wollte das eherne geschlecht vernichten; da
zimmerte Deukalion auf den rath seines vaters Prometheus
einen kasten, trug lebensmittel hinein und bestieg ihn mit
seinem weibe Pyrra. Zeus aber liess grosse regengüsse
vom himmel strömen, womit er den grössten theil des
Griechenlandes überschwemmte, dergestalt, dass alle menschen vernichtet wurden bis auf wenige, die sich auf die
nächsten hohen berge geflüchtet. Damals geschah es auch,
dass die gebirge im osten Thessaliens sich spalteten und
dass alles land bis zum Isthmos éin wasserspiegel war.
Doch Deukalion trieb in dem kasten durch das meer hin
neun tage und neun nächte lang, bis er am Parnass landete,
und dort, als die regengüsse aufgehört, stieg er aus und
brachte dem Zeus, der seine fahrt geleitet (Διὶ Φυξίῳ),
ein opfer. Da schickte Zeus den Hermes zu ihm und
stellte es ihm anheim, einen wunsch zu äussern; er bat sich
aus, menschen zu bekommen. Nach angabe des Zeus hob

---

1 vgl. AKirchhoff, die Hom. Odyssee (1879) s. 330 (Composition
der Odyssee s. 66 f.).
2 Apd. I 7, 2 (danach schol. AD zu A 126, auch sch. Plat. Tim.
p. 22ª) vgl. III 8, 2, 1. 14, 5, 1.

er steine auf und warf sie über den kopf. Und die von Deukalion geworfenen steine wurden männer, die von Pyrra weiber. Daher kommt denn der ausdruck λαοί für leute oder völker, weil sie aus steinen (λᾶοι)[1] entstanden waren.' Wenn wir hinzufügen, dass Deukalion vorher könig der Phthiotischen landschaft gewesen sein und mit Pyrra Hellen, den stammvater des Hellenenvolkes, Amphiktyon, den nachfolger des Kranaos in der herrschaft über Attika, und die Protogeneia erzeugt haben soll, so haben wir alles zusammengestellt, was das mythographische handbuch von Deukalion zu berichten weiss.

Der logograph Hellanikos war in seiner Deukalionie einer abweichenden überlieferung gefolgt. Die fluth trug bei ihm den kasten nicht an den Parnass, sondern an das Othrysgebirge. Deukalion wird infolge dessen könig Thessaliens; er errichtet nach der rettung den zwölf göttern einen altar (fr. 15. 16). Auch nach Hekataios (fr. 334) herrschten die nachkommen des Deukalion in Thessalien. Gewichtige gründe konnten für diese fassung zu sprechen scheinen. Ein theil der Phthiotischen landschaft hatte, wie man sich erinnerte, vormals den namen Hellas geführt. In dieser gegend lag später die stadt Melitaia, und auf dem markte des ortes zeigte man das grab des Hellen, der als Deukalions erbe das land Hellas beherrscht hatte[2]. Ein alter name Thessaliens oder einer Thessalischen landschaft unterhielt die erinnerung an Pyrra: wiederholt wird uns diese Πυρραία bezeugt; Πύρρα soll auch der ältere name der stadt Melitaia gewesen sein, und ist einer stadt auf der halbinsel der Magneten verblieben[3]. Der bericht des Hellanikos hat lange fortgewirkt; noch Filaster der bischof von Brescia[4]

---

[1] über λᾶος neben λᾶας s. ADieterich, Die grabschrift des Aberkios s. 24 f. anm. 4.
[2] Strabo IX p. 431 f. vgl. [Dikaiarch] fr. 61, 2 (*FHG* 2, 263).
[3] Πύρρα für Melitaia Strabo IX p. 432; auf Magnesia Plinius n. h. 4, 32.
[4] Filaster haeres. 122 p. 88, 4 Marx 'quod (diluuium Deucal.)

weist in seinem ketzerbuch, das in den achtziger jahren des IV jh. entstanden ist, der Deukalionischen fluth als schauplatz Thessalien an.

Nach Akusilaos haben Deukalion und Pyrra das menschengeschlecht durch rückwärts geworfene steine geschaffen (fr. 7). Der enge zusammenhang des Akusilaos mit der Hesiodeischen katalogpoesie ist bekannt; dass wir auch in diesem falle aus der erzählung des Akusilaos einen rückschluss auf den Frauenkatalog machen dürften, beweist das oben (s. 32) angezogene bruchstück.

Von Pherekydes wissen wir wenigstens, dass er in übereinstimmung mit Apollodor Protogeneia als tochter des Prometheus und der Pyrra bezeichnet hatte. Dass ihm die grundlage des Apollodorischen berichtes entnommen sei, lässt sich aus dieser übereinstimmung vielleicht vermuthen, aber nicht erweisen.

Der älteste zeuge der sintfluthsage ist für uns jetzt Pindaros. In dem preisliede auf den Opuntischen Olympioniken Epharmostos (Ol. 9, 41 ff.) kommt er auf die urgeschichte der Opuntischen Lokrer zu sprechen. Er will das lob der stadt verkünden, in der Protogeneia, das 'erstgeborene' weib, gewohnt (Opus), und erzählt: als durch die maassregeln des Zeus die wasserfluthen, welche die schwarze erde überschwemmt hätten, zurückgegangen seien, da sei nach dem rathschlusse des Zeus Pyrra und Deukalion vom Parnass herabgestiegen, und sie hätten in Opus sich zuerst ein haus gegründet; menschen aber hätten sie sich dadurch geschaffen, dass sie 'ohne ehebett steinerne nachkommenschaft sich als volksgenossen gegründet'. Diese kurze andeutung setzt voraus, dass den hörern die sage sowohl von Deukalions rettung am Parnass als von der erneuerung des menschengeschlechts

---

fit quidem post annos in Thessalia in loco interdum modico'. Nur möge man dort die worte p. 87, 25 'et arcam uelut in Graecia fuisse post diluuium adserunt' nicht so missverstehen, als ob man auf einem Thessalischen berge die arche gezeigt habe.

durch rückwärts geworfene steine vollkommen geläufig war.
Zum überfluss spricht uns das Pindar mit klaren worten aus,
wenn er von jenen andeutungen der bekannten Deukalionsage zu der weniger bekannten geschichte des von Deukalion ausgegangenen herrschergeschlechtes in Opus mit dem
hiebe auf Simonides überleitet (v. 48): 'lobe beim wein das
alter, bei den blüthen der lieder die neuheit' [1].

Jeder, dem classische bildung nicht fremd geblieben
ist, kennt die schilderung des Horatius (Od. I 2, 5)

> Angst ergriff das volk, dass mit ihren schrecken
> Uns die sintfluth Pyrras von neuem drohe,
> Da der meergott berge zu schauen seine
> Robben emportrieb,
>
> Da die fischbrut hieng in der ulme wipfel,
> Den die tauben sonst sich zum nest erkoren,
> Und der scheue hirsch auf den hochgethürmten
> Wogen dahin schwamm.

Die umkehrung der natur, der wechsel des wohnortes für
die thiere des waldes und des wassers ist ein stehendes bild
überall, wo die schrecken der grossen fluth ins einzelne geschildert werden. Charakteristische einzelzüge kehren in auffallender weise wieder. Bei Lykophron (v. 80 ff.) lesen wir
folgende schilderung: 'die thürme in der ebene stürzten ein,
und die menschen schwammen einher, das letzte stündlein
vor den augen; an bucheckern aber und eicheln und süssen
trauben nährten sich jetzt walfische, delphine und robben.'
Alle einzelheiten wiederholen sich in der ausgeführten schilderung des Ovidius [2]: 'häuser und tempel, die nicht von den
wogen umgerissen sind, die thürme selbst liegen begraben
unter dem wasser.... ein mensch rettet sich auf einen
hügel, ein anderer sitzt im kahne und rudert da, wo er

---

1 Das weiss auch der alte scholiast zu Ol. 9, 70 κοινὰ τὰ περὶ Δευκαλίωνα καὶ Πύρραν.
2 Ovid metam. 1, 288 ff. vgl. Nonnos Dion. 6, 263 ff.

jüngst noch gepflügt; jener fährt über saatland oder den
first eines begrabenen landhauses; dieser fasst einen fisch
im wipfel des ulmbaums . . . . und wo schlanke ziegen gras
gerupft, da legen jetzt unförmliche robben ihre leiber hin . . . .
in den wäldern hausen delphine, rennen an die hohen äste
und stossen an die bewegten eichstämme.' Ein bedeutender
dichter muss das vorbild, das Horatius und Lykophron vor
augen hatten, geschaffen und dem vorgänger des Ovidius
den anstoss zu einer ausgeführten schilderung gegeben haben.
Es kann nicht wohl ein anderer als Alkaios gewesen sein.
Aber sicherlich hatte er die sintfluth nicht um ihrer selbst
willen geschildert, sondern sie wie Horatius als schreck-
gespenst der durch unglückdrohende vorzeichen geängstigten
mitbürger berührt. Auch für Pindaros ist die der menschheit untergang bereitende überschwemmung eines der übel,
das durch die von ihm besungene sonnenfinsterniss verkündet
sein könnte (fr. 107, 16). Nicht einmal dies kann als erwiesen hingenommen werden, dass Alkaios die fluth, die er
schilderte, ausdrücklich als die Deukalionische bezeichnet
habe; diese beziehung könnte sehr wohl erst von den be-
nutzern zugefügt sein.

Die einzige dichterische darstellung der sintfluth verdanken wir dem Ovidius. An seine schilderung der vier
weltalter reiht er die erzählung von den himmelstürmenden
Giganten (met. 1, 151 ff.) und lässt aus deren blute ein
geschlecht gottloser, mordgieriger menschen entstehen. Um
sie zu versuchen, steigt Zeus auf die erde nieder und
kehrt bei Lykaon ein. Er muss es erleben, dass nicht nur
während der nacht ein mordversuch gegen ihn gerichtet,
sondern auch das fleisch eines geschlachteten Molosser-
knaben ihm zur speise vorgesetzt wird. Die rache, die er
an dem frevler durch verwandlung in einen wolf genommen,
genügt dem himmelsvater nicht; er beschliesst, das ganze
geschlecht dieser sündigen menschen durch wassersnoth zu
vernichten. Die überschwemmung und ihre folgen werden
ausführlich geschildert (262—312). Erst zum schlusse

hören wir, dass auf der höhe des zweihäuptigen Parnass, der allein aus den wogen hervorragte, Deukalion und Pyrra mit dem kleinen fahrzeug, das sie getragen, landeten. Sofort richten sie ihr gebet an die gottheiten des gebirges und die zukunft kündende Themis. Zeus, der es sieht und die geretteten als fromme und gerechte kannte, freut sich ihrer rettung, stellt den regen ein und lässt die fluthen abfliessen. Verzagend sehen die geretteten, dass sie allein auf der verödeten erde zurückgeblieben. Themis, an welche sie sich wenden, gibt ihnen die weisung, mit verhülltem haupte und entgürtetem gewande die 'gebeine der grossen mutter rücklings zu werfen' (v. 382 f.). Lange stehen sie rathlos; da findet Deukalion die lösung, und sofort schreiten sie zum werke. Verhüllt und entgürtet werfen beide aufgelesene steine rückwärts über den kopf, und die steine erweichen und recken sich und werden zu menschen, die von Deukalion geworfenen zu männern, die steine der Pyrra zu weibern.

Allerdings ist spät noch einmal die fluth dichterisch dargestellt worden, aber es ist nicht die Deukalionische. Nonnos[1] lässt Zeus im zorne über die tücke, mit der die Titanen den Dionysos-Zagreus gemordet und zerstückelt hatten, einen weltbrand entfachen und diesen dann durch eine überschwemmung der erde löschen (Dion. 6, 229 ff.). Um diese zu schildern bietet er eine fülle übel angebrachter mythologie auf. Mitten darin erscheint ganz beiläufig (v. 366—70) Deukalion in einsamem kasten (λάρναξ 370) hoch auf den wassern fahrend; wie ein schattenbild gleitet er an dem leser vorüber, ohne dass dieser hörte, wie Deukalion in den kasten gekommen oder wo er gelandet. Der fluth wird dadurch ein ende bereitet, dass Poseidon

---

[1] An einer anderen stelle 3, 211—4 gedenkt Nonnos der Deukalionischen fluth, aber ohne irgend einen wichtigeren zug der sage zu berühren: Deuk. durchfurcht allein mit seinem weibe, während die übrigen menschen umkommen, in der λάρναξ die hoch gestiegenen fluthen. Vgl. auch 12, 59—63.

mit dem dreizack die felsenmassen spaltet und so einen abfluss durch das Tempethal schafft (373 ff.).

Wichtig ist die fluthsage auch für die griechische philosophie geworden. Als die Platonische zeit vor dem räthsel der jahrtausende alten cultur Aegyptens stand, gestattete die erinnerung an die fluthsage das alter der aegyptischen und die jugend der hellenischen geschichte zu erklären. Während Aegypten nur seine jährliche Nilschwelle hatte, war in den übrigen ländern durch verheerende fluthen alles vernichtet worden, was frühere menschengeschlechter geschaffen und erfunden hatten; denn die wenigen hirten und jäger, die auf den höhen der gebirge diesen verheerungen entronnen waren, hatten einen zu harten kampf um das nackte dasein zu führen, als dass sie die früheren errungenschaften des menschengeschlechtes hätten fortführen können [1].

Sobald man sich zu der vorstellung wechselnder weltperioden erhob, musste auch die alte sage von der grossen fluth ihre stelle im system der naturphilosophie erhalten. Das grosse weltjahr brauchte wie das gewöhnliche sonnenjahr seinen hochsommer, die zeit des weltbrandes (ἐκπύρωσις), und seinen winter, der durch die regenfluthen und die überschwemmung (κατακλυσμός) bezeichnet war. Schon bei Aristoteles ist diese vorstellung angebahnt, bis ins einzelne ausgebaut und zu einem glaubenssatze erhoben lehrte sie die Stoa [2].

5 Der überblick über die verschiedenen fassungen der Deukalionischen fluthsage bringt es zu unmittelbarer

---

[1] Platon im Timaios p. 22ᵉ f. Kritias 111ᵈ (Politik. p. 270ᵉ) leg. III p. 677ᵃ·ᵇ. So hebt auch Varro bei Augustinus de ciu. dei 18, 10 nachdrücklich hervor, dass die grosse fluth nach Deukalion nur darum benannt sei, 'quod ipse regnabat in earum terrarum partibus, ubi maxime factum est. hoc autem diluuium nequaquam ad Aegyptum atque ad eius uicina peruenit', vgl. unten s. 45, 2.

[2] Aristot. meteor. 1, 14 p. 352ᵃ 28 ff. Eine schilderung des Stoischen κατακλυσμός gibt Seneca quaest. nat. 3, 27 ff.

gewissheit, dass sie in classischer zeit eine massgebende dichterische gestaltung überhaupt nicht gefunden hat. Das stärkste schwanken zeigen die angaben über den ort der landung. Allerdings ist der Parnass[1] das weitaus bevorzugte gebirg, auf das die rettung des menschenpaares verlegt wird; man ist sogar so weit gegangen, den namen dieses gebirges von dem kasten, in dem Deukalion geborgen war (λάρναξ), herzuleiten: ein consonantenwechsel von λ zu π macht der antiken etymologie weniger schwierigkeiten als der heutigen. Diese überlieferung war nicht nur zu Delphi anerkannt, wo zb. die priesterlichen geschlechter, aus denen die fünf 'Gerechten' ("Οσιοι) erwählt wurden, sich von Deukalion ableiteten[2]; auch andere staaten sandten nach Delphi opfer zur erinnerung an die rettung aus der Deukalionischen fluth. Aber schon ein alter zeuge wie Hellanikos (oben s. 34) hatte die landung auf den Othrys verlegt, und Aristoteles[3] überrascht uns durch die nachricht, dass die Deukalionische fluth sich im stromgebiete des Acheloos zugetragen habe; andere wie Thrasybulos und Akestodoros wussten weiter, dass Deukalion und Pyrra das alte heiligthum des Zeus zu Dodona begründet und im Molosserland gewohnt hätten. UKöhler hat die vermuthung geäussert, dass diese sage erst dem bestreben, engere beziehungen zwischen Epirus und Hellas zu knüpfen, ihren

---

1 Pindar Olymp. 9, 43 Ovid met. 1, 316 ff. (Probus zu Verg. georg. 1, 60 p. 33 f. K.) Lucanus 5, 75 'hoc solum (Parnassi) fluctu terras mergente cacumen eminuit pontoque fuit discrimen et astris' Apd. I 7, 2 (schol. AD zu A 126), Acro zu Horat. c. I 2, 9 schol. Bern. u. 'alii' bei Servius zu Verg. buc. 6, 41 comm. Lucani 5, 71 p. 156, 13 Luctatius in Stat. Theb. 1, 118 p. 15, 17 Jahnke, Proklos zu Plat. Tim. p. 31 Bas. Die etymologie Παρνασσός aus Λαρνασσός hat Andron fr. 2 (*FHG* 2, 349) im schol. zu Apollon. Rhod. 2, 711 und Et. M. p. 655, 5 verbrochen. Vgl. unten s. 76 f.
2 Luctatius zu Stat. Theb. 3, 560 p. 177, 20 sagt 'nauicula uecti Delphos impositi sunt'. Vgl. unten s. 77, 2.
3 Aristot. meteor. 1, 14 p. 352ᵃ 32 *FHG* 2, 464ᵃ vgl. UKöhler in der Satura Sauppiana p. 79 ff.

ursprung verdanke, also nicht vor etwa 400 v. Chr. entstanden sei. Das klingt sehr ansprechend, und soviel darf ohne weiteres zugestanden werden, dass sie erst damals planmässig aufgeputzt und in die litteratur eingeführt wurde. Aber voreilig wäre es, darum die sage selbst zu einer politischen erfindung zu machen. Wir werden später (abschn. IV vgl. VII) eine fluthsage von Dodona kennen lernen, die gerade darum, weil sie sehr verblasst und nicht an den namen des Deukalion geknüpft ist, unser urtheil behutsamer machen muss. Die gründung des Zeusheiligthums konnte sehr wohl, und dies ganz unabhängig von einer fluthsage, dem Deukalion zugeschrieben worden sein, wie dieser zu Athen den tempel des Olympischen Zeus und in Thessalien einen altar der zwölf götter errichtet haben sollte.

Auch in anderen landschaften wurde durch cultus oder localsage die erinnerung an die fluth länger wachgehalten. Wir werden die athenische und argolische überlieferung in anderem zusammenhange später zu betrachten haben. Hier sei wenigstens auf die Megarische sage[1] hingewiesen. Der eponyme der stadt und landschaft, Megaros, ein sohn des Zeus und einer der quellnymphen (Σιθνίδες hiessen sie), welche die stadt mit trinkwasser versorgten, soll sich dadurch bei der Deukalionischen fluth gerettet haben, dass er auf dem wasser schwimmend nach dem geschrei der kraniche, die über ihn herflogen, seine richtung nahm und so zum gipfel des gebirges gelangte, das infolge dieses umstandes fortan 'Kranichberg' (Γεpανία) hiess. Das bedürfniss den namen des Kranichberges zu erklären hat dieser fluthsage längere dauer verschafft. Aber auch hier ist gewissermaassen der erste mensch, jedenfalls der mit welchem die geschichte des landes anhebt, der aus der fluth gerettete. Unerheblicher und nur auf späten gewährsmännern beruhend sind die berichte, welche den berg Athos

---

[1] Pausan. I 40, 1.

oder gar den Aetna¹ als den ort bezeichnen, wo Deukalion gelandet sei. Mehrfach wird auch der durchbruch des Tempethals, durch welches den gewässern des Peneios der abfluss aus dem Thessalischen becken zum meere gewährt wird, in zusammenhang mit der Deukalionischen fluth gesetzt². Poseidon, heisst es dann wohl, spaltete mit seinem dreizack die felsenmassen und bewerkstelligte dadurch den abfluss der fluthen. Danach würde das becken Thessaliens der eigentliche schauplatz der fluth gewesen sein; aber die alten überlieferungen, welche Thessalien nennen, meinen die Phthiotische, durch den Othrys abgetrennte landschaft. Das Tempethal kann also erst durch erwägungen der alten naturphilosophie mit der Deukalionischen fluth in verbindung gesetzt sein.

Dieselbe unsicherheit zeigen die angaben über die ursache³ der fluth. Freilich hat Lactantius im ganzen das richtige getroffen, wenn er es als allgemeine ansicht erklärt, dass die schlechtigkeit der menschen zu ihrer vertilgung durch wasser die götter veranlasst habe. Aber sobald wir näher zusehen, gehen die ansichten weit auseinander. Nach dem Apollodorischen handbuch waren es die frevel des ehernen geschlechtes, welche die strafe heraufbeschworen; nach Ovidius und anderen hatten die aus dem blute der Giganten entsprossenen menschen den zorn des Zeus erregt; wieder andere sahen in dem frevel des Lykaon und seiner

---

1 Servius zu Vergils buc. 6, 41 'Iupiter . . . diluuio inundauit terras omnesque homines necauit exceptis Pyrra et Deucalione, qui in monte Atho liberati sunt'. Hygin f. 153 'praeter Deucalionem et Pyrram, qui in montem Aetnam . . . fugerunt'. Letztere angabe ist in jüngeren hss. der scholia German. p. 154, 3 Br. in den aus Nigidius Figulus (vgl. Swoboda's sammlung fr. 99 p. 125) gezogenen bericht interpoliert worden.

2 Apd. ı 7, 2, 3 Nonnos 6, 373 ff. Mehr bei Kriegk, Das thessalische Tempe (Lpz. 1835) p. 35 f.

3 Lactantius inst. ıı 10, 9 Apd. ı 7, 2, 2 Luctatius in Stat. Theb. 3, 560. 'Propter feritatem Gigantum' Servius zu Verg. buc. 6, 41 vgl. Völcker Myth. d. Japet. geschl. s. 318, 10. Den frevel des Lykaon nennen τινές bei Apd. ııı 8, 2, 1 'alii' bei Serv. buc. 6, 41.

söhne die ursache der fluth; bei Ovidius ist dieser nur als symptom der gottlosigkeit der damaligen menschen hereingezogen. Allein steht Nonnos, wenn er die fluth mit dem verbrechen der Titanen an Dionysos in verbindung setzt. Der geläufigste bestandtheil der fluthsage ist die entstehung der neuen menschen durch die von dem geretteten paare rückwärts geworfenen steine [1]. Meist ist es Zeus [2], der aus mitleid mit den vereinsamten diesen rath gibt. Das ansehen des Ovidius hat die vorstellung verbreitet, dass der spruch der ältesten Delphischen orakelgöttin Themis das veranlasst habe. Weniger von wissen belastete grammatiker konnten dafür kurzweg einen orakelspruch des Apollon setzen.

6 Die griechische fluthsage ist übrigens nicht ein unveräusserliches eigenthum des Deukalion, sondern auch mit anderen namen in verbindung gesetzt worden. Aeusserst dürftig und abgeblasst ist, was wir von der Ogygischen fluth hören, der ältesten von der Griechen zu erzählen wussten. Spuren des Ogygos zeigen sich, so viel wir sehen, nur in Attika und in Boiotien. Er galt als der vater des eponymen von Eleusis [3] und als uralter könig wie von Athen so von Theben; beide städte sind von dichtern 'ogygische' genannt worden, und zu Theben trug ein stadtthor diesen namen; die

---

1 Pindar Ol. 9, 44 f. Vergil buc. 6, 41 georg. 1, 62 f. usw.
2 Διὸς εἰπόντος Apd. I 7, 2, 5; zweifellos hatte so schon Hesiodos überliefert vgl. fr. 141 Rz.; ferner Hygin f. 153 schol. Bern. zu Verg. buc. 6, 41 p. 798 H.; Nigidius fr. 99 'Iuppiter responsum ei per sortem indicauit'. Themis nennt Ovid met. 1, 367 ff. und danach Probus zu Verg. georg. 1, 62 p. 34, 3 K. Servius zu buc. 6, 41 Arnobius 5, 5 Luctatius in Stat. Theb. 3, 560; Apollon Acro zu Horat. carm. I 2, 9.
3 Pausan. I 38, 7. Nach Iulius Africanus bei Euseb. praep. ev. x 10 p. 489 c ist es Ogygos ὃς ἔκτισεν Ἐλευσῖνα. Thebe wird weib des Ogygos genannt schol. Aristid. p. 313, 28 Dind. Noch andere erinnerungen nennt Luct. z. Stat. Theb. 1, 348 'post etiam nemori (zu Theben) est hoc nomen impositum. etiam tumulus circa Thebas ita uocatur'. Nachweise für die Πραξιδίκαι s. Götternamen s. 237, 49; eine dunkle andeutung über die töchter des Ogygos gibt Photios lex. p. 658, 6 (Paroemiogr. Gott. I 466, 10).

in der südwestlich vom Kopaischen see gelegenen landschaft verehrten Πραξιδίκαι galten als töchter des Ogygos. Sonst ist das adjectivum im alterthum kaum anders als in der bedeutung 'uralt' empfunden worden, ebenso wie das sprachlich verwandte ὠγένιοι und mit ähnlicher bedeutungsgeschichte κρόνιοι; zum ersten könig der götter[1] hat man den Ogygos wohl erst durch einen rückschluss aus dieser abgeleiteten anwendung gemacht. Denn Ὤγυγος und Ὠγήν Ὤγενος lassen sich so wenig von einander trennen wie von Ὠκεανός[2], wenn es auch noch nicht gelungen ist, eine befriedigende herleitung der lautlichen verschiedenheit zu finden. Aber von der Ogygischen fluth verrathen die erhaltenen schriftsteller classischer zeit keine kunde; erst bei späteren gelehrten[3] vernehmen wir, dass diese fluth das

---

1 schol. Hes. Theog. 806 vgl. Buttmann Mythol. 1, 207.
2 Hesiod Theog. 806 Στυγὸς ἄφθιτον ὕδωρ Ὠγύγιον steht gleich mit Parthenios fr. 7 (Meinekes Anal. Alex. p. 264, bei Stoph. Bys. 705, 16) Ὠγενίης Στυγὸς ὕδωρ. Hier ist denn auch der zusammenhang der worte mit dem götterstrom Okeanos (der θεῶν γένεσις), dem ursprung der quellen (Eurip. Hippol. 121 Ὠκεανοῦ τις ὕδωρ στάζουσα πέτρα), nahe gelegt, ebenso im namen der Kalypso-insel Ὠγυγίη, der, wie v. Wilamowitz (Homer. unters. s. 16 f.) treffend gezeigt hat, ursprünglich (Z 172 νήσου ἀπ' ὠγυγίης) nur ortbezeichnendes adjectiv war; vgl. auch Völcker Mythol. des Japetischen geschlechtes s. 70 f.
3 Julius Africanus bei Eusebios praep. ev. x 10 p. 488[d] Ὠγύγου τοῦ παρ' ἐκείνοις αὐτόχθονος πιστευθέντος, ἐφ' οὗ γέγονεν ὁ μέγας καὶ πρῶτος ἐν τῇ Ἀττικῇ κατακλυσμός 489[b] Ὤγυγον, ὃς τοῦ πρώτου κατακλυσμοῦ γέγονεν ἐπώνυμος, πολλῶν διαφθαρέντων διασωθείς 490[a] μετὰ δὲ Ὤγυγον διὰ τὴν ἀπὸ τοῦ κατακλυσμοῦ πολλὴν φθορὰν ἀβασίλευτος ἔμεινεν ἡ νῦν Ἀττικὴ μέχρι Κέκροπος ἔτη ρπθ'. Chronic. I p. 179 f. und II p. 17[b.c] ed. Schoene (Synkellos p. 280 f. Bonn.) vgl. Servius zu Verg. buc. 6, 41. Africanus beruft sich 489[a] auf οἱ τὰ Ἀθηναίων ἱστοροῦντες Ἑλλάνικός τε καὶ Φιλόχορος ὁ τὰς Ἀτθίδας (fr. 8 p. 385); über Varro s. HKüttner, Varron. studien s. 64 fr. 2. Nonnos Dion. 3, 204—8 erwähnt die Ogygische fluth als erste, aber gibt keine einzelheiten ausser der farblosen übertreibung, dass 'die höhen des Thessalischen felsen' und der gipfel des Parnass damals überfluthet gewesen seien.

attische land dermaassen entvölkert habe, dass der königsthron bis auf Kekrops fast zwei jahrhunderte lang unbesetzt blieb; Ogygos selbst soll unversehrt die fluth überstanden haben. Durch Julius Africanus ist herrschaft und fluth des Ogygos in das system der allgemeinen chronographie aufgenommen, eine jüngere fiction ist sie darum nicht: schon Varro, also auch dessen griechische vorgänger, liess mit ihr die geschichte beginnen; Philochoros und vor ihm Hellanikos hatten Ogygos in den anfang der attischen geschichte gestellt, es liegt also den andeutungen des Julius Africanus attische landessage zu grunde.

Dardanos, der stammvater des troischen königsgeschlechtes, der sohn des Zeus und der Elektra, vater eines Erichthonios, ist der sage nach von Samothrake her in die landschaft Troas gelangt[1]. Seine wanderung war mit der Deukalionischen fluth in verbindung gebracht worden, während Nonnos (Dion. 3, 215 ff.) die fluth des Dardanos als eine besondere betrachtet. Nach den andeutungen Lykophrons rettet er sich dadurch, dass er aus häuten ein fahrzeug zusammennäht, einen schlauch wie einen schwimmgürtel um sich schlingt und nun allein (μονήρης) sich über die wogen treiben lässt[2]. Nach dem berichte, dem Dionysios von Halikarnass in der römischen geschichte (1, 61) folgt, herrschte Dardanos mit seinen söhnen Idaios und Deimas in Arkadien, als eine grosse überschwemmung alle thäler

---

1 Ohne die fluth hereinzuziehen berichten das Strabon VII fr. 50 Skymnos v. 687 f. Apd. III 12, 1 vgl. Dionys. Hal. A. R. I 61, 4 Diodor v 48, 3.

2 Lykophron 72—85 vgl. Tzetzes zu v. 29. und 73 schol. ABD zu Y 215, T zu Y 219 schol. Plat. Tim. p. 22ᵃ Aristokles bei Johannes Philoponos zu Nikomachos' arithmetik I p. 1, 18 (ed. Hoche Lips. 1864) οἷος (κατακλυσμὸς) εἶναι λέγεται ὁ ἐπὶ Δευκαλίωνος, μέγας μέν, οὐ πάντων δὲ κατακρατήσας· οἱ μὲν γὰρ νομεῖς καὶ ὅσοι ἐν τοῖς ὄρεσι τὰς διατριβὰς ἔχουσιν ἢ ταῖς ὑπωρείαις, διασψζονται, τὰ δὲ πεδία καὶ οἱ ἐν τούτοις οἰκοῦντες κατακλύζονται· οὕτω γοῦν καὶ Δάρδανον τῷ κατακλυσμῷ φασὶν ἐκ Σαμοθράκης εἰς τὴν ὕστερον Τροίαν κληθεῖσαν διανηξάμενον σωθῆναι, δέει δὲ τοὺς ἐκ τοῦ ὕδατος σωθέντας τὰς ὑπωρείας οἰκεῖν, ὡς δηλοῖ καὶ ὁ ποιητής (Υ 215—8) κτλ.

und niederungen in einen see verwandelte und die menschen auf den berghöhen zusammendrängte; getreide konnte man nicht bauen, die kahlen berge gaben für die menge ungenügende nahrung; da entschloss man sich zur theilung. Deimas blieb in Arkadien zurück, Dardanos und Idaios vertrauten sich mit einer grossen zahl von menschen dem meere an und gelangten nach Samothrake; dort liessen sie sich nieder, aber der grössere theil verliess die arme insel bald wieder unter der führung des Dardanos und siedelte sich im Phrygerlande an, Idaios mit einer abtheilung des heeres im Idagebirge. Die beiden verschiedenen fassungen beweisen, dass die grosse fluth ebenso einen alten bestandtheil der wandersage des Dardanos gebildet hat, als die herkunft von Samothrake; in der einen führt ihn die fluth von Samothrake her, in der anderen ist sie zurückverlegt und motiviert den abzug aus Arkadien.

Später ist man dazu fortgeschritten, eine reihe geschichtlich sich folgender fluthen zu unterscheiden. Nonnos (Dion. 3, 204—219) zählt deren drei auf, die des Ogygos, des Deukalion und des Dardanos, aber in seiner schilderung der nach dem tod des Dionysos-Zagreus verhängten fluth verwendet er den kasten des Deukalion und der Pyrra unbekümmert um jene chronologische systematik als staffage (oben s. 38). Istros der Kallimacheer hatte sogar eine liste von vier grossen fluthen aufgestellt[1]; welche, wird uns verschwiegen; aber wenn als folge éiner derselben die lostrennung Asiens und Europas durch den Hellespont genannt wird, so dürfen wir wohl in dieser besonderen überlieferung die spur einer uns nicht näher bekannten fluthsage sehen, welche zu den dreien des Nonnos hinzutritt.

7 Nachdem wir die semitischen und die hellenischen darstellungen kennen gelernt, mögen zum schluss noch einige hellenistische ortserinnerungen an die fluthsage erwähnt werden, in denen semitische und arische überliefe-

---
[1] Istros fr. 56 (*FHG* 1, 426) bei Eustath. zu Dionys. per. 513.

rung sich mischt. Ein archaisierender schriftsteller der Antoninenzeit hat uns in dem buche Von der Syrischen göttin, das unter Lukians namen geht, eine überlieferung erhalten, die an dem weit berühmten tempel der Derketo zu Bambyke oder Hierapolis haftete (c. 12 f.). Der tempel war über einem kleinen erdschlund errichtet, durch welchen der heimischen sage nach die wasser der sintfluth abgelaufen sein sollten. Die gottlosigkeit und der frevel der menschheit war so gross geworden, dass sie ausgetilgt werden musste. Gleichzeitig öffneten sich die quellen der erde und die schleusen des himmels [1], das meer stieg immer höher, die ganze erde wurde von wasser bedeckt und alle menschen giengen unter. Nur Deukalion wurde seiner frömmigkeit wegen gerettet, indem er sich mit seinen weibern und kindern in einem grossen kasten (λάρναξ), 'den er selbst besass', barg. Als er einstieg, kamen alle arten von vierfüsslern, zahmen und wilden, schlangen und was sonst auf der erde lebt, paarweise heran; er nahm sie alle auf, und keines lohnte ihm mit undank, sondern grosse freundschaft war von gottes wegen unter ihnen. In dem einen kasten trieben alle dahin, solange die fluth anhielt. Nachdem aber das wasser durch den genannten schlund abgelaufen war, schloss Deukalion die truhe auf, errichtete altäre und gründete über dem erdschlund den heiligen tempel der göttin. — Dieser bericht enthält trotz aller abflachung unverkennbar semitische überlieferung, wie sie sich an jener cultusstätte gestaltet haben mochte. Die hellenistische farbe liegt sehr oben auf, sie geht eigentlich nicht über den namen Deukalion hinaus. Und selbst hier ist der semitische, genauer zu reden, der babylonische ursprung handgreiflich. Einen Skythen nennt der verfasser zu anfang den Deukalion. Diese sonderbare bezeichnung haben wir nicht mehr nöthig durch die fabel vom alter des Skythenvolkes [2] zu erklären, seitdem

---

[1] Man vergleiche den bericht des Elohisten Gen. 7, 11 ob. s. 20.
[2] vgl. Ioannes Lydus de mens. p. 36 f. Wuensch.

Buttmanns scharfsinn aus dem vermeintlichen Skythen einen Sisythes, dh. den uns wohlbekannten Sisuthros des Abydenos oder Xisuthros des Berosos hergestellt hat[1]. Danach kann es als sicher betrachtet werden, dass die tempelsage von Hierapolis nur eine örtliche umbildung der babylonischen, der name des Deukalion ihr also ursprünglich fremd war. Aber hier befinden wir uns auch auf rein semitischem gebiete.

Anders steht es mit der merkwürdigen spur der sintfluthsage, die uns in einer stadt Phrygiens, dem alten Kelainai, späteren Apameia, entgegentritt. Die stadt führt schon in der zeit des Augustus den beinamen Κιβωτός[2], der sie von den gleichnamigen städten Bithyniens und Syriens unterscheiden soll. Wie die stadt zu diesem namen 'truhe' gekommen war, verrathen uns münzen der kaiserzeit. Unter den regierungen des Septimius Severus, Macrinus und Philippus hat die stadt bronzemünzen geprägt, auf deren rückseite eine erinnerung an die sintfluth angebracht ist[3]

fig. 1

---

1 Buttmann Mythologus 1, 192. Das überlieferte Δευκαλίωνα τὸν Σκύθεα ist danach in neueren ausgaben in Δευκαλίωνα τὸν Σιθυθέα verbessert, der zweite name wohl mit recht als vatername genommen.

2 Strabon XII p.569.576 Plinius n. h. 5, 106 Ptolem. geogr. V 2, 5.

3 Münze des Philippus (vs. ΑΥΤοκράτωρ Καῖσαρ ΙΟΥΛιος ΦΙΛΙΠΠΟC ΑΥΓουστος mit dem Kopf des älteren Philippus nach r., rs. mit der beischrift ΕΠΙ Μάρκου ΑΥΡηλίου ΑΛΕΞΑΝΔΡΟΥ Β (τὸ δεύτερον) ΑΡΧΙερέως ΑΠΑΜΕΩΝ) in Berlin, abgebildet oben nach Friedländer und vSallet, Das kön. münzkabinet (Berl. 1877) taf. IX n. 885. Mit dem kopf des Septimius Severus im Pariser kabinet, s. Mionnet deser. IV p. 234 n. 251 (hier noch als Deukalion und Pyrra bezeichnet), abgebildet bei Mionnet supplém. VII pl. XII 1. Die münze des Macrinus kenne ich durch einen gipsabguss Imhoof-Blumers aus Wien. Vgl. Eckhel Doctr. num. vet. 3, 132 ff. Raoul-Rochette im Mémoire 1 sur les antiquités chrét. p. 24 f. (Mém. de l'Acad. des inscr. et b. l. XIII p. 115 f.).

(fig. 1). Aus einer geöffneten truhe, unter welcher wellen angedeutet sind, ragen ein mann und eine frau hervor, die vorderseite des kastens trägt die inschrift ΝΩΕ. Auf dem rande des aufgeschlagenen deckels sitzt eine taube; eine andere kommt mit einem zweige von links angeflogen. Links von dem kasten steht ein gleiches paar, voran die vollbekleidete frau, der ebenso wie der frau im kasten ein schleier vom hinterkopf über den nacken herunterfällt. Rechts von ihr der mann in einem bis zu den knieen reichenden chiton, ein obergewand über den linken arm geschlungen. Beide blicken aufwärts und erheben die rechte zur adoration; sie stehen auf dem trockenen, und es wird dadurch im gegensatz zu den wellen unter der truhe mit unverkennbarer absicht eine verschiedene zweite scene angedeutet. Es war eine merkwürdige verirrung, wenn man daran dachte in dem ausgestiegenen paare Deukalion und Pyrra, in dem anderen Noah und seine frau zu sehen[1]. Der stempelschneider hat sicher nicht so gedacht. Sonst würde er nicht bemüht gewesen sein die beiden paare bis auf die einzelheiten von bart und haar gleich zu gestalten.

Die öftere anwendung des münzstempels beweist, dass er für die stadt eine besondere bedeutung hatte. Es muss die sintfluthsage dort in der weise localisiert gewesen sein, dass die landung der truhe an einen berg der stadt oder ihrer umgebung geknüpft war; höchst wahrscheinlich wurde die truhe selbst oder ein rest derselben an der stätte gezeigt, wo sie gelandet sein sollte. Auch sonst wusste man in Phrygien von der grossen fluth: man erzählte von dem alten Phrygerkönig Nannakos, er habe die drohende sintfluth vorhergewusst und seine leute veranlasst, in den tempeln um abwendung des übels zu beten[2]. Die spur des Nannakos führt nach Pes-

---

[1] so zb. JFriedländer zo. s. 178 der ersten ausg. 1873, auch in die zweite ausg. von 1877 s. 226 übergegangen.

[2] Zenob. prov. 6, 10 und die in der Göttinger sammlung dort 1, 164 beigebrachten parallelen. Pessinus nennt als herrschersitz der Bodleianus, die sage von Ikonion gibt Steph. Byz. p. 329, 17 f. Vgl.

sinus, anderseits nach Ikonion in Lykaonien. Für Apameia konnte lage und bodenbeschaffenheit besonderen anlass zur aneignung der sage bieten. Wiederholt ist sie von der zeit Alexanders an von schweren erdbeben heimgesucht worden, im gefolge eines zur zeit des Mithridatischen kriegs erfolgten sollen sich salzige seen gebildet haben[1]. Schon die alten haben damit die für eine binnenstadt auffallende verehrung, die Poseidon dort genoss, in zusammenhang gesetzt; der eponyme heros Kelainos galt als sohn des Poseidon und der (Danaide) Kelaino. Aber weder die alten noch die hellenisierten Phryger der landschaft können als den geretteten den Noë angesehen haben; sie sprachen von Nannakos oder auch von Dardanos (s. 45 f.). Das auffallende, was dieser biblische name auf griechischen münzen aus der ersten hälfte des dritten jh. n. Chr. hat, verschwindet, wenn wir uns daran erinnern, dass Kleinasien schon zur zeit des Augustus von Juden überschwemmt war und dass diese, wie unlängst Schürer und Cumont gezeigt, allenthalben um die synagoge einen weiteren kreis von 'gottesverehrern' zu sammeln wussten, die mit ihnen die verehrung des einen gottes theilten, ohne an die strenge des Mosaischen gesetzes gebunden zu sein[2]. In manchen städten müssen diese gottesverehrer, wenn nicht die mehrzahl gebildet, doch das entscheidende wort geführt haben. So erklärt es sich von selbst, wie die biblische gestalt auf öffentlichem denkmal anerkannt werden konnte.

Buttmann Mythol. 1, 176 f., der nur irrig Annakos nach Steph. Byz. für echt hielt und das mit Enoch identificierte; die richtigkeit von Nannakos steht jetzt durch Herondas 3, 10 fest.

1 Strabon XII p. 579. Näheres über das erdbeben der Mithridatischen zeit gibt Nikolaos Dam. fr. 80 (*FHG* 3, 416) bei Athen. VIII p. 332 f. Noch unter k. Claudius veranlasste im j. 53 ein erdbeben 5jährigen steuererlass nach Tacitus ann. 12, 58.

2 s. Schürer in den Sitzungsber. d. Berl. akad. 1897 s. 200 ff. Cumont in Revue de l'instr. publ. en Belgique 1897. Für die weite verbreitung der Juden in Ionien zur zeit des Agrippa und Augustus zeugt zb. Nikolaus Dam. fr. 92 (*FHG* 3, 420) bei Josephus Ant. iud. XVI 2, 3.

II

DEUKALION

1 Die grosse masse der auf -κλῆς auslautenden eigennamen wird seit dem alterthum von dem worte κλέος abgeleitet. Es unterliegt freilich keinem zweifel und wird durch die declination bestätigt, dass dem sprachbewusstsein der alten dieser zusammenhang gegenwärtig war. Ohne bedenken dürfen wir alle jüngeren bildungen dieser art als zusammensetzungen mit κλέος betrachten. Aber verallgemeinern und auf alle älteren bildungen gleicher form übertragen lässt sich diese annahme nicht. Schon der umstand muss davon abhalten, dass der name des Thessaliers Hippokles bei Pindar Pyth. 10, 5 den dativ Ἱπποκλέᾳ, ebend. v. 57 den accusativ Ἱπποκλέαν hat, also einen nominativ Ἱπποκλέας voraussetzt, der sich auf den wortstamm -κλεϝεσ nicht zurückführen lässt. Ahrens selbst, der dial. dor. 146 beide stellen ändern wollte, hat später (ao. 561 f.) die auffallende form durch weitere belege gestützt. Inzwischen haben diese durch die inschriften vermehrung erhalten. Wir kennen Πατροκλέας aus Plutarch und *CIG* 1670, ferner Ἀριστοκλέας aus mehreren Delphischen inschriften, Δημοκλέας aus Tithorea in Phokis, Διοκλέας aus Pharsalos (*IGA* 325 Collitz I n. 324), Larissa (Athen. mitth. 8, 122 Collitz I n. 1321 s. 381) und Tanagra (*CIGS* I n. 1630), Ἡρακλέας *CIA* III n. 1260; noch im IV jh. ist der Athener Τηλεκλῆς in delphischem mund zu Τηλοκλέας[1] geworden. An das unzusammengesetzte

---

[1] Delph. bauinschrift *BCH* (1896) 20, 200 z. 34 Τηλοκλέας Ἀθηναῖος ebd. z. 39 gen. Τηλοκλέος Ἀθηναίου (hier nähert sich der Phokische steinmetz der attischen declination). Über den wandel von λε in λο s. GCurtius in den Berichten der sächs. ges. 1864 s. 1 ff. und Fleckeisen Jahrb. 1866 s. 8 ff.

Κλεύας (s. Meineke zum del. epigr. p. 205) und Κλέας (*IGIMA* I n. 28, 3) hat Ahrens erinnert. Wenn wir ferner in Megara Εὐκλίας (*CIGS* I n. 4—6. 150) Σωκλίας (ebend. 27), in Orchomenos (ebend. 3198) Εὐκλείας finden, so entspricht diese vocalisation dem obigen -κλέας ebenso wie in Thespiai (ebend. 1888. 1943) Προκλίεις, in Lebadeia Προκλίε(ι)σς dem üblichen Προκλέης Προκλῆς. Das öfter vorkommende Ἡρακλᾶς hat man als kurzform genommen. Aber Πάτροκλος Πατροκλῆς hat nie eine andere fortbildung als Πατροκλείδης erfahren, und doch gab es ein Πατροκλᾶς (*CIGS* I n. 3261). Es ist also wie Πατροκλᾶς aus dem bezeugten (s. o.) Πατροκλέας, so. auch Ἡρακλᾶς aus Ἡρακλέας (s. o.) einfach durch contraction von. εα entstanden, nicht anders als Ἀπελλᾶς aus Ἀπελλέας.

Weiter führt die schon von Valckenaer zu Theokrits Adoniazusen 140 p. 411 gemachte und von Ruhnken zum hymnus auf Demeter v. 153 bestätigte beobachtung, dass mehrere dieser worte zwischen -κλης und -κλος schwanken, andere nur mit der endung -κλος auftreten. Die thatsachen, so weit ich sie übersehe, sind folgende.

Ἄικλος sohn des Xuthos (Ἄρκλος verderbt bei Plut. qu. gr. 22 p. 296), aus Athen, gründer von Eretria s. Meineke zu Skymnos p. 35 vind. Strab. p. 164. Die nebenform auf -ης fehlt. Mit dem spartanischen αἶκλον hat das wort schwerlich zu schaffen.

Ἀμφικλος Troer TT 313; mythischer könig von Chios, aus Histiais stammend Paus. VII 4, 9 Athen. VI p. 259ᵇ: daher erklärt es sich, dass sich auf Chios bis ins III jh. v. Chr. diese namensform erhielt, s. *BCH* 20, 559. Daneben häufig und verbreitet Ἀμφικλῆς Ἀμφίκλεια Ἀμφικλείδης.

Ἀνδροκλος sohn des Kodros, der bekannte gründer von Ephesos vgl. Boeckh zu *CIG* II p. 578; noch in der zeit k. Philipps heisst so ein vornehmer Makedonier (Arrian anab. III 29, 1). Oft und allenthalben dafür Ἀνδροκλῆς Ἀνδρόκλεια Ἀνδροκλείδης. Auffallend ist, dass der Ἀνδροκλῆς der löwenlegende von Apion Ἀνδροκλος genannt wurde (bei Gellius V 14); folgte Apion einem dichter oder makedonischem brauch?

Ἀντικλος in interpolierter stelle δ 286 vgl. schol. Harl. ὁ Ἄντικλος ἐκ τοῦ κύκλου. Statt dessen häufig Ἀντικλῆς Ἀντίκλεια Ἀντικλείδης.

Δάϊκλος in der ahnenreihe der attischen Philaïden, Pherekydes fr. 20 vgl. Toepffer Att. genealogie s. 278. Sonst, aber selten, Δαϊκλής. s. Δήικλος.

Δάνυκλος bei Nonnos Dionys. 26, 97 ohne grund von neueren herausgebern nach 29, 263 in Δόρυκλος geändert.

Δήϊκλος auf einer bronzemünze des IV jh. v. Chr. aus Kolophon (Cat. Brit. Mus., Ionia s. 39 n. 29), auf einer münze von Lebedos (ebend. 155 n. 8) ΔΗΙΚΛ, das weitere verwischt. Attisch Δάϊκλος.

Δήμοκλος ὁ Δελφός in der legende des Branchidenheiligthums von Milet, Konon narr. 33. Häufig und bei allen stämmen Δημοκλῆς und Δαμοκλῆς (Δαμοκλέας), Δημόκλεια Δημοκλείδης.

Δίοκλος in der sage von Eleusis, so einmal Hom. Demeterhymnus 153 neben Διοκλῆς 474. 477, mit dem der Megarische heros Dioklos (schol. Ar. Ach. 774) identisch ist nach Theokr. 12, 28 Plut. Thes. 10. Auch zu Megara war ursprünglich Δίοκλος die übliche form; sie kommt noch auf einem Megarischen schiedspruch aus der zeit des achäischen bundes als name eines Dymanen vor: Πυθόδωρος Διόκλου Fouilles d'Epidaure n. 234 (Collitz III n. 3025) z. 76. 95. Sehr verbreitet und häufig ist Διοκλῆς Διόκλεια Διοκλείδης -δας vgl. oben Διοκλέας; Διαικλῆς Λακεδαιμόνιος *BCH* 20, 202 z. 75.

Δόμυκλος der Priamide fällt unter der lanze des Aias Λ 489; der name ist in mehrere andre sagen verflochten. Die nebenform Δορυκλῆς ist noch nicht nachgewiesen.

Ἐτέοκλος hiess der erste verehrer der Chariten zu Orchomenos noch bei Hesiodos fr. 66 Rz. (schol. Pind. Ol. 14, 1); ebenso immer der sohn des Iphis aus Argos, den die tragiker unter Adrastos vor Theben ziehen liessen (Aesch. Sieben 458 usw. vgl. Paus. X 10, 3), während der sohn des Oidipus regelmässig Ἐτεοκλῆς genannt wird, Δ 386 βίη Ἐτεοκληείη. Im gebrauch des lebens war Ἐτεοκλῆς nicht häufig, am ersten zu Athen (vgl. auch *IGIMA* I n. 25, 1), vereinzelt auf Euboia *IGA* 372, 38 Ἐτεοκλέης. Zu Hermione überrascht auf einer inschriftlichen liste Ἐτέοκλος Ὑπεράνορος *BCH* 3, 75 z. 10, aber auf einer jüngeren liste ebend. steht s. 77 z. 19 Διόδωρος Ἐτεοκλέος. Weiterbildungen des wortes scheinen nicht vorzukommen.

Εὔκλος ist die herrschende namensform des Kyprischen chresmologen s. MSchmidt in Kuhns Zeitschr. 9, 361 f., doch dürfte der in die ahnenliste Homers aufgenommene Εὐκλῆς s. Hellanikos fr. 6 ua. davon nicht zu trennen sein. Als eigennamen sind in häufigstem gebrauch Εὐκλῆς (Εὐκλίας s. o.) Εὔκλεια (Εὔκλεα) Εὐκλείδης (Εὐκλίδας).

Ἔχεκλος ὁ Ἀγήνορος Pausan. x 27, 2 bei Homer Υ 474, unter den durch Patroklos erlegten Troern ohne vatername genannt Π 694: **Ἐχεκλῆς** heisst ein Myrmidone, sohn des Aktor Π 189. Sonst kommt Ἐχεκλῆς Ἐχέκλεια nur vereinzelt vor.

Θέοκλος Messenier, wahrsager im II Messenischen krieg, Pausan. IV 16, 1. 21, 2; auch der gründer von Naxos in Sicilien (Θουκλῆς bei Thuk. 6, 3 sonst Θεοκλῆς) heisst bei Konon narr. 20 Θέοκλος. Häufig ist die verwendung von Θεοκλῆς (Θου- Θευ-) Θεόκλεια Θεοκλείδης, ganz vereinzelt begegnet Θέοκλος in einer griechischen familie zu Rom *IGSI* n. 1653. Wenn der name Θέκλα hierhin gehört (über die behandlung von θεο- s. Bechtel bei Collitz III s. 6), und die declination (vgl. Choirob. dict. p. 324, 25—326, 9 Gf.) spricht dafür, so ist Θεκλᾶ zu accentuieren; das männliche seitenstück gibt eine inschrift von Kos mit Θεκλῆς Ἀγλαοῦ (Paton and Hicks p. 17 z. 50).

Θράσυκλος in Argos Pind. Nem. 10, 39 mütterlicher ahne des von Pindar gefeierten Theaios. Nicht selten Θρασυκλῆς.

Ἱπποκλος tyrann von Lampsakos, beim Skythenzug des Dareios genannt von Herodot 4, 138 und Thukydides 6, 59; auf einer münze von Klazomenai führt den namen ein beamter, Mionnet descr. 3, 67; zu Theben heisst so der vater des Pelopidas (Plut. v. Pelop. 3). Der Chierkönig Ἱπποκλος bei Plut. mul. virt. 3 p. 244ᵉ gehört der legendarischen geschichte an. Der Nelide, der in diesem ionischen namen fortklingt und wenigstens für Milet bezeugt ist (Parthenios narr. 14), wird von Alexander Aitolos im verse Ἱπποκλῆς genannt mit der üblichen namensform. Verbreitet Ἱπποκλῆς (Ἱπποκλέας κ. ο.), Ἱπποκλείδης.

Ἴφικλος wird gewöhnlich der sohn des Phylakos, der ursprüngliche besitzer der rinderherde des Neleus genannt B 705 N 698 Ψ 636 Melampodie fr. 194 Rz. Pherekydes fr. 75, Ἰφικλέης der bruder des Herakles und vater des Iolaos bei Hesiod Schild 54 Pindar Theokrit, in prosa Ἰφικλῆς; aber wie jener in der Odyssee λ 290. 296 mit βίη Ἰφικληείη umschrieben wird, so nennt die Apollodorische bibliothek meistens (1 8, 3, 2. II 4, 11, 6. 4, 12, 1. 7, 3 gegen I 8, 2, 4) und Diodor regelmässig den bruder des Herakles Ἴφικλος, vgl. Wesseling zu Diodor 4, 30 t. IV p. 345 Dind. Ausserdem kommt Ἴφικλος noch mehrfach in mythischer geltung vor, während die seltene anwendung des wortes für namen geschichtlicher zeit nur die form -κλης kennt.

Μάντικλος heisst ein sohn des zweiten Messenischen kriegs, der sohn des Theoklos (s. o.) Paus. IV 21, 2; er war dann einer der führer der ausgewanderten, schliesslich zu Messana in Sicilien angesiedelten Messenier s. Paus. IV 23, 2—9. Wichtig ist, dass vor den mauern der sicilischen stadt ein heiligthum des 'Herakles Mantiklos' stand, Paus. IV 23, 10 Μάντικλος δὲ καὶ τὸ ἱερὸν Μεσσηνίοις τοῦ Ἡρακλέους ἐποίησε, καὶ ἔστιν ἐκτὸς τείχους ὁ θεὸς ἱδρυμένος, Ἡρακλῆς καλούμενος Μάντικλος; ein jahr vor der schlacht bei Leuktra träumte der priester dieses gottes, τὸν Ἡρακλέα ἔδοξε κληθῆναι τὸν Μάντικλον ἐπὶ Ξενίᾳ ἐς Ἰθώμην ὑπὸ Διός, dadurch wurde die bevorstehende restitution der Messenier angedeutet, Paus. IV 26, 3. Als personenname kommt Μαντικλέης auf Euboia (*IGA* 372, 32), Μαντικλῆς in Sparta vor, Le Bas-Foucart n. 163ᵃ z. 18.

Νάοκλος ist bei Paus. VII 3, 6, Ναῦκλος bei Strabon XIV p. 633 der name eines unebenbürtigen sohnes des Kodros, des gründers von Teos; wenn dieselbe form in der alten, wohl noch dem V jh. v. Chr. angehörigen grabschrift einer auswärtigen familie zu Athen *CIA* II 3 n. 3503, 7 (*CIGr* I n. 921) vorkommt, so darf daraus der schluss gezogen werden, dass die familie aus Teos stammte. Ναυκλῆς ist eigenname zu Athen (*CIA* I n. 318, 11. 449, 25 *CIGr* I n. 908 *CIA* II 670, 2. 944, 8. 1606 IV 2 n. 592ᵇ 11 III n. 1511), in Sparta (Xenoph. Hell. VII 1, 41 *CIA* II n. 3128), auf Rhodos (*IGIMA* I n. 764, 53). Daneben begegnet Ναύκλεια Ναυκλείδης, häufiger Ναυσικλῆς.

Οἴνοκλος s. Ὄνοκλος.

Οἴοκλος sohn des Poseidon und der Askra, der gründer von Askra am Helikon, nach der Atthis des Hegesinus bei Paus. IX 29, 1.

Ὄνοκλος ein könig der Ainianen zu Kirrha, der, um erlösung von schwerer dürre zu schaffen, auf geheiss des orakels gesteinigt wird, bei Plut. qu. gr. 26 p. 297ᵇ; aber ebend. 13 p. 294ᵃ heisst derselbe Οἴνοκλος, und das ist doch wohl die richtige lesung.

Πάτροκλος heisst der freund des Achilleus regelmässig im epos und ebenso fast ausnahmslos in der späteren litteratur. Aber gelegentlich wird bei Homer in obliquen casus Πατροκλῆος Πατροκλῆα zugelassen; im vocativ war wegen der länge der zwei ersten silben die form Πάτροκλε nur in beschränktem maasse zulässig[1], daher überwiegt die nebenform Πατρόκλεις. Und so durfte Theokritos 15, 140 sich Πατροκλῆς erlauben. Aber das alte Latein hatte *Patricoles* übernommen, so Ennius und Fronto p. 19 Nab., s. Ritschl opusc. 2, 476. In all den fällen geschicht-

---

1 Πάτροκλε steht gewöhnlich mit trochaischem ausgang vor der fuge, nur einmal als molossus vor doppelconsonantischem anlaut Ω 592, apostrophiert 830. Ueberarbeitung hat also T 287 Πάτροκλέ μοι δειλῆ betroffen, die einzige stelle mit geküzter zweiter silbe.

licher zeit, wo wir das wort als eigenname benutzt sehen, ist Πατροκλῆς (Πατροκλέας -ᾶς s. o.) die herrschende form; die einzige bekannte ausnahme bildet Patroklos, der admiral des Ptolemaios Philadelphos (vgl. auch *IGIMA* III n. 320).
Πέρικλος einer der bei der gründung von Phokaia zugezogenen Kodriden, Pausan. VII 3, 10. Das bekannte gegenstück Περικλῆς ist mythologisch nicht vertreten.

Πρόκλος Πρόκλα scheinen als eigennamen erst in der kaiserzeit üblich geworden zu sein: sowohl legendarisch wie geschichtlich ist nur Προκλῆς, dazu Πρόκλεια Προκλείδης üblich. Man wird zu der annahme genöthigt, dass das gr. Πρόκλος nur umbildung des lat. *Proculus* war, also nicht dem Προκλῆς zur seite gestellt werden darf.

Σχοίνικλος zu Megara und Byzantion als wagenlenker des Amphiaraos verehrt, s. Dionysios periplus 34 p. 15 Wescher. Darnach berichtigt sich Hesych. Σχοίνικος: ὁ Ἀμφιαράου ἡνίοχος und schol. Pind. Ol. 6, 21 ὁ δὲ ἡνίοχος αὐτοῦ Βάτων ἐκαλεῖτο ἢ Σχοίνικος.

Τήλεκλος oft genannter legendarischer und heroisierter könig Spartas. Nicht selten in geschichtlicher zeit Τηλεκλῆς und Τηλεκλείδης, daneben delphisch Τηλοκλέας s. oben s. 51.

Φέρεκλος E 59; der steuermann des Theseus nach Simonides fr. 56 bei Plut. Thes. 17. In geschichtlicher zeit öfter Φερεκλῆς.

Aus diesem überblick springt sofort die thatsache in die augen, dass, soweit wir überhaupt vergleichungspunkte besitzen, die bildungen mit -κλος durchweg die älteren vorläufer der auf -κλης sind. Die worte auf -κλης haben sich in geschichtlicher zeit einer ganz besonderen beliebtheit erfreut; es gibt wohl keine namenliste, in der sie nicht vertreten wären. Aber von der zeit ab, wo inschriften für das leben der sprache zu zeugen beginnen, kann die ältere form auf -κλος im wesentlichen als erloschen betrachtet werden. Sie ist auf inschriften so ungewöhnlich, dass, wo sie vorkommt, dies einen rückschluss auf heroencultus gestattet, durch den die längere dauer der alten namensform innerhalb eines cultusbereichs veranlasst war: das gilt deutlich von Ἄμφικλος auf Chios und Δίοκλος zu Megara, es muss ebenso für Ἐτέοκλος zu Hermione, Δήικλος in Kolophon, Θέοκλος und Ναῦκλος vorausgesetzt werden. Wenn wir im IV-III jahrhundert bei den Makedoniern Ἀνδροκλος und Πάτροκλος finden, so haben wir daraus eben zu entnehmen, dass die alte bildungsweise bei den Makedoniern so lange erhalten geblieben war.

Aus diesem geschichtlichen verhältniss von -κλης zu -κλος ergibt sich weiter, dass die endung -κλης (-κλεϝες) nur secundäre fortbildung von -κλο- ist: eine mittelstufe haben wir in -κλε(ϝ)ας kennen gelernt. Denn dass die endung -κλος durch synkope oder 'verkürzung' aus -κλης entstanden sei, ist zwar schon im alterthum zb. von Herodianos (t. II p. 243, 5 L.) behauptet und von neueren, wie HDüntzer (zu Hom. E 59) wiederholt, aber nicht bewiesen worden. Wir dürfen abwarten, bis der beweis für das undenkbare erbracht werden wird. Und undenkbar ist es, dass κλεϝεσ- zu κλο- umgebildet, dass daraus feminina auf -κλω wie Μεγακλώ Χαρικλώ abgeleitet werden konnten, um von bildungen wie Ἀμύκλας zu schweigen.

Wie die ursprünglichen bildungen auf -κλος aufzufassen sind, darüber wird man angesichts des wortes Μάντικλος kaum noch zweifeln können. Die anwendung desselben als cultbegriff des Herakles versteht sich nur, wenn Μάντικλος damals noch ein flüssiges appellativum, nicht ein starrer eigenname war. Der Messenische seher dieses namens entstammte einer familie, in welcher die kunst der wahrsagung erblich war; und der name, der dem jungen erbhalter in der wiege gegeben wurde, war 'der kleine seher'. Leicht wird man nun auch in worten wie Ἄνδροκλος Πάτροκλος, auch Δήμοκλος Δίοκλος Θέοκλος Θράσυκλος deminutiva erkennen, und demgemäss Ἄικλος auf Ἄις, Ἀμφικλος auf Ἀμφίος Ἀμφίας Ἄμφις [1], Ἀντικλος auf Ἀντίας *Ἄντις, Δάνυκλος auf Δαν(α)ϝός (Göttern. 206), Δόρυκλος unter vergleichung von Δοῦρις Δορίσκος auf δόρυ, Ἐτέοκλος auf ἐτεός vgl. Ἐτεωνός Ἐτεωνεύς, Ἴφικλος auf Ἴφις vgl. Ἴφιτος, Ὄνοκλος oder vielmehr Οἴνοκλος auf ὄνος bezw. Οἶνος (name des Dionysos), Σχοίνικλος auf Σχοῖνος vgl. Σχοι-

---

1 s. Götternamen s. 355 Stoff des griech. epos (Sitzungsber. d. Wiener akad. 1897 b. 137) s. 41.

νεύς zurückführen. Den anstoss zur umbildung dieser worte, die schon in der zeit der epischen dichtung begonnen hat, konnten die zahlreichen wirklich mit κλέος zusammengesetzten eigennamen geben, welche im umlauf waren, wie Παντακλῆς Πασικλῆς Τερψικλῆς Ἰσοκλῆς usw., und nachdem einmal die endung ins schwanken gerathen war, hat man offenbar auch auf echte zusammensetzungen mit κλέος die analogie missbräuchlich angewandt und zb. statt Ἐχεκλῆς Φερεκλῆς Τηλεκλῆς aus metrischer bequemlichkeit sich Ἔχεκλος Φέρεκλος Τήλεκλος zu sagen erlaubt.

Ich durfte die ältere endung -κλο- ohne weiteres als deminutivsuffix bezeichnen, da jedem das lateinische suffix -culo- geläufig ist, das häufig, besonders in der volkssprache die synkope -clo- zulässt; es ist zur beurtheilung unseres -κλο vielleicht nicht unerheblich, dass auch volles lat. -culo griechische schriftsteller zu synkopieren lieben: *Asculum* Ἄσκλος, *Tusculum* Τύσκλος, *Proculus* Πρόκλος (s. 56). Der griechischen sprache hat man dies suffix lange abgesprochen, bis Georg Curtius (Studien I 1 s. 259 f.) spuren desselben mit vollem vocalismus in γραύκαλος und ὀβρίκαλα (Aisch. Agam. 143) oder ἰβρίκαλοι : χοῖροι (Hesych.) nachwies. Wir können nun den resten des vollen -καλο- die fülle des synkopierten -κλο- zur seite stellen. Aber auch für die volle form[1] erwächst, nachdem wir unseren blick für die eigennamen auf -κλῆς geschärft haben, ein weiterer beleg von einigem interesse.

2 Was heisst Ἡρακλῆς? Nach der vorherrschenden ansicht des alterthums war der held so benannt worden, weil er durch die feindseligkeit der Hera zu seinen grossthaten veranlasst und berühmt geworden sei[2]. Das klingt wie ein schlechter witz, mit dem man sich aus der verlegenheit zieht. Herakles ist vieler orten auch als gott ver-

---

1 Nur als vermuthung kann ich es hersetzen, dass die attischen namen Δράκαλος *CIA* I n. 433 i 21 und Δρακαλίων ebd. 443, 12 vielleicht auf δρακ-καλο- zurückgehen könnten.
2 s. Prellers Gr. myth. II³ 158, 1.

Diminutiva auf -καλος -κλος. Herakles 59

ehrt worden[1]. Dass aber ein gottesname wie menschliche eigennamen durch zusammensetzung an einen andern gott geknüpft werden könnte, ist undenkbar. Und wenn das zugegeben werden dürfte, wäre es nicht minder undenkbar, dass die anknüpfung an den gottesnamen in ironischem sinn erfolgte. Dem alterthum, das durch dichtung und kunst in Herakles lediglich den helden zu sehn gewöhnt war, lagen solche bedenken ferne. Aber gerade weil ihm Herakles der durch seine thaten zu göttlichem rang emporgestiegene mensch war, musste die frage sich aufdrängen, wie er einen namen führen konnte, der erst das ergebniss seiner thaten war. Pindar verfiel auf den ausweg, der name Herakles sei dem helden erst nach erlangtem ruhm beigelegt worden, vorher habe er Ἀλκείδης geheissen[2]. Dass dieser nicht ganz genauen angabe die überlieferung des Thebanischen cultus von Ἀλκαῖος (mit Herakles identificiert) und Ἀλκαῖδαι zu grunde liegt, habe ich anderwärts gezeigt. Aber der name Herakles war für sich vorhanden, und nachträgliche versuche, den scheinbaren widersinn desselben durch die heranziehung eines vermeintlich älteren parallelnamens aufzuheben, mögen für uns geschichtlichen werth haben, aber eine lösung der schwierigkeit bieten sie nicht. Wie mir scheint, bleibt hier überhaupt zu bedenken kein raum. Die frage ist erledigt durch die nachricht, dass Sophron in seinen mimen die form Ἡρύκαλος gebraucht hat[3]. Als koseform bezeichnet sie unser

---

1 vgl. zb. Herodot 2, 44 HDettmer De Hercule Attico. Bonner diss. 1869.
2 Pindar fr. 291 Bergk nach Probus zu Verg. ecl. 7, 61. Neuerdings hat vWilamowitz diesen gedanken aufgenommen und ausgebaut, Euripides' Herakles 1, 293 f., in der zweiten bearbeitung 1, 47 ff. Ueber die thebanischen Ἀλκαῖος Ἀλκαῖδαι s. Rhein. mus. 53, 337—9; übersehen ist dort das zeugniss des Albanischen reliefs, s. OJahn Griech. bilderchroniken s. 43. 68.
3 Hesych. Ἡρύκαλον· τὸν Ἡρακλέα Σώφρων ὑποκοριστικῶς. Freilich urtheilt vWilamowitz im Herakles 1, 293 anm. 44 (ebenso in der II ausg. 1, 48˙n. 78): Ἡρύκαλος bei Sophron ist spielerei, bei der italische umformungen mitgewirkt haben werden.

gewährsmann, vermuthlich Apollodoros. Das ist richtig, wenn auch in anderem sinne als der grammatiker bei dem worte dachte. Wir erkennen darin das altgriechische deminutivsuffix -καλο- wieder und stellen fest, dass die dorischen ansiedler des VIII jahrh. das volle Ἡρύκαλος, und noch nicht Ἥρυκλος oder Ἡρϝακλος, geschweige denn Ἡρακλῆς nach Sicilien hinüber brachten. Auch die Italiker haben den namen mit o-stamm übernommen. Es ist längst bemerkt, dass der dativ *Hereklúi* auf der inschrift von Agnone nicht von *Herekles* sondern *Hereklus* abgeleitet ist[1]; die weihung *Herclo Iouio* steht auf einer inschrift von Peltuinum im Vestinerland; eine glosse des HStephanus bezeugt lat. *Herculus*, und wenn ich auch auf den gen. *Herculi* kein gewicht legen möchte, so scheint mir trotz *mehercle* nichts im wege zu stehn, das geläufige *hercle* als vocativ zu *Herc(u)lus* zu fassen, wie gr. Ἡράκλεις, Ἄπολλον ἀποτρόπαιε usf., lat. *Iuppiter* (Catull 1, 7) *di boni* usw. beim ausruf des erstaunens und entsetzens gebraucht werden. Damit ist Herakles vollständig von Hera geschieden. Ἡρύκαλος kann deminutiv nur von ἥρως sein. Die verschiedenen lautgestaltungen von ἥρως Ἥρα erwarten noch eine gründliche untersuchung, wozu erst ein umfassender überblick über griechische namengebung die möglichkeit geben wird. Auch ohne die fraglichen Ἡρϝαοῖοι der bundesakte von Elis und Heraia (*IGA* 110) anzurufen dürfen wir als stamm ἡρϝα- (*svar-vat*) ansetzen. Dem *va* steht *u* gleich, und in dieser gestalt zeigt sich ἥρως (auch Ἥρος[2]) in dem eigennamen Ἥρυς, der oft in Delphi vorkommt, aber bisher nicht anderswo nachgewiesen ist[3]. Von

---

[1] Th. Mommsen, Unterit. dialekte s. 261 f.; *CIL* ix n. 3414; Corpus gloss. lat. III 450, 22. Vgl. Wissowa in Roschers Myth. lex. 1, 2254 f.

[2] so zu Tegea Ἥρος Δημητρίου bei Le Bas-Foucart n. 341 *d* z. 21.

[3] Ἥρυς bei Wescher-Foucart n. 38. 14. 62, 11. 66, 16. 84, 7. 86, 6. 94, 15. 114, 6. 119, 7. 132, 11 usw. Bull. de corr. hell. 17, 387 n. 88. gen. Ἥρυος Wescher-Fouc. n. 11, 2. 18, 7. 27, 2. 32, 3. 66, 16. 144. 156. 159. 175. 202. 229. 239 f. usw.

diesem *heru-* ist Ἡρύκαλος gebildet, wie von *herva-* *Ἡρϝά-
καλος *Ἥρακλος Ἡρακλῆς[1]. Herakles ist also 'der kleine
heros' oder 'der sich schon in früher kindheit als heros bewährt hat'. Zu dieser wortprägung muss das bild des
schlangenwürgenden knäbleins, dessen bedeutung für den
griechischen glauben schon in der schilderung Pindars (Nem.
1, 39 ff.) hervortritt, den anstoss gegeben haben. Wenn aber
der 'kleine heros' verehrt werden sollte, so musste auch der
fertige, vollendete Heros im religiösen bewusstsein vorhanden sein als eine auf sich stehende gottesgestalt.
Lässt sich dieser 'Heros' noch nachweisen? Es muss
zugestanden werden, dass innerhalb eines geschlossenen
cultusbereichs ebenso wie von 'dem gotte' 'der göttin', so
auch von 'dem heros' mit voller deutlichkeit sprechen konnte,
wer sich die nennung des eigennamens ersparen wollte[2]. Daher wird in vielen fällen, wo des oder eines heros in unbe-
stimmter weise gedacht wird, sich keine entscheidung darüber
treffen lassen, ob der Heros oder irgend ein örtlich bekann-
ter heros gemeint war. Aber wir kennen auch culte des
Heros, bei denen an Herakles zu denken geradezu geboten
ist oder doch sehr nahe liegt. Der Heros, dem nach einem
festkalender zu Marathon im Hekatombaion oder im nächsten
monat als opfer ein ferkel dargebracht wird, kann neben
den drei anderen durch ortsangabe bezeichneten und mit
schafsopfer bedachten heroen kein anderer sein als Herakles,
dessen verehrung in jener landschaft ebenso bekannt ist wie
der brauch ihm schweine zu opfern[3]. Zu Sparta stiess an

---

1 auch Ἡρέας Ἡρᾶς ist wohl von dieser form abzuleiten durch
vermittlung eines Ἡρέ*ας.
2 so gab es zu Phaleron einen altar 'des heros', eingeweihte
wussten, dass er dem Androgeos gehörte: Paus. I 1, 4. Vgl. Furtwängler, Sammlung Sabouroff 1, 21. IvPrott, Leges Graecorum sacrae 1, 7.
3 IvPrott ao. n. 26 *B* 3 p. 48. Ueber den Heraklescult von Marathon s. HDettmer De Hercule Attico (Bonn 1869) p. 32 ff., über das
schweineopfer Stephani, Der ausruhende Herakles s. 117 f.

den tempel des Dionysos Kolonatas das heiligthum 'eines heros, der, wie man sagte, den Dionysos auf seiner fahrt nach Sparta geleitet haben sollte'[1]; die mädchen, denen der cultus des Dionysos oblag, brachten zuerst dem heros, dann erst dem gotte das opfer dar, und elf derselben hatten dabei einen wettlauf auszuführen. Es ist die epiphanie des Dionysos zu Sparta, die in dieser zu Pausanias' zeit halb verklungenen sage verbildlicht war. Da als geleiter nicht Hermes, sondern 'der heros' genannt wird, dürfen wir mit grosser wahrscheinlichkeit Herakles in ihm sehen, den wir später (abschn. VI 2) als träger des Dionysos kennen lernen werden. Bei den grabungen zu Olympia hat sich ein altar gefunden, dem bei der häufigen übertünchung, die er erfahren, jedesmal der name des besitzers aufgemalt wurde, Ἥρωος bezw. Ἥρωορ, einmal auch ἡρῷον[2]. Da Pelops seinen besonderen heiligen hain in der Altis, neben dem tempel des Zeus hatte, so kann dieser so lange benutzte altar nur dem frühe in die sagen von Olympia verflochtenen Herakles gegolten haben. Auch auf einem altar der insel Melos wird der göttliche inhaber kurzweg durch den gen. Ἥρωος bezeichnet. Die auslassung des artikels beweist, dass in diesen altaraufschriften Ἥρως als eigenname gemeint war; wir müssen darin denselben Herakles wiederfinden, der sich unter dem heros von Sparta und von Marathon verbarg. Diese mir bekannten fälle werden, wie ich nicht zweifle, sich erheblich vermehren lassen, wenn erst die unbestimmten heroen örtlicher culte einer planmässigen untersuchung unterzogen werden. Auch für die Griechen muss somit ein persönlicher gott Heros voraus-

---

1 Pausan. III 13, 7 Διονύσου Κολωνάτα ναός, πρός αὐτῷ δὲ τέμενος ἐστιν ἥρωος, ὃν τῆς ὁδοῦ τῆς ἐς Σπάρτην Διονύσῳ φασί γενέσθαι ἡγεμόνα· τῷ δὲ ἥρωι τούτῳ πρίν ἢ τῷ θεῷ θύουσιν αἱ Διονυσιάδες καὶ αἱ Λευκιππίδες· τὰς δὲ ἄλλας ἕνδεκα, ἃς καὶ αὐτάς Διονυσιάδας καλοῦσι, ταύταις δρόμου προτιθέασιν ἀγῶνα.
2 ECurtius und FAdler, Olympia 2, 165 f. 4, 675 ff., die dortige Heraklessage berührt vWilamowitz zu Eurip. Herakles 1, 271 f. (1, 21³). Altar von Melos: Journ. of hell. studies 17, 14 n. 30 und *IGIMA* III n. 1095.

gesetzt werden, wie das ihnen stammverwandte volk der
Thraker ihn bis in späte zeit festhielt[1]. Die appellativische
vielheit von ahnen hatte sich zur einheitsvorstellung des vor-
bildlichen ahnen, des Heros verdichtet. Aber während dieser éine Heros bei den Thrakern trotz der anwendung auf
einzelne menschen, die auch hier davon gemacht wurde, im
laufe der zeit seine göttliche macht eher steigerte, musste
bei den Griechen die ausschliessliche herrschaft, welche der
appellativische gebrauch des wortes früh erlangt hatte, zur
wirkung haben, dass die alte werthung von "Ηρως als eigenname ebenso zeitig verdrängt wurde und nur im gebrauch
landschaftlicher culte, aber mit unvermeidlicher missdeutung
sich erhalten konnte: die folge dieser sprachgeschichtlichen
entwicklung war, dass das neben dem alten "Ηρως stehende
deminutiv ('Ηρύκαλος) 'Ηρακλῆς, das undurchsichtig geworden war, fortan als eigenname diente.

Herakles war den Griechen das göttliche vorbild des
mannes, der durch volle entfaltung seiner kraft in thätigem
leben sich das anrecht auf den himmel erringt. Der fries
eines sarkophags von Genzano[2] beginnt die bilder aus seinem leben mit der schlangenwürgung und schliesst sie mit
einer scene, wo der held auf einem fels, über den die löwen-
haut gebreitet ist, sitzt und aus der hand der geflügelten
siegesgöttin den ehrenbecher empfängt, während im hintergrund Athene, mit helm und speer gerüstet, steht. Anfang
und ende haben vorstellungen veranlasst, die sich zu sprach-
licher benennung niedergeschlagen haben; aber das ende,
die selige ruhe bei den göttern, war die ursprüngliche conception: auf sie weist das wort Heros, von dem die benennung für den anfang erst abgeleitet wurde. Es ist augenfällig und L.Stephani hat es gezeigt, wie nahe sich die darstellungen des 'ausruhenden Herakles' ('H. ἀναπαυόμενος)[3]

---

1 s. Götternamen s. 251 f.
2 Annali dell' inst. arch. 1868 tav. d'agg. F.
3 Stephani, Der ausruhende Herakles s. 119 ff. vgl. O.Jahns
Griech. bilderchroniken s. 89 ff. taf. V.

einerseits mit dem typus des gelagerten und zechenden Dionysos und anderseits mit den massenhaft erhaltenen votivbildern an heroen, den sogen. todtenmahlen berühren. Die schwierigkeit, welche die letztere denkmälerclasse der deutung bereitet hat[1], ist in dem schillernden und schwer fassbaren wesen der vorstellung selbst begründet. Der zum genusse seliger freuden gelagerte (ehemals sitzende) heros ist als ein göttliches wesen gedacht, das seiner irdischen individualität entkleidet, unwillkürlich in die göttlichkeit hinüberspielt. Die meistens angebrachten wahrzeichen des pferds und der schlange halten die beziehung auf den zu den seligen übergegangenen ehemaligen menschen aufrecht; aber dieser heros konnte auch als der himmlische vertreter der gattung, als der Heros schlechtweg, wie das in Thrakien geschehen, ja sogar als eine durch besondere gedankenverbindung nahe gelegte gottheit gefasst werden, wie das nun für Zeus Epiteleios Philios inschriftlich[2] bezeugt ist. Die denkmäler sprechen deutlich zu jedem, der augen hat zu sehen: sie lehren uns verstehen, wie von den weibern der Eleer Dionysos als heros begrüsst und wie in Herakles das göttliche vorbild der heroen ausgeprägt werden konnte. Herakles' bezwingung des Hades oder Thanatos und des Periklymenos, sein kampf mit der lernäischen hydra und mit dem nemeischen löwen, anderseits die fahrt im becher des Helios und der scheiterhaufen auf der höhe des Oitagebirges — es ist beachtenswerth, dass sie benannt wurde, nicht nur Πυρά und, wenn die spur der handschriften nicht täuscht, Ἀμπρήστιον, sondern auch Φρυγία[3] —: das alles sind vor-

---

1 Aus der neueren litteratur der controverse hebe ich hervor Milchhöfer in den Athen. mitth. 2, 443 ff. 4, 161 ff., Wolters in der Archaeol. zeit. 40, 300 ff., Furtwängler Samml. Sabouroff 1, 26 ff. und Sitzungsber. d. Münchn. akad. 1897 i 401 ff., FDeneken in Roschers Mythol. lex. 1, 2566 ff.
2 abgeb. Sitzungsber. d. Münchn. akad. 1897 i 403.
3 Πυρά bei Theophrast h. pl. IX 10, 2 Livius XXXVI 30, 3; Ἀμπρήστιον bei Luctatius in Stat. Theb. 4, 158 nach dem Paris. 8064,

stellungen, welche die erhebung zu den göttern veranschaulichen sollten. Vielleicht vermag der angedeutete zusammenhang licht auf die thatsache zu werfen, dass die 'tragischen chöre', welche zu Sekyon den heros Adrastos feierten, durch den tyrannen Kleisthenes so leicht auf Dionysos übertragen werden und, was noch bedeutsamer ist, dass im attischen cultus des Dionysos die tragödie schon bei ihren ersten schritten ihren stoff der heroensage entnehmen konnte. Denn Phrynichos' Fall Milets ist bestraft worden, und die Persertrilogien des Phrynichos und Aischylos sowie der Archelaos des Euripides sind eine ausnahme geblieben, weil durch sie nicht das ästhetische gefühl, das bei idealisierter darstellung tragischer wirklichkeit volles genüge haben konnte, sondern das religiöse verletzt wurde, das an den vorstellungskreis des cultusgottes gebunden war.

Uv Wilamowitz hat das ergebniss seiner untersuchung über Herakles in das schlagwort zusammengefasst[1]: 'mensch gewesen, gott geworden; mühen erduldet, himmel erworben'. Ein verschiedener weg hat uns zu dem gleichen schluss geführt.

3 Und was ist Deukalion? Ich kann die abenteuerlichen etymologien, die man bis in neuere zeit versucht hat, bei seite lassen. Wenn die nachkommen des Deukalion nicht nur Δευκαλίωνες sondern auch Δευκαλίδαι genannt werden, so müssen wir schliessen, dass diesen fortbildungen nicht die volle form Δευκαλίων sondern die einfachere Δεύκαλος zu

---

während *prestion* und *tiprestion* aus *áprestion* verderbt scheinen (Hemsterhuis zu Luc. t 1 p. 112[b] hatte nach *prestion* Πρηστὼν vermuthet); Φρυγία nach Kallim. h. auf Artemis 159 mit scholion, Stephanos Byz. p. 673, 5 (Eustath. zu Dion. 809 p. 256, 16) und passio s. Philippi ep. 5 in Ruinarts acta sinc. (Amst. 1713) p. 412 vgl. Lobeck Aglaoph. p. 576. Auch die höhe im Tyrrenerland, wo die leiche des Odysseus verbrannt worden sein soll, führt einen mythologischen namen Πέργη nach Lykophron 805 vgl. Tzetzes: so hiess der götterberg, zu dem Herakles im becher des Helios fuhr, nach Pherekydes im schol. Apollon. Rh. 4, 1396 p. 523, 8 K.

[1] vWilamowitz zu Eurip. Herakles 1, 284 f. (I, 38²).

grunde liegt und dass hieraus erst durch den vorgang formaler wucherung die zur alleinherrschaft gelangte vollere form erwachsen ist[1]. In diesem Δεύ-καλος erkennen wir nun leicht einen neuen beleg des alten suffix -καλος, das 'Zeusknäblein'. Die anlautgruppe *dj* gestaltet sich griechisch gewöhnlich zu ζ. Aber es steht fest, dass Δεύς für Ζεύς sowohl in Boiotien als in Sparta gesprochen wurde. Nicht nur die grammatiker bezeugen das[2]: seinen Boiotier liess Aristophanes Acharn. 911 ἴττω Δεύς sagen, und zu Sparta hat sich die alterthümliche statuette eines langbekleideten sitzenden gottes gefunden mit der aufschrift Δεύς[3].

Es fehlt nicht an anhaltspunkten, die uns gestatten Zeus und Deukalion in die engste beziehung zu setzen. Der stammvater des Hellenenvolkes Hellen gilt als sohn des Deukalion und der Pyrra seit dem Hesiodeischen Katalog (fr. 21 Rzach); um so bedeutsamer ist es, wenn daneben sich die abweichende sage erhielt, dass Hellen sohn des Zeus selbst war[4]; Euripides (fr. 481) bezeichnet das nachdrücklich als

---

[1] s. Götternamen s. 22 f. Richtig schon schol. *T* zu N 307 oἳ δὲ καὶ ἀπὸ τοῦ Δεύκαλος (φασὶν εἶναι τὸ Δευκαλίδη).
[2] Herodian π. μον. λέξ. p. 6, 17 (bei Lentz II p. 911, 9) καὶ ὑπὸ Βοιωτῶν καὶ Δεύς καὶ Δάν, Choirob. dict. p. 60, 21. 210, 4 Gaisf. (Herod. II p. 378, 10 L.); scholion zu Dion. Thr. in Cramers *AO* iv p. 325, 24 (auch cod. Harlei. bei Kidd zu Dawes Misc. p. 145 ed. 1827) ὁ Ζεὺς παρὰ τοῖς Λάκωσι Δεύς λέγεται. Unbestimmt Hesych. Δεύς: Ζεύς, Cornutus 2 p. 3, 10 L. παρὰ δέ τισι καὶ Δεὺς λέγεται, τάχα ἀπὸ τοῦ δεύειν τὴν γῆν ἢ μεταδιδόναι τοῖς ζῶσι ζωτικῆς ἰκμάδος. Boiotische inschriften bezeugen von Ζευγνύναι abgeleitete Δεθεις Δευείας Δευείλλος (so *CIGS* I n. 2720, 11) Δεύειππος, jüngere Ζεύειππος ΖευΕίππα. Vgl. Ahrens dial. aeol. 175 dor. 95 GCurtius Gr. etym. s. 620 f.
[3] Die ohne kopf erhaltene statuette hat Milchhöfer in der Archäol. zeit. 1881 taf. 17, 3 vgl. s. 297 und Ath. mitth. 2, 299 mitgetheilt, die lesung der inschrift GTreu Arch. zeit 1882 s. 76 festgestellt; vgl. Furtwängler Athen. mitth. 7, 170.
[4] Hellanikos fr. 10 im schol. zu Platons Symp. p. 208[d] Konon narr. 27 Ἕλληνος τοῦ παιδὸς αὐτοῦ (des Deukalion), ὃν ἔνιοι τοῦ Διὸς παῖδα εἶναι φασιν Apollod. I 7, 2 γίνονται δὲ ἐκ Πύρρας Δευκαλίωνι παῖδες Ἕλλην μὲν πρῶτος, ὃν ἐκ Διὸς γεγενῆσθαι λέγουσιν

die richtige überlieferung. Der nicht eben seltene fall, dass demselben heros bald ein göttlicher vater bald ein menschlicher gegeben wird, findet gewöhnlich seine erklärung dadurch, dass der menschliche vatername sich als gleichwerthige bezeichnung des göttlichen vaters erweist[1]. Auch die athenische überlieferung[2] spricht deutlich. Nach der sage, die in der Parischen marmorchronik (ep. 2—4) befolgt wird, war Deukalion von Lykoreia auf dem Parnass, wo er geherrscht hatte, durch die regengüsse vertrieben worden und ins Athenische land gekommen zur zeit, da Kranaos dort könig war[3]; dort brachte er die opfer für seine rettung dar und erbaute den tempel des Olympischen Zeus, wie er bis zur zeit des Peisistratos bestanden hat. Dass Deukalion zu Athen gelebt habe, dafür bürgte das unweit des jüngeren Olympieion gelegene grab des Deukalion. Ebendort befand sich auch der erdspalt, durch den einst die gewässer der Deukalionischen fluth abgelaufen sein sollten; in diesen schlund warf man alljährlich an bestimmtem tage honigkuchen, wie denn auch die trauerfeier der Hydrophoria, die zum gedächtniss der von der fluth vertilgten abgehalten wurde, wahrscheinlich sich an dieselbe stätte knüpfte; betreffs der jahreszeit wissen wir durch Plutarch (Sulla 14), dass der cultus des monats Anthesterion mehrfach erinnerungen an die grosse fluth enthielt; durch Theopompos (fr. 342), dass auch das Topffest (Χύτροι) in beziehung dazu stand. Die erinnerungsstätten an die Deukalionische fluth, der erd-

---

schol. Od. κ 2 οἵ δὲ λέγουσιν ὅτι "Ελλην γόνῳ μὲν ἦν Διός, λόγῳ δὲ Δευκαλίωνος. Von Euripides fr. 14. 481 (vgl. ps. Dikaiarch fr. 61, 4 FHG 2, 264 ὁ Διὸς ῞Ελλην), im schol. Eurip. Phoin. 150 (Antimachos?) und zu Apollon. Rh. 1, 121 wird ohne weiteres Hellen sohn des Zeus genannt. Eustath. zur Ilias p. 1644, 9. Das Euripideische (fr. 481) Ζεύς, ὡς λέλεκται τῆς ἀληθείας ὕπο, "Ελλην' ἔτικτεν gemahnt an die bekannte mythographische formel (Rhein. mus. 53, 332 anm. 1).

1 s. Rhein. mus. 53, 332 ff.
2 Pausanias I 18, 7 f. vgl. Strabon IX p. 425 τοῦ δὲ Δευκαλίωνος (σῆμα δείκνυται) 'Αθήνησι.
3 so auch Apd. III 14, 5.

schlund und das grabmal des Deukalion, befanden sich also, wie später, so gewiss auch bevor Peisistratos die grundmauern zu dem späteren Olympieion gelegt hatte[1], innerhalb des heiligen bezirkes des Olympischen Zeus. Die forderung der reinheit bringt es mit sich, dass von tempelräumen und heiligen bezirken der götter gräber ausgeschlossen sind. Wo sich also an solchen orten gräber von heroen finden, müssen diese heroen in engstem zusammenhang mit dem gotte oder wenigstens mit dessen cultus stehn. In der regel ergibt es sich, dass sich unter den heroen ältere örtliche bezeichnungen der gottheit bergen. Das ist der fall mit den Hyperboreerinnen Hyperoche und Laodoke im heiligthum der Artemis auf Delos (Herodot 4, 34), deren männliche gegenstücke Hyperochos und Laodokos heroen des delphischen Apollon sind (Paus. X 23, 2); mit Pyrros im delphischen heiligthum[2]: mit Pelops in der Altis zu Olympia (Paus. V 13, 1. 27, 1); mit der Leukophryne im Artemistempel von Magnesia am Mäander: dies ist ein jede einrede ausschliessender fall; die göttin selbst hiess zu Magnesia, Milet, auf Kreta, in Bithynien Λεύκοφρυς Λευκοφρυηνή Λευκοφρύνη Λευκοφρύνεια, und als tochter des königs Mandrolytos war Leukophryne in die städtische legende von Magnesia verwebt[3]. Wie geburtstage der götter festlich begangen werden, so sind einst einmal die götter jährlich oder im verlauf eines grossen jahrs auch gestorben. Als würdigere vorstellungen von der gottheit durchdrangen und die unsterblichkeit

---

1 s. Vitruv VII praef. § 15, über die geschichte des baues CWachsmuth, Stadt Athen 1, 643. 688.
2 Pausan. X 24, 6 Asklepiades Tragil. im schol zu Pind. Nem. 7, 62.
3 Clemens Alex. protr. 3, 45 p. 13, 29 Sylb. ἐνταῦθα τῆς Λευκοφρύνης τὸ μνημεῖον οὐκ ἄξιον παρελθεῖν ἑπομένους Ζήνωνι τῷ Μυνδίῳ, ἣ ἐν τῷ ἱερῷ τῆς Ἀρτέμιδος ἐν Μαγνησίᾳ κεκήδευται. Der cult der göttin ist sogar für Bithynien bezeugt durch eine weihung [Ἀρτ]έμιδι Λ[ε]υκ[ο]φρυν[είᾳ?] Bull. de corr. hell. 1893 b. 17, 543. Die gestalt des cultusbilds ist aus den münzen bekannt, die legende der gleichnamigen heroine aus Parthenios n. 5.

für sie eine forderung wurde, hat man die gräber ihren heroisierten doppelgängern zugewiesen, und es wurde das zweifelhafte vorrecht der insel Kreta, das grab eines gottes, des Zeus selbst, zu besitzen[1].

Auch dass Deukalion als gründer des alten Zeustempels galt, wird keinem bedeutungslos scheinen, der sich erinnert, dass die mythischen tempelgründer mit dem gotte identisch zu sein pflegen, dem sie den tempel erbauen. Den Apollotempel auf der burg von Argos hatte der sage nach Pythaeus, von Delphi her gekommen, erbaut (Paus. II 24, 1): Telesilla nannte ihn einen sohn des Apollon (Paus. II 35, 2), aber zu Hermione (P. II 35, 2), Asine (P. II 36, 5), Thornax in Lakonien (P. III 10, 8) und zu Sparta (P. III 11, 9) hiess Apollon selbst Πυθαεύς. Neben dem tempel der Dioskuren zu Argos lag ein heiligthum der Eileithyia, das Helena auf dem heimwege von Aphidnai, nachdem sie von Iphigeneia entbunden war, geweiht haben sollte; eines commentars bedarf das nicht[2]. Alkathoos der stadttheros von Megara hat dort den tempel des Apollon Agraios und der Artemis Agrotera gegründet (Paus. I 41, 3): er steht dem Apollon so nahe, dass dieser mit ihm beim mauerbau Megara's hand anlegt[3]. Das namhafteste heiligthum von Hermione war der Demetertempel auf dem berge Pron. Die göttin hiess dort Χθονία, ihr fest Χθόνια. Gegenüber diesem tempel lag der des Klymenos: das war der dortige cultusname des Hades. Nun war dies heiligthum der Chthonia nach der sage von Hermione von 'Klymenos dem sohn des Phoroneus und von Klymenos' schwester Chthonia', nach der sage von Argos durch Chthonia, die tochter des Kolontas, die Demeter selbst

---

[1] Den gelehrten waren freilich noch weitere fälle von göttergräbern bekannt, s. Clemens Rom. hom. 5, 23. 6, 21. Den oben dargelegten hergang habe ich schon Göttern. 290 angedeutet.

[2] Pausan. II 22, 6 vgl. Rhein. mus. 23, 359. Auch die spartanische Helena zu Therapne ist eine Eileithyia, oder doch wenigstens κουροτρόφος in der legende bei Herodot 6, 61.

[3] Pausan. I 42, 1 f. Ciris 105 ff Ovid metam. 8, 14 f. usw.

von Argos nach Hermione versetzt hatte, errichtet worden[1]. Verschiedenartig, aber verwandter art ist es, wenn zu Tegea der mythische Aleos den alten tempel der (Athena) Alea errichtet (Götternamen s. 38). Da es dieses ortes nicht sein kann die erscheinungen der mythenverschiebung um ihrer selbst willen zu verfolgen, so können die beigebrachten beispiele genügen, um unsere beiden schlüsse aus der athenischen Deukalionsage zu rechtfertigen[2].

Wenn es somit auch durch überlieferungen des cultus und der sage bestätigt wird, dass Deukalion nichts als Deukalos, Zeusknäblein ist, so bietet sich sofort die weitere erkenntniss, dass das nur in engen dialektischen grenzen berechtigte Δεύκαλος anderwärts durch die völlig gleichartige bildung Δίοκλος mit ihren fortbildungen Διοκλέας Διοκλῆς vertreten wurde, während der undurchsichtig gewordene name Δευκαλίων an keine stammesgrenze gebunden war. Den heros Δίοκλος nennt die eleusinische Demetersage, und der name Διοκλῆς hat sich in den geschlechtern, denen die eleusinischen culte oblagen, erhalten[3]. Bedeutsamer tritt er zu Megara hervor. Der Megarer bei Aristophanes (Ach. 774) schwört bei Diokles, und das fest der Διόκλεια sollte von Alkathoos, dem erbauer der stadtmauer und der einen burg von Megara, eingesetzt sein[4]. Dies fest wurde im beginn des früh-

---

1 Pausan. II 35, 4—9; über Klymenos s. Stoff des griech. epos s. 35. Vgl. auch Eurip. Herakles 615 Χθονίας νιν (den Kerberos) ἄλσος 'Ερμιών τ' ἔχει πόλις.
2 Eine weitere spur Attischer sage könnte eine beischrift des Hieronymus in der chronik zum j. 520 Abr. p. 31 Schoene zu enthalten scheinen: 'Deucalionis filius Dionysius, uerum non ille Somelae filius, cum in Atticam peruenisset, hospitio receptus a Semacho [vgl. Stephanos Byz. p. 562, 12 Mein.] filiae eius capreae pellem largitus est'. Allein ein blick in die armenische übersetzung oder in Synkellos p. 297 zeigt, dass das entscheidende 'Deucalionis filius' rest der bei Hieron. verlorenen anmerkung des Eusebios über Ampiktyon ist.
3 s. COMüllers Kleine schriften 2, 253 f. Toepffer, Att. genealogie s. 124. 126.
4 schol. Ar. Ach. 774 Διοκλῆς τις ἥρως ἐτιμᾶτο παρὰ Μεγα-

ling* (εἴαρι πρώτῳ Theokr.) gefeiert: *vere natus est Iouis*, wie es in der Nachtfeier der Venus heisst; es ist dieselbe zeit, in welche zu Athen die cultusbräuche zur erinnerung an die Deukalionische fluth fallen. Leider kennen wir von diesem Dioklesfeste nur die merkwürdige sitte, dass knaben zu einem wettstreite darum, wer den besten kuss gebe, herangezogen wurden[1]. Das sieht ganz aus wie eine probe auf den knaben, der sich am meisten dazu eigne, den Ganymedes bei einem Zeusfeste vorzustellen; es kann nicht wunder nehmen, dass bei dem wettkampf der name des Ganymedes selbst angerufen wird (Theokr. 12, 35). Eine ganz unscheinbare thatsache öffnet uns den blick in tieferen hintergrund. Auf einer inschrift von Larisa[2] begegnet der name Διοκλῆς Πυρρίου. Wer an dem namenwechsel in griechischen familien nicht ganz achtlos vorübergeht[3], wird sofort bemerken, wie die namen von vater und sohn durch die erinnerung an die stammeltern des Hellenenvolks, Deukaljon und Pyrra bestimmt sind, nur dass nun noch deutlicher Zeus selbst an stelle Deukalions hervortritt.

Auch das benachbarte Korinth kann zeugniss für die vorstellung ablegen. Der Διοσκόρινθος war eine in der kinderstube abgedroschene und in diesem sinne sprichwörtlich gewordene gestalt[4], mindestens in Boiotien und Attika. Ich habe früher darauf hingewiesen, dass in dieser verbindung διοσ- nicht als genetiv wie in Διόσκουροι, sondern als nominativ wie im lat. *Dius fidius* zu fassen ist. Der zweite

---

ῥεῦσιν, ᾧ καὶ ἀγῶνα τελοῦσι τὰ Διόκλεια . . . . ὃν δὲ ἐπὶ τῷ Διοκλεῖ ἔθηκεν ἀγῶνα Ἀλκάθους ὁ Πέλοπος, ἐπιτελοῦσιν οἱ Μεγαρεῖς. Ueber Alkathoos s. oben s. 69 und Paus. 1 41, 3—6. 42, 1 f.

1 Theokrit 12, 27 ff. vgl. Welcker über Sappho s. 39 f. Kl. schrr. 2, 91 COMüller Dor. 2, 293 f.

2 Athen. mittheil. 7, 227 z. 5.

3 vgl. Götternamen s. 362 f.

4 Pindar Nem. 7, 105 Aristophanes Frösche 439 Ekkles. 828 Platon Euthyd. 292ᵉ vgl. die Göttinger Paroemiogr. gr. 1, 63. Zum folgenden s. Götternamen s. 70 f.

bestandtheil κόρινθος kann nur eine fortbildung von κόρος κούρος sein, offenbar von deminutiver bedeutung, wie in ερέβινθος zu όροβος vgl. deutsch *erbse* und wie in der verwandten bildung Σμίκυθος Μίκυθος Σμικυθίων Μικυθίων zu μικκός [1]; alterthümliche eigennamen wie Δάμανθος Πύρρανθος [2] Φάλανθος sind, denke ich, ebenso zu beurtheilen. Danach ist also Δίος Κόρινθος 'Zeus knäblein'. Man wird danach auch den stadtnamen Κόρινθος als ein unverstandenes Überbleibsel der einst auf den ort übertragenen sage von Zeus' geburt und jugend zu fassen haben. Der eponyme stadtgründer galt den bewohnern als sohn des Zeus [3]. Und das männliche geschlecht, das danach dem stadtnamen zukam und nicht nur in der dichtung sondern noch von Polybios ihm beigelegt wird [4], ist trotz des später durchgedrungenen weiblichen geschlechts von Κόρινθος wenigstens der zusammensetzung Ἀκροκόρινθος bewahrt worden. Ist diese deutung von Κόρινθος richtig, so muss dies wort an sich gebraucht worden sein, um den vollständigen begriff Δίος Κόρινθος 'Zeus knäblein' auszudrücken: auffallendes hat diese voraussetzung nicht, wenn man sich der bedeutung erinnert, welche 'die jungfrau' Παρθένος und 'das mädchen' (Κόρη) im cultus besessen haben; und nun lehrt uns der opferkalender der attischen Tetrapolis als in Marathon verehrten heros den Νεανίας [5], alte felsinschriften von Thera einen Κουρής kennen.

---

1 vgl. Lobeck proleg. pathol. gr. 367 f.
2 Θεόδωρος Δαμάνθω bronzetäfleïn von Myrina b. Pottier et Reinach, La necropole de Myrina p. 207 n. 15, Πύρρανθος auf Keos s. Rhein. mus. LIII 366, 5.
3 schol. Aristoph. Ran. 439 ὁ δὲ Διὸς Κόρινθος παῖς Διός, βασιλεὺς Κορίνθου Pausan. II 1, 1 Διὸς δὲ εἶναι Κόρινθον οὐδένα οἶδα εἰπόντα πω σπουδῇ πλὴν Κορινθίων τῶν πολλῶν.
4 Strabon VIII p. 382 χώραν δ' ἔσχεν ... σκολιάν τε καὶ τραχεῖαν, ἀφ' οὗ πάντες "ὀφρυόεντα Κόρινθον" εἰρήκασι, so in dem orakel bei Herodot v 92, 2; Polybios IV 67, 8 τὰς πύλας τοῦ Κορίνθου nach dem Vaticanus, vgl. Schweighäuser z. st.
5 von Prott, Fasti sacri n. 26 B 21 p. 48 vgl. 52. Κουρής (mit

4 Aber, wird man fragen, wie konnte das Zeusknäblein an sich in dem maasse gegenstand religiöser vorstellung und verehrung sein, dass die alten umwohner des Parnass die vorstellung zu einem festen begriff verdichteten und dafür ein wort Δεύκαλος Δευκαλίων, andere Δίοκλος Διοκλῆς, noch andere den (Δίος) Κόρινθος ausprägten[1]? Auch uns Christen steht der heiland nicht bloss im bilde des gekreuzigten vor auge; seit dem IV jahrh. hat sich dazu das Christuskind in der krippe und im arme der Madonna gesellt und ist unserem empfinden wichtig geworden. Bei den Serben und Bulgaren wird zu weihnachten in keiner hütte unterlassen nach altem sonnwendbrauch ein grosses feuer anzuzünden, um damit den *božić* 'das gottchen' (von *bog* gott) zu ehren[1]. Welche wichtigkeit für die Griechen die vorstellung des Zeusknäbleins hatte, lässt sich schon der menge der orte entnehmen, an denen die sage von der geburt und jugend des Zeus localisiert war[2]. Aber während die meisten überlieferungen dieser art kaum über die grenzen der landschaft hinaus geltung erlangten, hat sich die sage, dass die insel Kreta die geburt und jugend des höchsten gottes gesehen habe, allgemeinere anerkennung erworben[3]. Schon nach der Theogonie (477 ff.) wird Rhea vor ihrer entbindung von ihren eltern nach Kreta gebracht, und zwar vorerst nach Lyktos, dann in einer höhle auf dem 'Ziegenberge' (Αἰγαίῳ ἐν ὄρει) verborgen. Sonst wird als geburtsstätte entweder der höchste berg inmitten der insel, Ida, oder das Diktäische gebirg im osten der insel genannt[4]. Hier wird es nun

---

koppa und o für ου) bei Hiller von Gärtringen *IGIMA* III n. 350. 354 f. 371, Die archaische kultur der insel Thera (Berl. 1897) s. 18. Die von ihm ausgesprochene vermuthung, dass hier Zeus selbst als Kures gedacht sei, will ich nicht unerwähnt lassen, wenn ich auch davon keinen gebrauch machen durfte.
1 Mittheilung des verstorbenen generalconsuls Georg Rosen.
2 s. Preller-Robert Griech. myth. 1, 137.
3 s. KHoeck, Kreta 1, 175 ff.
4 Nachweise bei Preller-Robert 1, 133.

wichtig, dass auf derselben insel, auf welche man die geburt und kindheit des gottes verlegte, auch der name des Deukalion heimisch war. Die mythische persönlichkeit ist zwar verblasst und durch jüngere schichten der sagenbildung gleichsam unterdrückt: die litteratur hat von ihr wenig mehr[1] bewahrt, als was wir aus Homer (N 450 f. τ 178 ff.) wissen, dass Deukalion sohn des Minos und der Pasiphae und vater des Idomeneus war, den die Ilias (N 307) geradezu Δευκαλίδης, sohn des Deukalos nennt. Aber schon dies wenige genügt, um zu sehen, dass die gestalt des Deukalion fest in die landessage von Kreta eingewebt ist, also heimisch und nicht von anderwärts entlehnt war. So ist denn die folgerung berechtigt, dass auch den Kretern die vorstellung des neugeborenen himmelsgottes sich zum begriff des Δεύκαλος Δευκαλίων verdichtet hatte. Diese vorstellung ist, so viel wir sehen, auf Kreta mit der fluthsage nicht in verbindung gesetzt worden. Andere bilder hat dort die sage beliebt. Das geläufigste und eigenthümlichste ist doch wohl der von den Kureten um das Zeusknäblein aufgeführte waffentanz der pyrriche. Auf münzen der provinz Kreta[2] ist Rhea, auf felsgestein sitzend, in der linken das Zeusknäblein haltend, dargestellt, rechts und links von ihr ein Kurete. Ich glaube erwiesen zu haben[3], dass in dieser sage der alte über die trennung unserer europäischen völker

---

1 dahin gehört die angabe, dass Theseus von Menestheus aus Athen vertrieben nach Kreta zu Deukalion fährt, aber nach Skyros verschlagen wird (Paus. I 17, 6) oder dass Theseus den Deukalion erschlägt (Kleidemos fr. 5 bei Plut. Thes. 19). Ilior ist also Deukalion dem Theseus gegenübergestellt, wie sonst Lykos oder Lykomedes (Rhein. mus. 53, 373 f.), eine zwar ganz bei seite geschobene, aber wie die quelle, ein Atthidenschreiber, beweist, echte überlieferung: die gleichwerthigkeit des Deukalion mit Lykos oder Lykomedes ist ebenso deutlich, wie der sinn des zu grunde liegenden mythus (s. ao. 365 ff.).

2 abgebildet bei Svoronos, Numismatique de la Crète ancienne taf. XXXIII n. 23—24.

3 Rhein. museum 1894 b. 49, 464—7.

zurückreichende cultusbrauch, das neu aufgehende jahreslicht durch waffentänze, die von auserlesenen jünglingen aufgeführt wurden, zu begrüssen und zu feiern, auf den göttlichen vorgang übertragen worden ist. Eine erwünschte bestätigung geben zwei örtlichkeiten Kretas, in welche die geburt des gottes verlegt wurde, durch ihre namen Λύκτος und Δίκτη, die 'leuchterin' und die 'weiserin'. Das Diktäische gebirg verdankte seinen namen dem umstand, dass an ihm für den grösseren und bedeutenderen theil Kretas das licht der sonne aufgieng[1]. Auf einem westlichen ausläufer lag in der höhe die stadt Lyktos, die älteste aller kretischen städte, wie Polybios sie nennt[2]. Die ortsbezeichnung mit ihrem hinweis auf den lichtaufgang und die an den ort geknüpfte sage von der geburt des Zeus stehen in unlösbarem zusammenhang. Auch die benennung des waffentanzes dürfen wir nicht unerwogen lassen. Dass πυρρίχη weibliches adjectiv zu Πύρριχος und dies wort deminutiv von Πύρρος ist, liegt auf der hand, und ein gefühl davon hat den Aristoxenos geleitet, wenn er einen Lakonier Pyrrichos, den Lukian, wenn er Pyrros den sohn des Achilleus zum erfinder der pyrriche machte[3]. Nun ist aber Πύρρος einfach das männliche gegenstück zu Πύρρα und war zweifelsohne einmal an stelle von Deukalion mit Pyrra in alter weise[4] zu einem paare verbunden, wie ihn der del-

---

1 s. Götternamen s. 42; über den zusammenhang von götter- und ortsnamen ebend. 231 ff.
2 Die hohe lage hebt Steph. Byz. p. 422, 6 hervor.
3 Aristoxenos b. Athen. xv p. 630ᵉ φησὶ τὴν πυρρίχην ἀπὸ Πυρρίχου Λάκωνος τὸ γένος τὴν προσηγορίαν λαβεῖν, Λακωνικὸν δ' εἶναι μέχρι καὶ νῦν ὄνομα τὸν Πύρριχον Lukianos π. ὀρχήσεως 9 usw. Das in Boiotien so häufig zur bildung von menscheunnamen verwandte deminutivsuffix -ιχος ist auch dorisch zb. Σίμιχος in Syrakus, Σύλιχος (Collitz III n. 3266) und Τυνδάριχος in Sekyon, auf Kos Ἱππίχη (Paton and Hicks p. 240 s. 8), Μοίριχος Ὀλύμπιχος und Πύρριχος. Uebrigens kommen die namen Πύρρος und Πύρριχος auch in ionischem gebiet vor, zb. zu Chalkis auf Euboia Ephim. arch. 1897 p. 196, 16. 197, 19 Πύρριχος in Thessalien Bakchyl. 14, 22.
4 s. Götternamen s. 29 ff.

phische cultus neben Apollon festhielt. Aus der einfachen wortbetrachtung ergibt sich, dass Pyrrichos, den man auch auf Kreta kannte und zu einem der Kureten machte[1], nichts anderes als der kleine Pyrros oder das Pyrrosknäblein, also wesensgleich mit Δεύκαλος Δευκαλίων ist. Aus dem zusammenhang von Πύρριχος mit Πύρρα auf kretische fluthsage zu schliessen verbietet eben die pyrriche, die uns lehrt, wie die Kreter die ankunft des lichtgottes sich vorgestellt.

5 Wie bei der kretischen sage von der geburt des Zeus helfen uns auch bei der sage von Deukalion die namen der orte, wo Deukalion gelandet sein soll, die zu grund liegende vorstellung zu würdigen. Auf dem Parnass soll Deukalion gelandet sein, und hier ist es Λυκώρεια, die im nordosten des gebirgs gelegene höchste bergkuppe, noch heute Λυκέρι genannt, die mit der fluthsage in verbindung gesetzt wurde. Man erzählte[2], dass auf diese höhe bei der Deukalionischen fluth die umwohner, geleitet von heulenden wölfen, sich gerettet hätten, und erklärte so die benennung der bergspitze und des gleichnamigen städtchens der hochebene. Aber Λυκώρεια hat mit wolfsgeheul nichts zu thun, sondern ist eine der vielen bezeichnungen der himmlischen warte, in welche die griechische vorstellung von dem alles überschauenden und bewachenden himmelsgotte sich gekleidet hat; es bedeutet 'lichtwarte'. Dass auch Deukalions landung auf dem Parnass an diese höhe geknüpft wurde, ist nicht nur an sich bezeugt, sondern auch durch die nachricht verbürgt, dass das ihr benachbarte städtchen gleichen namens als herrschersitz Deukalions galt. Die Parische marmorchronik[3] hat diese nachricht aufbewahrt.

---

1 vgl. Pausan. III 25, 2 us.
2 Pausan. X 6, 2 τῶν ἀνθρώπων ὅσοι διαφυγεῖν τὸν χειμῶνα ἠδυνήθησαν, λύκων ὠρυγαῖς ἀπεσώθησαν ἐς τοῦ Παρνασοῦ τὰ ἄκρα ὑπὸ ἡγεμόσι τῆς πορείας τοῖς θηρίοις, πόλιν δὲ ἥν ἔκτισαν, ἐκάλεσαν ἐπὶ τούτῳ Λυκώρειαν. Ueber die bedeutung des wortes s. Götternamen s. 207—10.
3 Lukians Timon 3 τηλικαύτη ἐν ἀκαρεῖ χρόνου ναυαγία ἐπὶ τοῦ Δευκαλίωνος ἐγένετο, ὡς ὑποβρυχίων ἁπάντων καταδεδυκότων

Wenn dies dort mit der fluth in den zusammenhang gebracht wird, dass Deukalion, um dem tod in den wassern zu entgehen, sich nach Athen gerettet habe, so ist dies eine ungeschickte ausgleichung zweier sich ausschliessender überlieferungen, der athenischen, die Deukalion nach Athen kommen, dort den tempel des Zeus erbauen und dann sterben liess, und der delphischen, nach der Deukalion auf dem Parnass gelandet die stadt Lykoreia gegründet haben sollte. Die Delphier glaubten zu wissen, dass Lykoreia ihre eigentliche mutterstadt gewesen sei[1]. Das bewusstsein dieses zusammenhangs sprach sich darin aus, dass man zu Delphi die ältesten einrichtungen wie das priesterliche collegium der fünf "Οσιοι auf Deukalion zurückführte[2]. Diese Überlieferung setzt doch voraus, dass man als den anfang der geschichte Delphis die landung Deukalions auf dem Parnass, seine gründung von Lykoreia und die verpflanzung der gemeinde an den tiefer gelegenen ort betrachtete. Auch anderwärts müssen die Delphier als die berechtigten nachkommen Deukalions und seines volkes angesehen worden sein, wie man aus dem bald zu besprechenden opfer schliessen muss, das zur erinnerung an die grosse fluth nach Delphi abgeführt zu werden pflegte.

μότις ἕν τι κιβώτιον περισωθῆναι προσοκεῖλαν τῷ Λυκωρεῖ, ζώπυρόν τι τοῦ ἀνθρωπίνου σπέρματος διαφυλάττον εἰς ἐπιγονὴν κακίας μείζονος M. Par. ep. 2 Ἀφ' οὗ Δευκαλίων παρὰ τὸν Παρνασσὸν ἐν Λυκωρείᾳ ἐβασίλευσε κτλ. ep. 4 Ἀφ' οὗ κατακλυσμὸς ἐπὶ Δευκαλίωνος ἐγένετο καὶ Δευκαλίων τοὺς ὄμβρους ἔφυγεν ἐγ Λυκωρείας εἰς Ἀθήνας πρὸ[ς Κρανα]ὸν καὶ τοῦ Διὸ[ς]... τὸ ἱρόν ἰδ[ρύσατ]ο [καὶ] τὰ σωτήρια ἔθυσεν κτλ.

1 Schol. Apoll. Rhod. 4, 1490 οἱ Δελφοὶ τὸ πρῶτον Λυκωρεῖς ἐκαλοῦντο ἀπό τινος κώμης Λυκωρείας ebend. 4, 711 Λυκωρεύς, ἀφ' οὗ Λυκωρεῖς οἱ Δελφοί Strabon IX p. 418 ἡ Λυκώρεια, ἐφ' οὗ τόπου πρότερον ἵδρυντο οἱ Δελφοὶ ὑπὲρ τοῦ ἱεροῦ (vermuthlich aus Apollodor).

2 Plut. quaest. gr. 9 p. 292 πέντε δέ εἰσιν Ὅσιοι διὰ βίου, καὶ τὰ πολλὰ μετὰ τῶν προφητῶν δρῶσιν οὗτοι καὶ συνιερουργοῦσιν ἅτε γεγονέναι δοκοῦντες ἀπὸ Δευκαλίωνος. Ueber die functionen der Ὅσιοι s. Plut. de def. orac. 49 p. 437ᵃ. 51 p. 438ᵇ de Iside et Osir. 35

Bedeutsam ist auch die sage, welche Deukalion und Pyrra von den höhen des Parnass zu der Opuntischen landschaft heruntersteigen und dort ihre tochter, die 'Erstgeborene' (Πρωτογένεια) aufwachsen lässt. Schon Pindar (Ol. 9, 43) erzählt davon. Aber genauer sprach sich Hellanikos und der von ihm abhängige Apollodoros[1] aus, wenn sie als den ort, wo das erste menschenpaar sich niederliess, Kynos, das spätere hafenstädtchen von Opus nannten. Wir haben anderweitig beobachtet, wie Λυκόσουρα Λύκουρα Λυκώρεια und Κυνόσουρα Κύνουρα sichtlich gleichbedeutend mit einander wechseln[2], und wissen, dass die wurzel, aus welcher lat. *candere candidus* usw. griech. Κύνθος entsprungen sind, erst nachträglich in folge eingetretener lautgleichheit im griechischen mit dem worte für hund (κύων) zusammengeflossen ist. Das städtchen lag[3] an dem vorgebirge, das den Opuntischen meerbusen nach norden begrenzt. Die sage von dem aufenthalte des Deukalion hatte einen anhalt in dem grabmal der Pyrra, das zu Kynos gezeigt wurde.

Lykoreia und Kynos weisen, wie wir das bei den Kretischen stätten von Zeus' geburt wahrgenommen, auf die verehrung des lichtes hin. Wir können in dieser namengebung nicht ein spiel des zufalls sehen. Glücklicherweise lässt sich der bündige beweis dafür erbringen, dass die landung nach der fluth als ein bild für den aufgang und die ausgiessung des lichtes betrachtet wurde. Durch ein rhetorisches lexikon[4]

---

p. 365ª, wo auch eine schrift des Sokrates Περί 'Οσίων (*FHG* 4, 497 f.) angeführt wird.
1 Apollod. (fr. 149) zu B 531 im schol. Pind. Ol. 9, 64 οἰκῆσαι δὲ ἐν Κύνῳ τὸν Δευκαλίωνα λέγεται καὶ τὴν Πύρραν, καὶ τὴν Πρωτογένειαν ἐκεῖ τεθράφθαι φασίν. ἱστορεῖ δὲ ταῦτα καὶ Ἑλλάνικος (fr. 16). Strabon IX p. 425 ἐν δὲ τῷ Κύνῳ Δευκαλίωνά φασιν οἰκῆσαι, καὶ τῆς Πύρρας αὐτόθι δείκνυται σῆμα, τοῦ δὲ Δευκαλίωνος 'Αθήνησι. Vgl. schol. Theocr. 15, 141.
2 Vgl. Götternamen s. 208 f. Ueber die radicalmetapher s. Rhein. mus. 23, 335 ff.
3 Strabon IX p. 425 vgl. Bursian, Geogr. von Griechenl. 1, 190.
4 Bekker anecd. gr. 354, 15 καὶ ἡ θυσία δὲ ἡ ὑπὲρ τοῦ κατα-

Ansiedelung in Kynos. die Aigle

ist uns die werthvolle nachricht bewahrt, dass das opfer, 'das für die grosse fluth nach Delphi gebracht zu werden pflegte', mit dem worte αἴγλη bezeichnet wurde. Man erinnert sich des zwischenfalls bei der heimkehr der Argonauten (Apollon. Rh. 4, 1694 ff.), wo ihnen im dunkel Apollon den silbernen bogen leuchten lässt, 'blendende heitre' (μαρμαρέην αἴγλην) verbreitet und so die insel Ἀνάφη zeigt: das ist die legende für die einführung des cultus des Ἀπόλλων Αἰγλήτης. Bei Hesiodos war die verlassung der Ariadne durch Theseus damit motiviert, dass

'Quälende lieb' ihn zog zum kind Allsehers, der Aigle', gerade wie schon sein vater Aigeus sich mit Aithra, der tochter des Pittheus vermählt hatte. Der name jenes opfers spricht kurz und bündig die vorstellung aus, die man, ursprünglich wenigstens, mit dem opfer zum gedächtniss der grossen fluth verband.

κλυσμοῦ εἰς Δελφοὺς ἀπαγομένη Αἴγλη ἐκαλεῖτο. Vgl. Hesiodos fr. 130 Rz. δεινὸς γάρ μιν (den Theseus) ἔτειρεν ἔρως Πανοπηίδος Αἴγλης.

III

DAS GÖTTERKNÄBLEIN IN DER TRUHE

In dem vorstehenden abschnitte haben wir uns überzeugt, dass der zu allgemeinerer anerkennung gelangte held der griechischen fluthsage, Deukalion, ursprünglich gedacht war als 'Zeusknäblein', und haben bereits die wahrnehmung gemacht, dass wie mit der Kretischen sage von Zeus' geburt, ebenso mit der landung des Deukalion die vorstellung des aufgehenden lichtes verbunden war. Dieses zunächst befremdende ergebniss wird verständlicher werden und sich als nothwendig erweisen, sobald wir das wesentliche bild des auf den fluthen einhertreibenden, im kasten eingeschlossenen und dann an einer bergspitze landenden gottes schärfer ins auge fassen. Denn dieses bild und das stehende beiwerk des kastens oder der truhe (λάρναξ, später auch κιβωτός), in welcher der gott einhertreibt, ist ein motiv, das auch in anderen sagen sich wiederholt. Wir müssen wenigstens die wichtigeren anwendungen des motivs verfolgen und dann auch die gleichwerthigen variationen desselben, oder mit anderem worte, die verwandten bilder unserer betrachtung unterziehen. Wir werden uns dabei freilich gefasst halten müssen, auch secundären anwendungen oder entlehnenden übertragungen des motivs zu begegnen. Aber es lässt sich doch mit gewissheit hoffen, dass auch echte und ursprüngliche verwendungen sich zeigen werden, durch welche auf die ursprüngliche werthung des bildes klares licht fällt. Man muss nicht meinen, dass mythenvergleichung nur von volk zu volk geübt werden könne. Jedes reicher entwickelte volk, vor allem das griechische, besitzt in den überlieferungen seiner stämme und landschaften, ja oft einer und derselben landschaft, eine fülle von variationen derselben mythischen vorstellungen. Und nicht nur dieselben bilder kehren in vielen anwendungen wieder: je wichtiger dem volke eine vorstellung war, um so gewisser hat es auch zu verschiedenen zeiten verschiedene anläufe genommen, dieselbe in neue bilder einzukleiden.

Wir gehen aus von dem in die truhe eingeschlossenen und den fluthen überantworteten gotte.

1 Am bekanntesten ist die sage von Perseus, die unlängst von dem Engländer Edwin Sidney Hartland zum gegenstande einer ausführlichen, in ethnologischem sinne durchgeführten untersuchung[1] gemacht worden ist. Akrisios, dem könig von Argos, bruder des Proitos, war der orakelspruch geworden, als er nach der geburt einer tochter Danae einen männlichen leibeserben wünschte, ein sohn sei ihm nicht beschieden, wohl aber werde seine tochter einen solchen gebären, durch dessen hand er sterben werde. Um diesem schicksale zu entgehen, liess er in seinem hofraume ein unterirdisches gemach[2] ausheben und mit erzplatten auslegen, worin er die tochter nebst ihrer amme verborgen hielt dergestalt, dass kein mann ihr nahen konnte. Aber Zeus vereitelte

---

1 The legend of Perseus, a study of tradition in story, custom and belief, by E. S. H. (Grimm Library No. 2. 3. 5.) London 1894—6. Bd. I handelt von 'the supernatural birth'.

2 Dies ist die herrschende überlieferung: Pherekydes fr. 26 im schol. Apoll. Rh. p. 515, 17 θάλαμον ποιεῖ χαλκοῦν ἐν τῇ αὐλῇ τῆς οἰκίας κατὰ τῆς Soph. Antig. 945 ἐν χαλκοδέτοις αὐλαῖς, 947 ἐν τυμβήρει θαλάμῳ κατεζεύχθη Apd. II 4, 1 ὑπὸ γῆν θάλαμον κατασκευάσας χάλκεον. Unter den sehenswürdigkeiten von Argos nennt Pausanias II 23, 7 κατάγεων οἰκοδόμημα, ἐπ' αὐτῷ δὲ ἦν ὁ χαλκοῦς θάλαμος, ὃν Ἀκρίσιός ποτε ἐπὶ φρουρᾷ τῆς θυγατρὸς ἐποίησε· Περίλαος δὲ καθεῖλεν αὐτὸν τυραννήσας. Uns ist aus Horaz carm. III 16, 1 die *turris ahenea* geläufig; auch in die legenden der h. Barbara und der h. Eirene sowie in das inhaltreiche walachische märchen von Florianu ist der thurm aufgenommen worden; mehr bei Albrecht Wirth, Danae in christlichen legenden. Wien 1892.

diese vorsichtsmassregeln, indem er durch die decke herab als goldener regen sich in den schooss der Danae herabliess; wie Pherekydes erzählte, fieng Danae das gold in ihrem schoosse auf, Zeus verwandelte sich alsdann in menschliche gestalt und vereinigte sich mit dem mädchen. Die frucht dieses besuches war Perseus. Als er so weit herangewachsen (nach Pherekydes 3 bis 4 jahre alt geworden) war, dass er spielen mochte, hörte Akrisios die stimme des knäbleins und liess Danae mit der amme vor sich kommen. Nachdem er die amme getödtet, führte er die Danae mit deren knäblein vor den altar des Zeus Herkeios, und stellte an sie die frage nach dem vater des kindes. Ihrer antwort, dass Zeus es ihr gegeben, schenkte er keinen glauben, sondern liess sie mit dem kinde in eine truhe steigen, diese verschliessen und ins meer werfen. Die wellen trugen sie fort bis zu dem klippeneilande Seriphos. Dort gerieth die truhe in das netz, das Diktys zum fischfange ausgeworfen hatte. Auf das flehen der Danae öffnet Diktys die truhe und nimmt mutter und kind, nachdem er ihr geschick vernommen, in sein haus auf.

Soweit stehen die angaben alter schriftsteller[1] in gutem einklange mit dem berichte des Pherekydes, dem wir bisher gefolgt sind. Aus dem weiteren verlaufe mag nur hervorgehoben sein, dass Polydektes, der auf der insel herrschende bruder des Diktys, nach der Danae begehrte und die abwesenheit des Perseus auf dem abenteuer mit den Gorgonen zu benutzen suchte, um seine wünsche zu befriedigen, aber von dem zurückkehrenden Perseus durch das Medusenhaupt versteinert und an seiner stelle der gute Diktys zum herrscher eingesetzt wurde.

---

1 Pherekydes fr. 26 *FHG* 1, 75 im schol. Apoll. Rh. 4, 1091 Apd. II 4, 1 (danach Zenobios prov. 1, 41; eine vollständigere fassung des mythographischen handbuchs ist erhalten im schol. *ABD* zu Ξ 319 vgl. unten s. 84 anm. 1) Tzetzes zu Lykophr. 838, Byzant. hypoth. bei Nauck *FTG* p. 716³ Hygin f. 63. Die grundzüge des Perseusmythus deutet auch Pindar Pyth. 12, 9—23 an.

Die sage war den Griechen ins herz gewachsen. Dichtung und kunst haben die rührenden züge, die sie enthält, zur darstellung gebracht und lebendig erhalten. Pindar streift öfter die Perseussage. Simonides führt in dem herrlichen bruchstück (fr. 37), das Dionysios von Halikarnass erhalten, uns Danae vor, wie sie in der kunstreichen truhe (λάρνακι ἐν δαιδαλέᾳ) von wind und wellen dahingetragen wird und furchterfüllt unter thränen ihren arm um das schlafende knäblein schlingt; was sie zu ihm spricht, veranschaulicht in grellem gegensatz die noth der lage und den frieden kindlichen schlafes; gottergeben hofft sie von Zeus, dem vater des kindes, einen wechsel der dinge. Sophokles hat das geschick der Danae und ihres knäbleins in der tragödie Akrisios und vielleicht noch in einem zweiten, aber als satyrdrama gedichteten stücke Danae, Euripides in der tragödie Danae dichterisch gestaltet. Zwei erhaltene vasenbilder[1] stellen Danae, ihren bereits mehrjährigen knaben auf dem arme, vor der truhe dar, in welche Akrisios sie hereinsteigen heisst; die landung hatte Praxiteles in einer statuengruppe, Artemon in einem gemälde dargestellt, und sie ist gegenstand sowohl von vasenbildern wie von Pompeianischen wandgemälden.

Wir können absehen von den varianten römischer mythographen[2], welche den kasten mit Danae und Perseus an die küste Italiens treiben oder Danae mit einem von Phineus empfangenen zwillingspaare Argos und Argeus auf die stätte des späteren Rom gelangen lassen. Wichtiger ist für uns die ehemals verbreitetere, schon von Pindar erwähnte angabe,

---

1 Welcker, Alte denkmäler V taf. 17 vgl. s. 279 f. 283 f. Overbeck, Griechische kunstmythologie 1, 412. Die denkmäler, welche aussetzung und landung darstellen, bespricht OJahn Philologus 27, 2 f., vollständiger Fr. Knatz, Quomodo Persei fabulam artifices Graeci et Romani tractauerint (Bonn 1883) p. 8 f.
2 Vergilius Aen. 7, 410 Servius zur Aen. 7, 372. Danae mit Argos und Argeus: Serv. Aen. 8, 345.

dass Proitos es gewesen[1], der die Danae geschwächt habe. Akrisios und Proitos sind für die griechische sage der typus der feindlichen brüder. Schon im mutterleibe sollen sie mit einander gerauft haben, und als sie herangewachsen, blieb zunächst Akrisios im kampfe um die herrschaft über Argos sieger. Proitos flüchtet in das lichtland Lykien und setzt sich mit hülfe des Lykierkönigs wieder in den besitz wenigstens eines theiles seiner herrschaft. Wie die doppelte vaterschaft zu erklären sei, wird nach den in dem aufsatze über göttliche synonyme[2] erörterten beispielen nicht mehr zweifelhaft sein. Proitos, ursprünglich dreisilbig Πρόιτος[3], wohl nichts anderes als der lateinische *praeitor*, 'der dem volke oder heere voranziehende', ergibt sich als gleichbedeutend mit dem spartanischen Ζεὺς Ἀγήτωρ[4]. Wir wissen, dass noch später in Argos ein gott Ἀγήτωρ verehrt wurde, in dem wir lediglich eine jüngere erneuerung[5] des alten begriffes Πρόιτος erkennen. So erhält denn das schwanken der sage über den vater des Perseus erhöhte bedeutung. Es stimmt zu der brüderlichen feindschaft, dass der zurückgedrängte Proitos die tochter des bruders entehrt: gerade so verfährt Thyestes mit Aerope, der gemahlin des Atreus, Aigisthos mit dem weibe des Agamemnon. Wir werden uns vorläufig damit begnügen müssen, die eine hälfte des feindlichen paares, Proitos, erkannt zu haben. Welche vorstellung sich unter Akrisios verbirgt, bleibt dunkel. Die alten haben

---

1 Schol. *ABD* zu Ξ 319 αὐτὴ δέ, ὥς φησι Πίνδαρος (fr. 284) καὶ ἄλλοι τινές, ἐφθάρη ὑπὸ τοῦ πατραδέλφου αὐτῆς Προίτου, ὅθεν αὐτοῖς καὶ ⟨ἡ⟩ στάσις ἐκινήθη. ἔνιοι δέ φασιν ὅτι Ζεὺς μεταμορφωθεὶς εἰς χρυσὸν κτλ. Apd. II 4, 1, 2 καὶ ταύτην, ὥς μὲν ἔνιοι λέγουσιν, ἔφθειρε Προῖτος, ὅθεν αὐτοῖς καὶ ἡ στάσις ἐκινήθη· ὡς δὲ ἔνιοι φασί, Ζεὺς κτλ. Das zeugniss des Pindar ist um so bemerkenswerther, als dieser sonst den in gold verwandelten Zeus kennt Pyth. 12, 17 υἱὸς Δανάας, τὸν ἀπὸ χρυσοῦ φαμεν αὐτοφύτου ἔμμεναι vgl. Nem. 10, 11.
2 Rhein. mus. 53, 331 ff.
3 A Nauck in den Mélanges gréco-romains 3, 207 f.
4 vgl. Rhein. mus. 53, 360 anm. 1. 2.
5 vgl. Götternamen s. 56 ff. 312 f.

ihn als höhengott gedeutet[1], schwerlich richtig; wir hören, dass Ἀκρισίας bei den Phrygiern benennung des Kronos war. Um sicher zu bestimmen, welcher von den verschiedenen denkbaren begriffen dem Zeus-Führer entgegengesetzt war, dazu müssten wir mehr wissen, vor allem die herkunft des wortes.

Ein sich gegenseitig ausschliessendes brüderpaar ist auch Diktys und Polydektes; sie lösen sich ab in der herrschaft über Seriphos, indem Perseus nach der versteinerung des Polydektes den freundlich gesinnten Diktys als herrscher einsetzt. Das wesen des Polydektes ist klar und schon von Völcker richtig bestimmt worden: es ist der Hades als gastlicher wirth[2]. Wie nicht selten ist hier der tod als begriffsverwandter für die nacht (anderwärts für den winter) eingesetzt. Denn ihm gegenüber steht Diktys, der 'zeigende', ein gott des tageslichtes[3]. Die genauere bestimmung der vorstellung, welche mit Diktys als retter des Perseus verbunden war, und damit sein eigentlicher begriff wird sich im verlaufe der untersuchung (abschn. IV) von selbst ergeben.

Denn Perseus selbst ist zweifellos ursprünglich ein sonnengott. Das zeigen nicht nur die zahlreichen mythologischen verwendungen des wortstamms, sondern vor allem die gleichstellung von Perses und Perseus als vater der Hekate[4]. Von einer analyse der mythen sehe ich hier ab; die uns hier beschäftigende sage von der truhe und landung an der insel Seriphos genügt vollständig, um in ihm den auf-

---

1 Hesychios Ἀκρία: ἡ Ἀθηνᾶ ἐν Ἄργει ἐπί τινος ἄκρας ἱδρυμένη, ἀφ' ἧς καὶ Ἀκρίσιος ὠνομάσθη κτλ. Vgl. Methodios im Et. M. 52, 40. Man hätte wenigstens auf ἄκρις ἄκριες zurückgehen sollen. Lobeck Prol. path. gr. p. 428 scheint an ἄκριτος zu denken. — Hesychios Ἀκρισίας : Κρόνος παρὰ Φρυξίν.
2 s. Stoff des griech. epos s. 31 f. Völcker Mythologie des Japetgeschlechtes s. 204, unten s. 102 f.
3 vgl. Götternamen s. 41 f.
4 Lykophron 1175 Περσέως δὲ παρθένος Βριμὼ τρίμορφος Dionysios fr. 4 (FHG 2, 8) im schol. zu Apollon. Rhod. 3, 200. Vgl. Götternamen s. 11 f. Rhein. mus. 23, 346.

geheuden lichtgott zu erkennen, wie das schon Preller (Gr. myth. II³ 61) mit richtigem blick erkannt und durch treffende analogieen gestützt hat. Pindar (Pyth. 10, 31) hat noch den zug bewahrt, dass Perseus, vermuthlich bei seiner fahrt zu den Graien und Gorgonen, bei den Hyperboreern schmaust, also im lande der seligen gastlich aufgenommen wird. Seine verehrung als gott muss lange gedauert haben und weit verbreitet gewesen sein. Ich will nicht von Tarsos in Kilikien[1] reden, wo Perseus hervorragender verehrung genoss und in engster beziehung zu Apollon Lykeios stand. Noch in geschichtlicher zeit gab es, um von Seriphos abzusehen, zu Athen ein heiligthum des Perseus, in dessen räumen auch dem Diktys und der Klymene als seinen rettern ein altar geweiht war. Am wege von Argos nach Mykenai lag ein heroon des Perseus[2]; er galt als gründer von Mykenai, und noch zu Pindars zeit stand er in hohen ehren zu Argos. Auf eine besondere Argolische sage werden wir später (abschn. VII 1) zurückkommen müssen.

2 Die sage von Auge und ihrem sohne Telephos gab Hekataios und, vermuthlich im prologe seiner tragödie Tele-

---

[1] vgl. Dio Chrys. or. Tars. I 45 (I 310, 4 Arn.) τοῦ Περσέως ... καὶ τῶν ἄλλων θεῶν οὓς τιμᾶτε vgl. ebend. I p. 297, 23. 47 p. 310, 29. Ergiebiger sind die münzen, s. Imhoof-Blumer im Journ. of hellen. stud. 18, 174 ff. vgl. 171. Auf einer münze wird Perseus geradezu als βοηθός bezeichnet, bei Imhoof-Bl. ao. 175 n. 41, was durch Dion ao. II 38 p. 326, 25 f. Arn. illustriert wird; auf einer anderen (ao. 177 n. 48) als πατρῷος. Merkwürdig ist das mehrfach erhaltene münzbild, auf welchem dem mit der harpe bewaffneten und mit flügelschuhen ausgestatteten heros ein fischer gegenübertritt, der die angelruthe mit dem fischkorb über der schulter trägt und in der rechten dem Perseus einen grossen fisch vorhält, s. Imhoof-Bl. s. 177 f. Die gestaltung der sage, die hier veranschaulicht wird, ist uns unbekannt. Man möchte glauben, dass der fisch, von Perseus übernommen und freigelassen, eine rolle bei dessen fahrt zu Graien und Gorgonen zu spielen hatte.
[2] Pausanias II 18, 1; gründung von Mykenai II 16, 3 vgl. 15, 4 Pindar Isthm. 4, 33.

phos, Euripides[1] in einer gestalt, welche sie zu einem gegenstück von Danae und Perseus macht. Herakles kommt nach Tegea und wohnt dort Auge, der tochter des königs Aleos bei. Als sie das kind geboren hatte, konnte das geschehene ihrem vater nicht länger verborgen bleiben; in seinem zorne packte er die tochter mit ihrem kinde in eine truhe und übergab dieselbe dem meere. So trieb denn die truhe an die Mysische küste, wo der herrscher des landes um den Kaïkos, Teuthras, Auge aufnahm und zu seiner gemahlin erhob.

Anders erzählte man in der heimath der Auge[2]. Es ist lehrreich, darauf einzugehen, weil dadurch nicht nur das wesen der Auge deutlich wird, sondern auch auf die vorgänge der mythenbildung überraschendes licht fällt. Auf dem markte von Tegea lag ein tempel der entbindungsgöttin (Eileithyia). Die Tegeaten nannten diese 'Auge in den knieen' (Αὔγη ἐν γόνασιν) und erklärten diese benennung durch folgende legende. Als Aleos die schwangerschaft seiner tochter entdeckt, übergab er sie dem Nauplios mit dem auftrage, sie fortzuführen und ins meer zu versenken. Wie sie nun fortgeschleppt wurde, überkamen sie die wehen, sie sank in die kniee und gebar das knäblein an der stelle, wo später das heiligthum der Eileithyia stand. Das ist eine aetiologische legende, die nur zu dem zwecke gebildet ist, den namen der Tegeatischen geburtsgöttin zu erklären. Zu der zeit, da Auge aufgehört hatte, als göttin zu gelten und heroine geworden war, musste jene bezeichnung dazu drängen, die geburtsgöttin mit der heroensage von Aleos, Auge und Telephos in übereinstimmung zu setzen. Die kniestellung war bekanntlich ehemals die übliche lage kreisender frauen[3]. Für uns ist damit festgestellt, dass Auge, die Tegeatische

---

1 Hekataios fr. 345 (*FHG* 1, 27) bei Pausan. VIII 4, 9 vgl. 47, 3 Euripides bei Strabon XIII p. 615 vgl. Nauck *FTG* p. 581² zu Eur. fr. 696 Welcker Griech. trag. 2, 480.
2 Pausanias VIII 48, 7.
3 Welcker Kleine schr. 3, 186 ff. Götternamen s. 131.

88   III Das götterknäblein in der truhe

Eileithyia, wie der name (αὐγή) besagt, eine lichtgöttin war. Noch weniger kann es nun zweifelhaft sein, dass ihr sohn Telephos nichts als der 'fernhin leuchtende'[1] also ein sonnengott war; den Aleos werden wir ebenso wie die (Athena) Alea (Götternamen s. 38) mit ἀλέα εἴλη 'sonnenwärme' in zusammenhang setzen.

Neben dieser tempellegende bewahrten die Tegeaten noch die echte und alterthümliche sage, dass Auge ihr heimlich geborenes kind im Jungfrauengebirge (Παρθένιον)' ausgesetzt und dort eine hirschkuh mit ihrer milch den jungen Telephos ernährt habe. Pausanias (VIII 48, 7) bezeugt ausdrücklich, dass beide sagenformen gleichzeitig zu Tegea in umlauf waren. So unbekümmert ist die sage um widersprüche. Die letzterwähnte fassung verwendet ein motiv, das bei allen verwandten völkern überaus beliebt ist, um die geburt und erste jugend ihrer lieblingshelden mit dem glanze des wunderbaren zu bekleiden (unten s. 101 f.), die aussetzung im waldgebirge und die säugung durch ein weibliches thier.

Es kann nicht dieses ortes sein, allen den umbildungen zu folgen, welche die sage von Telephos' geburt durch die tragische dichtung erfahren hat. Wie weit die freiheit der ausdichtung gehen konnte, mag die merkwürdige inhaltsangabe einer vermuthlich nacheuripideischen tragödie bei Hyginus fab. 100 zeigen. Die sage hatte eben vorher eine endgültige gestaltung durch einen einflussreichen dichter nicht erfahren.

An der Mysischen küste der landschaft Teuthrania, wo die sage frühzeitig localisiert war, hat sie ursprünglich gewiss keine andere form gehabt als die von Hekataios erzählte; es ist schwer abzusehen, woher sonst Hekataios seine sage hätte beziehen können. Die Pergamener betrachteten sich als Telephiden[2] und wollten von den mit Tele-

---

[1] Τήλεφος zu φάος wie Πόλυβος zu βοῦς, ἀρτίπος zu πούς vgl. Götternamen s. 59, 6.
[2] s. MFränkel, Inschr. von Pergamon s. 240ᵃ Pausanias I 4, 6

Telephos und Auge

phos herübergekommenen Arkadern abstammen. Diese annahmen schliessen eine umbildung der sage in sich. Auge musste allein nach Mysien gekommen sein, Telephos im Parthenion ausgesetzt, zieht dann herangewachsen im geleite von landsleuten hinaus in die welt, um seine mutter zu suchen. Das steht so weit in bestem einklang mit der Tegeatischen überlieferung, welche die Auge dem Nauplios zur versenkung ins meer anvertraut. Eine aus der zeit Marc Aurels stammende bronzemünze von Elaia[1], der hafenstadt von Pergamon, dient zur ergänzung unseres lückenhaften wissens. Auf der hier (fig. 2) abgebildeten rückseite ist eine im fischernetze ans land gezogene truhe dargestellt, in welcher, nachdem der deckel zurückgeschlagen, ein bekleidetes weib sich erhebt; zwei fischer zu beiden seiten und hinter der truhe zwei männer in symmetrischer anordnung bezeugen ihre überraschung; links wird das vordertheil einer barke, rechts ein ruder sichtbar. FMarx hat überzeugend nachgewiesen, dass hier die landung nicht der Danae sondern der Auge dargestellt ist. Da Auge nicht ihr knäblein in den armen trägt und von diesem nichts zu sehen ist, so kann die sage, welcher der stempelschneider folgte, nur von einer aussetzung der Auge gewusst haben, und muss den Telephos zunächst in Arkadien zurückgelassen haben.

fig. 2

αὐτοὶ δὲ (οἱ Περγαμηνοί) Ἀρκάδες ἐθέλουσιν εἶναι τῶν ὁμοῦ Τηλέφῳ διαβάντων ἐς τὴν Ἀσίαν Aristeides r. 42 t. 1 p. 772 Dind. Vgl. MFränkel no. s. 79 f.

[1] Nach einem exemplar des Wiener cabinets herausgegeben von FImhoof-Blumer, Monnaies grecques p. 274, vgl. FMarx Athen. mitth. x (1885) s. 21—26. Ich verdanke es der entgegenkommenden gefälligkeit der leiter unseres Athenischen Instituts, dass der zur publication von Marx (s. 21) angefertigte holzstock für die obige abbildung verwendet werden konnte.

Für den mythenaustausch, der sich so ergibt, ist die inschriftliche thatsache[1] von bedeutung, dass die Tegeaten und Pergamener bereits in der zeit der Attaler sich als blutsverwandte gegenseitig das bürgerrecht ertheilten. In dem erhaltenen beschlusse der Pergamener wird mit besonderem nachdrucke das alte Athenebild von Pergamon als eine stiftung der Auge, der ehemaligen Athenepriesterin von Tegea, bezeichnet.

3 Wie von Telephos, so sind von Oidipus die beiden sich ausschliessenden sagen von der wunderbaren rettung nach der geburt erzählt worden. Nach der herrschenden sage, die einen halt in der volksthümlichen erklärung des namens ('schwellfuss') fand, wurde das knäblein, das nach dem orakelspruch seinem vater Laios den tod drohte, im Kithairon 'auf der wiese der Hera' (Eurip. Phoin. 24) ausgesetzt und von dort durch hirten des Polybos, des 'rinderreichen', nach Sekyon oder Korinth (Soph. OT. 774) gebracht, wo der kinderlose könig ihn als sohn aufnahm. Aber daneben erhielt sich die überlieferung, dass das knäblein in eine truhe (λάρναξ) eingeschlossen, ins meer geworfen worden, und bei Sekyon ans land getrieben sei, wo dann der landeskönig Polybos es aufnimmt und grosszieht[2]. Die Oidipussage ist von früher zeit an durch dichter gestaltet und umgearbeitet worden; da der name selbst keinen sicheren anhaltspunkt gewährt, ist es geboten, von einer deutung fürs erste abzusehn.

4 Volleres licht gewährt vielleicht die prüfung alter sagen der insel Tenedos[3], die schon von Aristoteles in seiner

---

1 Inschr. von Pergamon n. 156 p. 78 f., dort heisst es z. 23 f. ἀναθεῖναι αὐτήν (τὴν στήλην) εἰς τὸ ἱερὸ[ν τῆς] Ἀθηνᾶς [ἥ]ν ἱδρύσατο Αὔγη. Das Pergamenische grabmal der Auge beschreibt Pausan. VIII 4, 9: auf dem erdhügel war das eherne standbild einer nackten frau angebracht.
2 Schol. Eurip. Phoen. 26 οἳ δὲ εἰς θάλασσαν ἐκβληθῆναι (ἐμβληθῆναι? ἐκριφῆναι βληθέντα Schwartz) εἰς λάρνακα καὶ προσοκείλαντα τῇ Σικυῶνι ὑπὸ τοῦ Πολύβου ἀνατραφῆναι, ebend. 28 τινὲς δὲ ἐν λάρνακι βληθέντα καὶ εἰς θάλασσαν ῥιφέντα τὸν παῖδα προσπελασθῆναι τῇ Κορίνθῳ φασίν. Sohn des Helios heisst er ebend. p. 251, 10.
3 Die sage wird ausführlich erzählt bei Pausanias X 14, 1—4

Oidipus. Tennes   91

verfassungsgeschichte der insel erzählt waren. In dem Troischen orte Kolonai herrschte vormals Kyknos, ein sohn des Poseidon, dem seine gemahlin Prokleia[1] zwei kinder Tennes und Hemithea[2] gebar. Als die mutter seiner kinder gestorben war, nahm er eine zweite frau, meistens Phylonome[3], aber auch Polyboia genannt. Die verliebte sich in den herangewachsenen stiefsohn, und da dieser ihren werbungen taub blieb, so beschuldigte sie ihn bei dem vater, den ehebruch versucht zu haben; ein flötenspieler Molpos[4] hatte sich bereit finden lassen, ihre anklage durch falsches zeugniss zu stützen. Zu rasch von der schuld des sohnes überzeugt, lässt Kyknos den Tennes nebst der tochter[5], die über das schicksal des bruders sich verzweifelt zeigte, in eine truhe packen und ins meer werfen. An die gegenüberliegende insel Leukophrys, die später Tennes zu ehren ihren namen in Tenedos wandelte, angetrieben, wurde der kasten von

---

Konon narr. 28 schol. *AD* zu A 38 (kürzer und abweichend schol. *BLT* z. st.) Apd. epit. 17, 10—12 W. Tzetzes zu Lykophron 232. Die spuren des Aristoteles treten hervor bei Herakleides excc. 7 Plut. qu. Gr. 28 p. 298ᵈ Diodor v 83, 4 Strabon xiii p. 604 Steph. Byz. u. Τένεδος p. 615, 19 ff. Auch Plinius n. h. 5, 140 'Tenedus Leucophrys dicta'.

1 Wenn schol. *BLT* zu A 38 Skamandrodike statt Prokleia nennen, so ist das eine verwechslung der gattin mit der mutter des Kyknos s. Tzetzes zu Lyk. 232.

2 Hemithea ist der herrschende name: Paus. x 14, 2 Apd. und Tzetzes ao. schol. *BLT* zu A 38 Konon 28 Serv. zur Aen. 2, 21; als φιλάδελφοι werden in Westermanns Mythogr. p. 345, 12 Τέννης καί Ἡμιθέα genannt. Dagegen heisst die schwester im schol. *AD* zu A 38 Λευκοθέα, Steph. Byz. p. 615, 15 hat Ἀμφιθέας ἢ Ἡμιθέας.

3 schol. *BLT* zu A 38 nennt die stiefmutter Kalyke, schol. *AD* ebd. Φυλονόμην ἢ ὡς ἔνιοι Πολύβοιαν. Ein schreibfehler ist es, wenn sie bei Apd. Φιλονόμη heisst.

4 Μόλπος Plutarch und Tzetzes, Εὔμολπος Apd., vgl. Müller zu Tzetzes in Lycophr. 1 p. 497.

5 Die einschliessung nur des Tennes erwähnen Herakleides, Diodor, schol. *AD* zu A 38. Den versuch einer motivierung dafür, dass Hemithea mit dem bruder zu gleichem schicksal verdammt wurde, macht nur Konon 28 περιαλγοῦσαν τάδελφοῦ.

den einwohnern eröffnet und dessen insassen froh bewillkommt zu herrschern der insel erhoben. Was geschehen sein soll, als Kyknos zur erkenntniss seiner verhängnissvollen täuschung gelangt war, liegt uns hier ferne. Aber das weitere schicksal des geretteten geschwisterpaares darf nicht unbeachtet bleiben. Bei dem zweiten zuge nach Troia legte das Griechenheer zunächst bei Tenedos an, und bei dieser gelegenheit fiel, wie in den Kyprien erzählt war, Tennes durch Achilleus; er suchte die landung der feinde durch steinwürfe zu verhindern und erhielt von Achilleus einen tödtlichen schwertstoss in die brust. Nach anderer sage [1], die auf Aristoteles zurückgehen wird, hatte Achilleus Tennes' schwester Hemithea, deren schönheit ihn anzog, verfolgt. Tennes warf sich ihm entgegen, um die schwester zu schützen, und fand dabei seinen tod; die schwester selbst soll nach einer vereinzelten angabe dadurch von dem verfolger gerettet worden sein, dass die erde sie verschlang. Nach beiden berichten ist die tödtung des Tennes für Achilleus verhängnissvoll. Seine mutter Thetis hatte ihn gewarnt, das blut des Tennes, weil er ein sohn des Apollon sei, zu vergiessen; wenn er das verbot übertrete, sei ihm bestimmt durch die hand Apollons zu fallen. Als Achilleus daher sein vergehen erkannt, stösst er den sklaven, der ihm als warner mitgegeben war, nieder, weil er seine pflicht versäumt. An dem orte, wo Tennes bestattet wurde, erhob sich später ein tempel, dessen gesetz [2] flötenspielern den zutritt versagte und den namen des Achilleus innerhalb der schranken auszusprechen verbot.

Hier liegen alte cultusüberlieferungen der insel Tenedos vor. Bis in die zeit Ciceros wurde Tennes auf der insel als 'gott' hochgehalten [3]; das tempelbild, ein berühmtes kunst-

---

[1] Plutarch qu. Gr. 28 Tzetzes zu Lyk. 232 (hier εἰς γῆν κατεπόθη).
[2] Plut. qu. Gr. 28 Diodor v 83, 5 Herakl. exc. 7.
[3] Cic. in Verrem act. ii l. i 19, 49 'Tenen ipsum, qui apud Tenedios sanctissimus deus habetur, qui urbem illam dicitur condidisse, cuius ex nomine Tenedus nominatur' vgl. de nat. deor. iii 15, 39.

werk, entführte Verres nach Rom. Die verehrung der Hemithea lässt sich vom Thrakischen Chersonnes bis nach Kaunos in Karien verfolgen. Am Hellespont befand sich in dem städtchen Kastabos ein bis in spätere zeit weithin in ehren stehender tempel der Hemithea[1]. Sie galt dort als heilgöttin, wurde bei schweren entbindungen angerufen und gab kranken im traume weisung über ihre heilung. Staphylos, der sohn des Dionysos, so erzählte man am Hellespont, hatte drei töchter Molpadia, Rhoio und Parthenos. Nach dem schicksale der Rhoio, das wir bei Anios (s. 97 f.) kennen lernen werden, wurden die beiden übrigen töchter von dem vater mit der pflicht betraut, seinen wein, der damals etwas neues für die menschen war, im thönernen fasse zu hüten. Unglücklicherweise drangen, als einmal die mädchen in schlaf gefallen waren, schweine in den raum ein, stiessen das fass um, und der wein lief aus. Aus furcht vor dem jähzorn des vaters liefen die mädchen fort zur küste und stürzten sich von hohem felsen herab. Apollon nahm sich ihrer an und versetzte sie in städte des Chersonnes, die Parthenos nach Bubastos, wo ihr ein heiligthum und verehrung zu theil wurde, die Molpadia nach Kastabos, wo sie 'wegen der epiphanie der göttin' nun Hemithea hiess. Diese sage diente zugleich zur erklärung des in jenen beiden tempeln beobachteten brauchs, zu spenden nicht reinen sondern mit honig gemischten wein zu verwenden und solche als unrein auszuschliessen, die ein schwein berührt oder schweinefleisch genossen hatten.

Die sage von Kaunos, von Alexandrinischen dichtern erzählt[2], versetzt Staphylos und seine töchter nach Bubastos.

---

1 Diodor v 62 f.
2 Parthenios n. 1 nach Nikainetos und Apollonios Rhodios. Den namen Λύρκος vermag ich nur mit lat. *lurco* fresser und *lurcari* zusammenzustellen, danach würde sein nächster begriffsverwandter Zeus Λαφύστιος sein. Bei Pausan. II 25, 5 wird er unehelicher sohn des Abas genannt. Sein name ist erhalten in einem berge der Argolis Λύρκειον und einer der sage nach dort einstmals gelegenen stadt

Staphylos macht seinen gast Lyrkos, den sohn des Phoroneus, berauscht und legt ihm heimlich seine tochter Hemithea bei, die so mutter des Basilos wird. Nur zwei schwestern werden in dieser sage genannt, Rhoio und Hemithea, beide sind in Lyrkos verliebt und streiten sich um die ehre, durch ihn mutter zu werden.

Merkwürdig ist es in der Tennessage, dass mit dem bruder auch die schwester in die truhe geschlossen wird. Motiviert konnte das werden durch den hass der stiefmutter, in unseren berichten ist es nicht geschehen. Zu den über das meer hintreibenden geschwistern bietet sich als parallele die sage von Phrixos und Helle, die gleichfalls durch eine böse stiefmutter vertrieben auf dem goldenen redebegabten widder über das meer hinreiten. Hemithea, wie sie am Hellespont gedacht wurde, erinnert an Ino Leukothea. Auch Ino stürzt sich ins meer und wird dann zur göttin erhoben, sogar den namen Leukothea hat man auf Hemithea übertragen (s. 91 anm. 2).

Wichtig ist der siegreiche und für den sieger verhängnisvolle kampf des Achilleus mit Tennes, zweifellos ein durch cultussage gewiesener einschlag im gewebe der epischen dichtung. Wenn aber Achilleus im Tenedischen cultus als sieger über Tennes galt, so wird die rolle des Achilleus kaum eine andere gewesen sein können, als wenn er den Thersites oder den Pharmakos erschlägt[1]. Hier wird es bedeutsam, dass dem Tennes ausser dem sterblichen auch ein göttlicher vater zugetheilt wurde, und dass der göttliche vater

---

Λυρκεία (Paus. ao. Sophokles fr. 249, 6 N². Strabon VIII p. 370). Bedeutsam ist ein an diesen berg geknüpfter cultusbrauch der Argiver, Paus. II 25, 4 ἐπὶ τούτῳ δὲ Ἀργεῖοι κατὰ ἔτος ἕκαστον πυρσῶν ἑορτὴν ἄγουσι, nach der legende, weil Lynkeus (den man dem Lyrkos substituirte, weil er geläufiger geblieben war), der sohn des Aigyptos, von jener höhe aus der Hypermestra durch feuerzeichen nachricht von seiner errettung gegeben hatte; Frazer (zu Pausan. band 3, 216 f.) denkt an sonnwendfeuer.

1 s. Stoff des griech. epos s. 47. 53 ff.

Apollon war[1]. Wenn Achilleus nicht von Acheloos getrennt werden kann, so tritt er in die engste beziehung zu jenen heroen, welche wie Melanthos den Blonden (Xanthos) oder Hippotes den Karnos erschlagen[2], er ist, wie man der kürze halber sagen mag, als Poseidonischer heros gedacht. Ihm gegenüber muss also Tennes als vertreter des sommergottes gefasst sein (die unsicherheit der wortbedeutung lässt es im unklaren, wie der begriff gewendet war), und damit steht im einklang, dass er als sohn oder liebling des Apollon galt.

Die landung in der truhe ist auch in diesem falle zweifellos ein mythisches bild für die ankunft und den aufgang des lichtgottes. Gewährleistet wird dies durch den namen der insel, an welche Tennes antreibt. Die insel trug vor Tennes' ankunft den namen Λεύκοφρυς. Auch eine stadt im gebiete von Magnesia am Mäander hiess Leukophrys[3], berühmt durch den tempel der bekannten Artemis Λευκοφρυηνή (Λευκοφρύνη). In fast allen verwandten sprachen[4] bedeutet der wortstamm bhru augenbrauen (supercilium, zuweilen auch palpebra); es ist unentschieden, ob die anwendung auf gebirg und erhöhten rand von flussläufen udgl. auf ursprünglicher bedeutung oder auf bildlicher übertragung beruht. Der übergang beider bedeutungen liegt überaus nahe. Luther übersetzt Hiob 3, 9 in übereinstimmung mit dem urtexte 'die augenbraunen (augenbrün) der morgenröthe', während die Vulgata ortum surgentis aurorae gibt. Wenn eine insel oder eine anhöhe nach den 'weissen brauen' benannt wurde, so konnte das nur geschehen, weil die umwohner an derselben den aufgang des lichtes zu beobachten pflegten[5]. Die insel Leukophrys tritt somit in eine reihe

---
1 Tzetzes zu Lyk. 232 vgl. Plut. qu. Gr. 28 ὡς τιμώμενον ὑπὸ 'Απόλλωνος Apd. epit. p. 196, 14 W. Rhein. mus. 53, 332 ff.
2 vgl. Rhein. mus. 53, 365 ff.
3 Xen. Hell. III 2, 19 εἰς Λεύκοφρυν, ἔνθα ἦν 'Αρτέμιδός τε ἱερὸν μάλα ἅγιον καὶ λίμνη vgl. IV 8, 17.
4 Vgl. Curtius Griech. etym. 405.
5 vgl. Euripides Ion 86 f. Παρνησιάδες δ' ἄβατοι κορυφαὶ καταλαμπόμεναι τὴν ἡμερίαν ἁψῖδα βροτοῖσι δέχονται.

mit den inseln, deren namen durch die vorstellung des lichtaufganges bedingt waren: Ἀνάφη Δῆλος Ζάκυνθος Κύνθος Ὀρτυγία. An Delos aber haftet die verbreitete sage, dass dort das göttliche zwillingspaar Apollon und Artemis geboren sei. Für dieselbe insel waren auch die namen Kynthos und Ortygia gebräuchlich, und wenn es noch einer besonderen bestätigung bedürfte, so würde sie durch die thatsache erbracht werden, dass Ortygia nicht nur beiname der Artemis, sondern überhaupt mythologische bezeichnung des lichtaufgangs war: der hain bei Ephesos, in welchem nach dortiger sage Leto entbunden wurde, hiess bis in spätere zeit Ortygia[1]; noch die Odyssee (ε 123 ο 404) verbindet mit Ortygia nicht sowohl eine geographische als eine mythologische vorstellung. Ebenso bewährt sich auch der name Delos als mythologischer begriff. Einer der orte, an denen man Apollon geboren glaubte, war das Boiotische städtchen Tegyra[2] in der späteren gemarkung von Orchomenos, wo ein orakel bis in die zeit der Perserkriege thätig war: der berg bei dem städtchen, der offenbar als die geburtsstätte galt, trug den namen Δῆλος.

5 Der heros der insel Delos war Anios, der älteste dortige könig und priester des Apollon[3], von seinem gotte selbst in der wahrsagung unterwiesen. Trotz dieser stelle in der heroensage muss er im örtlichen cultus bis in die

---

1 s. Rhein. mus. 49, 465 f.
2 Plut. Pelop. 16 ἐνταῦθα μυθολογοῦσι τὸν θεὸν γενέσθαι. καὶ τὸ μὲν πλησίον ὄρος Δῆλος καλεῖται vgl. de def. orac. 5 p. 412ᵇ Stephanos Byz. p. 611, 6 (nach Semos).
3 Clemens Al. protr. p. 12, 6 Sylb. ἔστι μὲν ἐφευρεῖν καὶ ἀναφανδὸν οὕτω κατὰ πόλεις δαίμονας ἐπιχωρίους τιμὴν ἐπιδρεπομένους . . . παρὰ Δηλίοις Ἄνιον. Der unter dem namen des redners Doinarchos umgelaufene Δηλιακός begann ohne jedes vorwort mit der genealogie des Anios: Ἀπόλλωνος καὶ Ῥοιοῦς τῆς Σταφύλου nach Dionys. Din. 11 p. 316, 21. Bei Ovidius met. 13, 632 heisst er *rex* und *antistes* vgl. 640 *Phoebi lecte sacerdos* Verg. Aen. 3, 80 Et. M. u. Δωρίππη p. 293, 38. Es ist dieselbe persönlichkeit, wenn nach anderer quelle bei Diodor V 79, 2 Ἀνίων os ist, dem von Rhadamanthys Delos überwiesen wird.

geschichtliche zeit hinein als gott verehrt worden sein: wenn unser gewährsmann ihn als 'landschaftlichen dämon' bezeichnet, so spricht er aus, dass Anios zwar nicht zu den anerkannten göttern gehörte, aber in eng begrenztem kreis als gott galt[1]. Von seiner geburt erzählte man[2], das Rhoio, eine der drei töchter des Staphylos von Apollon beschlafen worden sei; als ihre schwangerschaft sich bemerklich machte, habe der vater in seinem zorne das mädchen in eine truhe (λάρναξ) eingeschlossen und ins meer werfen lassen; die truhe sei an der insel Delos angetrieben, dort sei dann Rhoio von einem knaben entbunden worden und habe ihn Anios 'Kummervoll' genannt, etwa wie in unserem volksbuch Genovefa ihrem söhnchen den namen 'Schmerzenreich' gibt. Sie legte dann den säugling auf den altar des Apollon und betete zu diesem, wenn er der vater des kindes sei, möge er sich seiner annehmen. Apollon hob sein kind auf und verbarg es anfangs, dann zog er ihn gross, lehrte ihn die seherkunst und überhäufte ihn mit hohen ehren. Eine andere überlieferung weicht von diesem berichte Diodors nur insofern ab, als Rhoio nicht an Delos sondern an Euboia antreibt und dort in einer höhle niederkommt, Apollon bringt dann den säugling nach Delos, wo er aufwächst und später vater der drei töchter wurde, auf die wir sogleich zurückkommen werden. Die erweiterte fassung wird niemand darum weil sie mehr erzählt für ursprünglicher halten; sie ist vielmehr das werk eines gelehrten, der die variante, dass Euboia statt Delos als geburtsstätte des Anios genannt wurde, nicht untergehn lassen wollte und desshalb in den gegebenen text der sage interpolierte. Als sohn dieses Anios wird Andros genannt, der besiedler der gleichnamigen insel[3]; auch der

---

1 vgl. Götternamen s. 247 ff.
2 Diodor v 62, 1 f. Die erweiterte fassung hat schol. Marcian. (bei Kinkel Epic. fr. p. 29) und Tzetzes zu Lykophron 570. 'Schmerzenreich' nennt auch im märchen vom 'mädchen ohne hände' die vertriebene königin ihren sohn (Grimm n. 31 b. 1, 167).
3 Konon n. 41 (hier heisst Anios sohn des Apollon und der

eponyme von Mykonos galt als sohn des Anios. Euphorion hat unseren helden zum gegenstand eines besonderen epyllion gemacht. In merkwürdiger weise verschlingen diese Delischen überlieferungen Apollon und Dionysos. Aber es wäre thöricht, einen synkretismus Apollinischen und Dionysischen cultes in einer sage zu suchen, deren schichten sich noch deutlich von einander abheben. Wenn wir von Apollon als vater des Anios absehen, so bleibt eine genealogische reihe, in der alles an Dionysos, nichts an Apollon erinnert. Staphylos, der traubengott, hat eine tochter Rhoio, die nymphe des granatbaumes; deren sohn ist Anios, dh. der 'förderer', zur reife bringende von ἄνειν (ἀνύειν). Drei töchter werden ihm auf der insel Delos von Dorippe geboren: Οἰνώ Σπερμώ Ἐλαῖς. Es ist handgreiflich, dass dies alte göttinnen des Delischen landbaues sind: die göttinnen der reben, der sämereien und der ölbäume. Wiederholt[1] werden dieselben unter dem namen Οἰνοτρόποι zusammengefasst: schwerlich hat das keltergöttinnen bedeutet, wie Preller meinte; ich vermuthe, dass damit die Dionysischen Nymphen bezeichnet werden, welche die entwickelung des traubensaftes zu wein, oder welche die geheimnissvolle wandelung des wassers in wein, das stehende wunder der Dionysischen epiphanie, bewirkten. Aber wie dem sei, so viel ist klar, dass dieser mehrheitsbegriff sich mit jenen drei sondergöttinnen nicht deckt; es ist also ein selbständig vorhandener mehrheitsbegriff, als er undeutlich geworden war, willkürlich auf jene dreiheit von sondergöttinnen der vegetation übertragen worden. Die über-

---

Kreusa) Ovidius met. 13, 647—650. 661 Stephanos Byz. p. 94, 18 (ebendort auch die nebenform Ἀνδρεύς) Servius zu Aen. 3, 80; über Mykonos vgl. Stephanos Byz. p. 460, 17. Ueber Euphorion vgl. Meineke Anal. Alex. p. 16 f.
1 Simonides fr. 24 im schol. Hom. Z 164 Lykophron 580 vgl. schol. Marc. und* Tzetzes zu v. 570 Apd. epit. p. 190, 10 W. (wo fälschlich Οἰνοτρόφοι überliefert ist) Hesych. u. Οἰνοτρόποι Etym. M. p. 293, 36. Vgl. die dreiheit der Horen und Chariten (Göttern. 132).

tragung war nicht möglich, wenn nicht beide an sich verschiedene gruppen von göttinnen mit Anios in enger verbindung standen. Und so erhalten wir einen neuen beweis dafür, dass auch Anios von hause aus nur ein gott der vegetation war und dem Dionysos so nahe wie dem Apollon ferne stand. Zu einem sohne des Apollon kann er also erst im zusammenhange mit der entwicklung des Apollocultus auf Delos nachträglich geworden sein.

Während in einigen der bisherigen fälle das in der truhe übers meer getragene knäblein sich als sonnengott erwies, wie Perseus und Telephos, tritt uns hier ein unzweideutiger nebenschoss des Dionysos mit ähnlicher geburtssage entgegen. Sollen wir in dieser anwendung des mythischen motivs den niederschlag eines religionsgeschichtlichen vorganges sehen, wie Örtel[1] meinte? Das gewebe aetiologischer legende pflegt dünn und fadenscheinig zu sein; es wird nicht mit echten mythischen motiven hergestellt, wie es das unsere ist. Wir müssen daher aus der Delischen sage den schluss ziehen, dass auch Dionysos und ebenso die ihm verwandten gottesbegriffe als lichtgötter[2] gedacht wurden, wenn das mythische bild von der geburt und dem aufgange des lichtgottes auf sie angewendet worden ist. Diese wichtige folgerung aus dem bereiche der wahrscheinlichkeit hinauszuheben liegen noch thatsachen vor.

6 An der westküste Lakoniens, in der landschaft der sogenannten Eleutherolakonen lag das städtchen Prasiai, das trotz allen dichtern und mythenschreibern bis in die zeit des Pausanias seine eigenthümliche und echte sage von Dionysos' geburt aufrecht hielt[3]. Als Kadmos entdeckt hatte,

---

1 Roschers Lexikon 1, 353 'Der sage von der ansetzung der Rhoio liegt wohl eine kultwanderung zu grunde. In den Dionysischen kult war viel Apollinisches eingedrungen; die neuerer wurden vertrieben und fanden auf Delos einen platz für ihren Apollon-Dionysoskult.'
2 Von anderer seite her ist das Rhein. mus. 49, 467 f. vgl. 466 gezeigt.
3 Pausanias III 24, 3 f.

dass seine tochter Semele vor eingehung einer ehe ein knäblein geboren hatte, schloss er in seinem zorne mutter und kind in eine truhe und liess sie ins meer werfen. Die wellen trieben den kasten an die Lakonische küste und spülten ihn ans land. Bei der eröffnung zeigte es sich, dass Semele nicht mehr am leben war. Die Prasiaten bestatteten sie feierlich und zogen den kleinen Dionysos auf. Auch über diesen punkt hatten sie ihre eigene überlieferung. Ino, die schwester der Semele, sagten sie, sei auf ihren irrfahrten in ihr land gekommen und habe sich nicht nehmen lassen, amme des Dionysos zu sein. Man zeigte noch die höhle, wo Ino des göttlichen knäbleins gewartet haben sollte, und die flur, in welcher diese höhle lag, nannte man 'garten des Dionysos'. Selbst den namen der stadt, den er allein[1] Βρασιαί schreibt, bringt Pausanias in verbindung mit dieser sage: früher habe der ort Ὀρειᾶται geheissen, sei aber, weil dort die truhe mit Dionysos ans land gespült worden sei (ἐκβέβρασται), Βρασιαί genannt worden; sicher ist hierbei nur, dass dem Pausanias oder seinen gewährsmännern diese volksetymologie den streich gespielt hat, aus Prasiai Brasiai zu machen.

7 Eine eigenthümliche umgestaltung des bildes ist die legende, welche man zu Patrai in Achaia von der einführung des dortigen Dionysoscultus erzählte[2]. Artemis Triklaria hatte als sühnung für die schändung ihres tempels, welche Melanippos und die priesterin Komaitho begangen haben sollten, ein alljährliches opfer eines knaben und mädchens gefordert: nach dem ausspruch des Delphischen orakels sollte diese blutsteuer dann ein ende haben, wenn ein 'fremder könig in ihr land käme und eine fremdartige gottheit mit sich bringe'. Nun hatte, als Ilion gefallen war und die Hellenen sich in die beute theilten, Eurypylos, der sohn des Euhaimon, eine kostbare truhe empfangen, in welcher sich ein bild des Dionysos befand, ein kunstwerk

---

1 vgl. Frazer zu Pausan. bd. III s. 391.
2 Ausführlich Pausanias VII 19, 6—10.

des Hephaistos und als geschenk von Zeus dem Dardanos verehrt. Freilich wie Eurypylos zu dieser truhe gekommen, davon wussten andere anders zu berichten: es hiess auch, dass Aineias sie vergessen habe, oder dass sie von Kassandra hingeworfen worden sei, um dem etwaigen finder Hellenischer abkunft unheil zu bereiten. Eurypylos öffnete die truhe und wurde beim anblick des götterbildes sofort von raserei ergriffen. In einem der lichten augenblicke, die selten über ihn kamen, entschloss er sich, seine heimath Thessalien zu meiden und die fahrt nach dem meerbusen von Kirra zu lenken, um den Delphischen gott über die heilung von seiner krankheit zu befragen. Dort wurde ihm die weisung, da wo er menschen ein fremdartiges opfer darbringen sehen werde, die truhe niederzusetzen und selbst sich anzusiedeln. Der wind trieb seine schiffe an die Achaische küste, und wie er dort das land betreten, sieht er einen knaben und ein mädchen zum altar der Triklarischen göttin führen. Er selbst brachte unschwer dies opfer in verbindung mit dem worte des orakels; aber auch die einheimischen erinnerten sich an die ihnen gewordene offenbarung beim anblicke eines königs, den sie früher noch nicht gesehen, und die truhe legte ihnen die vermuthung nahe, dass darin ein gott verborgen sei. So wurde zugleich Eurypylos von seinem irrsinn und die landschaft von der pflicht des menschenopfers befreit; das flüsschen, woran der tempel der Artemis lag, hiess fürder nicht mehr Ἀμείλιχος, sondern Μείλιχος.

Eurypylos und die geheimnissvolle truhe mit dem bilde des Dionysos sind feste, im cultus von Patrai gegebene punkte. Auf münzen der kaiserzeit[1] finden wir die runde, einer *cista mystica* ähnliche truhe nicht nur neben dem genius der colonie Patrae, sondern auch in den händen des Eurypylos, der sie zu einem altare trägt. Alljährlich, auch

---

1 s. Imhoof-Blumer und PGardner, Numism. commentary on Pausanias p. 75 f. taf. Q I-IV.

nachdem Patrai durch Augustus römische colonie geworden war, pflegte dem Eurypylos ein heroenopfer am feste des Dionysos gebracht zu werden[1]; ein grabmal des Eurypylos befand sich auf der Akropolis zwischen dem tempel und dem altar der Artemis Laphria. Der begriff und die gestalt des Eurypylos steht für die Patrenser fest, aber die verknüpfung mit einem der verschiedenen heroen dieses namens blieb sache mythographischer combination, war also willkürlich. Pausanias fügt noch (§ 9) eine ganz andere anknüpfung des Eurypylos an die landläufige heroensage hinzu. Nicht der Thessalier, sondern der sohn des Dexamenos, des herrschers von Olenos, sei nach Patrai gekommen, nachdem er an dem zug des Herakles gegen Ilion theilgenommen und von diesem die truhe als beutestück empfangen habe. Was Pausanius dagegen einwendet, ist nichtig, und ebensowenig würde es bedeuten, wenn derselbe darin recht haben sollte, dass zu seiner zeit der Eurypylos von Patrai allgemein für den aus dem epos geläufigen Thessalier angesehen wurde. Für Patrai ist eben Eurypylos von hause nichts anderes gewesen, als was der name besagt. Und hierüber lassen verschiedene verwendungen und genealogien des heroen keinen zweifel. Er heisst sohn des Euhaimon, des Dexamenos, des Poseidon: das letzte in der sage von Kos[2], wo er als sohn des Poseidon und der Astypalaia gilt und von Herakles, dem er die landung wehrt, sammt seinen söhnen erschlagen wird. In Dexamenos wird man leicht einen begriffsverwandten zu dem gastlichen gotte der unterwelt erkennen[3]. Der Πολύξενος Πάνδοκος Πολυδέκτης

---

1 Pausan. VII 19, 10 καί οί καί έναγίζουσιν άνά πάν έτος, έπειδάν τώ Διονύσω τήν έορτήν άγωσι. Das μνήμα Εύρυπύλου erwähnt Pausan. VII 19, 1.
2 Apd. II 7, 1 Pherekydes fr. 35 (*FHG* 1, 81) im schol. Ξ 255 OJahns Bilderchroniken p. 70 schol. Pind. Nem. 4, 40. Hermesianax sagt daher bei Athen. XIII p. 588ᵉ Εύρυπύλου πολιήται Κώοι.
3 s. Stoff des griech. epos s. 31 f.; zu Dexamenos s. noch Apd. II 5, 5 zu Δέγμενος Ephoros fr. 15 (*FHG* 1, 236) bei Strabon VIII p. 357 Cas. Vgl. auch s. 85.

Πολυδέγμων wiederholt sich in dem Δεξαμενός von Olenos und in dem Epeier Δέγμενος, der im zweikampfe durch den schlenderstein des Aitolers Pyraichmes fällt. Der name Εὐαίμων nöthigt einen begriffsverwandten des Ares vorauszusetzen: die doppelten väter, welche dem Oxylos gegeben werden, sind Ares und Αἵμων oder 'Ανδραίμων[1]. Wenn schliesslich in der Koischen sage ihm geradezu der gott Poseidon als vater zugewiesen wird, so kann dieser wettbewerb dreier götter, des Hades, Ares und Poseidon denjenigen nicht befremden, der beobachtet hat, dass in den alten landschaftlichen sagen die götter der gemeingriechischen religion vielfach erst nachträglich wie firnissfarbe aufgetragen sind und demgemäss diese spätere ausgleichung oft unsicher zwischen verwandten göttern umherschwanken muss[2]. Für Eurypylos selbst ist bedeutsam, dass er wie von Herakles in der Koischen sage, so nach der dichtung des jüngeren epos und des Archilochos von Pyrros (Neoptolemos), dem sohne des Achilleus, erschlagen wird[3]: in beiden fällen obsiegt ein lichtheros. Freilich wird er in dem jüngeren epos als sohn des Telephos betrachtet, gekommen, um Troia vertheidigen zu helfen; und die stadt Pergamon hat den cultus des Eurypylos bis in spätere zeit fortgeführt: auf einer autonomen münze hat ein jugendlicher kopf die beischrift Εὐρύπυλος ἥρως. Aber diese schon durch Homer (λ 519) verbürgte verwandtschaft von Telephos und Eurypylos ist nicht anders aufzufassen, als wenn zb. der sohn des Lykaon Nyktimos ist: die gegensätze lösen sich ab. Was reden wir noch weiter? Eurypylos war einmal der gott,

1 s. Stoff des griech. epos s. 26 f.
2 vgl. Rhein. mus. 53, 376 ff.
3 Apd. epit. p. 207, 15 W. Quintus Smyrnaeus 6, 119 f. Tzetzes Posthom. 518 ff. schol. zu λ 520 Archilochos fr. 190 bei Hesychios u. πυρριχίζειν vgl. Iulianus Tolet. bei Keil gramm. lat. v p. 322 (verbessert von Haupt Herm. 5, 317). Ueber den cultus von Pergamon s. Pausan. III 26, 9; die münze bei Mionnet descr. II p. 589 n. 494, abgebildet suppl. tom. V pl. IV 1.

der das weite thor[1] aufthut, durch das die todten für immer einziehen.

Die verbindung des Dionysos mit Eurypylos ist demnach nicht auffallend, befremdend und eigenthümlich nur die form. Dass Eurypylos die truhe mit dem Dionysosbilde nach Patrai bringt, kann auf verschiedene weise gedacht sein. Entweder ist er der wintergott, dessen herrschaft zu ende ist, wenn der gott, den er ohne es wissen zu sollen trägt, aus der truhe entfesselt ist; oder aber er bringt den gott des frühlings und lebens aus der unterwelt herauf. Zu der letzteren erklärung stimmt der Argivische brauch[2], bei der erweckung des Dionysos dem 'Thorwart' der unterwelt (Πυλάοχος) ein lamm in die tiefe des Alkyonischen sees zu versenken, durch dessen gewässer Dionysos aus der unterwelt aufzusteigen pflegt. Es scheint geboten, den Argivischen Pylaochos mit dem Achäischen Eurypylos gleich zu stellen.

Dass aber Eurypylos in der truhe nicht das götterknäblein, sondern ein bild des gottes bringt, das ist eine leicht verständliche umbildung der ursprünglichen mythischen vorstellung. Das heilige bild, dem die verehrung dargebracht wird, ist nach altem glauben nicht eine darstellung gottes, sondern der gott selbst; in ihm ist der gott allezeit der gemeinde gegenwärtig; wer es gebracht, hatte den gott selbst gebracht. In dem häufig auftretenden, bis ins Christenthum fortdauernden glauben an wunderthätige bilder, die vom himmel herabgekommen seien (διπετῆ), hat die überzeugung, dass der gott selbst bei seinen gläubigen einkehre, eine au das greifbare sich haltende gestalt gewonnen[3]. So

---

1 s. Stoff des griech. epos s. 29 f.
2 Plutarch de Iside et Osir. 35 p. 364 f 'Αργείοις δὲ βουγενὴς Διόνυσος ἐπίκλην ἐστίν, ἀνακαλοῦνται δ' αὐτὸν ὑπὸ σαλπίγγων ἐξ ὕδατος ἐμβάλλοντες εἰς τὴν ἄβυσσον ἄρνα τῷ Πυλαόχῳ κτλ. vgl. Pausan. II 37, 5.
3 s. darüber jetzt EvDobschütz, Christusbilder I. Leipz. 1899 (Texte und untersuchungen hg. v. OvGebhardt und AHarnack n.f. III).

kommt es, dass motive, welche für die göttersage von der epiphanie geschaffen waren, ohne weiteres auf die bilder übertragen werden konnten. Zu Methymna auf Lesbos verehrte man ein alterthümliches schnitzbild des Dionysos Phallen aus olivenholz: fischer, sagte man, hätten es im netze aus dem meere gezogen (Paus. X 19, 3). Dieselbe vorstellung also, die wir aus den sagen von Danae und Perseus, Auge und Telephos kennen, war ursprünglich bestandtheil des Lesbischen glaubens von der epiphanie des Dionysos, und hat sich erhalten durch die cultuslegende von dem schnitzbild des gottes. Auch dem Christenthume sind solche vorstellungen nicht fremd geblieben. Bilder von besonderer heiligkeit galten als 'nicht von menschenhänden gefertigt' (ἀχειροποίητα); sie mussten also auf wunderbare weise den menschen zugekommen sein. So steht zu Bernried am Starenberger see in einer kapelle unweit der landungsbrücke ein altes schnitzbild der mutter gottes, von dem die sage geht, dass es einstmals vom see ans land getrieben worden sei.

8 Noch in einem dritten fall ist das bild von der truhe auf Dionysos oder vielmehr einen mythischen doppelgänger desselben angewandt worden. In die Argonautensage war das geschick der Lemnier aufgenommen, die allesammt von den weibern nach gemeinsamem beschlusse getödtet wurden. Wie Apollonios Rhodios, so hatten schon ältere darsteller[1] der sage zb. Kleon von Kurion den zug der sage berichtet, dass nur der alte Thoas, der herrscher der insel, durch die kindesliebe der Hypsipyle verschont und erhalten wurde. Sie hatte ihn in eine truhe eingeschlossen und diese dem meere übergeben in der hoffnung, dass er so gerettet werden würde. Die truhe trieb an eine insel an, die damals Oinoe hiess; dort zogen ihn fischer

---

1 Apollon. Rhod. 1, 620 ff. mit dem schol. zu 623; bei Apd. I 9, 17 wird Thoas von seiner tochter 'versteckt', nach III 6, 4 entdeckten später die Lemnierinnen die vertragswidrige rettung des Thoas, worauf sie ihn tödten und Hypsipyle in die sklaverei an Lykurgos verkaufen.

ans land, und er erzeugte dann mit der quellnymphe Oinoe den Sikinos, nach dem später die insel umgenannt wurde. Nach einer anderen darstellung, welche die Pindarscholien (p. 424 B.) erhalten haben, wurde Thoas von Hypsipyle in der truhe (κιβωτός) versteckt und erst, als der trug ans licht gekommen, von den Lemnierinnen samt der truhe ins meer geworfen.

Für die enge verwandtschaft des Thoas mit Dionysos zeugt die insel und nymphe Oinoe[1]. Er galt aber auch geradezu als sohn des Dionysos[2]: Dionysos und Ariadne fahren von Naxos aus nach Lemnos, und dort ist ihr erstgeborener Thoas, dem Oinopion und Staphylos folgen. Auch dem Ikarios, dem ersten weinbauer, ist ein sohn des namens zugetheilt worden. An sich ist Thoas der stürmende, tosende, also ein ausdruck für den winterlichen Dionysos. Darum versetzt die Iphigeniensage den könig Thoas nach norden in das Taurierland, und der gleichnamige führer der Aitoler vor Ilion heisst sohn des Andraimon (s. o. 103); auf dieselbe vorstellung weisst es, wenn als name des einen der beiden zwillingsbrüder, die Hypsipyle von Iason empfangen hatte, Nebrophonos mit Thoas wechselt[3].

9 Der vollständigkeit wegen mögen einige anwendungen des bildes, welche der hier verfolgten vorstellung an sich fremd sind, wenigstens kurze erwähnung finden. Der myrrenbaum, in den Smyrna nach der blutschande, die sie mit ihrem vater getrieben, verwandelt war, berstet nach zehn

---

1 vgl. Rhein. mus. 53, 372. 375, 3. Die Lemnier selbst galten als πολύοινοι καί φίλοινοι schol. *BL* zu Ξ 231, vgl. die recension *C* der Expositio totius mundi in Riese's Geogr. lat. min. p. 125, 9.
2 Apoll. Rhod. 4, 424—6 schol. *T* zu Ξ 231 Luctatius zu Stat. Theb. 4, 769. Vgl. schol. zu Apoll. Rhod. 3, 997. Thoas sohn des Ikarios Apd. III 10, 6 vgl. 14, 7 epit. p. 176ᵇ καί κομίσας εἰς Λῆμνον ἐμίγη, καί γεννᾷ Θόαντα Στάφυλον Οἰνοπίωνα καί Πεπάρηθον.
3 Apd. I 9, 17 Ὑψιπύλη δὲ Ἰάσονι συνευνάζεται καί γεννᾷ παῖδας Εὔνηον καί Νεβροφόνον, dagegen schol. Pind. Nem. I p. 424 B. οἱ παῖδες Θόας καί Εὔνεως. Eine dritte variante bei Hygin fab. 15 'filios Euneum et Deiphilum'.

monaten, und ein knäblein kommt hervor von wunderbarer schönheit, Adonis. Aphrodite sieht das knäblein und birgt es, um anderen göttern den anblick zu entziehen, in eine truhe (εἰς λάρνακα), die sie bei Persephone niederstellt. Aber sobald diese einmal das schöne kind erblickt, wollte sie es nicht wieder herausgeben. Zeus musste den streit schlichten, und er entschied, ein drittel des jahres solle Adonis sich selbst gehören, während des zweiten bei Persephone, im dritten bei Aphrodite sein; Adonis legte aber aus freiem entschluss der Aphrodite seinen eigenen theil zu[1]. Verwandt ist die sage von Erichthonios[2]. Athena legt das erdgeborene knäblein mit zwei schlangen in eine truhe, und übergibt diese den Kekropstöchtern zur aufbewahrung mit dem verbote, sie zu öffnen. Aber zwei derselben vermögen nicht der neugier zu widerstehen und verfallen beim anblick derselben in raserei, so dass sie sich vom burgfelsen herabstürzen. Diese attische sage verdiente schon darum hier berücksichtigung, weil sie in der verbindung der beiden motive, der aufbewahrung in der truhe und der raserei bei öffnung derselben, die nächste parallele zu der achaischen Eurypylossage (s. 101) ist.

Anderer art ist das in Sophokles' Alkmeon behandelte geschick der Alphesiboia oder, wie sie im Apollodorischen handbuch genannt wird, Arsinoe[3]. Alkmeon kommt, das verhängnisvolle halsband zurück zu erbitten, nach Psophis, wo vordem Phegeus ihn entsühnt und mit seiner tochter Arsinoe vermählt hatte. Phegeus liefert ihm das halsband aus, aber als er die überzeugung gewonnen hatte, dass

---

1 so erzählt Apd. III 14, 4.
2 s. Götternamen s. 136, 34. Die truhe heisst κιβωτός bei Pausanias I 18, 2 κίστη bei Apd. III 14, 6, 4 τεῦχος Eurip. Ion 273.
3 Apd. III 7, 5 Ἀρσινόην δὲ μεμφομένην (wegen des an Alkmeon begangenen mordes) οἱ τοῦ Φηγέως παῖδες ἐμβιβάσαντες εἰς λάρνακα κομίζουσιν εἰς Τεγέαν καὶ διδόασιν Ἀγαπήνορι καταψευσάμενοι τὸν Ἀλκμέωνος αὐτῆς φόνον. Ueber Sophokles s. Welcker Gr. trag. 1, 279 ff.

Alkmeon es ihm unter falschem vorwand entlockt habe, liess er ihn durch seine beiden söhne erschlagen. Für Alkmeon trat seine verlassene gattin kräftig ein: um ihrer schmähungen sich zu entledigen, schlugen ihre brüder die Arsinoe in eine truhe (εἰς λάρνακα), und brachten diese nach Tegea zu Agapenor, dem sie vorlogen, dass sie die mörderin ihres gemahls Alkmeon sei. Was weiter aus ihr geworden, erfahren wir nicht.

10 Wichtiger als solche nebenschösslinge zu verfolgen wird es für uns sein festzustellen, dass das bild des im kasten über die wasser treibenden knäbleins auch anderen verwandten völkern Europas geläufig ist.

Ein Rumänisches märchen [1] erzählt, wie ein könig, um sein heranwachsendes töchterlein vor jeder männlichen berührung zu behüten, ein unzugängliches schloss bauen liess, in welchem er sein kind von frauen erziehen und bedienen liess. Auf räthselhafte weise, durch den duft und das wasser wunderbarer blumen wurde das 16jährige mädchen schwanger. Ihr vater liess sie in seinem zorne in ein fass schliessen und dieses ins meer werfen. Mitten in den wellen wurde sie von einem grossen, starken knaben entbunden, dem Florianu; 'der wuchs im augenblick so gewaltig, dass er, wie er sich regte und sich ausstrecken wollte, das fass auseinander drückte, als ob es von papier wäre'. Und kurz entschlossen setzte er die verzagende mutter auf einige dauben des zerbrochenen fasses und zog nun, mit einer hand rudernd, die mutter schliesslich an das land.

Weit verbreitet in der abendländischen litteratur ist der novellenstoff von der blutschänderischen ehe der mutter und des sohnes. Die bekannteste fassung dieser parallele der Oidipussage ist die geschichte des Gregorius, die in lateinischen und französischen texten, deutsch von Hartmann

---

1 Walachische märchen hrsg. von Arthur und Albert Schott. (Stuttg. 1845) n. 27 (Florianu) s. 265. Analogien zu der raschen entwicklung des wunderknaben s. Rhein. mus. 30, 214.

von Aue bearbeitet vorliegt[1]. Gregorius war die frucht des blutschänderischen umgangs, den ein königliches geschwisterpaar in Aquitanien gepflogen hatte. Um der welt ihre schande zu verbergen, hatte die junge mutter bei einem getreuen dienstmann ihre stunde erwartet, und in derselben absicht bettete dieser das neugeborene knäblein in ein wohl verwahrtes fass, setzte dieses in den ersten kahn[2], den er am strande fand, löste die kette und stiess den kahn hinaus ins meer. Das einsam treibende fahrzeug wurde von zwei fischern eines klosters aufgefunden und das fass ans land gebracht, wo der abt es öffnen liess. In der zucht des klosters herangewachsen hört der jüngling bei einem wortstreite von dem fischerweibe, das ihn in den ersten jahren gepflegt hatte, dass er ein findling sei, und nun hält es ihn nicht länger im kloster; er will seine eltern erkunden und zieht als ritter hinaus in die welt. Da kommt er gerade zurecht, um einer unverheiratheten königin beizustehen, deren land von feinden schwer bedrängt ist. Seiner tapferkeit gelingt die besiegung des feindes, die königin gibt ihm ihre hand und kommt zu spät zu der erkenntniss, dass sie dem eigenen sohne sich hingegeben. Im schmerz über seine todsünde sucht Gregorius die einöde auf und büsst 17 jahre lang auf einer einsamen meeresklippe. Da offenbarte gott durch ein wunder, dass Gregorius von aller sünde rein geworden sei; durch göttliche traumgesichte auf ihn hingewiesen, holten die Römer ihn von seinem felsen und führten ihn als papst auf den stuhl des h. Petrus. — Einfacher gehalten sind die serbischen lieder vom 'findling Simon'[3], welche den gleichen stoff behandeln. Hier wird, man weiss nicht, woher es kam, ein bleiern kistchen vom strome der

---

[1] Ueber die sage s. JGrimm Kleinere schriften 5, 277. 4, 222 RKöhler Germania 14, 300 ff. 15, 284 ff.

[2] Hartmanns Gregorius v. 533 *ein väzzelîn vil veste* v. 609 *dâ fundens eine barke, ledeye unde starke* vgl. 783. 789. 1157.

[3] Die bessere fassung bei Talvj, Volkslieder der Serben 1, 71 ff. eine schwächere bei Gerhard, Wila 1, 226 f.

110   III Das götterknäblein in der truhe

Donau an das ufer geworfen. Ein klosterbruder findet es und trägt es nach dem kloster; wie er es öffnet, lacht ihm ein junges knäblein von kaum 7 tagen entgegen.

Die germanische heldensage hat das bild verwendet bei Sigurds geburt. Nach der Vilkinasaga[1] wird Sisilia, der untreue fälschlich beschuldigt, auf befehl ihres gemahles Sigmund in den wald geführt, um dort ausgesetzt zu werden. Draussen im walde geriethen die beiden grafen, denen sie ausgeliefert war, in streit. Während sie ihren zweikampf ausfochten, wurde die königin von einem knaben entbunden. Sie legte ihn in ein gläsernes gefäss, worin meth gewesen war und verschloss dies. Der eine der kämpfer stiess im fallen an das gefäss, so dass es ins meer rollte; die königin überlebte die entbindung nicht. Das gefäss wurde schliesslich an den strand gespült und zerbrach dabei. Den knaben aber säugte eine hirschkuh an die zwölf monate, bis ihn der schmid Mimer fand, der ihn aufzog und Sigurd nannte. Hier ist das uns bekannte bild vereinigt mit der anderen sehr häufigen vorstellung, dass das göttliche knäblein ausgesetzt und durch die milch eines wilden thieres ernährt wird. So säugt eine ziege das Zeusknäblein, und nach der sage von Elyros auf Kreta die zwillingssöhne der Akakallis, Phylakides und Philandros (Paus. X 16, 5), eine kuh die zwillinge der Melanippe (Nauck *FTG* p. 509 f.), eine hirschkuh den Telephos, den gleich zu erwähnenden Habis und einen heros der Osker von Capua (Carelli taf. 69, 14), eine hündin den Kyros, eine wölfin den sohn des Apollon und der Akakallis, Miletos (Antonin. Lib. 30 ua.), den heros der münzen von Kydonia[2], Romulus

---

1 GLange, Untersuchungen über die nordische und deutsche heldensage aus PEMüllers Sagabibliothek bd. II (Frankfurt a. M. 1832) s. 184 f.

2 abgeb. bei Svoronos, Numismatique de la Crète ancienne pl. IX n. 22—26 x n. 12—14. 21. 26. Der städtische eponyme Kydon galt als sohn der Minostochter Akakallis und des Apollon (Steph. Byz. p. 390, 18) oder des Hermes (so Paus. VIII 53, 4); man darf auf ihn

und Remus, in der deutschen heldensage den Wolfdietrich, eine bärin den Paris-Alexandros (Apd. III 12, 5) und Atalante (Apd. III 9, 2); „in der Persischen sage nährt ein adler den Achaimenes (Ailianos n. an. 12, 21), was auch auf Ptolemaios I Soter übertragen wurde (Suid. u. Λάγος p. 485, 4 Bh.), der wundervogel Simurg den Sal (vSchack, Heldensage des Firdusi s.. 93 f.). Wie zwei selbständige, daher eigentlich sich ausschliessende motive gehäuft werden konnten, zeigt die sage von Telephos, wo die aussetzung im meer und die im waldgebirge noch als varianten nebeneinander hergehen. Aber vereinigt erscheinen sie auch im alterthum. Nach der Tartessischen sage[1] lässt könig Gargoris, empört über die schande seiner tochter, ihr eben geborenes knäblein, den späteren Habis, nachdem mehrere aussetzungsversuche vergeblich gewesen waren, ins meer werfen; da wird er in folge göttlichen geleites, als wenn er von einem schiffe, nicht von den wellen getragen würde, bis zum land gebracht und sanft auf dem strande abgesetzt; alsbald erscheint eine hirschkuh und bietet ihre euter dem knäblein dar, das dann unter den hirschen des gebirges aufwächst zu wunderbarer kraft und schnellflüssigkeit.

In einem deutschen märchen[2] kommt der könig in eine dorfhütte, worin ein knäblein mit einer glückshaut zur welt gekommen war; dem war geweissagt, er werde im alter von 14 jahren mit der tochter des königs vermählt werden. Um dies zu verhüten, kaufte der könig den eltern das kind um gold ab, legte es dann in eine schachtel und warf diese in einen tiefen strom. Aber die schachtel gieng nicht unter, sondern schwamm bis nahe zu der hauptstadt

---

das münzbild (trotz Eckhels bedenken Doctr. num. 2, 310) um so eher beziehen, als auf die übrigen heroen, als deren mutter Akakallis galt, Miletos, Phylakides und Philandros dasselbe motiv übertragen worden ist.

1 Justinus XLIV 4, 2. 7 f.
2 Grimm deutsche märchen n. 29. Ueber die glückshaut s. Grimm D. myth. s. 828 f.

des königs, wo sie an der schleuse einer mühle hangen blieb. Der schöne knabe drinnen war noch frisch und munter, die kinderlosen müllersleute freuten sich desselben und zogen ihn als ihren sohn auf. Wie sich dann das dem knaben vorausgesagte glück erfüllte und welche abenteuer er bestand, möge man in dem märchen vom 'teufel mit den drei goldenen haaren' selbst nachlesen.

Das alter dieses märchens zu ermessen gestattet der umstand, dass es mit allen wesentlichen zügen zu geschichtlicher sage[1] umgebildet worden ist. Aus dem grausamen könig ist kaiser Konrad (II), aus dem müller herzog Heinrich von Schwaben und aus dem glückskinde kaiser Heinrich III (1039—56) geworden. Diese kaisersage ist, wie Gotfried von Viterbo schliessen lässt, schon ein jahrhundert später in umlauf gewesen.

Das märchen von den zwei brüdern hat in anderen fassungen einen eingang erhalten, der von der wunderbaren geburt eines brüderpaares berichtet[2]. Eine dieser fassungen erinnert auffallend an das Rumänische märchen von Florianu. Die königstochter ist mit einer dienerin in einem thurme mitten im flusse eingesperrt; ein wasserstrahl springt zum fenster hinein, beide trinken davon, werden schwanger und legen dann die zwei knaben, die sie gebären, in ein kästchen, das sie ins wasser lassen und ein fischer herauszieht. Nach einer anderen erzählung fällt einem fischer in das ausgeworfene netz eine goldene schachtel vom himmel herab, worin zwei schöne knaben liegen.

Eine parallele zur einschliessung von Tennes und Hemithea ist in ein deutsches märchen eingelegt, das in Hinterpommern erzählt wird[3]. Es ist dies eine umbildung des bekannten märchens von den drei brüdern, welche in

---

1 Deutsche sagen hg. von den brüdern Grimm nr. 486 (2, 159 ff.).
2 Grimms deutsche märchen bd. 3, 103 f. (1856), anm. zu n. 60.
3 OKnoop, Volkssagen, erzählungen usw. aus dem östl. Hinterpommern (Posen 1885) s. 230 ff. 'Der page und die prinzessin in der tonne'.

die welt ziehen, um ihr glück zu machen: die beiden älteren, hartherzig und auf den jüngsten bruder mit verachtung herabsehend, gelangen nicht zum ziele, das den mildherzigen dritten bruder göttliche mächte sicher erreichen lassen. Hier ist der jüngste bruder page der königstochter geworden und geniesst deren gunst; einer der älteren brüder sucht ihn mit hülfe des andern hinwegzuräumen. Durch einen mit schlaftrunk gemischten wein bewirkt er, dass der jüngste bruder und die königstochter in tiefen schlaf fallen; herangeschlichen bringt er beide in eine unzüchtige lage und ruft den könig herbei, die schande seiner tochter zu sehen. Der könig in seinem grimm zieht den degen, um beide zu erstechen, aber der böse bruder überredet ihn zu der grausameren strafe, beide in einen kasten zu schlagen und dem meere zu übergeben. So wurden die beiden, wie man sie gefunden, in eine tonne gesteckt und ins meer geworfen, wo wind und wellen sie immer weiter trieben, bis die tonne stehen blieb. Der page erwachte und weckte die prinzessin; mit anstrengung wurde der boden gesprengt, sie krochen heraus und zogen die tonne vollends ans land. Es war eine menschenleere insel, wo sie mühevoll von baumfrüchten und wurzeln sich nähren mussten. Aber der page, als er weiter schweifte, um nahrung zu suchen, fand gelegenheit, abenteuer zu bestehen, deren ergebniss schliesslich die erlösung einer königin und ihres reiches aus langer verwünschung war.

Man kann sagen, dass das bild noch in unseren heutigen vorstellungen fortlebt. Was unsere kinderwelt über das räthsel der geburt hört und denkt, ist eine unwillkürliche fortbildung des alten mythischen bildes. Es ist allgemeiner kinderglaube, dass die kleinen kinder vom storch gebracht werden. Der storch ist ein wandervogel, er kommt aus geheimnisvoller ferne, in die man das wunderbare wasser verlegen mag, aus dem der storch die kleinen kinder fischt, die er bringt und der mutter in den schooss legt. Aber vielfach wird dies wasser auch in einem heiligen brunnen oder see in der nähe gesucht[1]. Bei Weilburg an der Lahn stehen im walde der gegenüber liegenden höhen, geheimnissvoll von dichtem fichtengehölz umgeben, drei immer verschlossene im hufeck zu einander gerichtete häuser, in denen das wasser angesammelt wird, das die brunnen auf dem marktplatz und im schlosse speist. Man nennt sie die brunnenhäuser, und die jugend weiss, dass darin die kleinen kinder auf dem wasser schwimmen und dass der storch sie von dorther holt. Wenn ehemals in manchen dörfern des östlichen Hinterpommern zum weihnachtsabend ein storch herausgeputzt und umgeführt wurde[2], übertrug man diese vorstellung auf die geburt des heilands: der storch hatte das Christuskind gebracht.

1 s. AKuhn u. WSchwartz, Nordd. sagen usw. s. 469 (zu n. 13) OKnoop ao. s. 155 n. 8. 174 n. 171 Birlinger, Aus Schwaben 1, 191 n. 170. Die vorstellung ist auch im märchen von den beiden wanderern (Grimm n. 107) verwendet worden b. 2, 112 f.

2 OKnoop ao. s. 177 n. 205 'In Bekel und anderen dörfern wurde früher statt des schimmels ein storch ausgeputzt und am hl. abend herumgeführt. Diese sitte ist jetzt ganz abgekommen'.

IV

SCHIFF

Wir würden der ausbreitung und wichtigkeit der vorstellung nicht ganz gerecht werden können, wenn wir nicht auch die gleichwerthigen oder synonymen bilder in betracht zögen. Schon bei gelegenheit der Gregoriuslegende konnten wir eine häufung der bilder wahrnehmen. Nicht zufrieden mit dem fass, in welches das knäblein verschlossen wird, bietet die legende auch eine barke auf, die vom ufer weggestossen das fass mit sich fortträgt. Hier sind zwei gleichwerthige, von hause selbständige bilder vereinigt worden, die truhe, einerlei ob sie, wie regelmässig in den griechischen sagen λάρναξ oder κιβωτός, fass oder schachtel, heisse, und daneben das schiff. Jenes bild ist für bewohner des binnenlandes und gebirgs das natürliche, den anwohnern der see und grossen flussläufe lag das schiff näher. Um so bemerkenswerther ist die zähigkeit, mit der in den griechischen sagen die truhe festgehalten wird.

1 Dionysos in der truhe, sowohl als knäblein wie als greis (Thoas), haben wir kennen gelernt. Verbreiteter war die vorstellung, dass Dionysos auf dem schiffe mit rebenumschlungenem maste über das meer fährt, um seinen gläubigen verehrern zu erscheinen und die segnungen des frühlings zu bringen. Eine schwarzfigurige schale des Exekias[1]

---

[1] Münchener vasensammlung n. 339 Klein, Vasen mit meistersignaturen s. 40, 7; am besten abgebildet in den Wiener vorlegeblättern 1888 taf. VII 1ª. Dass EMaass im Hermes 23, 70 ff. und Parerga Attica (Greifswalder ind. lect. hib. 1889—90 p. IX f.) unter anderem auch einige der hier in betracht gezogenen thatsachen dazu verwendet hat, um eine von Thessalien bis Attika reichende geltung des Dionysos

stellt den bärtigen, epheubekränzten gott dar, in der rechten
das trinkhorn, wie er bequem gelagert in dem durch keine
menschliche hand bewegten schiffe über das meer dahinfährt.
Der schnabel des schiffes ist delphinartig gestaltet und rings
um das schiff tummeln sich (im ganzen sieben) delphine. Am
maste schlingt sich die wunderrebe empor, deren mit schweren
trauben behangene zweige das ganze schiff überdachen. Eine
ganz ähnliche darstellung hat Loeschcke auf einer schwarz-
figurigen amphora Attischer herkunft aus dem ende des VII
jahrh. zu Corneto gesehen [1].

Man darf diese vorstellung von der epiphanie des Dionysos wohl als allgemein ionisch bezeichnen. Bis in die zeit
der Antonine wurde zu Smyrna alljährlich an den Dionysien
des monats Anthesterion das schiff in feierlichem aufzug
durch die stadt und rings um den markt gefahren, das den
frühlingsgott brachte [2]; es war am strande aufgestellt und

---

als meergott zu erweisen, würde ich unerwähnt lassen können, wenn
nicht der satz (Hermes ao. 79, 1) "ORibbecks programm 'Anfänge des
Dionysoscultes in Attica' lasse ich, wie in den Analecta Eratosthenica,
so auch hier unberücksichtigt: wir stehen in methodischem ge-
gensatze" dazu herausforderte, auf dies knabenhafte spiel mit
mythologie hinzuweisen.

1 Die beschreibung hat er bei EMaass, Parerga Att. p. IX gegeben: 'Auf beiden seiten dieselbe darstellung, nur variiert. In einem
grossen schiff mit zwei ruderreihen und thierkopf als schnabel ist der
bärtige Dionysos gelagert, den kantharos in einer hand, einen reb-
zweig mit trauben in der andern. Im schiff Satyrn und Maenaden,
ein Satyr spielt leier, eine Maenade doppelflöte, Satyrn rudern.'

2 Philostr. Vit. Soph. I 25, 1 p. 530 erzählt wie der rhetor
Polemon zu Smyrna auch durch die ehre ausgezeichnet wurde τῆς
ἱερᾶς τριήρους ἐμβατεύειν und erklärt das: πέμπεται γάρ τις μηνὶ
Ἀνθεστηριῶνι μεταρσία τριήρης ἐς ἀγοράν, ἣν ὁ τοῦ Διονύσου ἱερεὺς
οἷον κυβερνήτης εὐθύνει πείσματα ἐκ θαλάττης λύουσαν; ebend. 11
p. 542 erwähnt er ein standbild Πολέμωνος ἐσταλμένου ὡς ἐπὶ τῆς
τριήρους ὠργίαζεν. Aristeides r. 22 t. I p. 440 Dind. καὶ τριήρης τις
ἦν δεικνυμένη μὲν Διονυσίοις, ὑμνουμένη δ' ἐν τοῖς Κατάπλοις, σύμ-
βολον νίκης παλαιᾶς ἣν ἐνίκων Σμυρναῖοι βακχεύοντες Χίους ὅπλοις
καὶ ναυσὶ πεφραγμένους, ders. r. 15 p. 373 ἦρος ὥρᾳ πρώτῃ Διονυσίοις τριήρης ἱερὰ τῷ Διονύσῳ φέρεται κύκλῳ δι' ἀγορᾶς und nun

die haltetaue wurden gelöst: man sollte denken, es sei übers meer gekommen und des nachts gelandet; der priester des Dionysos lenkte es als sichtbarer vertreter des gottes; wen man besonders auszeichnen wollte, wie den rhetor Polemon, dem konnte wohl auch ohne priesterschaft die ehre zu theil werden, die heilige triere zu lenken, und die ehre wurde als eine so grosse empfunden, dass sie als höhepunkt des lebens in dem statuarischen denkmal verewigt wurde. Im zweiten jahrh. n. Chr. zeigen Smyrnäische münzen öfter auf der rückseite das vordertheil eines schiffes, zuweilen auch ein ganzes schiff: Eckhel hat diesen stempel treffend auf das heilige schiff bezogen; aus dem rhetor Aristeides sehen wir, dass es geradezu als wahrzeichen der stadt galt. Eine ältere münze aus der zeit des Domitianus zeigt auf der vorderseite Dionysos an die thronende Semele geschmiegt, die rückseite gibt das erwähnte bild der prora: hier ist wohl eine gegenseitige beziehung der beiderseitigen bilder unzweifelhaft. Nun lehrt uns der von Brizio veröffentlichte, durch FDümmler gut erklärte skyphos des städtischen museums von Bologna[1], dass auch zu Athen an seinem feste — man hat, wie in Smyrna, so auch hier an die Anthesterien zu denken — der gott im schiffe durch die stadt gefahren wurde. Den mittelpunkt der darstellung (fig. 3) bildet ein auf rädern fortbewegtes schiff mit einem fischkopf als schnabel; am hinterbug hängt das durch die anwesenheit des gottes überflüssig gewordene segel herab wie ein schleppnetz: darin thront in seinem mantel

---

wird jene aetiologische legende erzählt. Ueber die prora auf münzen von Smyrna s. Eckhel Doctr. num. vet. 2, 553. 3, 161; abbildungen im Cat. Brit. Mus., Ionia taf. XXVII n. 8. 10. 11, des ganzen schiffs ebend. n. 9 vgl. p. 258 f. Die bronze aus der zeit des Domitian ebend. XXVI 11 vgl. p. 251.

[1] Museo italiano di antichità classica v. II t. 4 vgl. p. 30 FDümmler im Rhein. mus. 43, 355 ff. vgl. EBethe Prolegomena zur gesch. d. theaters s. 44 f. Die gestalt des segels, das vermuthlich durch übergespannte seile in kleine vierecke getheilt ist, kennen wir zb. aus den Dipylonvasen, s. Athen. mitth. 17, 289. Unsere fig. 3 (s. 118) gibt das mittelstück des bildes nach Dümmlers reproduction wieder.

IV Schiff

gehüllt Dionysos, in der hand eine weit verzweigte rebe, vor und hinter ihm ein flötenspielender Satyr. Vor dem schiffskarren 'schreiten zwei zottige Satyrn, welche ihn zu ziehen scheinen, vor diesen zwei andere Satyrn, die einen stier führen'; hinter dem wagen ein knabe, der das segel anfassen will, dann vier weibliche gestalten, die letzte derselben trägt auf dem kopf einen tisch mit pyramidalen opferkuchen. Durch diese umgebung ist der schiffskarren deutlich als der mittelpunkt einer Dionysischen festprocession gekennzeichnet. Sehr

fig. 3

ähnlich ist das alte vasenbild von Acre[1], auf das schon Dümmler hinwies, nur dass darin ausschliesslich der schiffskarren dargestellt ist. Das hintertheil des schiffs ist hier verhängt durch viereckig ausgebreitete segel, der schnabel ist als thierkopf gestaltet; das auf rädern laufende schiff trägt den bärtigen bekränzten Dionysos, in seiner hand die wunderrebe, deren zweige das ganze schiff überschatten; vor und hinter ihm ein flötenspielender Satyr. Aus der herkunft der vasen

---

[1] Abgebildet bei Inghirami, Pitture di vasi fittili I t. XXXIII vgl. p. 56.

folgt, dass diese bilder dem festbrauche Athens entlehnt sind. Das ist nur ein schluss, aber er würde sicher sein auch ohne die unmittelbare bestätigung, die ein wort des komikers Hermippos[1] bringt. In den 'Korbträgern' (Φορμοφόροι) hatte dieser eine epische parodie, die an Archestratos gemahnt, eingelegt mit dem eingang [schlosses,

'Doch jetzt zählet mir auf, ihr Musen des himmlischen alle die güter, die uns, seitdem er im schwärzlichen schiffe über das meer hinfährt, nach Athen Dionysos gebracht hat'.

Die alte komödie liebt es, die bilder, welche bräuche und sagen des cultus einprägten, zu verwerthen. So knüpft der dichter an das bild des im schiffe einfahrenden gottes an. Wie der gott übers meer her kommend den frühling und alle seine segnungen mitbringt — man denke an den Pindarischen dithyrambos (fr. 75) —, so wird sein einzug hier launig mit der zufuhr aller wirklichen oder eingebildeten überseeischen güter gleichgestellt, und konnte das um so eher, als mit den Anthesterien ein jahrmarkt verbunden war[2]. Uebrigens ist uns der brauch, das bild des gottes in feierlichem aufzug umzuführen, wie es zu Athen geschah, auch für Methymna auf Lesbos inschriftlich bezeugt[3], er reichte also über die grenzen des ionischen stamms hinaus.

Die griechische Dionysosfeier führt uns unwillkürlich auf den fasching der Romanen und Deutschen. Bis in die mitte des vorigen jahrhunderts[4] war es zu Rom sitte, dass zu fast-

---
1 Athen. I p. 27^d (Meineke Com. gr. 2, 407). Kaibel hat bei Maass (Hermes XXIII 78, 4 Parerga Att. p. IX) darauf aufmerksam gemacht.
2 vgl. AMommsen Heortologie s. 351 f. Vergleichbar ist der vlämische brauch zu mittfasten den kindern, wenn sie artig gewesen sind, südfrüchte (feigen, rosinen usw.) und andere leckereien zu schenken; es ist der 'graf von Halfvasten', der diese gaben mitbringt und austheilt, s. vReinsberg-Düringsfeld, Calendrier Belge 1, 173 ff. Veckenstedts Ztschr. f. volkskunde 3 (1891), 24 f.
3 s. SReinach *BCH* 7, 40 zu den worten der inschrift z. 10 ἐν τοῖς Διονυσίοισι πρὸ τᾶς τῶ ἀγάλματος περιφορᾶς.
4 In einer satire, die unter dem Titel 'L. Sectani Q. fil. de tota

nacht die frauen auf wagen fuhren, die wie schiffe gestaltet waren. So sehr war der schiffswagen (*carrus naualis*) wesentlicher bestandtheil des fastnachtszuges, dass er für Italien, Frankreich, Spanien und Portugal geradezu benennung des festtages, it. *carnevale* oder *carnovale*, fr. sp. port. *carnaval*, geworden ist[1]. Frühzeitig muss mit der festfeier auch der brauch des schiffskarrens über die Alpen gewandert sein. Das zeigen anwendungen des bildes aus dem XIV und XV jahrhundert[2], deren bekannteste Seb. Brant's im j. 1494 herausgegebenes Narrenschiff ist. Ich muss es unentschieden lassen, auf welchem wege der griechische brauch nach Rom und Italien gelangt ist. Man hat die römische sitte mit der Isisfeier in verbindung gesetzt: die zeit würde stimmen, da der tag, auf welchen alte kalender das *Isidis nauigium* setzen, der 5. märz ist; schade nur, dass an diesem Isisfeste ein schiff nicht auf und über das land gefahren, sondern vom lande ab in die see gestossen wurde[3].

2 Leicht konnte es geschehen, dass dem festbrauch bildliche vorstellungen entlehnt wurden, unter denen man sich

---

Graeculorum huius aetatis literatura' in HAag 1752 erschienen und von dem Jesuiten Giulio Cesare Cordara verfasst ist (vgl. Saxe, Onom. litt. 6, 490) heisst es p. 33
mentiti triscurria nasi,
aurea cum nuribus famulatur cymba latinis
per siccum gradiens, et bacchanalia fervent.
Und dazu wird die anmerkung gemacht 'respexit poeta ad currus nauiculis quam simillimos, quibus Romanae matronae uehi solent per bacchanalia'.

1 Körting, Lat.-roman. Wörterbuch (1891) p. 177; FDiez Etym. wb. der rom. spr. II[3] 18 hält noch an der volksetymologie *carne vale* fest, die es vermuthlich verschuldet hat, dass im italiänischen das *a* der zweiten silbe zu *e* und *o* geworden ist.

2 vgl. FZarncke zu Seb. Brant's Narrenschiff s. LX ff. Für die verwendung des schiffes bei deutschem fastnachtsumzug verweise ich auf ein vorkommniss zu Nürnberg bei FPanzer, Beitrag z. d. myth. 2, 250; in Ulm wird das schiff auf einem schlitten durch die stadt geleitet nach EMeier, Deutsche sagen usw. aus Schwaben s. 374 n. 6.

3 vgl. Mommsen zu *CIL* I p. 387.

den gott selbst und den entsprechenden himmlischen vorgang
dachte. Der brauch, das aufgehende licht mit waffentanz zu
begrüssen, hat zu der sage anlass gegeben, dass Kureten oder
Korybanten das Zeusknäblein mit waffengeklirr umtanzt hätten[1]. So ist denn auch das bild des auf dem schiffswagen
gelagerten und im festzug durch die stadt geführten gottes
auf seinen himmlischen aufzug übertragen worden. Die im
j. 1887 von deutschen gelehrten unternommene erforschung
von Hierapolis in Phrygien hat reste eines frieses hervorgezogen, der das dortige theater schmückte und den zug des
Dionysos darstellte[2]. Den mittelpunkt des streifens muss ein
erhaltener block gebildet haben, auf dem wir den gott und
vor ihm einen begleiter auf einem polster ausgestreckt sehn,
das über eine kline mit ausgeschweifter lehne gelegt ist; sie
scheinen in der linken jeder einen thyrsosstab zu tragen; der
begleiter hält in der rechten ein trinkhorn (rhyton) empor,
die rechte des gottes ist nach vorne ausgestreckt. Das überraschende nun, wo irdischer brauch und himmlischer zusammenfliesst, ist der umstand, dass das ruhebett des gottes auf
rädern steht und von pferden gezogen wird. Hinter dem wagen tanzt eine bekleidete Maenade, wie denn auf einem anderen stücke des frieses Maenaden, Pan und ein panther erkennbar sind. So ist auf einem marmorrelief des Vatican[3],
das den festzug des Dionysos darstellt, der gott auf einem
zur kline ausgestalteten wagen gelagert, den ein musicierendes Kentaurenpaar zieht. Nahe berührt sich damit eine rothfigurige, jetzt in der Ermitage bei Petersburg aufbewahrte
vase von Ruvo[4]. Auf einer kline liegt Dionysos, in der linken

1 s. Rhein. mus. 49, 467.
2 Alterthümer von Hierapolis (IV ergänzungsheft zum Jahrbuch
des Archaeol. inst., 1898) s. 60.
3 Museo Pio-Clement. IV taf. 22. Visconti hat dabei angemessen
an Pollux onom. 10, 52 ὀχήματα . . . εἰς τὸ ἐγκατακλῖναι ἐνεύναια
erinnert.
4 LStephani, Compte rendu 1863 taf. V 3 vgl. s. 228 f. Ein
schon von Steph. angezogenes vasenbild (zb. Müller-Wieseler Denkm.
II n. 366 Millin Gal. myth. pl. 67 n. 259) zeigt den Dionysos, wie auf

einen mit flatterndem band gezierten thyrsosstab, in der rechten einen kantharos haltend; ihm zu füssen sitzt Ariadne, bekleidet[1]. Das ruhebett ist in allen einzelheiten sorgfältig dargestellt mit geschweiften lehnen, gedrechselten beinen und polster; aber es ist auf den rücken eines maulthieres gestellt, das im schritt einhergeht. Ein bärtiger, nur mit stiefeln ausgerüsteter, sonst nackter Satyr mit pferdeschwanz und thierischen ohren führt das maulthier, indem er sich das halfter um den rechten arm geschlungen; er selbst tanzt die doppelflöte blasend voraus, das rechte bein hoch erhoben. Hinter dem maulthier ist ein lorbeerstrauch angebracht. Auch das maulthier dürfen wir aus dem cultusbrauch ableiten; jeder leser der Aristophanischen Frösche (v. 159) kennt den ὄνος ἄγων μυστήρια.

Diese übertragungen werfen ihrerseits wieder licht zurück auf die göttersage. Durch Oppian kennen wir eine gestalt der sage von Dionysos' jugend, die trotz der deutlichen spuren jüngerer eingriffe sich in ihrem kerne als echt erweist und zweifellos aus landschaftlicher überlieferung, wohl Euboias aufgenommen ist[2]. Ino mit ihren schwestern Autonoe

---

einer kline ausgestreckt (aber ohne kline) ruhend, den bis auf die linke seite entblössten oberkörper an den hals des thieres lehnend, auf einem maulthiere, dem ein nackter, den kopf zurückwendender, doppelflöte blasender Satyr vorausgeht; der gott hält in der l. den thyrsos, in der r. ein rhyton. Ganz ähnlich erscheint der bärtige Dionysos auf den esel gelagert auf münzen von Mende, s. Cat. Brit. Mus., Thrace p. 81 n. 4, p. 83 n. 10.

1 Hochzeitszug des Dionysos auch auf einem Vaticanischen relief Mus. P. Clem. IV t. 24.

2 Oppian Kyneget. 4, 237 ff. Dahin gehört die rationalistische auflösung der sage von der zweiten geburt des Dionysos aus dem schenkel (μηρός) des Zeus v. 241: Ino und ihre schwestern bergen das göttliche knäblein zunächst auf dem berge Μηρός bei Theben; schon frühe hatte sich an den indischen berg Μηρός (eigentlich Μηρόν), den man mit dem dortigen Nysa in verbindung setzte, diese rationalisierende sage angesetzt s. Diodor II 38, 4 Curtius VIII 10 (35), 12 Mela 3, 7 p. 277 Gron., Plinius n. h. 6, 79 Arrian Indic. 1, 6 Eustath. zu Dion. perieg. p. 313, 23.

und Agaue nimmt sich des neugeborenen mütterlich an, den sie aus furcht vor Hera und Pentheus ins gebirg gerettet. Dort in einer höhle bargen sie das knäblein in einer truhe aus fichtenholz, deckten diese mit rehfellen und mit kränzen von blühendem epheu, und umtanzten sie unter dem klang von handpauken und cymbeln, um das wimmern des säuglings zu übertönen: so übten sie in gemeinschaft mit den Boiotischen frauen, die sich zu ihnen gesellt, die erste geheimfeier um die versteckte truhe (λάρνακι v. 249). Rasch kam die zeit, wo die macht des jungen gottes auf der erde sich offenbaren musste, die bis dahin kahl und unwirthlich nun sich mit pflanzen schmücken sollte. So sammeln denn die schwestern ihre getreuen, die heilige lade mit dem gotte wird bekränzt auf den rücken eines esels gesetzt, und zum gestade des Euripos geleitet. Dort fanden sie einen fischer mit seinen söhnen, der sich erbitten liess, die 'heiligen weiber' mit ihrem schatze hinüber nach Euboia zu fahren. Sobald sie auf hoher see sind, geschieht das wunder, dass auf dem decke smilax (eibe?) aufspriesst und das hinterbord reben und epheu überwölben. Angst erfasst die fischer, dass sie sich ins wasser stürzen möchten, aber schon stösst der kiel auf den strand, und die weiber eilen nun zu Aristaios, um ihm in seiner höhle den kleinen Dionysos aus der truhe der Ino zu überantworten. Der wartete dann des knaben unterstützt von Dryaden und bienenzüchtenden Nymphen (dh. den Βρῖσαι), von den frauen Euboias und Böotiens. — Auch Apollonios von Rhodos weiss davon, dass Dionysos auf Euboia aufgewachsen. Nur ist es hier nicht Aristaios selbst, sondern dessen tochter Makris, die eponyme heroine der 'Langen insel', welche des göttlichen knaben wartet, und nicht die schwestern der Semele sondern Hermes hat es ihr zugetragen[1].

---

1 Apollon. Rhod. 4, 1131—8 auch 540 vgl. Lobeck Aglaoph. p. 1135. Auch die dichtung des erlogenen Thymoites bei Diod. 3, 70 anf. macht den Aristaios zum paedagogen des ältesten Dionysos, jenes tochter Nysa zur amme.

Hier sind zwei selbständige bilder vereinigt. Ausser dem esel, der die truhe mit dem göttlichen knaben trägt, wird auch das schiff und die seefahrt aufgeboten, bei der sich wunder vollziehen, ganz entsprechend dem abenteuer mit den Tyrrenischen seeräubern. In der that ist, so befremdend die behauptung zunächst klingen mag, dies abenteuer ursprünglich ein bestandtheil der sage von der epiphanie des Dionysos, wie sie auf der insel Naxos und ähnlich wohl auch auf Euboia erzählt wurde. Das zeigt sich in der Naxischen fassung, die uns aus einem sammler dortiger sagen, Aglaosthenes[1], erhalten ist. Tyrrenischen schiffen war das Dionysosknäblein anvertraut worden, um es mit seinen begleitern nach Naxos überzusetzen, wo die Nymphen als ammen das kind in pflege nehmen sollten.˙ Auf der see kommt den schiffern der gedanke, an dem knaben sich zu bereichern, und sie gedachten dem schiffe einen anderen kurs zu geben. Dionysos merkt es und heisst seine begleiter ihre handpauken, cymbeln und flöten erklingen zu lassen. Bakchische schwärmerei ergreift die schiffer, wild und immer wilder tanzen sie und springen zuletzt im taumel über bord, um im sprunge zu delphinen zu werden. Uebergangen sind in diesem berichte die sonst[2] regelmässig hervorgehobenen offenbarungen Dionysischer macht: die über das schiff sich wölbende wunderrebe, der am mast sich emporschlingende epheu, der auf dem deck hervorsprudelnde wein; des bezaubernden flötenspiels, das dieser Naxischen version eigenthümlich scheint, gedenkt auch das Apollodorische handbuch. Wichtig ist, dass auch in der landläufigen fassung der sage das ursprüngliche ziel der fahrt, Naxos, nicht vergessen ist[3]. Jene

---

1 Bei Hyginus poet. astr. 2, 17 (Roberts Erat. p. 161 vgl. p. 8).
2 Hom. hymn. 7, 35 ff. Nonnos Dion. 45, 141 ff. Vgl. Apd. III 5, 3 Ovid metam. 3, 664. Eine gescheide deutung des abenteuers finde ich im schol. Oppian. Halieut. 1, 649 p. 295, 18 Buss. μυθεύεται ὅτι οἱ δελφῖνες ἦσαν ἄνδρες οἰνοπρᾶται, διότι δ' ἐμίγνυον τὸν οἶνον ὕδατι, βουλῇ τοῦ Διονύσου μετεβλήθησαν εἰς ἰχθύας.
3 Apd. III 5, 3 Ovid met. 3, 636 Hyginus fab. 134.

Euböische sage, von der wir ausgiengen, zeigt ihre nahe verwandtschaft darin, dass sie den sprung der fischer ins meer, wenngleich nicht vollziehen lässt, doch als beabsichtigt erwähnt.

Noch eine andere sage haben wir hier in betracht zu ziehen, die von dem Alexandrinischen tragiker Philiskos, vermuthlich in einem satyrdrama, gestaltet war [1]. Dionysos zieht nach Dodona, wie es heisst, um bei dem orakel des Zeus heilung von seiner raserei zu suchen. Da kommt er an einen see, der durch den winterlichen regen angeschwollen war. In seiner verlegenheit sieht er einige esel über den see ihm entgegenschwimmen. Rasch entschlossen ergreift er einen derselben, besteigt ihn und wird von ihm so über die fluthen getragen, dass ihn das wasser nicht benetzt. In Dodona wird er von der raserei geheilt und erweist sich dem esel dadurch dankbar, dass er ihn unter die sterne versetzt. Es kann doch wohl ein zweifel nicht bestehen, dass der grund, welcher hier für Dionysos' zug nach Dodona angegeben wird, erst nachträglich eingeführt ist. Die epiphanie des gottes in Dodona, dem altheiligen sitze des Zeus, sollte in dieser sage geschildert werden. Dass nicht die truhe, nicht das schiff, sondern ein esel es ist, auf dem Dionysos hingelangt, ist nach den vorher besprochenen beispielen uns nicht auffallend. Aber von grosser bedeutung muss für uns der besonders hervorgehobene umstand sein, dass es ein durch regengüsse geschwollener see, eine sintfluth im kleinen war, durch welche der gott zu seinem ziele gelangte.

Der brauch, das bild oder ein symbol der gottheit im schiffe umzuführen, war nicht auf den Dionysoscult beschränkt. An den grossen Panathenäen [2] wurde ein heiliges schiff auf rädern feierlich durch die stadt bis zur Akropolis

---

1 Im schol. German. p. 70, 13. 129, 4 Br. vgl. Hyginus poet. astr. 2, 23 (Roberts Erat. p. 90 f. Nauck fr. trag. p. 819²). Ueber Philiskos s. Robert Erat. p. 32.

2 Nachweise gibt AMichaelis Parthenon s. 327 f. n. 143—150. 165—170. Die lampe des Erechtheion Ephm. arch. 1862 p. 91.

126   IV Schiff

geleitet; der peplos, den den attische jungfrauen der göttin gewebt, war als segel ausgespannt. In engem zusammenhang damit steht die wie ein schiff gestaltete bronzelampe, die im Erechtheion gefunden wurde. Der peplos wurde der Athena Polias dargebracht und die schifflampe hieng im Erechtheion: der schiffumzug galt also der Athena als beschützerin nicht der attischen seemacht, sondern des ackerbaus; das schiff ist hier wie so oft gleichwerthiges symbol mit dem pflug[1]. Der gleiche brauch, nur wissen wir nicht, in welchem cultus, wurde zu Delos ausgeübt: wir schliessen das aus dem dortigen neunruderer, den Pausanias mit dem attischen processionsschiff zusammenstellt[2], einem durch seine grösse bemerkenswerthen landfahrzeug. Bei der umfahrt der göttin Nerthus erwähnt der bekannte bericht des Tacitus (Germ. 40) nur den im heiligen hain aufbewahrten 'wagen' (*uehiculum*), der, mit einem tuche überdeckt, die göttin bei ihrer epiphanie von ort zu ort durchs land trug. Aber in der anschaulichen erzählung des mönchs Rodulfus von s. Tron[3] erhalten wir den beweis, dass in den Niederlanden und der anstossenden gegend von Aachen bis in das zwölfte jahrhundert sich die feierliche umführung eines schiffs erhalten hatte, das unter begleitung zahlreichen volks von ort zu ort gefahren und überall mit sang und tanz empfangen wurde. Auch die göttin Nehalennia, die nicht nur auf der Schelde-insel Walcheren sondern auch landeinwärts bis nach Deutz verehrt wurde, eine göttin des erntesegens, wie die ihr beigegebenen früchte zeigen, setzt mehrfach auf den denkmälern den linken fuss auf das vordertheil eines schiffes und gestattet dadurch

---

1 s. Götternamen s. 141 Rhein. mus. 53, 350. Bei der bekannten sitte, an aschermittwoch einen pflug oder eine egge durch ledig gebliebene mädchen übers land, oft auch in einen fluss ziehen zu lassen (s. WMannhardt, Wald- und feldculte 1, 554 ff.), kommt auch das schiff vor, wie zu Ulm bei JGrimm D. myth. s. 242.
2 Pausan. I 29, 1 vgl. Boeckh in den Urkunden über das seewesen des Ath. staats s. 76 f.
3 JGrimm D. myth. 237 ff. OSchade, Sage von der h. Ursula s. 74 ff. WMannhardt, Wald- und feldculte 1, 593 ff.

ähnliche umführungen für sie vorauszusetzen[1]. Wie Oskar Schade gesehn, wird erst in diesem zusammenhang die entstehung der merkwürdigen sage von der h. Ursula und den elftausend jungfrauen verständlich, die zu schiff von England den Rhein hinauf bis Cöln und weiter bis Basel fahren, um dann auf der rückfahrt vor Cöln den märtyrtod zu erleiden.

3 Ueber den cultusbräuchen dürfen wir die sagen vom gott im schiffe nicht aus den augen verlieren. Auch in der italischen überlieferung hat sich davon wenigstens eine spur erhalten. Saturnus, der gott des goldenen zeitalters, soll im schiffe den Tiber hinauf in die gegend von Rom zu Janus gelangt sein[2]; man deutete den bekannten stempel des alten schweren kupfergelds als das schiff des Saturnus. Andere unten zu besprechende sagen werden uns ein festeres anrecht geben, die vorstellung auch den Italikern zuzuschieben.

Als ergebniss anderer untersuchungen[3] kann hier vorweggenommen werden, dass das christliche fest der Epiphanie aus der griechischen erscheinungsfeier des Dionysos durch einfache übertragung abgeleitet ist. Man darf danach erwarten und hat, wenn die erwartung zutrifft, ein recht, das als sichere bestätigung des angenommenen zusammenhangs zu betrachten, dass auch die vorstellung von der menschwerdung unseres heilands in das bild des übers meer heransegelnden schiffes gekleidet worden ist. Ich will die erste beste äusserung eines kirchenvaters herausgreifen, die mir zur hand ist. In einer weihnachtspredigt sagt ein erzbischof von Constantinopel, Proklos (erzb. 434—47) 'kommt, lasst uns schauen des meer durchschneidenden schiffes unsichtbaren lauf, das den erzbösen in die tiefe versenkt und den erstgebildeten wie einen fisch hervorgezogen hat, das ebenso unerforschlich ein-

---

1 Mhm in Roschers Myth. lex. 3, 76 ff., besonders s. 81, 60 und fig. 3 s. 79 vgl. IWWolfs Beitr. z. d. myth. 1, 149 ff. OSchade ao. s. 79 f
2 Ovidius fast. 1, 233 ff. vgl. Mommsen Röm. münzwesen s. 184.
3 Das Weihnachtsfest, kap. VII.

fährt wie unerklärlich ausfährt'[1]. Den anstoss gab ein wort der Sprüche Salomos (30, 19), wo unter den drei 'unverständlichen' dingen 'die wege des meerdurchschneidenden schiffes' genannt werden. Aber mit der menschwerdung Christi hätte das wort des alten testaments nicht verbunden werden können, wenn es nicht selbst zu dem alten vorstellungsschatze von der erscheinung des göttlichen auf erden gehört hätte; und nur darum konnte es anklang finden und ausgebaut werden. Urtheile dieser art pflegen, so selbstverständlich sie uns scheinen, unseren theologen nicht leicht einzugehen. Es ist darum nie überflüssig, dem urtheile die unterlage von thatsachen zu geben. Schon Clemens von Alexandreia[2] nennt unter den wahrzeichen, die ein Christ auf dem siegelringe tragen solle, neben taube und fisch 'das unter günstigem winde segelnde schiff'. Zahlreich sind die beziehungen der kirchenväter auf dies bild; in den wandgemälden der katakomben und auf anderen denkmälern des antiken Christenthums begegnet es. Dass die altchristlichen lampen, die man in gräbern gefunden, meistens wie ein schiff geformt sind, dass auf christlichen grabschriften nicht selten schiffe in rohen linien eingemeisselt sind, mag hier wenigstens erwähnt werden, wenn wir davon auch erst später (abschn. VI) volleres verständniss gewinnen werden. Aber nicht bloss in den zeiten, welche von den vorstellungen des alterthums unmittelbar beherrscht waren, hat diese verbindung der menschwerdung Christi und

---

1 Proklos hom. IV c. 1 bei Migne 65, 709ᵇ δεῦτε ἴδωμεν "νηὸς ποντοπορούσης" ἀθεώρητον πορείαν, τῆς βυθισάσης μὲν τὸν ἀρχέκακον, ἁλιευσάσης δὲ τὸν πρωτόπλαστον· ἧς καὶ ἡ εἴσοδος ἀνιστόρητος καὶ ἡ ἔξοδος ἀνερμήνευτος vgl. Prov. 30, 18 τρία δέ ἐστιν ἀδύνατά μοι νοῆσαι... καὶ τρίβους νηὸς ποντοπορούσης. Mit Christus selbst wird das schiff identificiert in dem Religionsgespräch am Perserhof b. A Wirth Aus oriental. chroniken s. 161, 17 (vgl. Relig. gesch. unters. 1, 35): Μυρία δὲ αὐτῆς τοὔνομα, ἥ τις ἐν μήτρᾳ ὡς ἐν πελάγει μυριαγωγὸν ὁλκάδα φέρει.
2 Clem. Alex. paedag. III 11, 59 p. 106, 14 Sylb. αἱ δὲ σφραγῖδες ἡμῖν ἔστων πελειὰς ἢ ἰχθὺς ἢ ναῦς οὐριοδρομοῦσα. Reichen stoff gibt Wilpert in Kraus' Realencykl. der christl. alterthümer 2, 729 ff.

des bildes vom schiffe bestanden. Ein altes volksthümliches weihnachtslied, das Tauler gedichtet haben soll, lautet in der ältesten uns bekannten gestalt[1]

1 Es kumpt ein schiff geladen
recht uff sin höchstes port (*für* bord),
es bringt uns den sune des vatters,
daz ewig wore wort.

2 Uff ainem stillen wage
kumpt uns das schiffelin,
es bringt uns riche gabe,
die heren künigin.

3 Maria du edler rose
aller sälden ain zwy,
du schöner zitenlose,
mach uns von sünden fry.

Aber schon dieser ältesten gestalt wird eine vierte strophe angehängt, die unverkennbar gedichtet ist, um an stelle der zweiten etwas besseres zu setzen:

4 Das schifflin das gåt stille
und bringt uns richen last,
der segel ist die minne,
der hailig gaist der mast.

Und so steht denn wirklich in dem Strassburger druck von 1626 an stelle der zweiten strophe die folgende umbildung und ergänzung

2 Das schiff geht still im triebe,
es tregt ein thewre last;
der segel ist die liebe,
der heylig geist der mast.

3 Der ancker hafft auff erden,
und das schiff ist am land:
gotts wort thut uns fleisch werden,
der sohn ist uns gesandt.

---

[1] Drei fassungen (die Strassburger in 6, die Kölner in 8 strophen) bei Phil. Wackernagel, Das deutsche kirchenlied n. 458—460 band 2, 302 f. Das lied ist gedichtet auf die melodie des lieds vom himmlischen jäger (ebend. n. 1137—9 b. 2, 912 f.), vgl. Weinhold, Weihnachtspiele s. 381. KSimrock hat in seine 'Deutschen weihnachtslieder' (Leipz. 1874) s. 54 die mittlere der drei fassungen (6 strophen) mit schonender umbildung aufgenommen.

In einem englischen *Christmas-carol* kommen am weihnachtstag drei schiffe angefahren, darin sitzt der heiland und seine mutter; die reise geht nach Bethlehem; da klingen alle glocken auf erden, es singen die engel im himmel und die seelen auf erden [1].

4 Ganz eigentlich am orte ist das bild des schiffes bei dem aufgang der sonne, und hier erstreckt sich seine geltung weit über die grenzen des griechischen volkes. Bei den Aegyptern [2] ist es durchgehende vorstellung, dass sonne und mond leuchtende barken sind, auf denen der gott alltäglich die himmlischen gewässer durchfährt. Für die griechische vorstellung können wir ausgehen von der zeichnung einer schönen aus Grossgriechenland stammenden vase [3], die sich jetzt im Louvre befindet. Von einer fischartig gestalteten barke erhebt sich ein viergespann, dessen beide rossepaare nach verschiedenen seiten ausgreifen. Auf dem wagen stehen Helios mit grossem strahlenkranz und Selene mit der mondsichel. Rechts von der barke schreitet nach rechts ein mit chiton bekleideter Kurete, den ovalen schild am linken arm, mit der rechten das spitzige schwert hoch schwingend. Links schreitet, den zügel des äussersten rosses mit der linken haltend, Pan einher; er ist bis auf die beiden hörner menschlich gebildet als ephebe; in der rechten trägt er gesenkt, an einen stab befestigt, zwei gekreuzte doppelfackeln. Wie der Kurete dem jubel über den aufgang des lichtes ausdruck gibt, so scheint Pan als göttliches wesen das aufgehende gestirn zu empfangen und ihm die wege zu weisen. Wir haben oben die frage unerledigt gelassen, welche

---

1 WSandys, Christmastide (London, o. J.) s. 260 f.
2 s. Wiedemann, Religion der alten Aeg. s. 18 f. In dem hieroglyphischen hymnus des Darius II auf Amon bei Brugsch, Reise in die grosse oase El Khargeh p. 51 col. 35 heisst es, dass 'die sonnenbarke den himmel durchfährt an jedem tage'.
3 Abgebildet Annali dell' Inst. 1852 b. 24 tav. d'agg. F 3 und bei Gerhard Ges. akad. abb. taf. VII n. 3 vgl. 1, 149 f. Welcker Alte denkmäler III taf. X 1 vgl. s. 67 ff.

besondere bedeutung in dem mythischen bilde von der landung der Danae und des Perseus dem Diktys zukomme. Sein name erweist ihn als lichtgott. Aber das aufgehende licht ist durch Perseus vorweggenommen; was bleibt dem Diktys? Die antwort dürfen wir dem vasenbilde entnehmen. Er ist das göttliche wesen, das den neuen lichtgott bei seiner landung empfängt und geleitet[1].

Aus der Heraklessage ist die vorstellung allen bekannt, dass Helios in einem riesigen 'becher' (δέπας) aus gold zu fahren pflegt[2]. Ohne zweifel ist der goldene becher als das schiff gedacht gewesen, in welchem Helios seine fahrt durch den himmlischen strom macht, wenn er über die erde leuchtet. Statt des bechers tritt dafür nicht nur der synonyme ausdruck skyphos oder trinkschale (φιάλη) oder kessel (λέβης) auf, sondern er wird auch geradezu 'barke' genannt wie von Euphorion (fr. 82 χαλκείῃ ἀκάτῳ). Die begriffe des bauchigen gefässes und des schiffes stehen einander so nahe, dass sie durch dasselbe wort, gr. σκάφη σκάφος vgl. deutsch *schaff* und *schiff*, ausgedrückt werden konnten. Als die vorstellung durchgedrungen war, dass Helios seine fahrt am himmelsrunde mit einem viergespann vollziehe, wurde es nöthig, den in der Heraklessage fest überlieferten sonnenbecher mit dem viergespann auszugleichen. Bei Mimnermos (fr. 12) nimmt den sonnengott das 'hohle lager', das Hephaistos aus erz getrieben hat, 'das beflügelte' auf, wenn er im westen angelangt ist, um ihn mit reissender schnelle während der

---

1 In der tarsischen Perseussage war dem fischer eine andere rolle zugedacht, s. oben s. 86 anm. 1.

2 Die mehrzahl der zeugnisse verdanken wir der sammlung bei Athenaios XI p. 469[d]—470[d], eine ergänzung dazu bietet Eustathios zu Dionys. perieg. 558, vgl. Apd. II 5, 10. 11. Den becher neunt σκύφος Macrobius Sat. V 21, 19 'ego tamen arbitror non poculo Herculem maria transuectum, sed nauigio cui Scypho nomen fuit', φιάλη Panyasis fr. 7 p. 256 K., λέβης Titanomachie und Theolytos bei Athen. XI 470[b,c], Alexander von Ephesos (Meineke's Anal. Alex. p. 371) bei Eust. ao. p. 213, 33.

nacht zum aufgangsorte im osten zurückzutragen. Und dasselbe will Stesichoros (fr. 8), wenn er den Helios im goldenen becher über die fluthen des Okeanos hin zu den tiefen der heiligen nacht und zu den seinen fahren lässt. Auch Pherekydes spricht das mit klaren worten aus[1]; man darf behaupten, dass alle älteren zeugen der mythischen vorstellung, so weit sie überhaupt deutlicher reden wollen, darin übereinstimmen, dass Helios die tagesfahrt am himmel mit dem viergespann macht und im fernen osten dann den goldenen becher besteigt, um in ihm ausruhend während der nacht über den Okeanos nach osten zu gelangen. Natürlich muss das beflügelte fahrzeug gross genug sein, um auch sonnenwagen und viergespann aufzunehmen: Pherekydes sagt das ausdrücklich (anm. 1), ja — gleich als ob es die kraft hätte, sich beliebig auszuweiten — Herakles vermag sogar die ganze rinderherde des Geryones darin zu verladen (Apd. II 5, 10). Das oben vorgeführte vasenbild stellt uns also Helios mit seinem viergespann in dem augenblicke vor, wo er die barke, die ihn nach osten getragen, verlässt, um zum himmel aufzusteigen. Der zeichner schloss sich eng an die ausgleichende vorstellung an, welche die dichter geschaffen hatten, aber er bindet sich nicht an die alterthümliche überlieferung vom sonnenbecher, sondern folgt der vorstellung seiner zeit, indem er statt dessen uns die fischgestaltige barke gibt. Den sonnenbecher selbst zeigt uns eine rothfigurige kylix der Vaticanischen sammlung[2]: es ist eine weitbauchige schale, in welcher Herakles bärtig, das löwenfell über den kopf gezogen, in der r. die keule über die schulter gelegt tragend, in der vorgestreckten l. den bogen gekauert

---

1 Pherekydes fr. 33 h (*FHG* 1, 80) τὸ δέπας τὸ χρύσεον, ὃ αὐτόν (den Helios) ἐφόρει σὺν τοῖς ἵπποις, ἐπὴν δύνῃ, διὰ τοῦ Ὠκεανοῦ τὴν νύκτα πρὸς ἑῴην, ἵν' ἀνίσχει. Missverstanden hat die dichterstellen Athen. 469ᵃ ὁ Ἥλιος ἐπὶ ποτηρίου διεκομίζετο ἐπὶ τὴν δύσιν, vgl. Funcke De Panyasidis Hal. uita et scr. p. 30 f.
2 abgeb. bei Gerhard Auserl. vasenb. II t. 109 Ges. ak. abh. taf. v 4 vgl. 1, 151.

sitzt; die meereswellen sind angedeutet, auch durch polypen und anderes seegethier verdeutlicht.

Die mythische auffassung der gestirne als barken ragt sogar in die griechische wissenschaft hinein. Noch für Herakleitos sind sonne und mond, auch die sterne, wie schiffe gestaltet[1]. Bei den gnostikern lebt dann das bild noch einmal am ende des III jh. n. Chr. auf. Nach der lehre der Manichäer, der am weitesten verbreiteten und am längsten fortwirkenden secte, sind mond und sonne himmlische fahrzeuge[2], die ihre besondere bedeutung für das leben der seelen haben. Die zwölf zeichen des thierkreises sind die einer, in denen die seelen der gestorbenen menschen und thiere als theile der gottheit zum himmel hinaufgezogen werden zu dem 'kleinen fahrzeug', dem monde. Der mond wird von diesen lichtwesen im lauf der ersten 15 tage seiner fahrt erfüllt, in der zweiten abnehmenden hälfte gibt er sie allmählich ab an das grosse fahrzeug, die sonne, bis er ganz leer und zur neuaufnahme von seelen bereit geworden ist. Die sonne dann fährt die seelen hinüber (διαπορθμεύει) 'zum weltenherrn (Αἰών) des lebens und dem orte der seligen'. Es heisst auch, dass bei diesen fahrten die seelen durch das wasser des mondes und das feuer der sonne vollends geläutert würden[3].

Ein besonderes fahrzeug ist dem Apollon auf einem vasenbild zugewiesen worden[4]. Ganz jugendlich gebildet, lorbeerbekränzt, in der linken die leier, im rücken bogen und köcher, sitzt Apollon in dem kessel eines mächtigen beflügelten dreifusses, der ihn über die wellen des durch fische und einen polypen angedeuteten meeres trägt; nicht.

---

1 Aetios (Plut. de plac. phil.) II 27, 6 p. 359 Diels vgl. II 22, 2. 24, 3. 28, 6. 29, 3.
2 Epiphanios haer. 66, 9 t. III p. 27, 23 f. Dind. 66, 26 p. 47, 31 f. vgl. Augustinus epist. 119 (55 Bened.), 4 p. 585 f. Reinh., ad Quodvultdeum c. 46 p. 207 Oehler.
3 Commenta Lucani II 2 p. 47, 22 vgl. Rhein. museum 26, 157.
4 abgeb. bei Gerhard Ges. ak. abh. taf. v 3 vgl. 1, 151 f.

durchs meer, sondern über das meer hin fährt er. Man könnte sagen, dass der becher oder 'kessel' des Helios die brücke für diese vorstellung gebildet habe. Doch wozu solche brücken? Wenn Fortunat mit seinem wunschhütlein, Faust mit seinem mantel überallhin gelangen kann, wohin er sich wünscht, warum soll den gott nicht der heilige dreifuss, vollends ein beflügelter, aus dem Hyperboreerland zu seinen Hellenen bringen? Nur so viel ist auch hier klar: die epiphanie des gottes bereitet sich vor, und da der gott in welchem fahrzeug immer übers meer kommt, so kann auch in dieser anwendung das alte mythische bild von der gotteserscheinung auf erden nicht verkannt werden.

5 Wichtig ist schliesslich, dass die vorstellung auch auf götterbilder und reliquien übertragen worden ist. Wir haben schon gelegenheit gehabt, und werden sie noch öfter haben, wahrzunehmen, dass die bildliche vorstellung von der epiphanie der gottheit unwillkürlich auch dazu benutzt wird, die ankunft ihrer bilder oder heiligen symbole durch den glanz des wunders zu verklären. Das alte schnitzbild des Herakles zu Erythrai sollte der legende nach auf einem flosse stehend von Tyros her gekommen sein[1]; es trieb an dem vorgebirge an, das die bucht von Erythrai südlich abschliesst, ungefähr gleich weit von Erythrai und Chios; in folge dessen wurde von beiden gemeinden anspruch auf den gott erhoben. Da entschlossen sich auf den rath eines erblindeten fischers Phormion, dem im traume die eingebung gekommen war, den Thrakerinnen zu Erythrai ihre haare abzuschneiden und daraus ein seil zu flechten: damit gelang es den Erythrüern das floss mit seinem kostbaren inhalt nach ihrer stadt zu ziehen, auch Phormion soll wieder sehend geworden sein. Man zeigte in dem tempel noch lange das härene seil, und auch dadurch wurde die erinnerung an den vorgang lebendig

---

1 Pausanias VII 5, 5—8 vgl. Raoul-Rochette Mémoires d'archéologie comparée (Mém. de l'acad. des inscr. XVII 2) p. 173 ff. Stephani, Der ausruhende Herakles s. 126 n. 18.

erhalten, dass von weibern nur Thrakerinnen zutritt zu dem tempel hatten. Als die abgeordneten des Ptolemaios Soter mehrere jahre sich vergeblich bemüht hatten, zu Sinope das bild des Pluton, des künftigen Serapis, auf gütlichem wege zu erhalten, soll der gott selbst sich von seinem standort hinweg auf das schiff begeben haben und dies auf wunderbare weise am dritten tage nach Alexandreia gelangt sein [1]. In ungefähr derselben zeit wurde zu Rom der cultus des Asklepios von Epidauros her eingeführt [2]. Im j. 292 v. Chr. gieng, durch die Sibyllinischen bücher veranlasst, eine gesandtschaft an die berühmte cultusstätte. Die heilige schlange, in der man den gott selbst verkörpert glaubte, bewegte sich aus eignem antrieb zum strand und liess sich auf dem deck des römischen schiffs nieder, das die schwere last einer gottheit empfindet. Als das schiff in die nähe Roms gekommen, ringelt sich die schlange am mast empor, um ihren künftigen wohnsitz zu wählen, verlässt das schiff und verschwindet auf der Tiberinsel, wo dann der tempel des gottes aufgerichtet wurde. Der felsige grund der insel selbst ist sichtlich durch nachhilfe so gestaltet worden, dass er das aussehn eines schiffes erhielt. Auch das schiff, das den Pessinuntischen fetisch-stein der Göttermutter im jahre 204 nach Rom brachte, verräth in der legende die übernatürliche kraft der gottheit, welche von ihm getragen wurde. Zur Tibermündung waren Römer und Römerinnen geströmt, um das göttliche idol würdig zu empfangen; dort blieb das schiff auf einer sandbank hangen und keine kraft vermochte es fortzubewegen, bis Quinta Claudia herantrat: von der nachrede unkeuschen wandels betroffen betet sie zur göttin, ihr die keuschheit zu bezeugen, und wie spielend zieht sie nun die last des seeschiffes Tiber aufwärts bis zur mündung des Almo [3].

---
1 Tacitus hist. 4, 84.
2 Ovidius met. 15, 626—744 (wo man v. 693 f. beachte: 'numinis illa — die *ratis Ausonia* — sensit onus pressastque dei graultate carina'), über die zeit Livius 10, 47; vgl. Preller-Jordan Röm. myth. 2, 241 f., über die gestalt der insel ebend. 243, 1.
3 Ovidius fast. 4, 297 ff. vgl. Preller-Jordan 2, 57 f.

Zahlreiche legenden, auf die mich ADieterich hingewiesen hat, beweisen, dass diese bildliche vorstellung auch vom Christenthum übernommen wurde. Die leichname der heiligen, gelegentlich auch andere reliquien, werden oft zu schiff auf wunderbare weise an die stätte ihrer besonderen verehrung gebracht. Die leiche des h. Jacobus wird von seinen schülern zur küste (Joppe) getragen und dort in einem schiffe geborgen, das, während die schüler schlafen, in einer nacht bis zur spanischen küste fährt; oder der kahn gelangt ohne segel und ruder in einer halben stunde nach Spanien[1], wo dann später der berühmte wallfahrtsort Santiago di Compostella die heiligen reste aufnimmt. Auch an anderen orten wird daher bei bildlicher darstellung der Jacobuslegende das den leichnam tragende schiff nicht vergessen: im dom von Pistoja (S. Jacopo) ist dies der gegenstand des letzten reliefs an dem silbernen altar rechts vom chore, einem werk des XIII bis XIV jh. Auch das schiff, auf welchem der körper des h. Marcus von Alexandreia nach Venedig gebracht wurde, verräth wunderkräfte[2]; eine mosaik über dem rechten portal von S. Marco, vom j. 1660, stellt die verladung und die ausschiffung der gebeine dar, auch sonst ist dort das schiff des h. Marcus öfters abgebildet worden. Am dome des apostels Matthaeus zu Salerno veranschaulicht ein relief die ankunft des heiligen zu schiff. Zu Bari wird der tag, wo der h. Nicolaus zu schiff angekommen sein soll (9 mai), mit grösserer festlichkeit begangen als der eigentliche gedächtnisstag (6 dec.). Die kirche von Dietkirchen an der Lahn, das kleinere vorbild des doms von Limburg, birgt die leiche des h. Lubentius: der hatte zu Cubrinum (heut Cobern) an der Mosel auf befehl des Arianischen kaisers Constantius den märtyrtod erlitten; nur der sarg mit seiner leiche wurde in einen kahn gesetzt, und dieser trieb nicht nur den fluss hinab, sondern bewegte sich auch den Rhein hinauf bis Lahn-

---

1 s. Lipsius, Die apokr. apostelgeschichten II 2 s. 223.
2 vgl. *Acta sanct.* april. t. III p. 354 f. Lipsius ao. II 2 s. 352 f.

stein und von da lahnaufwärts bis Dietkirchen ohne jede
menschliche beihilfe¹. Als bischof Maternus, ein schüler des
apostel Petrus, zu Cöln gestorben war, wurde seine leiche
auch von Trier und Tongern in anspruch genommen. Um
den streit zu schlichten, wurde auf den rath eines in greisen-
gestalt erschienenen engels die leiche auf ein schiff gesetzt
und dies vom lande abgestossen, damit gott selbst durch den
gang des schiffes seinen willen bekunden könne. Ohne eines
ruders hilfe bewegte sich das schiff stromaufwärts bis zu
der stelle, wo jetzt Rodenkirchen liegt, und ertheilte dadurch
den Trierern das recht, die gebeine des heiligen als ihr eigenthum nach hause zu tragen². Nach Bairischer sage³ ward
die leiche des h. Emmeram von der stätte seiner ermordung
erst durch ein ochsenpaar, das sich selbst überlassen blieb,
bis an die Isar bei Oberföhring gebracht; dort luden zwei
engel sie in einen kahn, der sich nun ohne menschliche mit-
wirkung die Isar hinab und dann die Donau hinauf bis nach
Regensburg 'in höchster schnelle' bewegte, aber ohne dass
die angezündeten kerzen erloschen. So wird der gürtel der
jungfrau Maria nach Prato, ein altes crucifix, das als werk
des h. Nicodemus gilt, nach Lucca zu schiff gebracht⁴.

1 *Acta sanct.* octob. t. VI p. 200 ff.
2 Die legende s. in den *Acta sanct.* sept. t. IV p. 392ᵈ und
Gesta Trevirorum c. 26 t. 1 p. 40 f. (Trev. 1836) vgl. FLiebrecht zu
Gervasius v. Tilbury s. 149 f. Ueber die schwankende gestalt des orts-
namens s. Oesterley, Histor.-geogr. wörterbuch des d. mittelalters
s. 572. Die hinweisung auf Maternus verdanke ich herrn dr. Rauschen.
3 s. FPanzer, Beitrag z. d. myth. 1, 220 ff.
4 In der pinacoteca zu Prato befindet sich ein bild des Taddeo
Gaddi (n. 2), das in der fünften abtheilung das schiff zeigt, auf dem
von bürgern Pratos der gürtel der Maria heimgebracht wird. Das
crucifix des Nicodemus wird in dem 1484 errichteten *tempietto* im
hauptschiff des doms von Lucca aufbewahrt. Ein bild der Cappella
di s. Agostino im linken seitenschiff der kirche s. Frediano zu Lucca
stellt dagegen dar, wie ein im meere gefundenes Christusbild von
zwei ochsen gezogen wird.

V

FISCH

Theodor Nöldeke[1] hat für den semitischen ursprung der indischen fluthsage auch den göttlichen fisch in anspruch genommen, der dort eine so hervorragende rolle spielt. Er hat dabei übersehen, worauf schon Jacob Grimm aufmerksam gemacht hatte, dass der dankbare mit göttlichem vermögen ausgestattete fisch eine weit verbreitete, noch in unseren märchen fortlebende sagengestalt ist[2]. In diesen letzteren hat die alte vorstellung eine zwiefache form angenommen. Der göttliche fisch, der dem barmherzigen fischer seine dankbarkeit durch gesteigertes glück beweist, wird einerseits durch die unersättlichen wünsche der fischersfrau gereizt und zieht seine gaben zurück, andererseits fällt er schliesslich der neugierde oder naschhaftigkeit der frau zum opfer, um noch im tode wunder zu wirken. Nur scheinbar bringt die indische fluthsage durch ihren göttlichen fisch (er offenbart sich schliesslich als Brahma) einen neuen zug zu dem alten bilde der truhe oder des schiffes. In wirklichkeit ist es nur die häufung zweier gleichwerthiger bilder, wodurch die indische fluthsage sich unterscheidet.

Denn dass das bild des von dem fische, oder setzen wir gleich das bei den Griechen stehend verwendete geschöpf, vom delphin durch das meer getragenen gottes nur

---

[1] Im neuen Reich 1872 bd. 1 s. 256.
[2] JGrimm D. myth. 544 f. Allbekannt ist das märchen vom fischer un syner fru, bei Grimm n. 19 mit den anmerkungen in bd. III. Die zweite form der sage findet sich in dem märchen von den goldkindern bei Grimm n. 85 und dem französischen märchen 'la reine des poissons' bei Emm. Cosquin, Contes populaires de Lorraine (Paris o. j.) 2, 56 f., vgl. auch das italiänische bei de Gubernatis, Die thiere in der ig. mythologie s. 601.

ein gleichwerthiger vertreter der bisher betrachteten bilder ist, kann zur gewissheit gebracht werden. In einer fast unübersehbaren fülle von anwendungen und umbildungen ist dieses bild von sage, dichtung und bildender kunst bis an das ende des alterthums verwendet worden. Man kann hier recht inne werden, was ein lebendiges, beseeltes bild gegenüber dem leblosen und starren bild zb. der truhe oder des schiffes bedeuten will. In der göttersage erwachsen ist das bild auf die heroische und die geschichtliche sage übertragen worden. Es ist oft gegenstand der erzählungsform geworden, die — eine rechte illustration für *lucus a non lucendo* — darum, weil sie nie etwas neues, sondern immer nur früher gehörtes auf neue personen überträgt, anekdote genannt zu werden pflegt; und noch die christliche legende hat bis ins zehnte jahrhundert das motiv wiederholt. Je öfter das bild gebraucht wird, desto mehr wird es zur blossen form: eine hülle, ein kleid, das jedem beliebigen übergeworfen werden kann. So wird das bild schliesslich zum blossen formalen motiv des dichters und des bildenden künstlers. Es ist eine sonderbare, aber sehr verbreitete selbsttäuschung, wenn man in solchen fällen von einem 'novellistischen motiv' zu sprechen liebt: man vergisst dabei, dass (abgesehen natürlich von den alltäglich durch das menschenleben selbst gelieferten, dh. den echten novellistischen motiven) das bild doch irgendwo einmal gewachsen und dann weiter viel gebraucht sein muss, ehe es zur blossen form entwerthet werden kann. Es verlohnte sich wohl, diesen wandelungen in der geschichte unseres überaus lehrreichen bildes nachzugehen; so oft und gründlich auch in unserer zeit von dem gott auf dem delphin gehandelt worden ist, würde es nicht überflüssig sein. In unserem zusammenhange gestatten und verpflichten die gelehrten zusammenstellungen, auf die wir verweisen [1] können,

---

[1] Welcker Kl. schr. 1, 89—92 LStephani, Compte rendu 1864 s. 207 ff. de Witte, Gazette archéol. 1879 t. v p. 217 ff. Biedermann, Der delphin in der dichtenden und bildenden phantasie der Griechen und

uns auf das wesentliche, die spuren alter göttersage zu beschränken. Nur in knapper übersicht will ich zunächst einen begriff von der verbreitung und geschichte des bildes zu geben suchen, wobei dann denjenigen fällen, auf die später nicht eingegangen wird, die belege beigefügt werden mögen.

I Spuren von cultus und alter sage sind nachweisbar für Anchialos an der thrakischen küste des Pontos: münze des Maximin Rs. Aphrodite nackt stehend, links neben ihr Eros auf dem delphin, Mionnet supplém. II p. 225 n. 120 abgebildet auf unserer M(ünz)t(afel) n. 1 nach dem Wiener exemplar.

Deultum am fuss des Haimos: Eros als delphinreiter auf einer bronze des Maximin, s. Riggauer Ztschr. f. numism. 8, 87 (Eros s. 19).

Hadrianopolis in Thrakien: auf einer bronze des Caracalla Rs. Eros auf delphin reitend, mit zügeln und reitgerte; s. Cat. Br. Mus., Thrace p. 119 n. 22.

Perinthos hat auf der kehrseite der münzen zuweilen delphinlenkenden Eros: münze des Elagabal s. Mionnet descr. I p. 410 n. 314 abgeb. Mt. n. 3, des Gordian abgeb. Mt. n. 4 vgl. Riggauer ao.

Nikomedeia zeigt auf münzen des Antoninus Pius (Mionnet supplém. V p. 179 n. 1042) und des Commodus (ebend. p. 188, 1104) Eros geflügelt, als knaben auf dem delphin reitend, vgl. Riggauer ao. Die Commodus-münze ist abgeb. bei Dumersan, Descr. des méd. ant. du cabinet Allier de Hauteroche pl. XI n. 9 Cat. Br. Mus., Pontus usw. taf. XXXIV 7 vgl. p. 183, 27, hier Mt. n. 2. Alte göttersage ergibt sich aus der legende des h. Lukianos, s. 168 ff.

Kyzikos hat auf seinen elektron-stateren auch den delphinreiter, ganz in der haltung, also auch wohl in nachbildung der alten Tarentiner münzen geprägt, nur dass er in der rechten einen thunfisch am schwanze hält: abgeb. Numism. chronicle 1887 ser. III vol. VII taf. I 9 vgl. WGreenwell ebend. p. 49 f. Mt. n. 5.

Römer (progr. des stadtgymn. zu Halle) 1881 Pottier und SReinach im Bull. de corr. hellén. (1883) 7, 444 ff. (Nécropole de Myrina p. 496 f., taf. L) OKeller, Thiere des classischen alterthums s. 211 ff. Aug. Marx, Griechische märchen von dankbaren thieren (Stuttg. 1889) s. 5—29; unmittelbar vor dem abdruck dieser blätter kam noch die schrift von KKlement, Arion: mythologische untersuchungen, Wien 1898 (aus dem jahresbericht des k. k. staatsgymnasiums im XIX bezirke Wiens) hinzu.

Auf anderen stateren erscheint eine vollbekleidete weibliche gestalt auf dem delphin reitend (Nereide, meint Greenwell), in der l. runden schild, in der r. kranz haltend, darunter thunfisch, Num. chron. ao. t. 11 26. 27 vgl. p. 72 n. 48, Mt. n. 6.

Lampsakos: auf einer Caracalla-münze reitet Eros auf dem delphin nach r., in der l. zügel, in der r. kranz haltend, s. Riggauer ao. s. 87.

Auf Lesbos hat die stadt Methymna auf ihren münzen öfter (s. 160 Mt. 7. 8) einen bekleideten dolphinreiter mit der leier; schon nach Herodot 1, 24 theilten die Lesbier die sage von der wunderbaren rettung des Arion, auf ihn durfte man also das münzbild beziehen. Aber zu Methymna lebte auch die sage, dass Enhalos durch einen delphin aus dem meer getragen worden sei, s. s. 161 f.

Iasos in Karien hatte ein denkmal des delphinreiters, und benutzte ihn als münzstempel, s. unten s. 150, 3. 166. Zugleich gab es dort legenden von einem liebesverhältniss des Hermias und Dionysios zu einem delphin s. s. 166 f. vgl. AMarx in der s. 140 anm. genannten schrift s. 14 ff.

Auf der insel Ios erzählte man von der liebe eines delphins zu einem knaben, der auf seinem rücken schwamm: Aelian n. a. 2, 6 τό γε μὴν ἐν τῇ Ἴῳ ὑπὲρ τοῦ παιδὸς τοῦ καλοῦ καὶ τῆς νήξεως αὐτοῦ καὶ τοῦ δελφῖνος.

Die inseln Paros und Sikinos (hier das Koiraneion) haben die sage von Koiranos s. s. 148 f. und Marx ao. 6 ff.

Am Tainaron ein schon von Herod. 1, 23 f. erwähntes und auf Arion bezogenes denkmal des delphinreiters s. s. 150 f., hier sollte Arion gelandet sein s. s. 150, 1.

Zu Korinth und am Isthmos ist Melikertes-Palaimon heimisch, durch denkmäler u. münzen verbürgt s. s. 150 ff., Mt. 10—13; auch die Arionsage s. s. 151.

Die opuntischen Lokrer scheinen nach dem bericht des Alkidamas, obwohl die sonst genannten örtlichkeiten auf den golf von Korinth und die ozolische Lokris hinweisen, an der legende von Hesiods tod nicht unbetheiligt s. s. 164 f.

Musenheiligthum auf dem Helikon: Paus. ix 30, 2 Ἀρίων δὲ ὁ Μηθυμναῖος ἔστιν ἐπὶ δελφῖνος. Das denkmal ist nur als widerhall der bekannten sage zu betrachten.

Delphi: sage von der begründung des Apolloncultus s. s. 145 f.

Oinoe (Oineōn?) in der ozolischen Lokris ist der schauplatz der legende von Hesiods tod s. s. 164 f.

Naupaktos: man erzählte in Theophrasts zeit von einem knaben, den ein delphin geliebt und todt ans land gebracht habe, s. s. 165.

Antirrhion oder, wie Plutarch sagt, Rhion wird als der ort genannt, wo die leiche des Hesiodos vom delphin gelandet wurde, und zwar zu der zeit als gerade das fest der 'Ria gefeiert ward: Plut. VII sap. conv. 19 p. 162ᵃ vgl. de soll. anim. 36 p. 984ᵉ, s. s. 165. 'eadem Amphilochii et Tarentini de pueris delphinisque narrant' (dh. von liebesverhältnissen unter ihnen) Plin. n. h. 9, 28. Ambrakia prägt im IV jh. zuweilen auf silberstateren mit pegasos als beizeichen links neben dem behelmten kopf der Athene den Eros, nackt mit mächtigen schwingen, das linke bein hinaufgezogen und dies knie mit den händen umfasst, auf dem delphin nach rechts reitend, abgeb. Zeitschr. f. numism. VIII taf. I 6 vgl. Riggauer ebend. s. 74, Cat. Br. Mus., Corinth t. XXVIII 10 vgl. p. 107, 30 s. Mt. n. 14.
Zakynthos nach Plut. de soll. an. 36 p. 985ᵇ ἢ δ' 'Οδυσσέως ἀσπίς ὅτι μὲν ἐπίσημον εἶχε δελφῖνα, καὶ Στησίχορος ἱστόρηκεν· ἐξ ἧς δ' αἰτίας, Ζακύνθιοι μνημονεύουσιν, ὡς Κριθεὺς μαρτυρεῖ· νήπιος γάρ ὢν ὁ Τηλέμαχος, ὥς φασιν, εἰς ἀγχιβαθὲς τῆς θαλάττης ὀλισθὼν ἐσώθη δελφίνων ὑπολαβόντων καὶ ἀνανηξαμένων· ὅθεν ἐποιήσατο γλυφὴν τῇ σφραγῖδι καὶ τῆς ἀσπίδος κόσμον ὁ πατὴρ ἀμειβόμενος τὸ ζῷον.
Brundusium führt als münzstempel einen leier tragenden (auch einmal spielenden) delphinreiter, s. s. 159 f. Mt. 21.
Tarent mit der sage von Phalanthos und dem wappenbild des delphinreiters auf seinen münzen s. s. 154 ff., ausserdem denkmal s. s. 150, 2 Mt. 15—20.
Poseidonia (Paestum) hat in der zeit, als es römische colonia war (seit 272 v. Chr.) einmal Eros auf delphin reitend, in der linken den dreizack, in der rechten einen kranz haltend, auf einer bronze gebildet, abgeb. Ztschr. f. numism. VIII t. I n. 14 vgl. Riggauer das. s. 87, hier Mt. n. 22.

II Anekdotenhaft umgebildet sind manche der alten ortssagen worden, wie von Iasos, Naupaktos, Argos Amphilochicum und sogar Tarent ([Arist.] h. an. 9, 48 p. 631ᵃ 10 Plin. n. h. 9, 28).
Jüngere gestaltungen, zum theil vielleicht ohne unterlage örtlicher sage, sind die von
der insel Pordoselene: Paus. III 25, 7 τὸν δ' ἐν Ποροσελήνῃ δελφῖνα τῷ παιδὶ σῷστρα ἀποδιδόντα, ὅτι συγκοπέντα ὑπὸ ἁλιέων αὐτὸν ἰάσατο, τοῦτον τὸν δελφῖνα εἶδον καὶ καλοῦντι τῷ παιδὶ ὑπακούοντα καὶ φέροντα, ὁπότε ἐποχεῖσθαι οἱ βούλοιτο; ausführlich Aelian n. h. 2, 6 und Oppian Halieut. 5, 458 ff. vgl. MWellmann im Hermes 30, 169 ff. Marx ao. s. 22 f. Dabei ist nicht zu übersehn, dass auf einer bronze der insel der delphin als wappenbild vorkommt (Cat. Br. Mus., Troas usw. t. XLIII 14

vgl. p. 219, 2), wie öfter auf münzen der benachbarten Nasos (ebend. XLIII 8—10).

Dikaiarchia (Puteoli): die geschichte von dem knaben aus Baiae, der nach Puteoli zur schule gieng, wird in die zeit des Augustus verlegt s. Plinius n. h. 9, 25 (mit anführung des Maecenas, Fabianus und Alfius) und Apion bei Gellius n. a. VI 8, 4 —7 vgl. Marx s 24 f.

Hippo Diarrytus in Africa: zur zeit des Plinius, 'Flauiano proconsule Africae' Plin. n. h. 9, 26 Plinius Sec. ep. 9, 33 Oppian Halieut. 5, 453 ff. vgl. Marx ao. s. 26 f.

Nach solchen erzählungen darf man sich nicht wundern, dass der glaube an die tragfähigkeit und das menschliche empfinden des delphin sogar von der wissenschaft des alterthums nicht ganz abgelehnt wurde; sehr belehrend dafür ist [Arist.] h. an. 9, 48 p. 631 ₐ 16—20.

III Als bloss formales motiv ist das bild schon von Bakchylides 16 (17), 97 benutzt worden: als Theseus auf die herausforderung des Minos ins meer gesprungen, φέρον δελφῖνες ἐναλιναιέται μέγαν θοῶς Θησέα πατρός Ἱππίου δόμον vgl. Hygin poet. astr. 2, 5 (Paus. I 17, 3 hat das delphinwunder nicht).

In den traum eines schiffbruchs mischt sich dem Propertius unwillkürlich das bild des rettenden delphins III (II) 26, 17

'sed tibi subsidio delphinum currere uidi,
qui, puto, Arioniam uexerat ante lyram'.

Dagegen muss das epigramm des Antiphilos von Byzantion A. P. 9, 222 als nachhall alter sage genommen werden, s. unten s. 178.

In der bildenden kunst und dem kunsthandwerk ist es vorwiegend Eros, der auf dem delphin reitend oder ihn lenkend dargestellt wird s. OKeller, Thiere des class. alterth. s. 222 f.

IV Christliche legenden

1 Die legende des h. Lukianos wird wegen ihres alters und gehalts unten s. 168 f. zur besprechung kommen.

2 Der h. Martinianus stürzt sich von der klippe, auf welcher er sein einsiedlerleben geführt, ins meer, um nicht mit dem weibe, das er aus dem schiffbruch gerettet, auf dem engen raum zusammen leben zu müssen: εὐθέως δὲ ἐδέξαντο αὐτὸν δύο δελφῖνες καὶ ὑποβαστάζοντες αὐτὸν ἐξήγαγον ἐκ τῆς θαλάσσης καὶ ἀπέθεντο εἰς τὴν γῆν. Legende des Martinian hg. v. PRabbow (Wiener studien b. 17, 288) 1895 s. 40, 29. Der herausgeber hat dort bereits auf die folgenden parallelen hingewiesen.

3 Der christliche soldat Kallistratos aus Carthago wird nach verschiedenen folterqualen in einen sack genäht und ins meer geworfen. An einem riff wird der sack entzwei gerissen,

den märtyr befördern zwei delphine ans land. Bei Migne *P. Gr.* 115, 888ᵉ (lat. in *Acta sanct.* sept. t. VII p. 192⁴) δύο τοιγαροῦν δελφῖνες ἐξ ἐπιτάγματος ὥςπερ ὑπονηξάμενοι κατὰ νώτου τε τὸν ἅγιον ὑπολαβόντες μετεωρίζουσιν, εἶτα τῷ αἰγιαλῷ προσελθόντες ἠρέμα καὶ λίαν πεφυλαγμένον τῇ γῇ αὐτὸν ἀποτίθενται.
4 Noch von dem am die mitte des zehnten jh. gestorbenen jüngeren Basileios in Konstantinopel wird ähnliche rettung erzählt, *Acta sanct.* mart. t. III append. p. 25ᵉ § 7 ἀλλὰ προσέταξε τῇ νυκτὶ ἐκείνῃ εἰς τὴν θάλασσαν ῥιφῆναι ... αὐτίκα γάρ δύο δελφῖνες συνελθόντες ἐδέξαντο αὐτὸν ἐπὶ τῶν νώτων αὐτῶν καὶ ἐπὶ τὸν αἰγιαλὸν τοῦ Ἑβδόμου ἐξώσαντες ἀνεχώρησαν, ἤδη τῶν ποδῶν καὶ τῶν χειρῶν αὐτοῦ ἀοράτως τῶν δεσμῶν λυθέντων θεοῦ εὐδοκίᾳ.

In den drei jüngeren legenden ist es immer ein paar von delphinen, das der grösseren glaubwürdigkeit zu lieb das rettungswerk vollbringt.

V In der thierfabel ist das motiv sozusagen parodisch verwerthet. In der geschichte vom affen und delphin (Halms fab. Aesop. n. 363) fällt bei einem schiffbruch am kap Sunion mit den übrigen insassen des schiffes auch ein affe in die wellen; gewohnheitsmässig kommt ein delphin heran, nimmt das menschähnliche wesen auf den rücken und trägt es dem Piraeus zu. Dabei kommen sie in gespräch; der affe sucht sich als Athener aufzuspielen, verräth sich aber, indem er den vom delphin genannten Piraeus für einen menschen hält. Worauf dann der delphin entrüstet den schwindelmeier absetzt und ertrinken lässt.

Der delphin ist im alterthum ziemlich allgemein als heilig betrachtet worden; dass man ihn gefangen und zur ernährung benutzt habe, hören wir nur von der Thrakischen küste. Es gibt kein göttlicheres thier als ihn, heisst es in den Oppianischen Halieutika (1, 648); den könig der fische nennt ihn Gregor von Nyssa[1]. Er ist das heilige thier vor allem des Poseidon; die künstler gaben ihm gerne den delphin auf die hand oder liessen ihn das spielbein auf das thier setzen[2];

---

1 Gregor. Nyss. or. I in uerba 'Faciamus hominem' t. I p. 144ᵉ (Migne 44, 265ʰ) ὁ δελφίς ἐστι τῶν νηκτῶν ὁ βασιλικώτατος vgl. auch Athen. VII p. 282ᵉ ὁ μὲν τὴν Τελχινιακὴν ἱστορίαν συνθεὶς ... ἱερούς φησιν εἶναι ἰχθύας δελφῖνας καὶ πομπίλους.
2 Erat. katast. 31 ὅσοι δ' ἂν αὐτῷ τῷ Ποσειδῶνι χαρίσασθαι

in der sage von der werbung des Poseidon[1] um Amphitrite spielt der delphin die rolle des spähers und werbers. Aber auch ein symbol des Apollon war der delphin, dessen gestalt, wie wir sehen werden, der gott gelegentlich annimmt; allenthalben gab es heiligthümer des Apollon Delphinios (unten s. 147 f.); die römischen bewahrer der Sibyllinischen bücher, die xv uiri beobachteten den zweifellos aus Griechenland übernommenen brauch, opferhandlungen durch umtragung eines delphins, als Apollinischen symbols, tags zuvor bei den mitgliedern des collegium von haus zu haus ansagen zu lassen[2]: es ist das die alte von Germanen und Slaven so lange bewahrte form, die gemeinde zur tagung aufzubieten. Auch dem Dionysos steht das thier nahe; wir haben das zeugniss Varros[3], dass die maler neben Dionysos gerne delphine darstellten.

1 Das Delphische heiligthum sollte von Kretern aus Knossos begründet sein. Nach der erzählung des Homerischen hymnus auf den Pythischen Apollon (v. 216 = 394 ff.) hatten

θέλωσιν, ἐν τῇ χειρὶ ποιοῦσιν ἔχοντα τὸν δελφῖνα Hygin p. astr. 2, 17 'qui Neptuno simulacra faciunt, delphinum aut in manu aut sub pede ei constituere uidemus, quod Neptuno gratissimum esse arbitrantur'. Delphin auf der hand des Poseidon: Wiener bronzestatuette bei Overbeck Gr. kunstmythologie 2, 282; oft auf münzen (s. Overbeck no. 295) und auf geschnittenen steinen (ebend. 300). Als fussstütze aus dem alterthum bezeugt, Overbeck 240[a-c].

1 Roberts Eratosthen. p. 158 f. vgl. (Oppian) Halieut. 1, 385-393.

2 Servius zu Verg. Aen. 3, 332 'hodieque quindecim uirorum cortinis delphinus in summo ponitur, et pridie quam sacrificium faciunt, uelut symbolum delphinus circumfertur, ob hoc scilicet quia xv uiri librorum Sibyllinorum sunt antistites, Sibylla autem Apollinis nates et delphinus Apollini sacer est'. Was das *circumferri* bedeutet, ersehe man aus Weinholds bemerkungen in den Sitzungsber. d. Berl. akad. 1891 s. 543 ff. Noch bis heute werden in dörfern des regb. Magdeburg obrigkeitliche anordnungen in der weise bekannt gemacht, dass sie 'in einen zwei fuss langen aus eichenholz geschnitzten knüttel eingeklemmt' und von haus zu haus weiter getragen werden (Bonner zeitung vom 14 sept. 1898).

3 Porphyrio zu Hor. sat. II 8, 15 'inde institutum tradit Varro, ut delfiui circa Liberum pingerentur'.

diese Kreter die absicht, auf ihrem schiffe nach Pylos zu fahren. Da begegnete ihnen Phoibos Apollon im meere, und in der gestalt eines gewaltigen delphin schwang er sich auf ihr schiff und lagerte sich auf dem deck in seiner ganzen grösse. Sprachlos sassen die seefahrer da und wagten in ihrem schrecken nicht, an tau und segel die hand zu legen. So fuhr das schiff von günstigem winde getrieben pfeilschnell dahin ohne menschliche hülfe, um das vorgebirg Malea herum, an Pylos vorbei, bis in den hafen von Krissa. Da sprang der gott vom schiff herab 'einem sterne gleich mitten am tag, dass viele funken davonflogen und ein lichtglanz bis zum himmel drang'. So wies der gott seinen getreuen den weg zu dem heiligthum, das sie ihm gründen sollten.

Befremden kann in dieser erzählung, dass der gott in delphingestalt wie unthätig auf dem schiffe ruht. Es gehört das wohl zu dem hieratischen charakter, der diesem hymnus vor anderen eigen ist. Die blosse anwesenheit des gottes in der gestalt seines lieblingsthieres muss genügen, um den willen des gottes zur that zu machen. Die volkssage lautete natürlich anders. Hier war es Apollon in delphingestalt oder ein von Apollon gesandter delphin, der dem Kretischen schiff voranschwamm und den weg wies[1]. In dieser form ist die vorstellung später in die legende von der einführung des Serapiscultus eingefügt worden[2]. Die gesandten des Ptolemaios Soter werden auf der fahrt nach Sinope von einem sturme über Malea hinaus nach westen verschlagen, da erscheint vor dem vorderbug des schiffes ein delphin und geleitet sie in

---

1 Plut. do soll. an. 36 p. 984ᵃ Κρητῶν . . . ἡγεμόνι δελφῖνι χρησαμένων· οὐ γὰρ ὁ θεὸς προενήχετο τοῦ στόλου μεταβαλὼν εἶδος, ὡς οἱ μυθογράφοι λέγουσιν, ἀλλὰ δελφῖνα πέμψας τοῖς ἀνδράσιν ἰθύνοντα τὸν πλοῦν κατήγαγεν εἰς Κίρραν. Vgl. Orion p. 46, 22 und EM. p. 255, 18 Tzetzes zu Lyk. 208.
2 Plut. ebendas. 36 p. 984ᵇ ἀπωσθέντας ἀνέμῳ βιαίῳ κομίζεσθαι παρὰ γνώμην ὑπὲρ Μαλέαν ἐν δεξιᾷ Πελοπόννησον ἔχοντας, εἶτα ῥεμβομένους καὶ δυσθυμοῦντας αὐτοὺς προφανέντα δελφῖνα πρῴραθεν ὥςπερ ἐκκαλεῖσθαι καθηγούμενον κτλ.

Apollon Delphinios und Eikadios 147

ruhiges fahrwasser, bis er sie nach Krissa hingeführt hat, wo sie nun der göttlichen fügung gehorsam beim orakel des Apollon sich genauere weisungen über ihre aufgabe einholen. Wichtiger für uns ist eine andere ältere verwerthung jener Apollonsage. Eikadios[1], der sohn des Apollon und der Nymphe Lykia, die personification des Apollinischen festes der εἰκάδες[2], wird auf der fahrt von Lykien nach Italien vom sturm betroffen und leidet schiffbruch; ein delphin nimmt ihn auf seinen rücken und trägt ihn in die nähe des Parnass, wo er dann seinem vater Apollon einen tempel gründet und den ort dem rettenden delphin zu ehren Delphi benennt. Cornificius Longus, dessen angaben in derselben quelle überliefert werden, weicht davon nicht wesentlich ab.

Der mythische erste gründer des Apollontempels, selbst ein sohn des Apollon, ist, wenn wir die legendarische hülle von ihm abziehen, Apollon selbst, wie wir nach früherer beobachtung (s. 69) sicher urtheilen dürfen. Aber auch wer den namen Eikadios führt, kann nur der gott sein, dem der zwanzigste monatstag heilig ist, Apollon. Der delphin erscheint in der Delphischen sage geradezu als eine incarnation des Apollon, schwer fasslich laufen die beziehungen zwischen dem gott und seinem heiligen thiere hin und her. Als Δελφίνιος ist Apollon ebenso von Doriern wie von Ioniern, vielleicht allgemein von den Griechen verehrt worden[3]. Ein Δελφίνιον kennen wir zu Athen, die gerichtsstätte über gerechten todtschlag, ferner zu Eretria und Chalkis auf Euboia, auf Chios; der cultus des Ap. Delphinios ist ausserdem für

---

1 Serv. zu Verg. Aen. 3, 332 in der erweiterten recension.
2 Et. M. p. 298, 1 ἐν τῇ εἰκάδι τοῦ μηνὸς ἑορτὴ ἐπετελεῖτο τῷ Ἀπόλλωνι. Das pentaeterische fest der Πτῶια zu Akraiphia wurde vom 20 bis 30 des monats gefeiert vgl. CIGr n. 1625.
3 Plut. de sollert. anim. 36 p. 984ᵃ καὶ μὴν Ἀρτέμιδός γε Δικτύννης Δελφινίου τ' Ἀπόλλωνος ἱερὰ καὶ βωμοὶ παρὰ πολλοῖς Ἑλλήνων εἰσίν. Auf der burg von Massalia verzeichnet Strabon IV p. 179 τὸ τοῦ Δελφινίου Ἀπόλλωνος ἱερόν· τοῦτο μὲν κοινὸν Ἰώνων ἁπάντων. Mehr bei LPreller, Ausgew. aufsätze s. 244 ff. vgl. Preller-Robert, Gr. myth. I 257, 4.

Milet und für Massalia, für Knosos und andere städte Kretas bezeugt; für das fest der Delphinia spricht der monatsname Delphinios auf Aigina, Thera und in Olus auf Kreta. Dieser monat scheint der frühjahrszeit angehört zu haben. Das darin auf Aigina dem Apollon gefeierte fest[1], mit gymnastischen preisspielen verbunden, führte den namen ὑδροφόρια. Wir haben ein fest gleiches namens zu Athen kennen gelernt (o. s. 67), das dieselbe jahreslage (monat Anthesterion) hatte und mit dem todtencultus in beziehung stand; man hatte erinnerungen an die Deukalionische fluth damit verknüpft. Noch bestimmter kann für die insel Thera der Delphinios als monat des todtencultus bezeichnet werden: nach der verfügung der Epikteta[2] haben sich die männlichen verwandten an drei tagen des monats Delphinios (19—21) zur todtenfeier zu vereinigen; es ist gewiss nicht zufällig, dass dies gedenkfest auf die εἰκάς und ἀμφεικάς des monats Delphinios fällt: der cultus dient, wie in anderen fällen, zur illustration der sage von Eikadios und dem delphin. So finden sich freilich vorstellungen zusammen, welche dem bilde, das die gemeingriechische religion von Apollon hatte, sehr fremdartig sind. Aber wir dürfen uns daran erinnern, dass es aller wahrscheinlichkeit nach früher einen gott Delphinios als einen Apollon Delphinios gegeben hat, oder mit anderen worten, dass die an den Delphinios geknüpften vorstellungen dem Apollon an sich fremd waren und erst nachträglich mit dem epitheton auf ihn übergegangen sind.

2 An eine ursprüngliche gottheit müssen wir auch bei der Parischen sage von Koiranos denken. Schon Archilochos (fr. 114) hat sie gekannt:

---

[1] schol. zu Pind. Pyth. 8, 88 ἄγεται δὲ ἐν Αἰγίνῃ Δελφίνια Ἀπόλλωνι, zu Nem. 5, 81 μείς ἐπιχώριος ὁ Δελφίνιος μὴν καλούμενος, καθ' ὃν τελεῖται Ἀπόλλωνι ἀγὼν Ὑδροφόρια καλούμενος.
[2] CIGr 2448 IGIMA III 330 z. 63—9 (col. II 32) und 133 f. (IV 26); am 19 wird den Musen geopfert, εἰκάς und ἀμφεικάς sind den heroen der familie heilig.

'einen von fünfzig männern, den Koiranos, liess Poseidon leben'. Man erzählte¹, er habe in Byzantion eine anzahl gefangener delphine den fischern abgekauft und wieder ins meer gesetzt; als er dann zwischen Naxos und Paros im sturme schiffbruch erlitt, sei er von einem delphin auf den rücken genommen und an der insel Sikinos bei einer höhle abgesetzt worden. Die variationen der überlieferung gelten mehr den ortsnamen als der sache. Wesentlich ist für uns die verknüpfung der sage mit der höhle auf Sikinos und deren name Koiraneion. Denn hierdurch wird es zur gewissheit, dass Koiranos der 'herr' eine gestalt des dortigen cultus war, deren andenken noch lange in dem namen der höhle fortlebte. Der von dem delphin oder, wie Archilochos sagt, von Poseidon gerettete muss nicht als Poseidon gedacht sein. Aus dem höhlencultus dürfen wir mit dem gleichen recht schliessen, dass Koiranos ein lichtgott war²; es ist vielleicht nicht unerheblich, dass es auf der benachbarten insel Naxos eine höhle des Dionysos gab. Diese vermuthung wird das richtige treffen,. Wir haben bereits oben (s. 105 f.) die sage kennen gelernt, dass Thoas in seiner truhe an die insel Sikinos antrieb und dort von fischern ans land gezogen wurde. Wenn die bilder von dem gott in der truhe und dem delphinreiter gleichwerthig sind, dürfen wir in Koiranos die appellative bezeichnung ('herr') des stürmenden gottes erkennen.

3 Auf einen cultus, also auch auf eine göttersage dürfen wir unbedenklich alle uns bezeugte denkmäler zurück-

---

1 Plutarch. de soll. an. 36 p. 985ᵃ mit dem schlusse ἐκεῖνον λέγουσι, δελφῖνος ὑποδραμόντος αὐτῷ καὶ ἀνακουφίζοντος, ἐξενεχθῆναι τῆς Σικύνθου (Σικίνου Reiske) κατὰ σπήλαιον, ὃ δείκνυται μέχρι νῦν καὶ καλεῖται Κοιράνειον. Vgl. Aelian n. a. 8, 3 Athen. XIII p. 606ᵉ (Phylarchos fr. 25 *FHG* 1, 340) Marx ao. s. 6 ff.
2 S. Rhein. mus. 23, 340 f. Porphyrios de antro nymph. 20 p. 70, 13 N. καὶ ἐν Νάξῳ Διονύσῳ (σπήλαιον ἀφοσιωθέν). Heilige höhlen des Poseidon kennen wir auf dem vorgebirg Malea (Paus. III 23, 2) und Tainaron (ders. III 25, 4); so stellt Poseidon N 32 f. seine rosse in eine höhle; auch meergötter wie Thetis Σ 50 vgl. 402 und Proteus δ 403 hausen in höhlen.

führen, welche eine menschengestalt auf dem delphin reitend oder liegend darstellten. Es war zu natürlich, dass auf diese bilder, nachdem sie für den cultus bedeutungslos geworden waren, die namen von helden geläufigerer sagen übertragen wurden; für uns können diese benennungen nicht maassgebend sein. Das denkmal auf dem Tainaron[1] ist schon von Herodot als weihgeschenk des Arion für seine glückliche rettung gefasst worden; ja, Herodot konnte sich dafür auf die übereinstimmende sage der Korinthier und Lesbier berufen. Auf der fahrt von Tarent her soll dem Arion das abenteuer begegnet sein: wie auf dem Tainaron, wo der delphin den sänger ans land brachte, so gab es auch zu Tarent ein denkmal eines delphinreiters[2]; und in keiner griechischen stadt ist dies bild so regelmässig wie in Tarent als münzstempel benutzt worden. Die münzen von Iasos[3] in Karien zeigen uns auf der rückseite meist einen epheben, der den linken arm über den delphin geschlungen mit ihm schwimmt: wir hören, dass auch zu Iasos das denkmal eines delphinreiters zu sehen war. Zweifellos ist die göttlichkeit bei den denkmälern, worin der reiter ausdrücklich als Melikertes oder Palaimon bezeugt ist: an dem wege von Korinth nach der hafenstadt Lechaion war mit Poseidon und Leukothea

---

1 Herodot 1, 24 καί 'Αρίονος έστι άνάθημα χάλκεον ού μέγα έπί Ταινάρῳ, έπί δελφίνος έπεών άνθρωπος vgl. Pausan. III 25, 7 Plut. VII sap. conv. 18 p. 160 f. Progymnasmata in Walz Rhet. gr. 1, 271. 538 usw. (Welcker Kl. schr. I 91, 14). Den vollständigsten überblick über die überlieferung gibt KKlement, Arion s. 4—15. Dass das denkmal im bekannten heiligthum des Poseidon gestanden, wird nirgends gesagt.
2 Probus zu Verg. georg. 2, 197 p. 50, 14 K. 'nam in municipio Tarentinorum hominis effigies in delphino sedens est'.
3 Cat. Brit. Mus., Caria taf. XXI 1—4. 6—7 vgl. p. 124 f. LX f. unsere münztafel n. 9. Diesen münztypus bezeugen Plutarch de soll. an. 36 p. 984 f. Pollux 9, 84; Aelian hist. an. 6, 15 bezeugt zugleich das denkmal: 'Ιασείς ... άπέφηναν τάφον κοινόν ώραίου μειρακίου καί δελφίνος έρωτικοῦ καί στήλην έπέστησαν· καλός παῖς ιππεύων έπί δελφῖνος ἦν· καί νόμισμα δέ άργύρου καί χαλκοῦ ειργάσαντο καί ένέθλασαν σημεῖον τό άμφοῖν πάθος.

zusammen Palaimon auf dem delphine aufgestellt, und unter den kostbaren weihegaben, mit denen Herodes Atticus den Korinthischen Poseidontempel geschmückt hatte, befand sich auch Palaimon, als knabe gebildet, aufrecht auf dem delphine stehend[1]. Aber selbst zu Korinth hat ein bis in die Antoninenzeit fortdauernder cultus nicht hindern können, dass die gruppe auf Arion gedeutet wurde; Hyginus lässt den Periander, den gönner des Arion, dem delphin ein denkmal setzen. Ein ansatz dazu war wohl schon vor Herodot gemacht worden; dass die Arionlegende gerade nur mit solchen orten arbeitet, an denen sich bekannte denkmäler des delphinreiters befanden, Tarent, Tainaron und Korinth, beruht doch wohl nicht auf zufall. Die beobachtung, die wir an dem cultus Korinths machen konnten, zeigt, wie sehr in der gemeingriechischen vorstellung die alte göttliche bedeutung zurückgetreten war; die nothwendige folge davon musste sein, dass das bild des delphinreiters der legendenbildung anheimfiel. Da nun Melikertes der einzige gott ist, der bei den genannten denkmälern erwähnt wird, so lag es nahe zu vermuthen und ist bereits, am nachdrücklichsten von OKeller[2] ausgesprochen worden, dass alle diese denkmäler ursprünglich dem Melikertes galten. Wir werden gut thun, uns vor dieser verallgemeinerung und noch mehr vor der herleitung der ganzen vorstellung aus Phoenikischem cultus zu hüten.

Freilich kann es keinem zweifel unterliegen, dass der name Melikertes aus dem Phoenikischen *melek-qart*, *melqart* dh. 'könig der stadt' umgebildet ist. Die Tyrier nannten so ihren Baal, und derselbe name konnte von den semitischen handelsleuten in jeder Griechenstadt, worin sie verkehrten, dem hauptgotte beigelegt werden. Der name

---

1 Pausan. II 3, 4. 7, 8. Dagegen heisst es bei Hyginus f. 194 'iussit Pyranthus delphinum sepeliri et ei monimentum fieri'. Die angabe über das weihgeschenk des Herodes wird durch münzbilder bestätigt: Imhoof und Gardner, Num. comm. on Pausan. taf. B IX. x.
2 Thiere des classischen alterthums s. 220 f. 225.

Palaimon, der mit Melikertes wechselt, ist gut griechisch, und nicht minder die sagen, welche von ihm erzählt wurden. Sal. Reinach[1] hat unlängst die treffende vermuthung ausgesprochen, dass der semitische Melikertes von den Griechen als eigenname aufgefasst und übernommen worden sei, um einen griechischen gottesbegriff zu benennen, gerade so wie die Samothrakischen 'grossen götter' von den Phoenikiern *kabirim* (die grossen) übersetzt und danach von den Griechen Κάβειροι genannt worden seien. So wenig geleugnet werden darf, dass auf Melikertes-Palaimon vorstellungen übertragen sind, die dem Tyrischen gotte zustanden, wie zb. die combination mit Herakles, ebenso zweifellos ist der griechische ursprung der sage. Ueber die gründe von Inos raserei und über das, was vor ihrem sturz ins meer dem knäblein Melikertes geschehen war, gab es sehr abweichende überlieferungen[2], die wir hier auf sich beruhen lassen dürfen. Das wesentliche ist, dass nach der Megarischen und Korinthischen sage Ino das knäblein im arm über die flur, an welcher die benennung 'laufbahn der schönen' (Καλῆς δρόμος) haftete, in ihrer raserei hingeeilt und sich dann von dem Molurischen felsen herabgestürzt habe[3]. Beide fanden ihren tod in den fluthen. Aber Ino erntete den dank für den ammendienst, den sie einst dem kleinen Dionysos erwiesen, dadurch, dass sie als Leukothea zum range einer meergöttin erhoben wurde. Der leiche des Melikertes schob sich ein delphin unter und trug ihn am Isthmos ans land, wo bis in die kaiserzeit die heilige pinie, neben der ein altar des Melikertes stand, ein wahrzeichen der wunderbaren errettung blieb[4]. Was der be-

---

1 Revue archéol. 1898 sér. III t. 32, 59 f.
2 Roschers Myth. lex. 2, 2632.
3 Pausan. I 44, 7 f. schol. Apoll. Rh. 3, 1240 Tzetzes zu Lykoph. 107. 229 schol. Pind. Isthm. p. 514 f. B. Apd. I 9, 2, 1 Zenob. 4, 38.
4 Pausan. II 1, 3 προϊοῦσι δὲ ἡ πίτυς ἄχρι γε ἐμοῦ πεφύκει παρὰ τὸν αἰγιαλὸν καὶ Μελικέρτου βωμὸς ἦν. ἐς τοῦτον τὸν τόπον ἐκκομισθῆναι τὸν παῖδα ὑπὸ δελφῖνος λέγουσι. Plut. sympos. v 3, 1 p. 675ᵉ εὑρεθῆναι τὸ σῶμα τοῦ Μελικέρτου πίτυι προσβεβρασμένον

richt des Pausanias verschweigt, ergänzen die münzen [1]. Bei der heiligen pinie zeigen dieselben häufig das denkmal eines delphins, auf dem ein todter knabe ausgestreckt liegt; mehrmals ist dies denkmal auf dem altar, einmal auf einem opfertisch angebracht; ein ander mal, und diese darstellung wird der wirklichkeit am nächsten kommen, sehen wir einen offenen rundtempel, dessen gewölbtes dach von säulen getragen wird, und zu dem stufen hinaufführen: der tempel gilt dem Melikertes, der auf dem delphin liegend in der mitte dargestellt ist; zu beiden seiten des tempelchens stehen pinien. Neben diesen deutlich an das Isthmische heiligthum anknüpfenden bildern finden wir nicht selten auf den münzen Korinths auch die sonst übliche darstellung des auf dem delphin reitenden knaben, gelegentlich auch epheben.

Wie seine mutter Ino-Leukothea so ist auch Melikertes-Palaimon ein hilfreicher rettender meeresgott, ein 'hüter der schiffe', wie Euripides (Iph. T. 270) ihn nennt, geworden. Der Korinthische cultus [2] stellt aus Poseidon, Leukothea und dem delphinreitenden Palaimon eine dreiheit zusammen; in dem denkmal des Herodes war Palaimon zu Poseidon und Amphitrite gestellt. Die pinie, die in der sage und dem örtlichen cultus so bedeutsam hervortritt und auch später für die siegerkränze der Isthmischen spiele den stoff lieferte, ist nicht minder dem Poseidon heilig; aber gerade für die

ὑπὸ τῆς θαλάττης· καὶ γὰρ οὐ πρόσω Μεγάρων εἶναι τόπον, ὃς Καλῆς δρόμος ἐπονομάζεται, δι' οὗ φάναι Μεγαρεῖς τὴν Ἰνὼ τὸ παιδίον ἔχουσαν δραμεῖν ἐπὶ τὴν θάλασσαν. Die pinie wird oft auf den münzen berücksichtigt, zb. münztafel n. 10.

1 Imhoof und Gardner ao. s. 10f. (vgl. de Witte, Gazette archéol. 1879 t. v p. 219f.), taf. B I ff.: knabe auf delphin liegend vor oder bei der pinie n. I—III. V vgl. münztafel n. 10; delphin mit knabe auf dem altar IV. VI, auf opfertisch VII; im rundtempel XII (derselbe rundtempel auch auf XI. XIII); Melikertes auf dem delphin reitend n. XIV—XVII vgl. münztafel n. 12, auf dem delphin stehend n. IX f., münztafel n. 11; auf n. XVI steht die gruppe als denkmal auf einer altarähnlichen basis.

2 Pausan. II 3, 4. 2, 1.

bekränzung der Isthmischen spiele wird von dem berufensten manne, einem oberpriester, der jene spiele leitete, hervorgehoben[1], dass die pinie auch dem Dionysos geheiligt sei: bekanntlich wird in der kunst der römischen zeit allgemein den thyrsosstäben ein pinienzapfen aufgesetzt, weshalb diese geradezu κῶνοι oder κώνητες (Hes.) genannt wurden, und bei Euripides (Bakch. 110) bekränzen sich die Bakchantinnen mit fichtenzweigen. Schon durch die erlebnisse seiner mutter Ino ist Melikertes nahe mit Dionysos verbunden. Dionysos ist es, der mutter und kind, als sie ein opfer des meeres geworden, unter neuen namen zum rang von göttern erhebt[2]. Da ist es wohl nicht unwichtig, dass auf Korinthischen münzen[3] der auf dem delphin reitende Palaimon zuweilen einen thyrsosstab in der hand trägt.

4 Ein noch stärkeres schwanken zwischen verschiedenen gottheiten der gemeingriechischen religion verräth der berühmte delphinreiter auf den münzen von Tarent. Die abzeichen oder attribute, die ihm in die hand gegeben werden, sind überaus mannigfaltig. Einen leichten überblick über diese mannigfaltigkeit gewähren die abbildungen in dem werke von Carelli[4] und noch besser und zuverlässiger in der abhandlung

---

1 Plutarch sympos. v 3, 1 p. 675f bringt dies als bemerkung des oberpriesters Lucanius, der bei gelegenheit der Isthmischen spiele ein gastmahl gibt.
2 Hyginus fab. 2 'quam Liber Leucotheam noluit appellari (nos Matrem Matutam dicimus), Melicerten autem deum Palaemonem, quem nos Portunum dicimus'. Vgl. f. 224 schol. Od. ε 334.
3 Aus der zeit der selbständigkeit Mionnet supplém. IV p. 50 n. 338 (auch im besitze Imhoof-Blumers), vgl. Imhoof und Gardner ao. s. 11. Aus der zeit des Tiberius besitzt Imhoof-Blumer zwei stücke mit verschiedenen rückseiten: das eine ist abgebildet bei Jl'Lambros Πελοπόννησος (1891) taf. Γ 3, das andere in der Zeitschr. f. numism. XIII 131, 9 beschriebene ist auf der münztafel n. 13 nach einem gipsabguss des besitzers gegeben. Der thyrsosstab trägt hier tänien.
4 Franc. Carellii Numorum Italiae ueteris tabulae. Lips. 1850 fol. tab. CIV—CXIX Arthur SEvans, The 'horsmen' of Tarentum. London 1889 (aus Numism. chron. ser. III vol. IX), dazu Beschreibung der

von Arthur Evans über die münzgeschichte von Tarent. Ich darf bei meiner übersicht mich auf die anführung der Evansschen tafeln beschränken.

Auf den meergott weisen mehrere attribute, vor allem der dreizack, eines der häufigsten attribute, bald in der linken, bald in der rechten hand des delphinreiters taf. III 6. 9 (über die schulter gelegt). 14 IV 2 VIII 3. 7 IX 14 X 7. 11 vgl. münztafel n. 19. Geschleudert, wie Poseidon dargestellt wird, IX 3 X 12. Benutzt, um einen fisch zu harpunieren III 7. 8 XI 3. 6 s. münztafel n. 18. Ferner
ein polyp in der zurückgestreckten rechten hand: I 4 münztafel n. 15, in der linken I 10,
ruder II 8
akrostolion III 2. 4
combiniert in der l. dreizack, der r. scepferd IX 13 X 2; l. dreizack, r. akrostolion X 9; auf goldmünzen auch l. dreizack, über der ausgestreckten r. ein delphin: Beschreibung d. Berliner ant. münzen III 1 s. 226 f. n. 12—15.

Auch attribute des kriegsgottes erscheinen:
helm IV 9—11 VIII 6
schild und zwei speere in der l. VII 4 vgl. münzt. n. 20
schild (oval) und lanze in der l., rechts helm II 6. 7
pfeil oder speer mit der r. geworfen VIII 13. 14
links rundes schild und zwei speere, rechts Nike VIII 10.

Apollinisch darf man nennen
den dreifuss in der r. VII 1 IX 7
bogen in der l., pfeil in der r. IV 8 VI 12 VIII 1. 4. 5.

Häufiger sind abzeichen, die sonst dem Dionysos zustehen, wie
der kantharos in der vorgestreckten rechten III 3. 11. 12

---

antiken münzen des k. mus. in Berlin III 1 (Dressel) s. 222 ff. taf. X—XIII. Ein alphabetisches verzeichniss der attribute hat Evans im sonderdruck seiner abhandlung gegeben, index I s. 229 f.

VI 2 VII 7. 11 X 5. An dessen stelle treten zuweilen andere trinkgefässe wie III 10 die oinochoe, IV 5. 6 ein einhenkliges topfartiges gefäss; häufig ist auf den theilmünzen der kantharos für sich als stempel verwendet worden (Beschr. d. Berl. ant. münzen III 1 s. 291 ff. n. 440—475)

weintraube, dreigliederig gebildet VII 3 XII 13
ähre VII 10
füllhorn VIII 2 IX 9
combiniert links füllhorn, rechts kantharos X 3.
Mehrdeutige attribute sind
kranz III 13 VII 6
ölzweig VII 2
Nike in der r. VII 5 VIII 2 IX 10
spinnrocken in der l. VI 2—5. 10 VII 11—13.

Von diesen letzten attributen sind die drei erstgenannten offenbar nicht aus cultusvorstellungen übernommen, sondern in bezug auf preisspiele dem heros der stadt in die hand gegeben. Dagegen wird man dem spinnrocken[1] nicht umhin können eine tiefere bedeutung beizumessen. Es war die folge jenes unwillkürlichen spieles der sprache, das man volksetymologie nennt, dass der wortstamm ἠλακατ-, der zur bezeichnung einer lichtgottheit verwendet wurde und einerlei ist mit dem in Ἠλέκτρα Ἠλέκτωρ Ἠλεκτρυών verwendeten, mit ἠλακάτη 'rocken' lautlich zusammenfiel und darum der 'goldene rocken' zu einem attribut von lichtgöttern wurde; entscheidend ist für diesen schon früher[2] beobachteten zusammenhang der Ζεὺς Ἠλακαταῖος in Thessalien.

---

1 Auf Tarentinischen kleinsilbormünzen kommt der rocken auch für sich als stempel der kehrseite vor, s. Beschreibung der Berl. ant. münzen III 1 s. 290 n. 431—7.
2 Rhein. mus. 23, 343 anm. 82. Vgl. Steph. Byz. p. 299, 3 Ἠλακαταῖον: ὄρος Θεσσαλίας, ὅπου καὶ Διὸς Ἠλακαταίου ἱερόν. Das alte schnitzbild der Athena Polias zu Erythrai saas auf einem throno, καὶ ἠλακάτην ἐν ἑκατέρᾳ τῶν χειρῶν ἔχει καὶ ἐπὶ τῆς κεφαλῆς πόλον (Pausan. VII 5, 9).

Wesentlich ist nun zur beurtheilung des göttlichen wesens die häufige vereinigung verschiedenartiger abzeichen. Mit dem in der regel nach oben gerichteten **dreizack** verbindet sich, von der rechten gehalten,

kantharos IV 2 VI 1. 7 VIII 7 IX 2. 5. 6. 8. 11 X 1. 13. 14 (die l. hält ausser dem dreizack einen runden schild IV 1. 3)
rhyton X 4. 6
füllhorn IX 12
weintraube IX 4
speer oder pfeil III 9 VII 9
runder schild IV 4 VI 6
dreifuss IX 7
Nike X 8.

Während die linke ein **füllhorn** hält, trägt die rechte eine **Nike** VIII 2 X 10, eine **blume** (dreitheilig) IX 9.
Mit dem **spinnrocken** in der l. vereinigt sich in der r.
kantharos VII 11
weintraube VII 12. 13 VIII 11. 12
Nike VIII 8 IX 1.

Es mag schliesslich noch erinnert werden, dass der delphinreitende knabe öfter im haare über der stirn eine blume trägt[1], und dass auf seltenen goldmünzen[2] das bild des delphinreiters zu einem nackten epheben umgestaltet ist, der auf einem von zwei delphinen gezogenen wagen vorgebeugt steht und in der r. die zügel, in der l. einen dreizack hält. Der wechsel des bildes erinnert an die vedischen Açvin, die gewöhnlich auf wunderbarem, von rossen, die sich selbst anschirren, gezogenem wagen einherfahren, wenn sie den Bhujyu retten, aber zuweilen auch auf dem schiff erscheinen[3].

---

1 s. Dressel in der Beschr. d. Berl. ant. münzen III 1, 224 zu n. 1.

2 Beschreibung der Berl. ant. münzen III 1, 229 n. 23: eine variation des gleichfalls auf Tar. goldmünzen begegnenden bildes, das den heros auf einem von zwei galoppierenden pferden gezogenen wagen darstellt, ebend. s. 228 n. 18—22.

3 vgl. Myriantheus, die Açvins (München 1876) s. 156 f.

Dieser überblick führt uns deutlich vor augen, dass der delphinreiter der Tarentinischen münzen ein göttliches wesen sein muss, das weder Poseidon noch Apollon noch Dionysos schlechthin genannt werden darf; es ist ein selbständiges wesen, das sich mit jenen gottheiten, in gewisser art sogar mit Ares nahe berührt und dadurch fähig wird, die abzeichen jener götter sich anzueignen. Aber unter welchem namen haben die Tarentiner diesen ehemaligen gott verehrt? Aristoteles hatte in seinem Staatswesen der Tarentiner[1] ausdrücklich bezeugt, dass es 'Taras, der sohn des Poseidon' sei, den die münzen der stadt auf dem delphin reitend darstellten. Das sohnesverhältniss zu Poseidon wird öfter hervorgehoben und hat eine darstellung auf der schönen goldmünze gefunden, wo der knabe vor dem thron des Poseidon mit flehentlich zum vater erhobenen händen steht. Dass zur zeit des Aristoteles in dem delphinreiter der eponyme heros der stadt gesehen wurde, lässt sich nicht wegläugnen; es gibt jüngere goldmünzen, auf denen die beischrift Τάρας als benennung des delphinreiters gefasst werden muss[2]. Aber was in der Aristotelischen und der folgezeit galt, muss nicht die ursprüngliche überlieferung gewesen sein. Studniczka hat es mehr als wahrscheinlich gemacht, dass der gewöhnlich als führer der Parthenier aus Lakedaimon betrachtete Phalanthos ursprünglich der delphinreiter Tarents gewesen und die ihm zugehörige sage im lauf der zeit von dem legendarischen auf den mythischen stadtgründer, den eponymen heros über-

---

[1] Aristot. fr. 590 R.³ bei Poll. 9, 80 νόμισμα ... ἐφ' οὗ ἐντετυπῶσθαι Τάραντα τὸν Ποσειδῶνος δελφῖνι ἐποχούμενον. vgl. Pausan. x 10, 8 Τάραντα δὲ τὸν ἥρω Ποσειδῶνος φασὶ καὶ ἐπιχωρίας νύμφης παῖδα εἶναι, ἀπὸ δὲ τοῦ ἥρωος τεθῆναι τὰ ὀνόματα τῇ πόλει τε καὶ τῷ ποταμῷ, auch Probus zu Verg. ge. 2, 197 p. 50, 10 'Tarentus Neptuni filius', wie Servius zur Aen. 3, 551 ge. 4, 126. Das münzbild findet man Beschr. d. Berl. ant. münzen III 1 taf. x 147 vgl. s. 224.

[2] Beschr. d. Berl. ant. münzen III 1 s. 226 n. 12—14 vgl. Fr. Studniczka, Kyrene s. 178.

Taras und Phalanthos 159

tragen worden ist[1]. Nur von ihm wurde erzählt[2], dass er aus einem schiffbruch, den er auf der fahrt nach Italien im Krissäischen meerbusen erlitten habe, von einem delphin, der ihn auf den rücken nahm, errettet worden sei. Entscheidend ist das von den Tarentinern zum dank für einen sieg über die Peucetier zu Delphi gestiftete weihgeschenk, an dem Onatas (blüthe um 470) gearbeitet hatte: neben dem zusammengebrochenen Iapygerkönig Opis standen die beiden schutzheiligen Tarents, Taras und Phalanthos, und ein delphin war bei Phalanthos, nicht bei Taras angebracht. Im fünften jahrhundert, wenigstens in der ersten hälfte desselben, wurde also von den Tarentinern Phalanthos als der delphinreiter betrachtet. Eine wichtige bestätigung liegt darin, dass auch das rivalisierende Brundusium dem Phalanthos in seiner gründungssage eine stelle eingeräumt hatte[3]. Das übliche bild

---

1 ao. s. 175 ff. vgl. Dressel in der Beschr. d. Berl. ant. münzen III 1, 223.

2 Paus. x 13, 10 οἱ δὲ αὐτῷ (dem Iapygerkönig Opis) κειμένῳ ἐφεστηκότες ὁ ἥρως Τάρας ἐστὶ καὶ Φάλανθος ὁ ἐκ Λακεδαίμονος, καὶ οὐ πόρρω τοῦ Φαλάνθου δελφίς· πρὶν γὰρ δὴ ἐς 'Ιταλίαν ἀφικέσθαι ναυαγίᾳ τε ἐν τῷ πελάγει τῷ Κρισαίῳ τὸν Φάλανθον χρήσασθαι καὶ ὑπὸ δελφῖνος ἐκκομισθῆναί φασιν ἐς τὴν γῆν. Ueber die zeit des Onatas s. Brunns Gesch. d. gr. künstler I, 88 ff. Bei Probus zu Vorg. ge. 2, 197 p. 50, 10—17 ist es der gleichnamige sohn des Taras, der durch den delphin gerettet wird. Von Taras her ist die vaterschaft des Poseidon auf Phalanthos übertragen bei Acron zu Hor. c. I 28, 29.

3 Strabon VI p. 282 Iustinus III 4, 12 ff. vgl. Studniczka ao. 182 f. Die münzen von Brundusium geben dem delphinreiter in die l. lyra r. Nike Carelli t. CXX 9—22. 26—36 Beschr. d. Berl. ant. m. III 1 s. 213 ff. n. 1—2. 7—31. 36—40
l. lyra r. zweihenkliges gefäss (oinochoe?) Carelli t. CXX 3. 4. 5. 8 Beschr. n. (3?) 6
l. füllhorn r. Nike Car. CXX 6 Beschr. n. 4, auf unserer münztafel n. 21
l. zweig (palme?) r. Nike Car. CXX 2 Beschr. n. 32 (taf. X 145).
Dolphinreiter nach r., in die saiten greifend Car. CXX 23—25 Beschr. n. 34. 35. Auch binnenländische städte Unteritaliens haben das münzbild übernommen; zu Butuntum erscheint der delphinreiter als knabe, in der r. ein zweihenkeliges gefäss, mit der l. eine über die schulter

auf der kehrseite der Brundisinischen münzen ist wieder der delphinreiter. Er wird meist, nach links gewandt, so dargestellt, dass er in der linken eine grosse lyra hält und auf der vorgestreckten rechten eine ihn bekränzende kleine Nike trägt; an stelle der Nike tritt öfter die oinochoe, an stelle der lyra auch das füllhorn; auf bronzemünzen erscheint er auch wohl rechts gewandt die leier schlagend. Es kann kein zweifel sein, dass auch hier Phalanthos vorgeführt werden soll. Füllhorn und weinkanne, um von Nike nicht zu reden, sind uns von Tarent her bekannt; aber ein wichtiger zuwachs ist die zu dem dreifuss oder bogen und pfeil der Tarentinischen münzen sich gesellende lyra. Dies beizeichen, das nicht für sich, sondern im verein mit den übrigen gewürdigt sein will, gibt uns einen nicht misszuverstehenden wink zu unbefangenerer beurtheilung der bilder, in denen man Arion zu sehen pflegt, und der Arionsage selbst. So sicher wie die einfachen denkmäler des delphinreiters, war auch das bild, das ihm die leier in die hand gibt, längst vorhanden, ehe es auf den legendarischen begründer des dithyrambos, den zeitgenossen des Korinthiers Periandros übertragen wurde. Den Lesbiern und Korinthiern schreibt Herodot (1, 24) die bekannte legende von der wunderbaren errettung des Arion durch den delphin zu, eine legende, welche so auffallende ähnlichkeit mit der sage von Dionysos und den Tyrrenischen seeräubern zeigt, dass man sie nur als eine örtliche gestaltung eben dieser nehmen kann. Zu Korinth hatte, wie wir gesehen, die heimische cultusgestalt des Melikertes die gelegenheit zu solcher legendenbildung gegeben. Auf Lesbos hat die stadt Methymna nicht erst in der kaiserzeit, sondern schon in der unter Alexander dem gr. beginnenden prägeperiode als münzstempel den sogen. Arion[1]: mit langem ge-

---

gelegte keule haltend (Beschr. der Berl. a. m. III 1, 219 n. 7—11), zu Teanum bärtig, in der l. dreizack, in der r. zweihenkliges gefäss (ebend. s. 207 n. 28 f.).

[1] Cat. Brit. mus., Troas taf. XXXVI n. 15 p. 179, 16 (ältere silbermünze); bronzen ebend. XXXVII n. 1 p. 180, 27 auf unserer

wande bekleidet, das gesicht dem beschauer zugewandt pflegt der sänger auf dem delphin zu sitzen, in der linken die lyra, die rechte ausgestreckt. Die sage von Methymna kannte lange vor Arions zeit einen delphinreiter[1]. Als unter der führung des Gras eine schaar zur besiedelung von Lesbos kam, wurde ihnen von dem orakel befohlen, an einer klippe dem Poseidon einen stier, der Amphitrite und den Nereiden eine jungfrau ins meer zu stürzen. Das los fiel auf die tochter des Smintheus. Mit gold und prachtgewand geschmückt sollte sie unter gebet versenkt werden. Ein edler jüngling, der sie liebte, namens Enhalos, stürzte sich, vielleicht in der hoffnung sie zu retten, mit ihr ins meer, indem er sie umschlang. Nach der erzählung des Methymnäers Myrsilos wurde Enhalos von einem delphin auf Lesbos gelandet. Nach anderer sage kam er später, von einer gewaltigen woge gehoben, heran, in der hand ein trinkgefäss aus lauterstem golde, und erzählte, dass delphine ihn und die jungfrau zum festlande getragen; nach Antikleides, dass sie beide auf den grund des meeres gelangt seien und die jungfrau dort bei den Nereiden weile, er selbst die rosse des Poseidon habe hüten müssen. Nach Methymna lässt Ovidius[2] auch das haupt und die lyra des Orpheus, nachdem er durch die hand der Thrakischen weiber gefallen, herantreiben, während Myrsilos die benachbarte landschaft von Antissa nennt. Damit waren die elemente zur Arionlegende gegeben.

So vieles nun auch in den betrachteten bildern und sagen an Poseidon anklingt, und obwohl Enhalos geradezu

---

münztafel n. 7 (hier sitzt der reiter nicht rittlings, sondern lässt beide beine nach vorne herabhangen), ferner XXXVII 4 p. 181, 35 vgl. p. 183, 44. 45. 48 und münztafel n. 8.

1 Plut. VII sapient. conv. 20 p. 163ᵇ de soll. an. 36 p. 984ᶜ (nach Myrsilos von Lesbos fr. 12 *FHG* 4, 459) Antikleides fr. 7 (hinter dem Didotschen Arrian p. 148).

2 Ovid met. 11, 55 'et Methymnaeae potiuntur litore Lesbi' (gewählt für Methymnaeo litore Lesbi). Myrsilos fr. 8 *FHG* 4, 459 bei Antigonos parad. 5.

als ein doppelgänger des Poseidon[1] erscheint, so stellen doch zahlreiche anzeichen den Tarentinischen delphinreiter ebenso wie den Methymnäischen dem Dionysos nahe. Eine stadt Arkadiens und ihr gleichnamiger heros[2] konnte den namen Phalanthos nicht tragen, ebensowenig das binnenländische Phalanthia und Phalanna, wenn Phalanthos einfach meergott war. Man wird daher die etymologische erklärung des wortes nicht in anklingenden ausdrücken zu suchen haben, welche auf erscheinungen des meeres hinweisen[3], sondern vielmehr in φάλης (für φαλλός) und Φαλῆς di. Ithyphallos[4]. Phales wird bei der phallophorie der ländlichen Dionysien in Attika als 'genosse des Bakchos' angerufen. Aber diese phallophorie gilt dem Dionysos selbst, und unter dem namen Φαλλήν[5] wurde eben dieser zu Methymna verehrt. Das uralte schnitzbild dieses gottes aus olivenholz hatten, wie die sage gieng,

---

1 Am meisten fällt hierbei ins gewicht, dass er im tempel des Poseidon einen stein weiht, der bis in spätere zeit Enhalos genannt wurde (Plutarch p. 163ᵈ). Vgl. auch Studniczka ao. s. 185 und oben s. 69. Es macht ganz don eindruck, als ob in der ursprünglichen sage Enhalos als meergott selbst die jungfräuliche geliebte sich geholt habe. Aber wie Poseidon (bei Pindar Pyth. 4, 204), so heisst auch Zeus ἐνάλιος nach Proklos zu Plat. Krat. p. 88 Boiss. vgl. Preller-Robert I 155, 1. 566, 4.

2 Vgl. Pausan. VIII 35, 9 (Steph. Byz. 655, 14).

3 So Studniczka ao. s. 185 f.

4 Dio Chrys. or. 33, 63 t. I p. 315, 15 Arn. (komikerfr.) ἐπὶ φαλήτων συκίνων ἐκκαίδεκα Arist. Lysistr. 771 Theokr. epigr. 4, 3 φάλητι παιδογόνῳ; Φαλῆς: Arist. Ach. 263 Φαλῆς ἑταῖρε Βακχίου, vgl. 271. 276 Herodian zu O 302 schol. Ar. Ach. 263. Ueber das suffix, das zur bildung von Φάλανθος gedient hat s. oben s. 72; möglicherweise ist Φάλαν-θος von Φαλαν- (vgl. Φαλλήν) abgeleitet, wie von μελαν- Μέλαν-θος.

5 Pausan. X 19, 3 ἁλιεῦσιν ἐν Μηθύμνῃ τὰ δίκτυα ἀνείλκυσεν ἐκ θαλάσσης πρόσωπον ἐλαίας ξύλου πεποιημένον κτλ. vgl. oben s. 105. Das fragwürdige orakel selbst ist uns durch Oinomaos bei Eusebios praep. ev. 5, 36 p. 233ᵈ erhalten, vgl. Lobeck Aglaoph. p. 1086 f. Aristophanes hat das wort zu einem beissenden witz gegen Alkibiades verwerthet, den er ἐπὶ Φαληνίου geboren sein liess s. Meineke fr. com. 2, 1166.

fischer in ihrem netze aus dem meere gezogen; die Methymnäer hatten sich an das Delphische orakel gewandt, um zu erfahren, welchen gott das fremdartige bild vorstelle, und dort waren sie angewiesen worden, 'den Dionysos Phallen zu verehren'. Ueberaus erwünscht kommt uns hier die nachricht von der wunderbaren auffindung des holzbildes. Wenn wir uns an die sage von der landung des Thoas an Sikinos und an die bekannteren von Danae und Auge erinnern, werden wir ohne bedenken in jener nachricht den rest einer ehemaligen sage von der landung des Phallen oder seines bildes in einer truhe erkennen; auch in der Achaischen sage von Eurypylos tritt ja an stelle des gottes ein schnitzbild. Die überlieferung von Dionysos Phallen gibt augenscheinlich nur eine variante zu dem bilde der Methymnäischen münzen, dem später sogenannten Arion.

5 Auch eine wie die von Arion scheinbar geschichtliche sage gehört hierher, das ende des dichters Hesiodos. Nach der erzählung, die Alkidamas in seinem Museion gegeben und ähnlich auch Eratosthenes in seiner dichtung Hesiodos oder Anterinys vorgetragen hatte [1], war dem greisen dichter von dem Delphischen gotte die weisung zu theil geworden, sich vor dem haine des Nemeïschen Zeus zu hüten,

---

[1] Wettkampf des Homer und Hesiod p. 245 f. Rz. (Acta societatis philol. Lips. 1, 17—19) und danach Tzetzes zu Hesiod p. 16 Gf. vgl. Plutarch Gastmahl der VII weisen 19 p. 162ᶜ de sollertia anim. 36 p. 984ᵈ (ebend. 13 p. 969ᵉ) Hiller Eratosthenis carm. rel. p. 81 ff. Auch Aristoteles hatte die sage berührt in seiner Verfassung von Orchomenos fr. 565 p. 346 ff. Rᵃ., durch ihn ist der name der schwester des Amphiphanes und Ganyktor aufbewahrt, sie heisst Κλυμένη (vgl. Stoff des gr. epos s. 35 und oben s. 86), und nicht ein anderer gast (Troïlos benannt bei Plutarch 162ᵈ), sondern Hesiodos selbst ist es bei ihm, der die schwester der wirthe schwängert, die frucht der verbindung ist Stesichoros. Aber in dem punkte stimmt Arist. zu Alkidamas, dass auch er die söhne des Phegeus, Amphiphanes und Ganyktor nennt, während Eratosthenes (so auch Plut. p. 969ᵈ τοὺς Γανύκτορος-τοῦ Ναυπακτίου παῖδας) die söhne des Ganyktor, Ktimenos und Antiphos die mörder sein liess.

denn dort sei es ihm bestimmt den tod zu erleiden. Er mied darum den Peloponnes und kam nach Oinoe im Lokrerlande, wo er bei Amphiphanes und Ganyktor, den söhnen des Phegeus, gastliche aufnahme fand. Während ein gleichzeitiger gast zu der schwester der gastgeber ein unsittliches verhältniss unterhielt, lenkte sich der argwohn der brüder auf den unschuldigen Hesiodos; sie tödteten ihn, und es erfüllte sich so der orakelspruch, denn auch jene gemarkung hiess Νέμειον und war dem Nemeïschen Zeus geheiligt. Die leiche wurde von den mördern zwischen Euboia und Lokris ins meer versenkt, aber nach drei tagen von delphinen ans land getragen. Die Lokrer feierten gerade ihr Ariadnefest, und so strömte auf die kunde von diesem wunder das ganze volk an den strand. Sie erkannten den todten dichter, legten trauer an und bestatteten ihn. Die entdeckung der mörder wurde, wie wir aus Plutarch ergänzen dürfen, durch das hündlein des Hesiodos herbeigeführt. Das weitere schicksal der mörder, über welches die nachrichten auseinandergehen, können wir bei seite lassen.

Einer geographischen prüfung hält diese legende nicht stand. Hesiodos empfängt zu Delphi das orakel und flieht aus dem Peloponnes. Er kommt nach Oinoe im Lokrerlande: wir kennen eine stadt Oineön im lande der Ozolischen Lokrer, und für diese scheint der name Oinoe nicht bloss durch Alkidamas sondern auch inschriftlich belegt zu sein[1]; in die Ozolische landschaft weist auch die ungenaue angabe Plutarchs, der Ganyktor einen Naupaktier nennt (p. 969e). Aber die stadt Oineön lag so erheblich landeinwärts, dass die in der legende geschilderten vorgänge sich hier unmöglich abspielen konnten. Und noch mehr, die leiche wird zwischen Euboia und (der Opuntischen) Lokris ins meer versenkt. Man hat Euboia wegcorrigiert, man hat eine Ozolische und eine Opuntische sage aus diesen widersprüchen herausgelesen[2].

---

1 vgl. Bursians Geogr. v. Griechenland 1, 148. 2, 606.
2 HFlach im Hermes 8, 462 ff.

Nur durch die eine annahme lösen sich die widersprüche, dass der name des Hesiodos in eine bereits fertige göttersage eingetragen worden ist. Wir kennen Oinoe als den ort, um dessen besitz nach der Attischen Apaturiensage Xanthos und Melanthos kämpfen, und als die insel, an welche Thoas in der truhe antreibt (s. 105 f.). Oinoe weist auf den gott des weines, und der name des festes, während dessen die leiche vom delphin herangetragen wird, führt uns auf dieselbe gottheit. Ἀριαδνεία (bezw. Ἀριάδνεια) konnte nur das fest heissen, an dem der einzug des Dionysos mit der neuvermählten Ariadne gefeiert wurde; wir erinnern uns der denkmäler, in denen der einzug des göttlichen paars in einer weise dargestellt wird, dass wir darin nur ein ausgeführtes bild von der epiphanie des Dionysos erkennen können (s. 122). Unglaubliche vermuthungen sind geäussert worden, um diesen namen zu entfernen. Wenn Plutarch (p. 162ᵉ) das fest 'Ρία benennt, scheint er den an den westlichen grenzen der Ozolischen Lokris üblichen namen anzuwenden. Plutarch hat überhaupt die landung des delphins mit Hesiodos an das vorgebirg Rhion (Antirrhion hätte er sagen sollen) verlegt. Sicherlich nicht willkürlich; denn längs der ganzen Lokrischen küste scheint dieselbe sage erzählt worden zu sein. Von dem benachbarten zwischen Antirrhion und Oineon liegenden Naupaktos hat Theophrastos[1] die überlieferung bewahrt, dass ein entseelter knabe von einem delphin an den strand gebracht worden sei und der delphin dann sein leben ausgehaucht habe; es scheint, dass der Theophrastische bericht novellistisch oder anekdotenhaft gestaltet war. Die namenlosigkeit der Naupaktischen sage ist ein weiterer beweis dafür, dass die sage von dem durch den delphin ans land gebrachten

---

[1] Plinius n. h. 9, 27 'hoc idem (dh. wie die geschichte des Hermias von Iasos, s. u.) et Naupacti accidisse Theophrastus tradit' vgl. Gellius VI 8, 2 'et aliquot saeculis ante (dh. vor Augustus, unter den Apion seine geschichte von Puteoli verlegt) apud Naupactum, ut Theophrastus tradidit, amatores flagrantissimi delphinorum (als genet. partit. gemeint) cogniti compertique sunt'.

leichnam längst an der Lokrischen küste verbreitet war, ehe
sie auf den namen des Hesiodos geschrieben wurde.

6 Von geschichtlicher sage zur anekdote werden wir,
wie es auf den ersten anblick scheint, durch die überlieferungen von Iasos in Karien geführt. Duris[1] erzählte, ein
knabe aus Iasos namens Dionysios habe mit anderen gespielen
die gewohnheit gehabt, nach den ringübungen im meer zu
schwimmen; da sei immer ein delphin gekommen, habe den
knaben auf den rücken genommen und ihn nachher am lande
abgesetzt. Wenn dann bemerkt wird, dass Alexander der
grosse den merkwürdigen knaben zu sich berufen habe, um
ihn zu sehen, so ist das ein weiterer fortschritt zu geschichtlicher anekdote. Aber die sage ist noch weiter ausgeschmückt
worden: der verliebte delphin folgt dem knaben unvorsichtig
bis auf den strand und stirbt; Alexander ernennt dann den
knaben in Babylon zum priester des Poseidon. Eine andere
fassung gab Hegesidemos[2]. Ein knabe derselben stadt, Hermias, machte auf dem verliebten delphin eine förmliche see-
reise; ein plötzlicher sturm überrascht ihn, und er findet
den tod in den wellen; der delphin brachte ihn zurück und
im bewusstsein, dass er selbst die letzte ursache des todes
gewesen, kehrte er nicht ins meer zurück, sondern verschied
auf dem festland; knabe und delphin wurden, wie Aelian
hinzufügt, gemeinsam bestattet, und das grabmal war durch
das steinbild des auf dem delphin reitenden knaben geschmückt. Ein solches denkmal wird durch die thatsache bestätigt, dass die stadt Iasos das bild des mit einem delphin
schwimmenden knaben auf ihren münzen prägte (s. anm. 2);

---

1 Duris fr. 17 *FHG* 2, 473 bei Athen. XIII p. 606[d], erweitert
bei Plin. n. h. 9, 27. Vgl. über die Iasischen sagen AMarx ao. s. 14 ff.
Schon der verfasser von [Arist.] h. an. 9, 48 p. 631ᵃ 10 setzt sie als
bekannt voraus.
2 Hegesid. *FHG* 4, 422ᵇ bei Plin. n. h. 9, 27 Plut. de soll. an.
36 p. 984ᵉᶠ. Nach Aelian nat. an. 6, 15 verletzt sich der knabe an der
rückenflosse(?!) des delphin und stirbt an der wunde. Ueber denkmal und münzen s. o. s. 150, 3.

eine dieser münzen¹ beweist durch die beischrift 'Ια(σέων) Ἑρμίας, dass jenes denkmal dem Hermias galt. Jenes denkmal und die münzen der stadt nöthigen zu dem schlusse, dass hinter den anekdotenhaften erzählungen von Dionysios und Hermias alte göttersage stand, die auch, nachdem sie längst verblasst und verschollen war, durch jenes wahrzeichen der stadt in erinnerung gehalten wurde und sich anekdotenhaft erneute. Der name, den der knabe bei Duris trägt, Dionysios, spricht wohl für sich selbst. Der andere von Hegesidemos genannte und urkundlich bezeugte name Hermias führt auf Hermes. Welche rolle diesem gotte zugedacht war, glaube ich verständlich machen zu können. Hermes pflegt es zu sein, der die neugeborenen götterkinder zu den ammen bringt oder zum himmel emporträgt. Wer kennt nicht das bild des Hermes mit dem Dionysosknäblein auf dem arme? Zu Olympia stand es, von der meisterhand des Praxiteles; Sparta besass einen Hermes Agoraios, der den knaben Dionysos auf dem arme trug². Die situation ist sehr verschiedenartig aufgefasst worden. Bald rettet der gott das neugeborene brüderlein aus den flammen und trägt es zur tochter des Aristaios nach Euboia³; bald nimmt er es vom schoosse des Zeus auf, um es seinen ammen zuzutragen;

---

1 Imhoof-Blumer, Monnaies grecques p. 311 n. 65 vgl. Marx ao. s. 17. Auch als menschlicher eigenname scheint Hermias in Iasos geläufig gewesen zu sein, vgl. Revue des études grecques t. VI p. 192 C 12. p. 200 n. 51 *f*.
2 Paus. III 11, 11 ἔστι δὲ καὶ Ἑρμῆς Ἀγοραῖος Διόνυσον φέρων παῖδα, dazu die münzen in Imhoof u. Gardners Numism. comm. taf. O V—VII vgl. p. 55.
3 Apoll. Rhod. 4, 1137. — Marmorrelief des Vatican, Museo Pio-Clem. IV taf. 19: Hermes mit petasos, über die schulter geworfener chlamys, über der linken hand pantherfell, sucht den ihm entgegenspringenden Dionysosknaben aufzufangen, hinter ihm kommen drei vollbekleidete göttinnen mit thyrsosstäben heran, die künftigen ammen. — D. von H. zum himmel emporgetragen: Paus. III 18, 11. Mehr gibt Preller-Robert I 662, 3 und besonders Heydemanns zehntes Hallisches Winckelmannsprogramm 1885 'Geburt und jugend des Dionysos'.

bald heisst es, dass er es zum himmel emporgetragen habe. Dasselbe bild wiederholt sich auf den schönen silbermünzen von Pheneos in Arkadien[1], wo Hermes eiligen schrittes das knäblein Arkas dahinträgt. So bringt Hermes den von Kyrene dem Apollon geborenen Aristaios zu Gaia und den Horen, den jungen Ion, den sohn der Kreusa, in einen korb geborgen, zum Apollinischen heiligthum in Delphi[2]. Auch den kleinen Herakles trägt nach einer um widersprüche unbekümmerten sagenbildung Hermes in den Olymp, um ihn der Hera an die brust zu legen[3]. In allen diesen sagen kann Hermes als doppelgänger, dh. gleichwerthiges bild zu dem delphin betrachtet werden, wie wir ihn in so zahlreichen anwendungen kennen gelernt haben (s. s. 187). Die beiden namen, die an der delphingruppe von Ianos hafteten, sind von der jüngeren anekdotenbildung, natürlich zu menschennamen umgeformt, beliebig verwendet worden.

7 In mehreren fällen ist uns bei der bisherigen durchmusterung die auffallende wendung begegnet, dass es ein todter ist, den der delphin ans land trägt. So stellte den Melikertes das denkmal dar, das bei der heiligen pinie des Isthmos stand; so werden Hesiodos, der ungenannte von Naupaktos und Hermias ans land gebracht; gelegentlich wird dabei hervorgehoben, dass der delphin am strande verschied. Zu diesen fällen gesellt sich nun eine erzählung, welche trotz ihrer späten ausgestaltung eine besondere wichtigkeit besitzt.

Der presbyter Lukianos von Antiocheia ist eine jedem mit der geschichte der bibel nicht ganz unvertrauten wohlbekannte, unter den begründern der antiochenischen schule

---

1 Imhoof-Blumer und Gardner, Numism. comment. T IV. V vgl. p. 97 n. 2.
2 Pind. Pyth. 9, 59 f. τόθι παῖδα τέξεται ὃν κλυτὸς Ἑρμᾶς εὐθρόνοις Ὥραισι καὶ Γαίᾳ ἀνελὼν φίλας ὑπὸ ματέρος οἴσει. — Eurip. Ion 28 ff. Vgl. auch Apd. I 9, 1, 4 Νεφέλη . . . παρὰ Ἑρμοῦ λαβοῦσα χρυσόμαλλον κριόν; auch die Euripideische Helena (v. 44 f.) wird von Hermes nach Aegypten entrückt.
3 s. Preller Gr. myth. II[3] 178, 3.

hervorragende persönlichkeit, die in hellem licht der geschichte steht[1]. Legendarische überlieferung liegt in einer darstellung vor, welche durch die hände Symeons des metaphrasten gegangen[2]; glücklicherweise hat derselbe den für uns wesentlichen theil der legende ohne andere als höchstens sprachliche abänderungen aus seiner vorlage herübergenommen, und nicht einmal den versuch gemacht, die vor augen liegenden widersprüche auszugleichen.

Es ist verbürgte thatsache, dass Lukianos, dessen einflussreiches wirken in der Christengemeinde Antiocheias geeignet sein mochte die erbitterung der gegner zu erwecken, auf anordnung des Maximinus Daza gefangen genommen und gegen ende des jahres 311 nach Nikomedeia vor den richterstuhl des kaisers geführt wurde[3]; wir dürfen es der legende

---

1 Vgl. Tillemont *hist. ecclés.* v p. 474 ff. 769 ff. Bolland *Acta ss.* jan. t. 1 p. 367 f. Ruinart *Acta martyrum sincera* p. 503 f. (Amsterd. 1723) Routh in den *Reliquiae sacrae* III p. 283 ff. Walchs Ketzerhistorie II p. 114. 604 f., über Lukians für die griechische kirche von Antiocheia bis nach Constantinopel maassgebend gewordene recension der LXX jetzt P. de Lagarde, Librorum ueteris testamenti canonicorum pars I p. VII—XV; über seine namhafteren schüler s. Philostorgios hist. ecclos. II 14 f. (p. 484 Reading) mit Gothofredus' anmerkung p. 83 ff. Die folgende untersuchung ist im herbst 1886 niedergeschrieben, ich habe nur in den anmerkungen gekürzt. Inzwischen hat abbé Batiffol im Compte rendu du congrès scientifique international des catholiques tenu à Paris du 1 au 6 avril 1891 den gegenstand geistvoll behandelt und wahrscheinlich gemacht, dass die legendarische verklärung des heiligen von Arianischer seite gefördert worden ist. Den einfluss der örtlichen überlieferung, welche die voraussetzung der sagenbildung ist, hat er nicht in betracht gezogen.

2 herausgegeben in Migne's Patrol. gr. t. 114 p. 397 ff. nach einem cod. Coislin. 145 des zehnten jahrh. Von den übrigen Pariser hss. verdient vielleicht noch die vormals Colbert'sche n. 1480 aus dem XI jahrh. (f. 82ʳ—92ʳ) berücksichtigung; die Berliner bibliothek hat ein exemplar in dem cod. Phillipp. 1621 saec. XII f. 119.

3 Euseb. h. eccl. VIII 13, 2 IX 6, 3 Hieronymus de uiris ill. 77 Palladios dial. über Joh. Chrys. p. 99 ed. Bigot. Die zeit ergibt sich daraus, dass Maximinus etwa im sechsten monat nach dem toleranzedict vom 30 april 311 (Euseb. h. e. IX 2 οὐδ' ὅλους ἐπὶ μῆνας ἕξ...

glauben, dass er durch einen zur secte der Sabellianer gehörigen presbyter Pankratios den häschern verrathen worden war. Aber hören wir nun die legende selbst. Der kaiser, dem man gesagt hatte, dass schon der blosse anblick des frommen mannes ihn in gefahr bringen könne christliche anwandlungen zu empfinden, deckt sich vorsichtiger weise durch einen vorhang vor den augen des heiligen, den er um jeden preis zum abfall bewegen möchte. Er bietet ihm die höchsten würden an und verlangt als gegendienst nur, dass er den göttern opfere. Lukianos bleibt standhaft, und der kaiser sieht sich genöthigt ihn dem gefängniss und den folterqualen zu überantworten. Die wirkungslosen peinigungen werden dann durch die entziehung aller speise überboten. Aber der heilige harrte in dieser lage volle vierzehn tage aus[1], ohne in seiner gewohnten thätigkeit und der seelsorge für seine miteingekerkerten glaubensgenossen abzulassen. Inzwischen kam das fest der erscheinung gottes heran[2], und seine schüler, deren viele, theils aus Antiocheia theils aus anderen orten, ihn umgaben, besorgten, dass ihr lehrer das fest nicht mehr mit ihnen werde begehen können. Er tröstete sie und prophezeite, dass er erst am tage nach der Epiphanie sterben werde. So versammelte er am festtage seine schüler um sich und nahm, indem ihm in seinen fesseln die brust als altartisch diente, das abendmahl, an dem er ebenso die anwesenden schüler theilnehmen liess, wie den abwesenden durch zusendung theil gab[3]. Als am folgenden tag abge-

ἠνέσχετο), also im october von neuem gegen die Christen in Asien einzuschreiten begann, und dass Lukianos zu den ersten opfern dieser verfolgung gehörte (ders. IX 6, 4).

1 § 13 p. 409ᵇ καὶ διέμεινεν οὕτως ὁ τοῦ Χριστοῦ μάρτυς τέσσαρας καὶ δέκα τὰς (θεκάτας Migne) πάσας ἡμέρας τὰ συνήθη τε ποιῶν κτλ.

2 ebd. p. 410ᵇ ἤγγιζε μὲν ἤδη τῶν Θεοφανίων ἡ ἑορτή.

3 Diese einzelnen züge beruhen auf bester überlieferung, vgl. Philostorgios h. eccl. II 13 p. 484 Reading (vgl. Gothofredus zur st. p. 83). Die quelle war das letzte schreiben des Lukianos an die abwesenden schüler, s. Symeon 14 p. 412ᵃ αὐτός τε μετεῖχε τῶν μυστη-

ordnete des kaisers kamen, um nach ihm zu sehn, raffte er
den rest seiner lebenskraft zusammen, um noch dreimal zu
sagen 'ich bin ein Christ', und verschied [am 7 jan. 312].
Was in des märtyrers heimath Antiocheia über sein
ende erzählt wurde, liefert zu dem bisherigen berichte einzelne
ergänzungen; wir entnehmen sie den erbaulichen betrachtungen,
zu denen die gedächtnissfeier am 7. januar
frühestens des j. 387 den Johannes Chrysostomos veranlasst
hat[1]. Die hungerqual, der man den standhaften presbyter
aussetzte, wurde dadurch verschärft, dass man dazwischen
lockende schüsseln mit fleisch von opferthieren vor ihm
auftragen liess. Als alle qual und versuchung sich als vergeblich
erwiesen hatte, wurde Lukianos nochmals vor den
richter geführt. Auf alle fragen, die an ihn gerichtet werden,
nach heimath, stand, eltern, hat er nur die eine antwort
'ich bin ein Christ', und dasselbe wort war es, mit dem er
aus diesem leben schied[2]. — Freilich fehlt es auch hier nicht
an den fast formelhaften übertreibungen, an welche uns die
lectüre von märtyreracten gewöhnt: dahin gehört die verbissene
einförmigkeit der antwort 'ich bin ein Christ', während

ρίων τούς τε παρόντας τῶν μαθητῶν ἐπέτρεψε μετασχεῖν καὶ τοῖς
ἀποῦσι διέπεμψεν, ὡς καὶ αὐτὸς ἐν τῇ ἐσχάτῃ πρὸς αὐτοὺς ἐπιστολῇ
ταῦτα δεδήλωκεν. Aus Justinus apol. I 65 (καὶ τοῖς οὐ παροῦσιν ἀποφέρουσι
nämlich die diakonen) ist diese alte sitte, auch die abwesenden
gemeindeglieder an der eucharistie theilnehmen zu lassen, bekannt.
  1 Joh. Chr. t. II p. 324 ff. Montf. Die homilie nennt den namen
des heiligen nicht, aber sie macht ihn hinlänglich kenntlich und die
überlieferte überschrift εἰς τὸν ἅγιον μάρτυρα Λουκιανόν bestätigt
ihn. Montfaucon und Tillemont (*mém. eccl.* XI p. 55) haben die predigt
in das j. 387 gesetzt, ebenso Rauschen, Jahrbücher der christl.
kirche unter Theodosios s. 503 f., während ich (Weihnachtsfest I 237, 31.
238 f.) das j. 388 annahm. Unaufgeklärt bleibt die anspielung auf bedrohliche
und aufregende zeitverhältnisse, die sich im eingang der
rede findet p. 524ᵇ καὶ ταῦτα τοῦ κλυδωνίου μένοντος ἔτι καὶ τοῦ
χειμῶνος ἐκείνου, καὶ χαλεπωτέρας καθ' ἑκάστην ἡμέραν ἐγειρομένης
ζάλης.
  2 Die halsstarrige antwort 'ich bin ein Christ' ist in martyrakten
nicht selten, zb. Ruinart *Acta m. sincera* p. 257. 397. 479.

uns Eusebios zweimal (oben s. 169 anm. 3) bezeugt, dass Lukianos in einer rede, die offenbar aufsehn gemacht[1], seinen glauben vertheidigt hatte. Gleichwohl tritt aus diesen bruchstücken Antiochenischer überlieferung deutlicher ein natürlicher und ursprünglicher zusammenhang hervor. Die hungerstrafe erhält ihren zweck, indem sie den heiligen für die überraschung der opferspeisen vorbereitet. Der wichtigste unterschied aber besteht darin, dass die Antiochenische erzählung an die fristbestimmung der 14 tage nicht gebunden war.

Die legende fährt fort: 'Manche berichten aber, dass er, noch ebe seine lebenskraft ganz gebrochen war, in des meeres tiefe versenkt worden sei. Maximinus hatte nämlich seinen häschern den befehl gegeben, ihm den grösstmöglichen stein an den rechten arm zu binden und ihn so ins meer zu werfen, damit er untergehe ohne je wieder zum vorschein kommen und bestattung oder sonst eine pflege finden zu können. So war er denn auf dem meeresgrund volle vierzehn tage lang, gerade so viele als er auch im kerker gegen die mannichfaltigen leiden des leibes zu kämpfen hatte; am fünfzehnten tage aber brachte ein delphin ihn ans land auf folgende weise. Seine schüler trieben sich auf den felsen der küste und am gestade, dieser hier, jener dort, umher, um die leiche zu erspähen, wenn die see sie ausgeworfen, die der winterlichen jahreszeit entsprechend heftig bewegt war. Je mehr die zeit sich hinzog, desto mehr mussten sie an der auffindung verzweifeln. Aber in der nacht vor dem fünfzehnten tage erschien der h. Lukianos einem seiner schüler, namens Glykerios, der sich an der Nikomedeia gegenüber liegenden küste [dh. am eingang des meerbusens, an der südlichen seite] aufhielt, im traum und machte ihm einen ort des ufers bemerklich, wo er ihn finden werde. Sofort steht der schüler

---

1 Rufinus hat eine skizze derselben in seiner bearbeitung von Eusebios' kirchengeschichte zu geben versucht IX 6 p. 201 f. der Frobenschen sammlung der Autores historiae eccles. Basel 1544, auch von Routh Rel. sacr. 3, 285 f. abgedruckt.

auf und begibt sich mit einigen freunden an die bezeichnete
stelle. Und in dem augenblick tauchte auch bereits ein
riesiger delphin aus dem meere auf, und als er in seiner
ganzen länge auf der oberfläche des wassers war, schnob er
gewaltig und schwamm dem trocknen land zu, und das meer
schäumte und zischte rings um ihn, da die wellen fortwährend
sich an ihm brachen. Auf seinem rücken aber trug er den
leichnam ausgestreckt, wie auf einem bette ruhend, und es war
ein wunder zu schauen, wie auf einem so glatten und runden
körper die leiche unbeweglich blieb. Als dann aber der
delphin hart am festland von der welle hoch in die höhe
gehoben und aufs trockene gekommen war, da hat er im
selben augenblick, wo er seine bürde abgesetzt, sein leben
ausgehaucht. Der leichnam aber lag auf dem sande wohl-
behalten und unversehrt, nur dass die rechte hand, an welche
der stein angebunden gewesen, nicht mit dem körper aus
dem meer gekommen war. Einige sagen, die hand sei in
der tiefe des meeres verblieben, weil gott es so gewollt;
andere, später sei auch sie zum vorschein gekommen, nachdem der strick sich von ihr gelöst; man habe sie dann dem
leichnam angefügt und sie sei mit demselben wieder zu-
sammengewachsen. Dass aber in wahrheit ein delphin ihn
aus dem meere hervorgetragen hat auf die angegebene weise,
scheint ganz sicher zu sein, da viele zeitgenossen dieses vor-
gangs erwähnung gethan haben, und ich selbst kenne noch
von meiner kinderzeit her ein lied, das auf ihn gesungen
wurde, dessen schluss so lautet:
> und der fisch, auf dem rücken die bürde,
> verschied, da ans land er sie brachte'[1].

Die frommen betrachtungen über dies wunder können
wir überschlagen. Aber volle beachtung verdient noch, was

---

1 § 19 p. 413ᶜ καὶ αὐτὸς δὲ ἔτι ἐκ παιδὸς οἶδα ᾀδόμενον ἐπ'
αὐτῷ, οὗ τὸ ἀκροτέλευτόν ἐστι τόδε·
Δελφὶς δ' ἐπὶ νῶτα κομίζων
ἐξέπνευσε φέρων ἐπὶ γαίην.
s. Altgriech. versbau s. 91.

am schlusse des heiligenlebens[1] über die begründung des cultus berichtet wird. 'Als so der leichnam von dem delphin auf den strand gebracht war, liefen seine schüler zusammen und liebkosten ihn zuerst, wie sich erwarten liess, dann nahmen sie ihn und trugen ihn eigenhändig fort, und nachdem sie ihm die den todten schuldigen ehren erwiesen, setzten sie ihn an einem kenntlichen orte bei. Es war freilich nur ein grabmal, so gut wie sie es eben bei den zeitverhältnissen herzustellen vermocht hatten. Später aber hat sie, die uns das heilbringende kreuz des herrn wiedergefunden und den unter helden und königen grossen Constantinus geboren, die ehrwürdige Helena bei ihrer rückkehr von Jerusalem, um den ort zu ehren, dort nicht nur eine städtische gemeinde vereinigt, indem sie die bewohner der umliegenden dörfer zusammenrief und zu theilnehmern ihrer schöpfung machte, und eine feste mauer darum gezogen, sondern auch unserem märtyr einen grossen tempel erbaut, der noch heute rings sichtbar und, schön ausgeführt wie er ist, von denen die vom land her gewandert, wie von denen die zur see gefahren kommen, erschaut wird zur ehre unseres herrn Jesu Christi und derer, die um seinetwillen gestritten.'

Wir sind mit diesen angaben plötzlich wieder auf den festen boden der geschichte versetzt. Kaiser Constantin hat das am eingang des Astakenischen meerbusens gelegene städtchen Drepane zu einer stadt erweitert, die er seiner mutter zu ehren Helenopolis nannte, und zwar im j. 327; er beförderte ihren handel, indem er zollfreiheit für den ganzen umkreis, soweit von der stadt aus das auge trug, gewährte[2].

---

1 ebend. § 20 p. 416[b].
2 Hieronymus chron. a. Abr. 2343 ol. 276, 3 Constant. 21 also p. Chr. 327 (nach unserer Dionysianischen rechnung) 'Drepanam Bithyniae ciuitatem in honorem martyris Luciani ibi conditi Constantinus instaurans ex uocabulo matris suae Helenopolin nuncupauit', Chron. pasch. p. 527, 9 (zu ol. 276, 4) Δρέπανον ἐπικτίσας ὁ βασιλεὺς Κωνσταντῖνος ἐν Βιθυνίᾳ εἰς τιμὴν τοῦ ἁγίου μάρτυρος Λουκιανοῦ ὁμώνυμον τῇ μητρὶ αὐτοῦ Ἑλενούπολιν κέκληκεν, δωρησάμενος ἄχρι

Helenopolis wurde sitz eines bischofs; ich brauche nur an Palladios, den verfasser der bekannten *historia Lausiaca* zu erinnern. Noch im zeitalter Justinians schmückte die stattliche Lukianoskirche die stadt: Prokopios, der des kaisers verdienste um die öffentlichen bauten von Helenopolis so darstellt als habe demselben der gründer eigentlich alles zu thun übrig gelassen[1], wusste nicht einmal von einer restauration der kirche zu berichten. Die zollfreiheit wird noch in der zeit des Herakleios als fortbestehend erwähnt.

Diese kaiserlichen gnadenbezeugungen verdankte das ehemalige schifferstädtchen in der that der rasch aufgeblühten verehrung des grossen kirchenlehrers Lukianos, dem selbst sein unläugbarer zusammenhang mit den führern der Arianischen partei den heiligenschein zu verdunkeln nicht im stand war. Der kundige bericht der legende, deren verfasser in dieser landschaft Bithyniens seine jugend verlebt hatte, wird in dieser hinsicht auf das bündigste bestätigt durch Hieronymus und die Paschalchronik (s. 174, 2). Und nun erzählt der bereits um das j. 368 geborene Philostorgios[2], dass Helena aus keinem anderen grund den ort lieb gewonnen, als weil 'der h. Lukianos dort nach seinem märtyrtode von einem delphin ans land gebracht worden sei'[3]. Da haben wir ein

---

τοῦ νῦν ἕως φανερᾶς περιοχῆς πρὸ τῆς πόλεως εἰς τιμὴν τοῦ ἁγίου μάρτυρος Λουκιανοῦ ἀτέλειαν, vgl. Sokrates h. eccl. I 17 anf. I 18, 13 Sozomenos h. eccl. II 2 am ende.

1 Prokop. de aedif. V 2 t. III p. 311 f. Dind.
2 s. Jac. Gothofredus zu Philost. prol. p. 5 f.
3 Philost. h. eccl. II 13 ὅτι, φησίν, ἡ τοῦ βασιλέως Κωνσταντίνου μήτηρ Ἑλένη ἐπὶ τῷ στόματι τοῦ τῆς Νικομηδείας κόλπου πόλιν ἐδείματο Ἑλενόπολιν αὐτὴν ἐπονομάσασα· ἀσπάσασθαι δὲ τὸ χωρίον κατ' ἄλλο μὲν οὐδέν, ὅτι δὲ Λουκιανὸς ὁ μάρτυς ἐκεῖσε τύχοι μετὰ τὸν μαρτυρικὸν θάνατον ὑπὸ δελφῖνος ἐκκομισθείς. Wenn Prokopios ao. Drepane zur heimath der Helena macht (ἐκ ταύτης γὰρ τὴν Ἑλένην ὡρμῆσθαί φασιν) und darin den anlass der gründung und benennung sucht, so ist das eine blosse vermuthung. Woher Helena stammte, hat keiner gewusst ausser ihr selbst, wenigstens kein geschichtschreiber; man sehe auch JBurckhardt's Constantin s. 349, 2.

zeugniss, so deutlich und so zuverlässig, wie wir es nur wünschen können, dass die wunderbare sage vom delphin lange vor dem jahre 327 fertig war; sie hatte sich mit dem geschicke des Lukianos verbunden vermöge jener — nicht schnelligkeit, sondern unmittelbarkeit, mit welcher sich die verklärung eines geschichtlichen bildes zur sage vollzieht. Was sich an ein verblasstes und lückenhaft gewordenes bild ansetzt, das ist nicht echte sage, sondern flickwerk, spinnenarbeit. Nur der frische eindruck erregt in der tiefe des gemüths das gegenbild der dichtung[1].

Die griechische kirche feiert den h. Lukianos am XV october[2]. Trotzdem wird in dem bericht des metaphrasten, der auch hier das alter und die ursprünglichkeit seiner quelle bewährt, der VII januar, der tag nach Epiphania, auf das bestimmteste als der tag bezeichnet, an welchem Lukianos zu dem herrn eingieng. Unter eben diesem tag hat auch die römische kirche den heiligen ihrem kalender einverleibt, und den gleichen tag feierte die kirche von Antiocheia: die oben erwähnte gedächtnissrede des Johannes Chrysostomos weist auf den vorangegangenen tag zurück, an dem das fest der taufe Christi im Jordan gefeiert worden war[3].

Nun ist es sehr bedeutsam, dass die legende sowohl beim leiden im kerker als bei der wunderbaren rückkehr der leiche den fünfzehnten tag hervorhebt. Es ist dies eine ältere überlieferung, die aus dem datum des VII januar sich nicht bilden konnte, sondern von anfang an gegeben sein musste durch einen kalender, in welchem der VII januar der fünfzehnte eines monats war. Wenn dieser schluss richtig ist, so muss, da es die überlieferung von Helenopolis ist, welche die legende gibt, das geforderte datum zutreffen auf den kalender der provinz Bithynien. In der that ist nach dem

---

1 s. Stoff des griech. epos s. 3 ff.
2 s. Menol. Basilii 1, 119 (in Migne's Patrol. Gr. 117) usw.
3 Joh. Chr. t. II p. 526ᵃ χθές μὲν οὖν ὁ δεσπότης ἡμῶν ὕδατι ἐβαπτίσατο, σήμερον δὲ δοῦλος αἵματι βαπτίζεται· χθές ἡνεῴχθησαν οὐρανοῦ πύλαι, σήμερον κατεπατήθησαν Ἅιδου πύλαι.

Bithynischen kalender der VII januar des julianischen jahrs der fünfzehnte des monats Dionysios[1]. Und wenn noch für jemanden die zuverlässigkeit unserer legende in diesen dingen nicht ausser allem zweifel stehn sollte, so lasse er sich durch das alte, bereits im j. 412 geschriebene und um das j. 380 abgeschlossene Syrische martyrologium[2] sagen, dass die kirche von Nikomedeia das gedächtniss des h. Lukianos am VII januar feierte. Was schon die äussere betrachtung der legende nahe legte, wird durch weitere kalendarische thatsachen überraschend bestätigt: die bedeutsamkeit, welche der fünfzehnte tag des betreffenden monats für die heimath der Lukianossage hatte, war es, welche da, wo man nicht eine mit der bithynischen oder julianischen übereinstimmende tagzählung beobachtete, bei der ansetzung des heiligentags nicht das wahre datum, sondern den typischen fünfzehnten maassgebend werden liess. Nach demselben Syrischen martyrologium war zu Heliopolis im Libanon der VI januar, also Epiphania, gedenktag des Lukianos: im kalender von Heliopolis wurde der VI januar als 15ter tishrī gezählt.

Diese kalendarischen thatsachen führen uns zu einem sicheren schluss, freilich einem anderen als ihn Batiffol gezogen hat. Für die legende ist der fünfzehnte tag so wesentlich, dass er in doppelter version aufgenommen ist, einmal für die leiden im kerker, zum anderen für den aufenthalt im moere; doch dürfen wir bei dieser wiederholung nicht übersehen, dass die versenkung ins moer und die wunderbare befreiung durch den delphin in der legende selbst (s. 172) auf einen besonderen bericht zurückgeführt wird. Nach der Bithynischen und Antiochenischen überlieferung war der gedächtnisstag des h. Lukianos der VII januar, nach dem Bithynischen kalender ist dieser tag der XV dh. der

---

1 nach dem hemerologion des cod. Laurentianus 28, 26.
2 Journal of sacred literature VIII p. 423 EEgli, Altchristl. studien s. 7. 41. Die andeutung des arianischen Hiobcommentars im Origenes t. II p. 885ᶜ de la Rue (16, 163 Lomm.), dass Lukian am dreizehnten tage geendet habe, weist vielleicht auf die provinz Asia.

vollmondtag des monats Dionysios. Das wunder, das 'manche' von dem h. Lukianos berichteten und das am Astakenischen meerbusen bald allgemeine sage wurde, war ein alter glaubensinhalt des tages gewesen, an welchem Lukianos zum himmel eingieng. Es bedarf kaum eines beweises dafür, dass die mythischen züge, welche so häufig in die legenden christlicher heiliger eingedrungen sind, wenn wir, wie billig, absehen von den stehenden und herkömmlichen wundern der martyrien, nur durch die übertragung der alten sagen und vorstellungen entstanden sein können, welche für den untergrund des volkes, dem durch die taufe das heidenthum nicht aus herz und hirn gewaschen werden konnte, an dem betreffenden tag fest hafteten. Es mag genügen, an das unlängst erörterte beispiel des h. Nestor[1] zu erinnern. Wo sich so klar wie in diesen fällen mythus und geschichte von einander abheben, können christliche legenden erwünschte bereicherung heidnischer religionsgeschichte liefern. Durch die legende des Lukianos wissen wir, dass die Bithynier die epiphanie des Dionysos am XV des auf wintersonnenwende folgenden monats Dionysios feierten. Wir wissen daraus auch, unter welchem mythischen bilde die erscheinung des gottes geschaut wurde. Als entseelter auf dem rücken eines gewaltigen delphin zum lande gebracht, das war das bild Bithynischer epiphanie.

Von einem dichter der Augusteischen zeit Antiphilos aus Byzantion[2] hat uns die Pfälzer Anthologie ein epigramm aufbewahrt, das einem delphin in den mund gelegt ist, der einen leichnam zum lande getragen und dabei verschied:

Ἀνέρα θὴρ χερσαῖον ὁ πόντιος, ἄπνοον ἔμπνους
ἀράμενος λοφιῆς ὑγρὸν ὕπερθε νέκυν
εἰς ψαμάθους ἐκόμισσα· τὸ δὲ πλέον, ἐξ ἁλὸς εἰς γῆν
νηξάμενος φόρτου μισθὸν ἔχω θάνατον.
δαίμονα δ' ἀλλήλων ἠμείψαμεν· ἡ μὲν ἐκείνου
χθὼν ἐμέ, τὸν δ' ἀπὸ γῆς ἔκτανε τοὐμὸν ὕδωρ.

[1] Rhein. mus. 53, 870 ff.
[2] Anthol. Pal. 9, 222. Ueber die zeit des Antiphilos s. Jacobs animadu. in Auth. III 3 p. 851.

Das epigramm ist gedacht als aufschrift eines denkmals; es ist sichtlich durch ein solches veranlasst. Was liegt näher als anzunehmen, dass auf den dichter aus Byzantion ein solches denkmal an der küste des nahen busens von Nikomedeia etwa in seiner jugend tieferen eindruck gemacht hatte? Auf kaisermünzen von Nikomedeia begegnet Eros als delphinreiter (s. 140). Das bild war also der gegend geläufig.

Wenn Dionysos am tage seiner epiphanie als todter aus dem meere zurückgebracht wird, so muss der rettung ans land das wiederaufleben auf dem fusse folgen. In mehreren der s. 168 zusammengestellten fälle, dass der delphin eine leiche ans land bringt, geht die parallele darstellung nebenher, dass der gott oder heros auf dem delphine reitet. So Melikertes-Palaimon auf Korinthischen münzen, auf den münzen von Iasos Hermias. Kein wunder also, dass neben dem bilde des todten Dionysos zu Nikomedeia der auf delphin reitende Eros steht, zweifellos eine spätere verflachung der ursprünglichen sage, eine anpassung an ein modebild späterer zeit.

An sich ordnet sich die vorstellung vom tode des Dionysos auf das beste ein in den griechischen mythenkreis vom kampf des winters und sommers[1]. Nach der dichtung der Ilias flüchtet Dionysos, von Lykurgos gescheucht, ins meer zu Thetis; bei der Boiotischen feier der Agrionia sagte man, dass Dionysos entlaufen sei und sich bei den Musen dh. den wassernymphen verborgen habe. Nach dem glauben der Paphlagonier ist der gott während des winters gebunden, und seine bande werden im frühling gelöst. Ursprünglicher und deshalb gewiss auch älter war die vorstellung, nach welcher der sommergott durch den winter getödtet wird: so der 'Blonde' (Ξάνθος) der Attischen Apatturiensage, der Lyaios in der überlieferung von Thessalonike, der Karnos des Peloponnesischen glaubens. Die Bithynier sind bekanntlich ein zweig

---

[1] Dionysos: Rhein. mus. 53, 373. 376 Paphlagonier: ebend. 372, 3 Xanthos: ebend. 365 f. Lyaios 370 f. Karnos 377. Vgl. Preller in den berichten der sächs. ges. 1855 b. 7, 26 f.

des Thrakischen volkes[1], also stammverwandt mit den geschichtlichen Griechen, aber frühe von diesen losgelöst und bis zu ihrer späteren hellenisierung unberührt von den fortschritten der hellenischen cultur. Es ist darum nicht zu verwundern, wenn sich in Bithynischem Dionysoscultus die einfachste und alterthümlichste vorstellung von dem scheiden des sommergottes, die des todes, erhalten hat. Dass Dionysos, der nach überwiegender griechischer vorstellung während des winters im wasser, sei es bei den quellnymphen, sei es im meere, geborgen ist, durch den delphin auf die erde zurückgebracht wird, ist nur eine folgerichtige ausgestaltung des mythischen bildes. Den Bithyniern galt er als gestorben und ins meer versenkt: sie liessen ihn daher zunächst als leiche ans land bringen. Vielleicht ist dieser mythus ein compromiss ältester Bithynischer sage mit der griechischen vorstellung, dass Dionysos ins wasser geht: es würden sich dann zwei schichten der sagenbildung von einander abheben, die älteste Bithynische von einfachem tod und wiederaufleben des gottes, und eine zweite, welche dem einfluss der früh an den küsten des landes heimischen hellenischen colonisation zuzuschreiben wäre, die von dem aufenthalt des Dionysos im meere.

---

1 Vergl. PKretschmer, Einleitung in die gesch. der griech. spr. s. 171 ff.

VI

VIELFALTIGKEIT UND MEHRDEUTIGKEIT MYTHISCHER BILDER

Wir pflegen unter mythen mehr oder weniger ausgeführte fortlaufende geschichten sagenhaften inhaltes zu verstehen. Unsere begriffe sind eben abhängig von den uns geläufigeren erfahrungen. Die geläufigen mythen aber, die unseren eindruck bestimmen, sind durchweg solche ausführlichere erzählungen. Wir vergessen dabei nur, dass die sagenhaften erzählungen, wie wir sie kennen, durch die gestaltungskraft der dichter ihre ausbildung erhalten haben. Frühe schon beginnt dieser einfluss sich geltend zu machen. Auch der einfachste dichter aus der menge des volkes kann gestalten und vorgänge mythischer art kaum berühren, ohne etwas von seinem geiste, dem zwecke des augenblicks und dem flusse des gedankens entsprechend, hinzuzufügen. Eines gibt das andere, jeder einzelne strich im bilde trägt den anstoss zu weiterer ausgestaltung in sich. So kann man sagen, dass lange bevor das epos und die höhere lyrik sich zu zusammenhangendem sagengewebe erheben, bereits die älteste hymnendichtung in der ausgestaltung der alten sagenvorstellungen vorangegangen ist. Man braucht im Rigveda nur die an éine gottheit, zb. an Indra gerichteten hymnen mit einander zu vergleichen, um sich zu überzeugen, welchen antheil die einbildungskraft der einzelnen dichter an der wechselnden verknüpfung und ausführung gegebener bilder hat. Das sagengewebe zu entwirren, an welchem so viele geschlechter von dichtern, logographen und systematisierenden mythographen gearbeitet haben, würde überaus schwierig oder vielmehr unmöglich sein, wenn es nicht in so vielen fällen einfachere, alterthümlichere, von dem umbildungstriebe der dichtung unberührte gestaltungen des mythos gäbe, die sich zur vergleichung darbieten und den kern der entwickelten, dh. von der dichtung überwucherten sage zu erkennen gestatten.

Was in diesen einfacheren gestalten leichter erkennbar ist, das ist, was wir mythisches motiv zu nennen pflegen: das einfache bild, unter welchem das mythenbildende volk eine eindrucksvolle wahrnehmung oder lebenserfahrung auffasste und festhielt. So ist der wechsel von tag und nacht unter dem bilde des kampfes und der verjagung oder tödtung angeschaut worden; die wahrnehmung der schwarzen wolken, des gewitters und des wieder aufgeklärten himmels hat zur vorstellung eines kampfes des reisigen himmelsgottes wider feindliche dämonen geführt.

Das mythische motiv theilt mit allen bildern die beiden eigenschaften der vielfaltigkeit und der mehrdeutigkeit.

I

Jedes ding, jede erscheinung der aussenwelt, wodurch menschliche empfindungen öfter stark erregt werden, drängt zu immer neuer bildlicher veranschaulichung. Schon derselbe mensch, dieselbe zeit wird einer bedeutungsvolleren erscheinung gegenüber sich in éinem bilde selten genug thun. Noch mehr gibt der wechsel von ort und zeit und mit ihm des vorstellungsinhaltes anlass zu fortgesetzter erneuerung der bilder.

1 Die alte wahrheit, dass aller segen von oben kommt, hat sich den ahnen unserer völker zu der vorstellung des himmlischen schatzes verdichtet, des unversiegbaren, unerschöpflichen urquells alles segens und reichthums[1]; es ver-

---

[1] Plautus Pseud. 628 (II 2, 33) 'si quidem hercle etiam supremi promptas thesauros Iouis' vgl. Apokalypse des Baruch 10, 11 bei Fritzsche Apocr. V.T. p. 658 'et uos, caeli, retinete rorem uestrum neque

dient hervorgehoben zu werden, dass diese vorstellung nicht etwa abgeleitet oder nachträglich zum bewusstsein gekommen ist, sie liegt bereits im Rigveda offen zu tage. Eine zeit, deren reichthum der herdenbesitz ist, stellt sich diesen schatz als eine rinderherde vor; seitdem edelmetalle bekannt und gesucht sind, besteht er aus gold und geschmeide; in irdenem fasse oder einer truhe eingeschlossen verwahrt ihn Zeus, und vertraut ihn wohl auch, um diesen auf die probe zu stellen, einem menschen an[1]; oder er ist, wie nicht nur in deutschen märchen und sagen (warum ist Hades der 'reiche' gott, Pluton?) unter der erde, meist im berg, geborgen und nur der zauber der springwurzel oder eines wortes vermag ihn zu erschliessen. Die Delphier, zeitig an die kost-

aperiatis thesauros pluuiae' Henochbuch c. 11, 1 in den Sitzungsberr. d. Berl. Akad. 1892 p. 1083, 29 ἀνοίξω τὰ ταμιεῖα τῆς εὐλογίας τὰ ὄντα ἐν τῷ οὐρανῷ Leontios leben des Johannes Eleem. 7 p. 15, 4 Gelzer τοὺς ἀμυθήτους θησαυροὺς τοῦ κυρίου usw. Schon im Rigveda heisst Indra 'aller schätze schatzgebieter' (IV 17, 6), der 'schatzbewahror' (V 30, 2), der 'schatzgewinnende' (V 39, 1) der 'schatzerbeuter' (II 21, 3), 'der einzige schätzeherr der schätze' (VI 31, 1) usw.
1 Babrios fab. 58 Ζεὺς ἐν πίθῳ τὰ χρηστὰ πάντα συλλέξας
ἔθηκεν αὐτὸν πωμάσας παρ' ἀνθρώπῳ κτλ.
Euripides spricht daher von 'des Zeus goldreichem haus' (Ζηνὸς πολύχρυσον οἶκον Hipp. 69); allgemein wird Zeus als segenspender ὄλβιος κτήσιος πλούσιος verehrt; daher der eigenname Διαφένης 'Zeusgesegneter' von ἀφενος bei Pottier et SReinach, La necropole de Myrina 1, 116 n. 18. Das götterland hiess auch Εὔβοια, weil dort die himmlische rinderherde weidet: von dieser geltung des wortes hat sich die erinnerung noch in die Odyssee η 321 f. gerettet. In der Hesiodeischen Pandora-episode Werke 94 ff. ist die alte anschauung verschoben, statt der güter sind die übel im fasse eingeschlossen dorgestalt, dass sie so lange gebannt sind, als nicht die neugier des weibes sie entfesselt; ähnlich in der erzählung vom tyrannen Dionysios vgl. Meineke Anal. Alex. p. 356 und in der geschichte von der pest der j. 165. 166 n. Chr. bei Iulius Capitol. u. Veri c. 8. Anwendungen sind der windschlauch des Aiolos oder die θησαυροὶ τῶν ἀνέμων πάντων des Henochbuchs 18, 1 (Berl. Sitzungsb. p. 1087, 5), die θησαυροὶ τῶν ἀστέρων (lies ἀστραπῶν) καὶ τῶν βροντῶν ebend. 17, 3 (Sitzungsb. 1086, 34).

184   VI Vielfaltigkeit der mythischen bilder

baren weihgeschenke des Pythischen heiligthums gewöhnt, stellen sich den göttlichen schatz als heilige goldene geräthe oder weihegaben vor[1]: diese vergraben sie auf dem Parnass und ein wolf zeigt das versteck, oder Aisopos, ehemals Pyrros-Neoptolemos raubt sie; der gedanke liegt nahe, dass dem dreifussraub des Herakles dieselbe vorstellung unterliegt. Vereinigt hat man die beiden bilder des viehs und des goldes in einem dritten, dem goldenen widder der Pelopiden, des Phrixos, des Mandrobulos; ähnliche vorstellungsweise lebt fort in dem wunderbaren vogel der märchen, der goldene eier legt, und im allbekannten dukatenmännchen. Den wasserarmen bewohnern griechischer gebirgsthäler erschien der ursprung des von oben kommenden segens als ein himmlischer quell, der im hause des Zeus entspringt; den gründern von Kyrene sagen die Libyschen führer, als sie zur 'Apollonquelle' gekommen[2]: 'Hier ist's gut wohnen, hier hat der himmel ein loch', hier fliesst also der segen des himmels hindurch. Die europäischen glieder unseres stammes dachten sich als himmlischen schatz ein schönes weib, die himmelskönigin; aber beim raube der Helena durch Paris, der Chriemhild durch den drachen wird auch der goldene schatz nicht vergessen, es findet also eine doppelung des

---

1 Die wolfslegende bei Aelian nat. an. 10, 26. 12, 40 Pausan. x 14, 7 vgl. Antigonos mirab. 127 über die Korykische höhle. Aisopos: s. Welcker Kl. schr. 2, 231 f.; diebstahl von tempelgut ist bei Eurip. Androm. 1092 ff. wenigstens die falsche anschuldigung, durch welche Orestes das Delphische volk wider Neoptolemos aufreizt. Den mythischen hintergrund hellt vielleicht die attische Thargelienlegende auf, s. Stoff d. gr. epos s. 47 f.

2 ἐνθαῦτα ὑμῖν ἐπιτήδεον οἰκέειν· ἐνθαῦτα γὰρ ὁ οὐρανὸς τέτρηται Herod. 4, 158 vgl. Eurip. Hippol. 747 κρῆναί τ' ἀμβρόσιαι χέονται Ζηνὸς μελάθρων παρὰ κοίταις, ἵν' ἁ βιόδωρος αὔξει ζαθέα χθὼν εὐδαιμονίαν θεοῖσιν Plautus Trin. 940 'ad caput amnis qui de caelo exoritur sub solio Iouis'. So wichtig sie für die Griechen geworden, ist doch die vorstellung uralt. Indra heisst Rigv. VII 32, 18 der 'güterquell', nach IV 20, 6 'erschliesst er uns den festen kuhstall, ergiesst den eimer, der mit gut gefüllt ist'.

bildes, eine häufung von synonymen statt. Abgeleitete bilder sind das füllhorn in der hand des Pluton, des Herakles, der Tyche ua., der nie versagende lederbeutel und das tischleindeckdich unserer märchen.

2 Durch die vorhergehenden abschnitte, in denen wir die zahlreichen anwendungen der bilder von dem knäblein in der truhe, dem gotte im schiffe oder auf dem fische durchmusterten, haben wir eine weitere reihe von beispielen gewonnen, durch welche das menschliche bedürfniss, eine wichtige vorstellung durch immer neue bilder sich näher zu bringen, veranschaulicht wird. Die völlige gleichwerthigkeit der genannten drei bilder, der truhe, des schiffes und des fisches, erhellt nicht nur durch die mehrfach von uns beobachtete doppelung der bilder: wir sahen Apollon in der gestalt eines delphin dem schiffe der Kreter als führer zum gestade von Delphi voranschwimmen oder als riesigen delphin auf dem borde des schiffes gelagert, das nun ohne menschliche hilfe sicher dem hafen zusteuert. Hier hat zweifellos, um das göttliche wunder zu steigern, eine häufung zweier bilder stattgefunden; und nicht anders wird man es beurtheilen dürfen, wenn in der indischen fluthsage das schiff des Manu von dem göttlichen fisch, an dessen horn das schlepptau befestigt ist, durch die fluth zum gipfel des Himâlaya gezogen wird.

Noch klarer wird die erscheinung werden, wenn wir irgend eine bestimmte göttervorstellung durch die verschiedenen variationen hindurch verfolgen. Die ankunft des Dionysos (epiphanie) erfolgt nach dem glauben der Bithynier in der weise, dass ein delphin ihn ans land trägt; den Joniern kommt er im schiffe angefahren, über dessen deck die wunderrebe sich breitet; aber auch in die truhe eingeschlossen wird er durch die wellen an die küste von Prasiai in Lakonien oder von Lemnos her nach der insel Sikinos getragen, und nach Patrai bringt Eurypylos das schnitzbild des Dionysos in der truhe. Auch von dem esel wird Dionysos durch die fluthen getragen nach der von Philiskos bearbeiteten Dodonäischen sage (s. 125); auf einen esel gelagert lässt ihn ein vasenbild seinen feierlichen einzug halten. In der Euböischen sage, wie wir sie aus Oppian kennen (s. 122 f.), sind gar die drei motive der truhe, des esels und des schiffes vereinigt. Auch die den alten vasenmalern so beliebte rückführung des Hephaistos durch Dionysos wird häufig so dargestellt, dass Hephaistos auf dem esel reitet. Es bleibt in allen diesen fällen dieselbe grundvorstellung, wie verschiedenartig auch das bild sei.

Mit den drei genauer betrachteten bildern ist der vorrath noch lange nicht erschöpft. Wir sahen, wie in den festbräuchen des Dionysos schiff und wagen vereinigt waren. Aus dem schiffe, in dem nach alter sage der gott übers meer gefahren kam und den gläubigen die fülle des segens brachte, hatte im cultus ein wagen werden müssen, das schiff wurde auf räder gestellt. In jüngeren darstellungen hält Dionysos auf dem wagen, den bald pferde, bald Kentauren, bald wilde thiere ziehen, seinen feierlichen einzug. Und so wurde an Demeterfesten der heilige korb (κάλαθος) auf dem wagen umgeführt[1]. Hier möchte ich die erklärung suchen für 'des segens schwarzen wagen'[2], den nach Euripides (Herakl. 780) der gesetzesverächter zertrümmert. So wechseln schon in einem hymnus auf die Açvin (Rigv. I 116, 4. 5) wagen und schiff als gleichwerthige bilder, und der Tarentinische delphinreiter besteigt wohl auch einmal den wagen (s. 157, 2).

Wir sehen jetzt, mit welchem rechte wir das schöne vasenbild, das den Apollon die lyra in der hand auf einem geflügelten dreifuss über die wellen hinfahren lässt, ohne weiteres oben (s. 133 f.) als gleichwerthige parallele herangezogen haben. Sonst sind uns als bilder für die epiphanie dieses gottes delphin und schiff, bald getrennt, bald vereinigt, bekannt. In seinem hymnus auf den Pythischen

---

1 Rhein. mus. 50, 146 vgl. die inschrift von Theira Athen. mitth. 20, 242 BCH 18, 539 zeile 16 τῇ τοῦ καλάθου ἀναφορᾷ.
2 Anders, aber wie mir scheint, zu künstlich erklärt vWilamowitz Her. 2, 172 f.[2].

Apollon hatte Alkaios (fr. 2) noch ein anderes bild von der epiphanie des gottes entworfen. Als Apollon geboren war, rüstete ihn vater Zeus mit goldener mitra und leier aus und schenkte ihm ein schwanengespann, das ihn zu den Hyperboreern trug. Erst nach ablauf eines grossen jahres kommt er dann durch die päane Delphischer jünglinge herbeigerufen auf seinem schwanenwagen zu den Delphiern. Da singen ihm nachtigallen und cikaden entgegen, der Kastalischen quelle entströmen silberne wellen, und der Kephisos hebt sich in die höhe mit schäumenden wogen. Wie Apollon, fährt oder reitet auch Aphrodite auf dem schwan[1], und noch vor unseren augen kommt Lohengrin auf dem schwanenwagen herangezogen. Kann es eine andere vorstellung sein, welche dem ritte des Phrixos und der Helle auf dem goldenen widder zu grunde liegt? Das ziel der fahrt ist das lichtland des sonnenaufgangs[2], wo Aietes und Medeia hausen.

Noch ein ganz verschiedenartiges bild haben wir schon früher beiläufig (s. 167 f.) in betracht gezogen und als gleichwerthig erkannt: Hermes (denn diesem gott fällt meistens die rolle zu) das götterknäblein auf den armen tragend. Eine unverkennbare variante hierzu ist es nun, wenn Herakles der starke auf seinem rücken den segensgott des frühlings durchs meer trägt, um ihn dem himmel und der erde wiederzubringen. Zwei vasenbilder mit dieser darstellung waren längst bekannt, aber man schwankte in der deutung, bis L Preller[3] durch eine attische scherbe mit gleichem bilde veranlasst wurde, die frage wieder aufzunehmen.

A Vase aus Neapel, abgebildet bei Gori Museum Etr. II tab. 159 (Passeri Picturae vasc. II t. 104 Welcker Alte denkmäler III taf. XIX 1 vgl. s. 303 ff. Preller ao. taf. II 2).

Die mitte des bildes stellt den bärtigen Dionysos auf dem rücken des durch das löwenfell gekennzeichneten, mächtig aus-

---

1 Nachweisungen gibt Preller-Robert Gr. myth. I 382, 2.
2 Mimnermos fr. 11, 5 f. vgl. unten s. 193.
3 Berichte über die verhandlungen der k. Sächsischen gesellschaft der wissensch. 1855 b. 7, 23—27.

schreitenden Herakles dar. Dionysos mit nacktem oberleib umklammert mit der rechten die linke schulter des Herakles und hält in der linken ein mächtiges rhyton, das früher als füllhorn gefasst wurde. Vor ihnen schreitet, das mit petasos bedeckte haupt nach der gruppe zurückwendend Hermes, die chlamys auf dem rücken, in der erhobenen rechten den heroldstab. Dies mittelstück ist eingerahmt links durch eine auf felsen sitzende, bekleidete frauengestalt, welche die rechte hand auf einen stab stützt und den bekränzten kopf der mittelgruppe zuwendet, rechts durch einen entgegentanzenden nackten, in der linken ein ziegenfell tragenden Satyr. Fische (im ganzen 5) am felsen, der die frau trägt, und zwischen den beinen sowohl des Herakles und Hermes als des Satyr angebracht, sollen andeuten, dass die handlung im meere vor sich geht.

B Bodenzeichnung einer kylix des Cabinet des médailles zu Paris, abgeb. Millin Vases II pl. 10 Galerie mytholog. II t. CXXI 468 (Welcker Alte denkm. III t. XIX 2 Preller ao. t. II 3).

Herakles, nackt bis auf das über den rücken herabhangende löwenfell, trägt mit einer gewissen anstrengung den Dionysos, der mit beiden armen auf den schultern des Herakles liegt und in der rechten ein grosses rhyton trägt. Dionysos ist vollbekleidet, nur die rechte brust nebst arm ist frei von gewand. Beide götter tragen vollbart und gleichartigen kranz, wie es scheint, aus je einem olivenzweig (nach Millin lorbeer) gebildet. Das meer ist nicht angedeutet.

C Scherbe einer attischen trinkschale, seiner zeit im besitze Prellers, abgebildet ao. taf. 1.

'Herakles mit seinem löwenfell bekleidet, das ihm nach der weise der jüngeren kunst locker und malerisch um die glieder hängt. Er scheint vorsichtig aufzutreten, da er mit dem rechten beine auf den zehen auftritt und das linke (soweit man nach diesem bruchstücke urtheilen kann) weitausschreitend emporhebt. Auch Dionysos, am haupte mit epheu bekränzt, in der rechten einen stab [wagerecht] haltend, den ich eher für ein scepter als für den thyrsos halten möchte, hockt auf seinem rücken, als habe er sich eben vom boden emporgeschwungen. Der rechte schenkel ist eingeschlagen, sodass Herakles ihn dabei fassen kann, während Dionysos sich an seinem halse festklammert; das linke bein ist noch nach dem boden ausgestreckt, als ob es sich der berührung desselben so eben entzogen habe.' So Preller s. 23 f. Der meeresgrund ist nicht angedeutet.

Während Welcker in dem gotte, den Herakles auf dem rücken trägt, Pluton mit dem füllhorn sah, erwies Preller

nach dem vorgange Raoul Rochette's[1] ihn mit überzeugenden
gründen als Dionysos. Die epheubekränzung auf *C* und die
andeutung des meeresgrundes auf *A* erhalten nur bei dieser
deutung ihren zureichenden grund. Furtwängler hat dagegen
eingewendet, dass rothfigurige vasen des schönen stils Dionysos nicht mehr bärtig, sondern nur als jüngling darstellen, und
ist auf Pluton zurückgekommen, den in dieser verbindung
verständlicher zu machen ihm meines erachtens nicht gelungen
ist. Seine beobachtung über die darstellungsweise des Dionysos
auf vasen habe ich nicht das recht anzufechten[2]. Aber die ausschliessende allgemeingültigkeit derselben müsste ich in zweifel ziehen, auch wenn ausser den obigen drei bildern keine
sicheren darstellungen des bärtigen Dionysos auf jüngeren
vasen bisher gefunden wären. Es liegt aber eine solche
zweifellos vor zb. auf dem von Stackelberg veröffentlichten
vasenbilde mit der rückführung des Hephaistos[4]. Und wenn
nicht alles täuscht, so wusste die spartanische überlieferung
von der rückführung des Dionysos durch Herakles (ob. s. 62).

Dies alte, uns nur zufällig durch vasen erhaltene bild
ist in der mittelalterlichen legende, ich weiss nicht zu sagen,
durch welche vermittlung, neu aufgelebt. Der h. Christophorus
suchte in seiner weise gott zu dienen, indem er, ein riese von
gestalt, auf seinen stab sich stützend, die menschen über einen
reissenden fluss hinübertrug. Einst hörte er in der nacht eine
knabenstimme seine dienste erbitten. Erst bei der dritten
wiederholung fand er das knäblein und bereitwillig setzte
er es auf seine schultern, um es über das wasser zu tragen.
Aber mit jedem schritte, den er im flusse that, stieg das
wasser höher und wuchs ihm die last, die er auf den schultern trug. Als er glücklich das ufer erreicht, hatte er das

---

[1] Monum. inéd. p. 44.
[2] in Roschers mythol. lex. 1, 2186 f.
[3] vgl. auch OJahns einleitung zum Münchener vasenkatalog p. CXCI. CCV und Thrämer in Roschers lex. 1, 1105 f.
[4] OM von Stackelberg, Gräber der Hellenen taf. 40. Danach in Roschers myth. lex. 1, 2055.

190 VI Vielfaltigkeit und mehrdeutigkeit mythischer bilder

gefühl, einer grossen gefahr entronnen zu sein. 'Du hast', sagte er zu dem knaben, 'so auf mir gelastet, als hätte ich die ganze welt auf den schultern getragen'. Da offenbarte sich ihm der knabe als Jesus Christus den weltschöpfer, und zur bekräftigung verhiess er ihm, dass sein dürrer stab, wenn er ihn an seiner hütte in die erde stosse, am nächsten morgen blühen und früchte tragen werde. Er folgte der weisung, und am nächsten morgen hatte sich der stab wie eine palme mit blättern und datteln geschmückt[1]. — Die anklänge an die Heraklessage sind überraschend. Ausser dem hauptmotiv, dem gang durchs wasser, gemahnt, was von der drückenden schwere des Jesuskindes gesagt wird, daran, wie Herakles dem Atlas die last des himmelsgewölbes abnimmt. Selbst das wunder des wieder ergrünenden holzes fehlt nicht bei Herakles. An dem offenbar im freien stehenden Hermes Polygyios zu Trozen sollte Herakles seine keule abgestellt haben. Es begab sich das wunder, dass die keule wurzel schlug und von neuem sprossen trieb. Den wilden ölbaum, der daraus erwachsen war, will noch Pausanias (II 31, 10) gesehen haben.

Auch den Griechen ist an stelle des fährmanns im kahne die gestalt des recken, der auf seinen schultern die menschen über das wasser trägt, nicht unbekannt. Hera kommt, um die frömmigkeit der menschen auf die probe zu stellen, in ein altes weib verwandelt an den winterlich angeschwollenen Anauros und jammert, dass sie nicht überzusetzen vermag; da erbarmt sich ihrer Iason, der gerade von der jagd kommt, hebt sie auf seine schultern und trägt sie hinüber[2]. Die nächst verwandte griechische parallele

---

1 Nach der legende aurea 100 p. 432 Graesse. Die alte griechische Christophlegende kennt von allem diesem nur das wunder des wieder ergrünenden stabes; es erfolgt hier, als Christoph vor der kirche betet (acta s. Marinae et Christophori p. 60); ebenso die alte übersetzung Anal. Bolland. 10, 396, nur dass es hier in der kirche vor dem altar geschieht. Noch Walther von Speyer (ed. Harster p. 47 f. 117 f.) hat nicht mehr.
2 Apollon. Rh. 3, 66—73 vgl. Servius zu Verg. ecl. 4, 34. Hyginus

bringt dazu der fährmann Phaon, zu dem Aphrodite in gestalt eines alten weibes kommt und von Lesbos (oder Chios) unentgeltlich übergefahren wird[1]. Ein weiteres beispiel des trägers ist der Kentaure Nessos, der, wie aus der sage von Deianeira bekannt ist, geradezu des amtes wartete, die menschen über den fluss Enenos zu tragen[2]. Mit recht hat Eugen Petersen in der Tarentinischen terracotte, die einen Kentauren darstellt, in der linken einen mächtigen mischkrug, in der gesenkten rechten eine leier, auf dem rücken einen bequem gelagerten heros tragend, den 'fergen' erkannt, der den heros über den götterstrom ins land der seligen trägt.

II

Eine meist verkannte und oft verhängnissvolle quelle von irrthümern ist für die mythendeutung die andere eigenschaft des mythischen bildes, die **mehrdeutigkeit**. Eigentlich sollte es keines wortes bedürfen, dass ein bild so viele verschiedenartige anwendungen zulässt, als es für die sinne oder die innere erfahrung auffällige eigenschaften besitzt. *Fuchs* nennen wir pferd und menschen, um sie nach ihrem röthlichen haare zu bezeichnen, aber ebenso den menschen von verschlagenem charakter. Die *wespe* dient als bild sowohl um die schlankheit der gestalt (wespentaille) wie um

---

f. 13 nennt statt des Anauros den Enenos, Valerius Flaccus 1, 88 den Enipeus, Dracontius 10, 57 gar den Ister. Ueber den götterstrom Anauros s. unten s. 199.

1 Aelian v. h. 12, 18 Servius z. Aen. 3, 279. Chios wird von Lukianos dial. mort. 9, 2 genannt. Vgl. Göttern. s. 328.

2 Sophokles Trach. 559 Νέσσου — ὃς τὸν βαθύρρουν ποταμὸν Εὔηνον βροτοὺς μισθοῦ 'πόρευε χερσίν, οὔτε πομπίμοις κώπαις ἐρέσσων οὔτε λαίφεσιν νεώς vgl. 564 φέρων ἐπ' ὤμοις Apd. ΙΙ 7, 6 Εὔηνον, ἐν ᾧ καθεζόμενος Νέσσος ὁ Κένταυρος τοὺς παριόντας διεπόρθμευε μισθοῦ, λέγων παρὰ θεῶν τὴν πορθμείαν εἰληφέναι διὰ δικαιοσύνην Strabon x p. 451 ὁ Νέσσος . . . πορθμεὺς ἀποδεδειγμένος. Petersen Röm. mitth. 12, 139 vgl. taf. VII.

die neigung zu verletzenden worten (wespenstachel) auszudrücken. Wir reden von *spinnebeinen*, aber auch von *spinnefeindschaft*. An spinneweben gemahnt uns, je nachdem ihr eindruck aufs auge oder auf den tastsinn in betracht gezogen wird, bald dünnes leicht zerreissbares gedankengefüge, wie wenn schmutzige spinnweben auf ketzerische irrlehren gedeutet werden[1], bald die vernachlässigung und vergessenheit von orten, wo die spinne ihr wesen treiben kann[2], wie bei Catullus 68, 49

nec tenuem texens sublimis aranea telam
in deserto Alli nomen opus faciat

oder 13, 8 'tui Catulli plenus sacculus est aranearum', bald widerliche weichheit eines gegenstandes, wie ebend. 25, 3 'pene languido senis situque araneoso'. Nicht nur der wein, sondern auch das alter und das leben (*flos aetatis*, ἄνθος ἥβης), das feuer (*flammae flos* Lucr. 1, 900), die rede hat ihre *blume*; aber damit sind die anwendungen, welche den begriff blume im bildlichen ausdrucke gestattet, noch lange nicht erschöpft[3]: so heisst 'blume' der schwanz des hasen, die weisse schwanzspitze des hundes, der schaum einer aufwallenden flüssigkeit, der oberste theil eines geschwüres, offenbar anwendungen, die sowohl durch die unmittelbare vergegenwärtigung des bildlichen gegenstands wie durch vermittelnde vorstellungen veranlasst sind.

3 Niemand wird erwarten, dass die bilder der mythen geringere beweglichkeit haben müssten als jene veranschaulichungsmittel der rede. Unter der himmlischen rinderherde als ausdruck des göttlichen schatzes haben schon die hymnendichter des Rigveda sich ebensosehr den regen wie das licht gedacht. Für die erste vorstellung bedarf es kaum eines beweises. Ein hymnus (IV 19, 3) preist den Indra: 'Du schlugst

---

1 Liber pontific. 81 p. 197, 21 Mommsen.
2 vgl. Plautus Aulul. 83 f. 'nam hic apud nos nihil est aliud quaesti furibus: ita inaniis sunt oppletae (hae aedes) atque araneis'.
3 Man sehe zb. die in Grimms deutsch. wörterb. 2, 158 f. gegebene übersicht.

den drachen, der die fluth umlagert, Und spaltetest die bahnen allen kühen', und derselbe wird II 12, 3 geschildert als 'der Ahi schlug, die sieben ströme freiless, Die kühe trieb aus dem versteck des Vala'. Als bild für den segen des sonnenlichtes nimmt die herde deutlich der dichter, der II 19, 3 sang

'Die fluth der wasser liess der mächt'ge Indra,
Der schlangentödter zu dem meere rinnen;
Er zeugte sonnenglanz und fand die kühe
Und wirkte helle durch der tage leuchten'[1].

Es ist wichtig, die in diesem falle so klar und so früh hervortretende mehrdeutigkeit des bildes festzustellen. Sie gilt auch für die griechische sage. Helios hat seine rinderherde[2] nicht nur im mythos, sondern sogar im cultus; aber nach Mimnermos (fr. 11, 5) sind im lande des sonnenaufgangs am strom des Okeanos 'des raschen Helios strahlen aufbewahrt in goldener kammer', da ist also das bild der königlichen schatzkammer an stelle der rinderherde getreten. Die zahlen, welche für die göttliche herde angegeben werden, wechseln gemäss den wandlungen volksthümlicher zeitrechnung, aber sie zeigen zugleich eine umwerthung des bildes. Während die zahl der sonnenrinder auf Thrinakia (μ 129 f.) die tage eines gebundenen mondjahres (rund 350 statt 354) ergeben[3], zeigt die sage vom rinderraub des Hermes an stelle der tage mondumläufe, in der vermuthlich auf Hesiods Eöen zurückgehenden fassung des Nikander die abgerundeten 100 monate der ennaeteris, in der erzählung des Homerischen

---

1 vgl. III 39, 3—5, anderes bei AKuhn, Entwicklungsstufen der mythenbildung (Abh. d. Berl. akad. 1873) s. 130 f.
2 Es genügt auf Roschers myth. lex. 1, 2018 f. zu verweisen.
3 So hat schon Aristoteles fr. 175 R.³ die 7. 50 rinder und schafe gedeutet, vgl. AKuhn Entwicklungsstufen der mythenbildung s. 139 f., der treffend auch 'die 720 zwillingskinder', die auf das zwölfspeichige himmelsrad steigen im Rigveda I 164, 11 (dh. 2. 360) und die 700 goldringe Wiland des schmids in der skandinavischen sage herangezogen hat.

hymnus die 50 monate der pentaeteris[1]. Die rinder der himmlischen herde sind also als bild erst der tage, dann der monate gefasst worden.

Wir überzeugen uns leicht, wie misslich es ist für jedes mythische bild eine sinnliche unterlage suchen zu wollen; man muss in künsteleien und kindereien verfallen, wenn man ein bild, das durch einen mittelbegriff veranlasst ist, wie die rinderherde als bild des lichtes durch den begriff des himmlischen schatzes, unmittelbar aus einer sinnlichen anschauung abzuleiten unternimmt[2]. Aber noch etwas anderes tritt uns entgegen, worin auf den ersten blick allerdings das mythische bild einen unterschied von den gewöhnlichen verräth. Wenn man sich in die redeweise dieser alten dichtungen versenkt, muss man fühlen, wie das mythische bild in der vorstellung der dichter ein leben für sich gewonnen hat. Diese bilder sind lebendige gestalten, die ohne rücksicht auf die zu grunde liegende anschauung wie aus dem ursprünglichen zusammenhang gelöst ihre eigene bewegungsfähigkeit besitzen. Das ist der grund und die voraussetzung für die wunderbare triebkraft, die das mythische bild in der ausgestaltung zu mythen beweist. Die gewöhnlichen bilder zeigen eine entsprechende aber gerade umgekehrte eigenschaft: auch sie erlangen selbständiges dasein, aber so, dass sie mit dem begriffe, den sie veranschaulichen sollten, auf das engste verschmelzen und sich an seine stelle setzen, dergestalt, dass sie schliesslich nicht mehr als bildliche ausdrücke empfunden werden.

---

1 Nikander bei Antonin. Lib. 23 Hom. h. in Merc. 74. 192 ff. Es bedarf keines wortes, dass der bericht des Nikander auf älterer quelle fusst als der Hom. hymnus: die pentaeteris ist erst seit der neuordnung der Pythien 586 eine populäre form der zeitrechnung geworden.

2 Ich wende mich hiermit gegen AKuhn Entwicklungsstufen der mythenbildung s. 131. Die vergleichende mythologie hat gerade durch dieses streben, die mythischen bilder unmittelbar auf sinnliche vorgänge zurückzuführen, sich selbst geschädigt.

Der regelmässige wechsel von tag und nacht wurde unter dem bilde eines kampfes angeschaut, in folge dessen der eine getödtet wird oder weichend entflieht. So in den paaren der griechischen sage Lykos und Nykteus, Lykaon und Nyktimos[1]. Dasselbe bild musste für die ablösung von sommer und winter, von tod und leben gelten. Man begreift leicht, dass der täglich sich wiederholende wechsel von tag und nacht schliesslich an kraft des eindrucks einbüssen musste und jene grösseren, tiefer einschneidenden ablösungen sich in der mythenschaffenden einbildungskraft vordrängten. Eine überfülle mythischer gestalten ist geschaffen worden, diesen bald für den einen, bald für den anderen siegreichen kampf des winters und sommers zu veranschaulichen, wie Dionysos und Lykurgos, Xanthos und Melanthos[2], und fast überall bei den verwandten europäischen völkern hat dieser mythus drastischen ausdruck einst in heiligen und gottesdienstlichen, dann in volksthümlichen bräuchen gefunden, die allenthalben auch dramatische darstellung mit sich bringen mussten[3]. Die verbreitung der deutschen familiennamen *Sommer, Winter, Tod* kann nur darauf beruhen, dass den stammvätern als darstellern einer dieser gestalten der beiname zugelegt worden war. Dem agon, in dem Zieliński treffend den dramatischen kern der alten attischen komödie nachgewiesen hat, liegt nichts anderes als der siegreiche kampf des sommers gegen den winter zu grunde. Wenn in einer satura des Ennius *Mors et Vita contendentes* vorgeführt wurden, so war das ein stoff, der dem volksbrauche, und warum nicht dem italischen[4]?, entlehnt sein musste; hier war also tod

---

1 vgl. Rhein. mus. 53, 374 f.
2 vgl. ebend. 53, 365 ff.
3 Ueber mittelalterliche darstellungen des streits zwischen sommer und winter s. HJantzen, Geschichte des deutschen streitgedichts im mittelalter, Breslau 1896 und in den Mittheilungen der Schles. gesellschaft für volkskunde, jahrg. v (Bresl. 1898) n. 2 s. 13—19.
4 ADieterich Pulcinella s. 77 f. hält die Ennianische satura für die nachbildung einer griechischen vorlage.

und leben an die stelle von winter und sommer, vermuthlich an demselben feste, an dem sonst der kampf zwischen sommer und winter gefeiert wurde, gesetzt worden. Die umwerthung des bildes erfolgte bei diesen gegensätzlichen paaren nicht bloss wie sonst auf dem wege der analogie: wie tag und nacht, so verhalten sich sommer und winter. Diese paare stehen vielmehr in einem engeren verhältniss zu einander. Sie werden nicht nur durch die gleichartigkeit desselben bildes zusammengehalten, sondern vermögen selbst eines dem anderen als bild zu dienen: die nacht ist der tod des tages; schon nach Sophokles[1] muss die nacht sterben, um Helios zu gebären, und sie ist es hinwiederum, die den flammenden zur ruhe bringt; und in derselben weise können die übrigen bestandtheile der reihe in beziehung zu einander treten. So konnten neue mythische paare zusammengestellt werden aus gliedern verschiedener gruppen. Die überlieferung Spartas kennt ein altes götterpaar Lykos und Chimaireus[2], den lichten tag und den winter; in Böhmen und dem östlichen Deutschland wird zu mittfasten der tod (czech. smrt) ausgetragen und der sommer eingebracht[3]. Noch in anderer weise ist der regelmässige wechsel von tag und nacht vorbildlich geworden. Man hat diese anschauung auf den tag selbst übertragen: die zeit der aufsteigenden sonne ist die helle oder lichte, die der absteigenden sonne (nachmittag und abend) die dunkle hälfte des tages; jene ist den himmlischen göttern, diese den unterirdischen und todten, den heroen geweiht[4]. Und zu derselben beobachtung gab der mondlauf anlass; wie tag und nacht, wie die beiden hälften des tages, so schienen sich die zeiten des zunehmenden und des abnehmenden mondes zu verhalten; eine menge von gebräuchen und abergläubischen vorstellungen ist dadurch

---

1 Soph. Trach. 94 ῝Ον αἰόλα Νὺξ ἐναριζομένα τίκτει κατευνάζει τε φλογιζόμενον, Ἅλιον κτλ.
2 s. Rhein. mus. 53, 374.
3 JGrimm, Deutsche myth. 726 f. 730 f.
4 s. Götternamen 186 ff.

bedingt. Der wechsel von tag und nacht ist eine der wurzelhaften vorstellungen, die weit und lange hin ihre triebkraft bewahrt hat.

4 An einer anderen reihe, die uns als beispiel dienen mag, können wir nun die weitere beobachtung machen, dass ein einmal entwickeltes und ausgeführtes bild zur wurzel sogar neuer vorstellungen werden kann. Es wird dann das bild nicht etwa auf verwandte vorstellungen übertragen und dadurch umgewerthet, sondern die mythologische logik, wenn wir uns diesen widerspruchsvollen ausdruck erlauben dürfen, erschliesst aus der vorhandenen vereinigung von bild und vorstellung neue gleichbildliche vorstellungen. Eine solche wurzelhafte vorstellung ist die wohl allen gliedern unseres völkerstammes gemeinsame vom wohnsitze, dem berg oder land der götter. Schon die Odyssee (Z 42 f.) schildert den ʻOlympos, wo, wie die sage geht, der götter ewig unerschütterlicher wohnsitz ist: weder von winden wird er geschüttelt, noch je von regen benetzt, noch stöbert schnee über ihn, sondern ganz wolkenlose heitre ist über ihn gebreitet, und weisser schimmer läuft über ihn: dort führen die seligen götter alle tage ihr freudenleben'. In dieser beiläufigen schilderung ist alles wenigstens im keime vorhanden, was die menschliche einbildungskraft ersinnen konnte, den wohnsitz der götter würdig auszugestalten: das ewige helle licht, der mangel aller störungen der atmosphäre, ein dasein in dauernder, ungetrübter freude. Von selbst wachsen daraus die weiteren züge des bildes: der ewige frühling, der ungetrübte friede, der unerschöpfliche vorrath oder das unwillkürliche wachsen aller lebensbedürfnisse, die fülle aller genüsse, woran der mensch freude haben kann. Ein solches ausgeführteres bild gibt Claudianus[1] von dem heiligen berge der Venus auf Kypros:

'hunc neque canentes audent uestire pruinae,
hunc uenti pulsare timent, hunc laedere nimbi.
luxuriae Venerique uacat. pars acrior anni

---

[1] c. X de nuptiis Honorii et Mariae v. 52 ff. p. 128 Birt.

55 *exulat: aeterni patet indulgentia ueris.*
in campum se fundit apex: hunc aurea saepes
circuit et fuluo defendit prata metallo.
Mulciber, ut perhibent, his oscula coniugis emit
moenibus et tales uxorius obtulit arces.
60 *intus rura micant, manibus quae subdita nullis*
perpetuum florent, Zephyro contenta colono,
umbrosumque nemus, quo non admittitur ales,
ni probet ante suos diua sub iudice cantus' usw.

Durch das goldene gehege wird dieser götterraum zu einem garten gemacht. Diese vorstellung ist weit verbreitet. Schon die Genesis erzählt von dem garten, den der herr in Eden gepflanzt 'gegen den morgen' (2, 8) und lässt ihn darin sich ergehen 'da der tag kühle geworden war' (3, 8). Sophokles sprach von den gärten des Zeus (fr. 297) und 'des Phoibos altem garten' (fr. 870). Nach dem vorgange des Ibykos (fr. 30) zeigt uns Apollonios Rhodios (3, 114 f. vgl. 158) Eros und Ganymedes ins knöchelspiel vertieft auf dem 'alle früchte tragenden anger (ἀλωή) des Zeus'[1]. Dass, was von land und leben der Hyperboreer und Aithiopen gefabelt wurde, mit dem bilde vom götterlande zug um zug übereinstimmt[2], kann nicht wunder nehmen. Denn sowohl Hyperboreer als Aithiopen sind nichts anderes als bewohner des götterlandes. Aber man hat diese vorstellungen nicht umhin gekonnt auf die irdischen orte, namentlich höhere berge, wo man sich götter thronend dachte, zu übertragen. Auf dem gipfel des Lykaion in Arkadien war ein heiliger raum des Zeus, den nur der priester betreten durfte (ἄβατον): wer in den raum trat, mensch oder thier, zu jeder zeit des jahres, warf keinen schatten[3]. Das licht geht von dem gipfel des lichtberges

---

1 vgl. ADieterich, Nekyia s. 20 f.
2 Ueber die Hyperboreer s. ERohde, Griech. roman s. 210 ff.
3 Theopompos fr. 272 bei Polybios 16, 12 Plut. quaest. gr. 39 p. 300 Pausan. VIII 38, 6; zur vorstellung vgl. Ioh. Lydus de mens. 1, 12 p. 5, 4 f. W. (nach S). Eine gleiche logik liegt der Kretischen sage zu grunde, dass es auf dieser heiligen insel des Zeus einen bach gab von der eigenschaft, dass, wer durch ihn gieng, auch wenn es regnete, von oben unbenetzt blieb, solange er in demselben blieb

aus; wer auf dem gipfel steht, ist der welt entrückt, die
vom lichte erhellt wird. Der merkwürdige glaube von dem
Lykaion ist also eine einfache folge der schon von Homer
betonten lichten helle des göttersitzes. Auf der spitze des
Oita bleibt die asche der dort dem Herakles und Philoktetes
dargebrachten opfer unverweht am selben orte[1]: der göttersitz ist windfrei. Der fluss 'Anauros' erzeugt nach Lucanus
(6, 369) 'weder nassen nebel noch thaufeuchte luft noch
windströmungen': das ist, wie schon der scholiast bemerkt,
eine richtige ausdeutung des namens. Aus der Iasonsage
bekannt, ist dieser fluss zwar bei Iolkos localisiert worden,
aber er hat einen durchaus mythischen charakter. Bei Kallimachos (h. auf Artemis 101) fliesst er in Arkadien, und an
seinen ufern weiden die wunderbaren hirsche mit goldenem
geweih, die Artemis einfängt, um sie ihrem wagen vorzu-
spannen. Auch zu Argos und auf Kreta soll es flüsse des
namens gegeben haben[2], ich weiss nicht, ob in wirklichkeit
oder nur in der sage. Der name lässt nicht daran zweifeln,
dass dem götterstrome die eigenschaft der windstille zugetheilt war, die dem götterland überhaupt zukam. Als irdischer niederschlag des himmlischen landes muss auch die
insel Kreta betrachtet werden, wie eine fülle von sagen
zeigt[3]: ein ausfluss dieser geltung war der glaube, dass es

(Eudoxos und Kallimachos bei Antigonos mir. 163 Sotion exc. 4
p. 183). Man hatte eine ätiologische legende ersonnen, nachdem der
wahre grund vergessen war: der bach war das himmelswasser, dem
der regen entströmt; wer in ihm steht, ist dem regen entrückt.
    1 Arrianos in Stob. ecl. phys. p. 246, 18 Wachsm. s. oben 64, 3.
    2 Scholion zu Hes. Schild 477 bei FRanke p. 287.
    3 Statt der eingehenderen begründung, deren obige behaup-
tung bedarf, kann ich mich hier darauf beschränken, ein zeugniss des
Liber glosarum herzusetzen, cod. Vat. Palatin. lat. 1773 f. 182ᵛ 'Ma-
charon neson: Creta insula primum sic appellata est': die nachricht
wird durch Plinius n. h. 4, 58 bestätigt. Dass nach Photios lex.
p. 242, 20 und Hesychios Μακάρων νῆσος alter name für die burg
von Theben war (vgl. schol. Lycophr. 1204), wird verständlich durch die
vorstellung, dass die stadtbeschirmenden götter ihren wohnsitz auf dem
stets auch die wichtigsten tempel umfassenden burghügel hätten.

auf Kreta kein todbringendes reissendes thier gebe, weder
wölfe noch bären, nicht einmal eulen[1], so wie es am thrakischen Olympos striche gab, die von wölfen nicht betreten
wurden. Was von den eigentlichen wohnsitzen der götter
galt, übertrug frommer glaube auch auf ihre irdischen tempel.
Auf das bild der Artemis Kindyas zu Bargylia, auf das der
Artemis Astias zu Iasos in Karien fiel, obwohl beide unter
freiem himmel standen, niemals regen oder schnee[2]: dasselbe
glaubte man von dem altar des Aphroditetempels in Paphos,
und dies wird auch das heiligthum der göttin sein, wo die
nie durch wind oder regen verlöschte lampe im freien brannte.
Anderseits war der eschenhain des Klarischen Apollon frei
von schlangen und allem schädlichen gewürm[3]; von den
hainen der Hera Argeia und der Aitolischen Artemis am
flusse Timavus gieng die sage, dass dort alle thiere zahm
seien oder es sofort beim betreten würden und wölfe friedlich mit den hirschen verkehrten: ewiger friede und freundschaft muss in dem reiche der götter herrschen. Noch in
christlichem bereich geschah das wunder, dass zu Ephesos
auf den von vier wänden umhegten raum, wo ehemals Johannes sein evangelium geschrieben, weder während er schrieb
noch später regen fiel; da diese umfassungsmauern auf der
höhe eines berges standen, ist es sehr möglich, dass der

---

1 [Arist.] mirab. 83 Antigonos mir. 10 p. 63, 11 West. (Lydus de
mens. 2, 10 p. 30, 20 W.) Diodor IV 17, 3 Plin. n. h. 8, 227 f. Aelian
n. an. 5, 2. Zur sage vom Olymp s. Theophrast bei Aelian n. a. 3, 32.

2 Polybios XVI 12, 3f., über Paphos Varro bei Servius z. Aeneis
1, 415 Tacitus hist. 2, 3 vgl. *Liber glos.* im cod. SGall. 905 p. 523ᵃ
'Lugnos abestos [dh. λύχνος ἄσβεστος]: fingunt poetae fuisse uel esse
quoddam Veneris fanum atque ibi candelabrum et in eo lucernam
sub diuo sic ardentem, ut eam nulla tempestas, nullus imber extingueret. unde sicut abeston lapis, ita et ista lugnos abestos id est
lucerna inextinguibilis nominata est'.

3 Nikandros fr. 31 p. 38 Schn. bei Aelian n. an. 10, 49 vgl.
AKuhn, Herabkunft des feuers s. 230 (203 f.²); über die heiligthümer
am Timavus Strabon V p. 215; die überlieferung vom hause des evangelisten Johannes bei Gregorius Turon. glor. mart. c. 29 (Scrr. rerum
Merouing. t. I 2 p. 505, 17—20).

glaube an einem alten heidnischen heiligthum haftete und
von den christlichen periegeten übernommen wurde.
Die seligen geister adeliger männer, die tapfer, gerecht
und fromm auf erden gewandelt, werden nach dem ursprünglichen glauben unserer völker in die gemeinschaft der götter
aufgenommen. Das land der seligen war also das götterland
selbst. Erst im laufe der zeit wurden beide länder geschieden und der aufenthaltsort der seligen, die μακάρων νῆσοι
oder das Ἠλύσιον πεδίον, in den fernen westen jenseits
des Okeanos verlegt; Milesische schiffer fanden ihn auch
im norden wieder, wo sie gegenüber der mündung der Donau
einer insel den mythischen namen Λεύκη beilegten. Dies
land der seligen ist also eine einfache abzweigung des götterlandes[1], die erfolgen musste, als man die seligen geister
ehemaliger menschen schärfer von den göttern unterschied.
So musste denn auch die vorstellung, die man von diesem
lande der seligen hatte, dieselbe bleiben, wie sie sich für
den götterwohnsitz gestaltet hatte. In der Odyssee (δ 563 ff.)
wird das Elysische gefilde, das die götter dem Menelaos
zum wohnsitz anweisen werden, an die (westlichen) grenzen
der erde versetzt: 'da haben die menschen das bequemste
leben; nicht schnee noch starker sturm noch regen kommt
jemals, sondern immerdar lässt der Okeanos des Zephyros
fein wehende winde aufsteigen, die menschen zu kühlen'.
Nach den Hesiodeischen Werken (167 ff.) hat Zeus den heroen
nach ihrem tode 'getrennt von den menschen leben und
wohnsitze angewiesen an den grenzen der erde, ferne von
den unsterblichen; Kronos ist könig unter ihnen[2], und sie
wohnen sorglosen sinnes auf den inseln der seligen am tiefen

---

1 vgl. ADieterich, Nekyia s. 19 ff.
2 v. 169 τηλοῦ ἀπ' ἀθανάτων· τοῖσιν Κρόνος ἐμβασιλεύει fehlt
zwar in vielen hss. und wird gewöhnlich als unecht betrachtet; aber
sowohl die paroemiographen wie Marcellus bei Kaibel epigr. 1046, 9
kennen ihn, er steht im alten papyrus und ist mit recht von Nicole,
Revue de philol. XII p. 113 und HWeil ebend. p. 173 f. in schutz genommen worden.

Okeanos, die gesegneten heroen, denen honigsüsse frucht dreimal im jahre reifen lässt das spelttragende land'[1]. In diesen beiden ältesten anspielungen auf das land der seligen sind die grundlinien eines vorstellungskreises gegeben, an dessen ausbau namentlich die dichter der klagelieder (θρῆνοι) und der grabschriften, später die verfasser der trostschriften (*consolationes*) sich betheiligten. Alles, was das leben des menschen zu verschönern vermag, wird dem jenseits zugetheilt, je nach dem maasse der bildung bald nur die sinnlichen freuden, bald auch die verfeinertsten geistigen genüsse. Die fülle des stoffs ist zu gross, als dass hier auf das einzelne eingegangen werden könnte. Es mag genügen, an Pindars fr. 129 und die ausführliche schilderung im Axiochos c. 13 p. 371 zu erinnern.

Das elend und die übel des irdischen daseins gaben früh veranlassung, einen trost in dem gedanken eines glücklicheren zustandes zu suchen. Das alter hat, vermuthlich so lange es menschen gibt, dazu geneigt, die neue zeit der heranwachsenden jugend für übler und schlechter zu halten, der greis ist *laudator temporis acti*. So musste mit folgerichtiger fortführung dieses gedankens der glaube an eine glückliche, in allem überfluss lebende, sittlich unverderbte vorzeit erwachsen, wo noch die götter unmittelbar mit den menschen verkehrten. Und anderseits pflegt sich der von noth und leid bedrängte mensch dadurch zu trösten, dass er von endlicher wiederkehr der glücklichen zeiten träumt, die das beginnende menschengeschlecht gesehen haben sollte. Die farben für diese vorstellungen waren gegeben, das götterland lieferte sie. Die bilder von himmel und jenseits werden auf die erde projiciert, rückwärts und vorwärts.

Aehnlich wie unsere biblische urkunde den glückseligen unschuldszustand des paradieses in den anfang des menschengeschlechts stellt, so hat die griechische sage das bild des 'goldenen zeitalters' entwickelt[2]. Der herrscher dieses

---

1 vgl. ERohde, Psyche I[2] 104 ff.
2 Eine geschmackvolle darstellung der classischen überlieferun-

menschengeschlechtes ist den Griechen Kronos, den Römern Saturnus[1] gewesen. Auch den östlichen gliedern unseres stammes ist die vorstellung nicht fremd; die Eranier lassen Yima, einen alten himmelsgott, den könig jener glücklichen zeiten sein[2]. 'Wie die götter', heisst es in den Hesiodeischen Werken (112 ff.), 'lebten sie dahin sorglosen sinnes, ohne mühen und leid; auch drückte sie nicht das elend des alters, sondern in immer gleicher kraft der füsse und arme freuten sie sich bei schmausereien, allem übel entrückt; der tod aber kam ihnen wie ein schlaf. Alles gute besassen sie; früchte brachte die spelttragende erde von selbst, viel und reichlich'. Der fortschritt sittlicher einsicht hat das lachende bild durch manche züge erweitert, namentlich durch die negativen bestimmungen, dass schiffahrt, gebrauch des eisens, krieg und die künste des erwerbenden lebens den stand der unschuld noch nicht getrübt hätten[3].

ERohde[4] hat den zweifel aufgeworfen, ob die vorstellung vom jenseits oder die vom paradiese die ursprünglichere sei. Es ist bezeichnend, dass Kronos, der herrscher des goldenen zeitalters, nicht nur nach dem angezweifelten vers des Hesiod (s. s. 201 anm. 2), sondern auch nach Pindar in den Elysischen gefilden herrscht[5]. Man wird die frage

gen gibt EHübner in der ohne verfassernamen erschienenen gelegenheitsschrift: Das goldene zeitalter, Berlin 1879.

1 Vergilius Aen. 8, 324 ff. Dionysios ant. Rom. 1, 36 ua. vgl. Preller-Jordan Röm. myth. 2, 13. 16 f.

2 Nach Vendidād 2, 1—20, übers. von Geldner in der Ztschr. f. vgl. sprachf. 25, 181 ff. In einem einschub zu 2, 5 (p. 182) heisst es von dem reich des Yima: 'Weder soll in meinem reiche kalter wind noch hitze, noch krankheit noch tod herrschen'.

3 Aratos 101 ff. Ovidius metam. 1, 89 ff. Aetna 9—16, wo das goldene zeitalter als ein abgedroschener vorwurf dichterischer schilderung bezeichnet wird. Vgl. HEGraf, Ad aureae aetatis fabulam symbola, diss. Lips. 1884.

4 Psyche I[2] 106, 1.

5 Pind. Ol. 2, 77. Auf dieser vorstellung beruht auch die ortsangabe, welche Plutarch de facie in orbo lunae 26 p. 941[a] de def. orac. 18 p. 420[a] für die fesselung des Kronos macht.

nicht durch den umstand für erledigt halten können, dass derselbe himmelsgott Yama, der dem Inder herr des todtenreiches und führer der todten ist[1], bei den Eraniern als könig des goldenen zeitalters Yima gilt. Hier scheint, wenn nicht etwa durch blossen zufall uns die Vedische überlieferung versagt, in der that die vorstellung vom jenseits die ursprünglichere zu sein. Allein wir dürfen nicht vergessen, dass in den anfang aller völker götter gestellt sind. Der indische Manu, der erste mensch, hiess wie Yama sohn des sonnengottes Vivasvat. Den Griechen ist Deukalion dh. wie wir gesehen, der jugendliche Zeus stammvater des menschengeschlechts und Kronos selbst, der könig des goldenen zeitalters, ist als zeitiger und reifer der früchte[2] eine später von dem umfassenden begriff des Zeus aufgesogene gottheit. Es ist nur eine nachträgliche lösung des zwiespaltes, den theologisches grübeln ersonnen, wenn Kronos mit seinen Titanen von Zeus und den Olympiern entthront und auf die seite geschoben wird. Seine beziehung zum goldenen zeitalter hat ganz den anschein ursprünglich zu sein; sie konnte jenen theologischen aftermythus erleichtern, aber nicht veranlassen. Aber soviel wird nun klar sein: die vorstellung, dass götter im anfang der dinge auf erden geherrscht und die ersten menschen gewesen seien, trägt in sich selbst den keim und die voraussetzungen zum glauben an ein goldenes zeitalter. Und so kann in der that der vorstellungskreis des goldenen zeitalters unmittelbar aus dem bilde des götterlandes abgeleitet sein und bedurfte der vorstellung vom jenseits nicht zur vermittlung. Das land der seligen und das goldene zeitalter können sich unabhängig neben einander aus derselben wurzel entwickelt haben.

Ueber das elend des daseins lässt sich der mensch auf die dauer nicht durch die hoffnung aufs jenseits hinwegtäuschen. Die immer wachsende verschlechterung aller lebens-

---

1 s. JEhni, Der vedische mythus des Yama (Strassb. 1890) s. 94 ff.
2 Götternamen s. 26 f.

bedingungen muss eine grenze finden, und eine bessere zeit muss anbrechen. Man erwartet einen vollen wechsel aller dinge und verpflanzt die vorstellungen vom paradiesesleben in eine nahe zukunft. Im classischen alterthum sehen wir diesen fortschritt sich langsam anbahnen. Schon die alte komödie hat mit sichtlichem behagen lachende bilder glücklicherer erdenzustände dem attischen publicum vorgeführt. Das luftige vogelreich des Aristophanes und sein weiberstaat mit der gemeinsamkeit des besitzes und der frauen sind nur die uns geläufigsten beispiele; Eupolis hat auch das 'goldene zeitalter' selbst (Χρυσοῦν γένος) auf der bühne wieder aufleben lassen[1]. Seit dem vierten jahrhundert entstehen geschichtliche romane oder utopien[2], in welchen philosophen und geschichtschreiber ihre ideale menschlicher tugend und lebensglückes in fabelländer verlegen. So malt Platon seine Atlantis, Theopompos seine Meropis und sein volk der 'frommen' aus; und in der Alexandrinischen zeit langt Hekataios von Abdera den alten mythus von den Hyperboreern hervor, um mit der miene eines geschichtschreibers alles, was ehemals vom götterlande geglaubt wurde und sich daraus und daran spinnen liess, auf die erde, wenn auch in gemessene ferne zu verlegen. Lebendige farbe erhielten diese phantasiebilder durch die drangsale der römischen bürgerkriege. In einem ergreifenden epodus knüpft Horatius an eine episode im spanischen feldzuge des Sertorius an, der von seefahrern lockende märchen von der nicht allzu ferne der küste gelegenen insel der seligen sich erzählen liess und nicht übel lust hatte, das glückliche eiland aufzusuchen[3]: dem entsprechend richtet Horatius an alle wohl gesinnten

---

1 vgl. Meineke Com. I 145 f. II 535 ff. Bergk comm. de com. Att. ant. p. 361.
2 vgl. ERohde, Griechischer roman s. 205 ff.
3 Sallustius hist. I fr. 61. 62 Kr. (100 f. p. 43 Maurenbr.) Plutarch Sertor. c. 8; danach Horatius epod. 16, 39 ff. Vgl. Linker in den Verhandlungen der Meissener philologenvers. 1863 s. 138 ff.

bürger die aufforderung, ähnlich wie es einst die bürger von Phokaia gethan, den boden Roms zu verfluchen, ihm für immer den rücken zu kehren und zu jenen glückseligen gefilden auszuwandern. Es war von da nur ein kleiner schritt, den in demselben zeitraum, nur wenig später, Vergilius vollzog, die wiederkehr des goldenen zeitalters auf erden zu erwarten und zu verkünden. In einer weihevollen dichtung (ecl. IV) verknüpft er eine prophezeiung der Sibyllinischen bücher, dass der anbruch eines neuen, glücklicheren zeitraums (*saeculum*) bevorstehe, mit den glückwünschen an seinen gönner CAsinius Polio zu der geburt eines knaben[1]: in dieser geburt sieht er den wendepunkt der geschicke Roms und der welt, herangewachsen wird der knabe das goldene zeitalter auf die erde zurückbringen: *toto surget gens aurea mundo* (v. 9). Höfische schmeichelei hat dann später neuen kaisern den gleichen ruhm bereitwillig gewährt. In dem höhnenden pamphlet, das Seneca dem todten Claudius in den himmel nachsendet, wird die neue regierung des Nero als der anfang des 'glücklichen zeitalters' gepriesen[2], und ein höfischer dichter, dessen namen die einzige quelle, eine handschrift von Einsiedeln rücksichtsvoll verschweigt, hat die zeit des Nero geradezu mit den üblichen farben des mythus als wiedergekehrtes goldenes zeitalter verherrlicht.

Weit früher tritt bei den Juden die erwartung glücklicher zeiten auf erden hervor. Schon das land der verheissung, das Moses nur von ferne schauen durfte, das land,

---

1 vgl. FMarx in Ilbergs Neuen jahrbüchern 1, 105 ff. Nur wollen wir uns hüten, Vergil irgendwie von jüdischer prophetie abhängig zu denken. Die beiden hierfür in anspruch genommenen bilder v. 22 und 24 hat auch Horatius ep. 16, 33. 52 (in verschiedenem zusammenhang); Marx s. 114 macht kurzer hand Horatius zum benutzer des Vergil, während Kiessling z. st. s. 419[2] mit gutem fug umgekehrt urtheilt.

2 Seneca apocoloc. 1 'anno novo, initio saeculi felicissimi', vgl. in c. 4 den vers 23 'felicia lassis saecula praestabit'. Das Einsiedler gedicht findet man in Riese's Anthologia latina II n. 726, vgl. Buecheler Rhein. mus. 26, 239.

'wo milch und honig fliesst'[1], und die wunderbare weintraube, welche zwei männer an einem stabe als probe des segens zurücktragen, gemahnen an das wohlbekannte bild des götterlandes. Aber zu einem glaubenssatze wurde die erwartung erst durch die noth der Babylonischen unterjochung und verpflanzung (exil) erhoben. Dem Judenvolk wird ein Messias erstehen, und wenn er kommt, dann wird friede und glück auf erden einziehen, wölfe werden friedlich mit den lämmern weiden, löwen mit den rindern heu fressen, kinder ungeschädigt mit giftschlangen spielen[2]. Da dieser Messias den Judenchristen in Jesus Christus gekommen war, wurden folgerichtig alle jene vorstellungen auf die, wie man nach äusserungen des heilandes glauben musste, nahe bevorstehende wiederkunft Christi (die zweite parusie) übertragen. Der apostel Paulus erwartet noch in dem ersten briefe an die Thessalonicher die wiederkunft des heilands in naher zukunft, nur dass er die gläubigen und gerechten nicht auf erden bleiben, sondern in wolken zum himmel entrückt werden lässt (4, 17). Anders dachten die apostolischen väter. Schon im Barnabasbriefe (c. 15) wird das psalmenwort, dass ein tag bei dem herrn 1000 jahre bedeute (89, 4), mit den tagen der schöpfung combiniert zu der auch für das christliche gebäude der weltzeitrechnung grundlegend gewordenen annahme, dass die weltschöpfung 6000 jahre dauern und dann der 1000-jährige weltsabbat folgen werde. Vorgezeichnet waren diese tausend jahre durch eine bekannte stelle der offenbarung Johannis (20, 3 ff.). Diese zeit eines gottesreiches auf erden hat schon Papias[3] mit den lachendsten

---

1 Exhodus 3, 8. 33, 3 Levit. 20, 24 Numeri 13, 28. 14, 8. 16, 13 f.; die wundertraube: Numeri 13, 24 f.

2 Siehe besonders Jesaias 11, 6—9. 65, 17—25. Christlichen ursprungs ist die schon von Lactantius herangezogene stelle der orac. Sibyll. 3, 743—806.

3 Bei Eusebios hist. eccles. III 19, 12 f. und besonders Irenaeus v 33, 3 f. (2, 417 Harv.). Vgl. Kerinthos bei Eusebios ao. III 28, 2. 5 Iustinus dial. c. 80. 81 p. 246—8 Jebb, Hippolytos in Dan. p. 244, 1—10 Bonw.

bildern dichterischer einbildungskraft ausgestattet; es genügt, an die uns erhaltene schilderung der wunderrebe zu erinnern. Die Montanisten haben zweifellos dies kommende erdenglück nicht bloss mit geistigen, sondern auch mit sinnlichen farben ausgemalt[1]. Und wenn auch nach der zeit des Lactantius, der noch eine sehr lebendige schilderung dieses gottesreichs entworfen hat[2], die erstarkte disciplin der kirche diese träume zurückdrängte, so hat es doch bis in unser jahrhundert hinein immer von zeit zu zeit chiliastische schwärmer gegeben.

5 Ein besonderes wort verlangt noch die Eranische vorstellung, in welcher das bild eines in abgelegene gegend entrückten und von da wiederkehrenden paradieses mit einer verblassten und den verhältnissen des Persischen gebirgslandes angepassten erinnerung an die sintfluthsage verbunden ist. In den Vendidâd haben sich zwei bruchstücke von Yima-liedern gerettet, deren zweites unsere quelle ist. Die erzählung entbehrt des anfangs wie des endes; innerhalb des erhaltenen hat die ermittelung metrischer form herrn Geldner gestattet, die reste der ursprünglichen dichtung schärfer von den zwar in gleichartigen sätzen sich bewegenden, aber prosaisch gehaltenen jüngeren zusätzen zu scheiden[3], wie das in seiner übersetzung, die ich mir unten einzurücken erlauben werde, anschaulich hervortritt. Dem göttersohne Yima, der in ihrer glücklichen anfangszeit die welt beherrscht hatte, wird von Ahura Mazda verkündet, dass die böse menschheit durch harten schneefall und daraus entstehende fluth vertilgt werden solle. Nach des gottes geheiss sticht er, offenbar (v. 31 f.) nach dem alten ritus der übelabwehr[4],

---

1 s. Schwegler, Montanismus s. 73 f.
2 Lactantius inst. diuin. VII 24, 6—9. Ueberhaupt s. Münscher in Henke's Magazin 6, 233 ff. Frid. Vlr. Calixti De chiliasmo cum antiquo tum pridem reuato tractatus. Helmstadi 1692, Corrodi's Kritische geschichte des chiliasmus, 4 bände, Frankfurt 1781.
3 In Kuhns Zeitschr. f. vgl. sprachf. 25, 186 ff. Früher Westergnard in AWebers Ind. studien 3, 436 ff.
4 Verhandlungen der Wiener philologenvers. 1893 s. 28 f.

ein viereckiges gehege (*vara*) ab, jede seite so lang als ein
ross an einem tage laufen kann, und treibt in dieses mit dem
goldenen stabe stammhalter von menschen, zug- und weide-
vieh, thieren aller art ein. So weit das alte lied. Man kann
kaum zweifeln, und der fortsetzer (v. 41) hat es so genommen, dass dieses reine und selige reich des Yima in seiner
abgeschlossenheit dauern solle bis' ans ende der tage, wenn
der verderbten menschheit und aller irdischen creatur durch
wintersnoth und fluth ein ende bereitet werde. Wie dem auch
sei, so viel ist klar, dass nicht, wie man geglaubt hat[1], hier
eine Eranische sintfluthsage als ein geschehenes erzählt, sondern ein zukünftiges ereigniss, das ende und die erneuerung
der welt verkündet wird. Ich habe darum es unterlassen, diesen bericht unter die indogermanischen fassungen der fluthsage zu setzen, möchte aber durch einfügung des wortlautes
dem leser die möglichkeit gewähren, selbst zu urtheilen.

21 Einen rath hielt
   der schöpfer Ahura Mazda
   mit den himmlischen göttern ab
   in dem heimathlande der berühmten Aryer
   an der lieben Dāitya[2].
   Zu diesem rathe kam
   der reiche fürst Yima
   mit den besten menschen
   in dem heimathlande der berühmten Aryer
   an der lieben Dāitya.
22 Und es sprach Mazda zu Yima:
   'Trefflicher Yima, des Vīvaṅhan sohn,
   die böse menschheit
   soll ein winter vertilgen,
   weshalb ein harter, erstarrender frost eintritt.
   Die böse menschheit

---

1 So Bruno Lindner im festgruss an RRoth s. 215 f.

2 Hier ist eine umbildung der doppelstrophe eingeschaltet:
'Einen rath hielt | der reiche fürst Yima | mit den besten menschen
ab | in dem heimathlande der berühmten Aryer | an der lieben Dāitya.
Zu diesem rathe kam der schöpfer Ahura Mazda ; mit den himmlischen
göttern.| in dem heimathlande der berühmten Aryer | an der lieben
Dāitya'.

14

soll ein winter vertilgen,
weshalb reichlich schnee fallen wird
auf den höchsten gebirgen
und in den niederungen der Ardvī.

23 Und eiligst soll sich von dort, o Yima, das vieh
verziehen[1], sowohl was
an den bedrohtesten plätzen
auf den höhen des gebirges,
als was in den gründen der thäler
in geschlossenen ställen ist.

24 Vor dem winter
trug jenes land reiche weide:
das wird ein grosses wasser überschwemmen,
wann der schnee geschmolzen ist.
Und ein see wird dort erscheinen,
wo man jetzt den standort
für herden und kleinvieh sieht.

25 Mache du eine burg von der länge
eines rosselaufs[2] im gevierte.
Dorthin bringe einen stamm
von herden und zugthieren
und von menschen und hunden
und von vögeln und hellen [brennenden] feuern;
und richte diese burg ein
zur wohnung für die menschen
und zur stallung für das vieh.

26 Leite dorthin wasser
einen hāthra weges lang,
lege dort strassen an
und baue dort häuser
und einen graben und stützmauer
und einen ringsum laufenden wall.

27 [Dorthin bringe du einen stamm von allen männern und weibern, welche auf erden die grössten, besten und schönsten sind. Dorthin bringe eine brut von allen thiergattungen, welche auf erden die grössten, besten und schönsten sind.]

28 [Dorthin bringe den keim von allen gewächsen, welche auf erden die grössten und wohlriechendsten sind. Dorthin bringe du den keim von allen früchten, welche auf erden die schmackhaftesten

---

1 Lindner ao. s. 214 f. erklärt: 'und eine menge (?) von vieh wird zu grunde gehen'.

2 Alte messung der strecke: soweit als man an éinem tag zu ross abreitet, vgl. JGrimm Deutsche rechtsalterth. s. 86—89.

und wohlriechendsten sind. Und sorge, dass von ihnen immer ein
paar beisammen sei, so lange als jene menschen in der burg
wohnen.]

29 [Dort soll es weder streitsüchtige noch lästerer noch grobiane
geben; weder verfehlung noch noth noch trug; weder zwerg noch
krüppel noch zahnlückige noch riesenhaften körperwuchs noch
sonst eines von den malen, welche als das mal des bösen geistes
dem menschen aufgeprägt sind.]

30 [Und lege neun brücken nach der vorderen abtheilung der
burg, sechs nach der mittleren und drei nach der hintersten.
Und führe in die vordere abtheilung über die brücken einen
stamm von tausend menschen und in die mittlere von sechshundert und in die hinderste von dreihundert.]

    Und treibe sie mit dem goldnen
    stabe in die burg hinein;
    und schliesse in der burg das thor
    und das sonnenlicht einlassende fenster.

31 Und es meinte Yima: 'Wie soll ich dir
die burg machen, so wie es
Ahura befohlen hat?'
Darauf sprach Mazda zu Yima:
'Trefflicher Yima, des Vīvanhau sohn,
schreite ein stück landes mit den fusssohlen ab
und scheide es mit den händen ab,
ganz ebenso wie auch heut zu tage
man ein stück landes mit der hacke absticht[1].

32 Und Yima that so
wie ihn Ahura geheissen hatte:
er schritt ein stück landes mit der fusssohle ab
und schied es mit den händen (dh. mit der hände arbeit) ab,
ganz ebenso wie auch heut zu tage
man ein stück landes mit der hacke absticht.

33 Und Yima machte eine burg von der länge
eines rosslaufes im gevierte.
Dorthin brachte er einen stamm
von herden und zugthieren
und von menschen und hunden
und von vögeln und hellen [brennenden] feuern.
Und Yima richtete die burg ein
zur wohnung für die menschen
und zur stallung für das vieh.

---

1 Geldner bezeichnet die übersetzung dieses verses als 'bloss
conjectural'.

34 Er leitete dorthin wasser
einen häthrn weges lang,
legte dort strassen an
und baute dort häuser
und einen graben und stützmauer
und einen ringsum laufenden wall.

35 [Dorthin brachte er einen stamm von allen männern und weibern, welche auf erden die grössten, besten und schönsten sind. Dorthin brachte er eine brut von allen thiergattungen, welche auf erden die grössten, besten und schönsten sind. **36** Dorthin brachte er den keim von allen gewächsen, welche auf erden die grössten und wohlriechendsten sind. Dorthin brachte er den keim von allen früchten, welche auf erden die schmackhaftesten und wohlriechendsten sind. Und er sorgte, dass von ihnen immer ein paar beisammen war, so lange jene menschen in der burg wohnten. **37** Dort gab es weder streitsüchtige noch lästerer noch grobiane, weder verfehlung noch noth noch trug, weder zwerg noch krüppel noch zahnlückige noch riesenhaften körperwuchs noch sonst eines von den malen, welche als das mal des bösen geistes den menschen aufgeprägt sind. **38** Und er legte neun brücken nach der vorderen abtheilung der burg, sechs nach der mittleren und drei nach der hintersten. Und er führte in die vordere abtheilung über die brücken einen stamm von tausend menschen und in die mittlere von sechshundert und in die hinderste von dreihundert.]

Und er trieb sie mit dem goldenen
stabe in die burg hinein,
und schloss in der burg das thor
und das sonnenlicht einlassende fenster.

39 ['Gerechter schöpfer der irdischen wesen, was waren das für lichter, gerechter Ahura Mazda, welche dort in der burg, die Yima baute, leuchteten?' **40** Und es antwortete Ahura Mazda: 'Natürliche lichter und menschliche. Alle ewigen lichter leuchten von der höhe, alle menschlichen lichter leuchten drunten im innern (der burg). Mit einander sieht man die sterne, mond und sonne im raume erscheinen'.]

41 [Und sie halten für einen tag, was ein jahr ist. Immer nach vierzig jahren wird von zwei menschen ein menschenpaar, männlein und weiblein geboren, und ebenso in den thiergattungen. Und die menschen leben in jener burg, welche Yima baute, das glücklichste leben'.]

(Mit zwei absätzen 42—43, welche sich in ihrer haltung ganz an 39—40 anschliessen und für die sage nichts ergeben, endet der von Yima handelnde abschnitt.)

6 Wir sind nun gerüstet zu den gleichwerthigen bildern zurückzukehren, die uns hier beschäftigen. Auch sie haben eine umwerthung erfahren, die in ähnlicher weise, wie wir das bei dem zuletzt betrachteten bilde wahrnehmen konnten, naturgemäss eine anwendung aus der anderen hervorgehen liess. Zu grunde liegt zweifellos die vorstellung des lichtaufganges: der gott, welches fahrzeug auch ihn tragen möge, wird durch die fluth zum gipfel des bergs gehoben oder an eine insel oder klippe geführt und erhebt sich nun zum himmel, zu den göttern. Das ist eine begleiterscheinung zu der geburt des lichtgottes. Die sage wird dadurch, dass der name ihres helden vor dem allgemeiner durchdringenden gottesnamen zurücktritt und in das heroenreich herabsinkt, vom cultus gelöst; sie wird damit frei und kann sich, ungehindert von der darunterliegenden vorstellung, die der cultus länger festhält, selbständig entfalten. So konnte in einer fülle von sagen die ursprüngliche anschauung unbewusst erhalten werden. Anders im cultus. Die alltägliche erscheinung muss die macht, womit sie ursprünglich das gemüth des menschen erfasste, allmählich verlieren (s. s. 195). Die geburt des gottes wird daher vereinfacht, und nur einmal im jahre oder gar nach ablauf einer folge mehrerer jahre begangen. Die bedeutung des bildes ist damit nicht unwesentlich verschoben, ohne doch den ursprünglichen zusammenhang zu verlieren. Das geburtsfest kann nun aber für die gläubigen verehrer des gottes auch der gegebene tag seiner erscheinung auf erden, der einkehr bei seinen gläubigen, wie die alten sagten, seiner epiphanie sein. Wenn der gott am himmel aufgeht, leuchtet er auch seinen menschen. Insofern fällt geburt und epiphanie zusammen; für den cultus musste die epiphanie, sobald die geburt nur in grösseren zeiträumen sich wiederholte, etwas ganz anderes bedeuten. Wie der gott nun in seinem bilde leibhaft gegenwärtig ist, so sind bilder und heilige wahrzeichen (symbole) der gottheit, in christlicher zeit leichname und reliquien von heiligen unter dieselbe bildliche vorstellung gefasst worden,

wie der gott selbst. Wir durften das schnitzbild des Dionysos in der truhe des Eurypylos und ähnliches auf dieselbe stufe stellen, wie die sagen von dem götterknäblein, das in der truhe über die wasser getragen wird.

Dass das neugeborene götterknäblein in den himmel getragen wird, ist bei Dionysos eine bezeugte (s. s. 167, 3) variante zur landung in der truhe. Das land der götter und der aufenthaltsort der seligen sind, wie wir gesehen (s. 201), nicht nur unter demselben bilde angeschaut worden, sondern ursprünglich eins. Kein wunder also, dass auch die fahrt ins jenseits durch dieselben bilder veranschaulicht wurde, welche für den lichtaufgang ausgebildet waren. Thatsächlich sind, wenn wir von dem alterthümlichsten bilde der truhe absehen, die meisten bilder, die wir betrachtet haben, auch in diesem sinne verwendet worden[1]. Selbst Hermes, der den neugeborenen gott zu den Olympiern oder zu göttlichen ammen trägt, wiederholt sich in dieser reihe; ja als 'seelengeleiter' ist er uns weit geläufiger.

Am deutlichsten tritt diese umwerthung bei dem bilde des schiffs und des fisches hervor. Das urbild der schiffe, das erste aller fahrzeuge, das gezimmert worden, ist für die griechische sage die Argo, welche den Iason und seine begleiter in das land des Aietes brachte, 'wo der schnelle Helios seine strahlen in goldener kammer aufbewahrt' (Mimnermos fr. 11, 5). Ob die gleiche beziehung auch für die fahrten des Odysseus und für die damit nah verwandte wunderfahrt des h. Andreas zum menschenfresserland vorauszusetzen ist, lasse ich dahingestellt. Aber die fahrt über den götterstrom Okeanos zum lande der seligen liegt, wie Welcker überzeugend nachgewiesen hat, deutlich vor in den vorstellungen, welche noch die Odyssee mit den Phaiaken verbindet[2]; es verdient beachtung, dass der attische eigenname Phaiax einen mythischen hintergrund hatte in dem heros

---

[1] vgl. CFredrich, Sarkophagstudien in den Nachr. der Gött. ges. der wissensch. 1895 s. 107 f. 98 ff. Berl. philol. wochenschr. 1898 s. 223.

[2] Welcker Kl. schriften 2, 1—79 (Rhein. mus. II f. bd. 1, 219 ff.).

Phaiax, der ebenso wie der in der Odyssee vater des Alkinoos genannte Nausithoos ein heroon zu Phaleron besass[1]: man sagte, sie hätten das schiff des Theseus auf der fahrt nach Kreta geleitet, Nausithoos als steuermann, Phaiax als befehlshaber des vorderdecks (πρῳρεύς), und beiden wurde ein besonderes fest, das 'steuermannsfest' (Κυβερνήσια) gefeiert. Nach Lesbischer sage ist der schöne Phaon der fährmann, der götter und menschen in das selige jenseits hinüberträgt und von dem Sappho die beförderung zu den seligen erhofft haben muss (oben s. 190 f.). Auch als der Hades und die unterwelt die seelen der verstorbenen Griechen versammelte, bedurfte man eines fährmannes, des Charon. Die vorstellung ist nicht auf die griechische sage beschränkt. Nach dem glauben der Araukaner in Südamerika liegt das geisterland im westen auf der anderen seite des meeres; deshalb pflegen sie die leiche vor dem begräbniss in einem kahne innerhalb des hauses aufzuhängen, auch wohl in einem solchen beizusetzen[2]. Bei den Aegyptern musste der todte über den Nil oder wenigstens über einen see gefahren werden[3]. Für den glauben der Phoeniker finden wir einen anhalt in dem bekannten grabdenkmal des Antipatros aus Askalon[4]. Die ausserordentliche fülle heidnischer und altchristlicher grabdenkmäler, welche das an der Rhone südöstlich von Arles sich ausdehnende todtenfeld ehemals vereinigte[5],

---

1 Plutarch Thes. 17 mit berufung auf Philochoros (fr. 41 *FHG* 1, 391), vgl. Clemens Al. protr. p. 12, 7 τιμᾶται δέ τις καὶ Φαληροῖ κατὰ πρύμναν ἥρως. Ueber Nausithoos vgl. Od. η 56 ff., er ist es auch, der die Phaiaken von Hypereia aus der nähe der Kyklopen weggeführt und in Scheria angesiedelt hat.
2 GWaitz, Anthropologie der naturvölker 3, 520.
3 s. AErman, Aegypten 2, 432 f.
4 vgl. de Iliadis carmine quodam Phocaico (Bonner festschrift 1875) s. 33 f. 41, zuletzt PWolters Athen. mittheil. 13, 310 ff.
5 s. BStark, Städteleben usw. in Frankreich s. 75 f. Ueber die sage von den *Aliscamps* s. Gervasius von Tilbury p. 42 f. mit Liebrechts anmerkung s. 149 Le Blant, Étude sur les sarcophages chrét. ant. de la ville d'Arles p. 45 f. GBdeRossi in Bull. di archeologia crist. 1874 n. s. 5, 144.

scheint zu der sage anlass gegeben zu haben, dass die anwohner der Rhone ihre todten auf kähnen, die sich selbst überlassen wurden, oder kurzweg in verpichten thonfässern oder särgen dem strome übergeben hätten, der sie abwärts an dieses gräberfeld trieb; für die kosten der bestattung habe man der leiche das nöthige geld beigegeben. Das gräberfeld trägt noch heute den namen *Aliscamps*, bei Gervasius von Tilbury *Elysius campus*: die benennung muss aus dem alterthum stammen; in christlicher zeit hatte die begräbnissstätte den ruf eines besonderen göttlichen schutzes.

Nach den Griechen haben die Germanen die zahlreichsten erinnerungen dieser art aufbewahrt[1]. Frühzeitig tritt der glaube hervor, dass unfern Britanniens der aufenthaltsort der seelen liege; fischern unserer westküste lag es ob, die seelen dorthin überzufahren; nachts wurden sie durch pochen geweckt, und hatten dann eine schaar fremder männer in wunderbar schneller fahrt überzusetzen[2]. In einer anzahl deutscher sagen wiederholt sich dieselbe vorstellung, dass der ferge nachts herausgeklopft wird, um eine zahl bald von zwergen, bald von mönchen über den strom zu fahren[3]. An den norddeutschen küsten lebt die sage von dem gespenstigen geisterschiff und wird weiten kreisen durch den 'fliegenden Holländer' lebendig erhalten[4]. Altskandinavische sitte war es den scheiterhaufen für einen könig oder helden in einem schiffe zu schichten, das nach der entzündung des scheiterhaufens den meereswellen überlassen wurde[5]. Nach dem aufhören der leichenverbrennung lebte jener brauch insofern fort, als man die leichen in kleinen

---

1 JGrimm D. myth. 790 ff.
2 Prokop. b. Goth. 4, 20 Claudianus in Rufinum 1, 123 ff. Tzetzes zu Lyk. 1200 und zu Hosiods Werken 169 p. 120 f. Gf. Aber schon Plutarch de facie in orbe lunae 26 p. 941ᵃ und de def. orac. 18 p. 419ᵃ verräth kenntniss der vorstellung.
3 vgl. auch OSchade, Die sage von der h. Ursula s. 124 f.
4 vgl. Liebrecht ao. s. 150.
5 JGrimm Kl. schrr. 2, 273 f. vgl. 257. Ueber den alem. todtenbaum s. Birlinger, Aus Schwaben 2, 313.

kähnen oder ähnlich gestalteten särgen beisetzte, oder dass man, wie in Schweden, dem grabdenkmal aus stein die gestalt eines schiffes zu geben suchte. Noch bis heute heisst im alemannischen deutsch der sarg *todtenbaum*, weil er vormals aus einem zur form eines kahnes ausgehöhlten baumstamme bestand. Ein sehr genauer und werthvoller bericht aus dem dritten jahrzehnt des X jh.[1] zeigt uns, wie noch damals die Russen an der Wolga ganz ähnlich wie die Skandinavier die leichenverbrennung auf einem schiffe ausübten. Nur pflegten diese das schiff nicht abzustossen und seinem schicksale zu überlassen; aber ausdrücklich wird der glaube hervorgehoben, dass je schneller der verstorbene so verbrenne, er um so schneller ins paradies geführt werde.

Häufig sind griechische grabmäler, auf welchen der verstorbene traurig, meist auf einem fels sitzend und in seiner nähe ein schiff dargestellt wird[2]. Man hat darin gräber von schiffbrüchigen gesehen. Natürlicher ist es, diese bilder durch die geläufigen vorstellungen von der fahrt ins jenseits zu erklären; der felsen hat dabei auch seine bedeutung: er ist die schon der Odyssee (ω 11) bekannte Λευκὰς πέτρη, von der man sich herab in den Okeanos stürzt, um zu den inseln der seligen gefahren zu werden. Oefter erscheint das schiff auch einfach als symbol der überfahrt ins jenseits auf grabdenkmälern. Ein Kyzikenischer grabstein, jetzt des

---

1 bei JGrimm no. 2, 289—292.
2 AMichaelis hat dieselben Archaeol. zeitung 1872 b. 29, 142 ff. zuletzt besprochen und ihrer neun nambaft gemacht. Freundlicher mittheilung von Wolters verdanke ich noch den hinweis auf zwei athenische monumente bei Sybel n. 554 (?) und 563; eines im museum von Argos n. 501 ('nur der trauernde'); ein aus zwei stücken des museums zu Mykonos n. 68 und 115 zusammenzusetzendes mit der inschrift Ἀπολοφ[ά]νη Ἀπολλωνίου | [Ἀπ]αμεῦ] χρη[σ]τὲ χαῖρε; zu Korfu im gymnasium n. 14 Μενεκράτη Διοδώρου Ἀθηναῖε | χρηστὲ χαῖρε, n. 17 Μᾶρκε Αὐώ νιε Γαίου Ῥωμαῖε χρηστὲ χαῖρε und ein drittes inschriftloses (bezeichnet 18×11); endlich auf Syra im museum Φιλήμων [Ἀδ]μή του Θεσσαλονικεὺς χαῖρε.

British Museum[1], zeigt unter einer darstellung des sog. todtenmahls ein schiff in sehr flacher reliefzeichnung. Auf einem stein von Tomis, der dem 'heros' Mnesimachos gewidmet ist und als reliefbild einen baum, an dem sich eine schlange emporringelt, über einem altar, daneben links einen reiter, rechts eine frau zeigt, ist zwischen den letzten buchstaben der inschrift ein schiff abgebildet. Auch das schiff eines attischen noch dem IV jh. angehörigen grabmals[2] vermag ich nicht anders zu deuten: in die darstellung eines todtenmahls ragt links das vordertheil eines mehrruderigen schiffes, auf dem ein bärtiger bekleideter mann sitzt und die linke lebhaft erhebt: das göttliche schiff hat den gestorbenen zu den seligen getragen, wo er nun von seinen mühen ausruht und die dargebrachten spenden geniesst. Der grabaltar des Glaukias[3] trägt auf der rückseite das bild eines kahns, auf der linken seite einen zweihenkligen skyphos, krater und kranz, unter der inschrift zwei füllhörner, alles wahrzeichen des seligen lebens im jenseits. Auch in das Christenthum ist die alte symbolik übergegangen. Wenn wiederholt auf sarkophagen, welche das martyrium des apostels Paulus darstellen, ein schiff angedeutet wird[4], kann ich darin nicht mit Le Blant

---

1 Catalogue of sculpture in the Brit. Mus. I p. 342 n. 736 Arch. jahrb. 7, 47 vgl. PWolters im Rhein. mus. 41, 346. Wolters' privater mittheilung verdanke ich auch die kenntniss des folgenden steins von Tomis: Μουσεῖον καὶ βιβλιοθήκη τῆς Εὐαγγελ. σχολῆς περ. V 1884-5 p. 36 n. υα'.
2 s. Wolters, Die gipsabgüsse antiker bildwerke des Berl. mus. n. 1057 s. 350 f. Eine mehrzahl von rudern zeigt auch der nachen des Charon auf einem relief des Vatican (Mus. Pio-Clem. IV taf. 35), auf das schon Wolters ao. hingewiesen hat. Den von demselben geäusserten bedenken gegenüber möchte ich bemerken, dass die sonst berechtigten regeln gesunder exegese bei bildlichen bestandtheilen versagen müssen, die aus alter symbolik übernommen, mehr mechanisch zugefügt und nicht umgeschmolzen dem neuen ganzen als lebendiges glied eingefügt werden.
3 WFröhner, Catalogue des antiquités grecques et romaines du musée de Marseille n. 124 p. 46.
4 Le Blant, Sarcophages chrétiens de la Gaule taf. LIV 1 vgl.

eine hinweisung auf den dem ort der handlung nahen Tiber sehen: das schiff, so wollte der zeichner des bildes sagen, steht bereit, das den märtyrer zu seinem heiland hinüber tragen soll. Ueberaus häufig werden auf christlichen grabsteinen und sarkophagen in den fresken der katakomben usw. schiffe, bald einzeln, bald ein symmetrisch angeordnetes paar, gewöhnlich mit vollen segeln[1], die ναῦς οὐριοδρομοῦσα des Clemens (oben s. 128, 2) als wahrzeichen angebracht. Danach kann es nicht befremden, wenn mehrfach in gräbern kleine schiffchen aus thon oder erz gefunden worden sind, die den todten offenbar als ausdruck der wünsche, mit denen sie die angehörigen begleiteten, mit ins grab gegeben waren. Wir kennen solche aus gräbern wie von Theben in Aegypten, so von Kypros, Rhodos und Tarent[2]. In noch höheres alterthum als diese griechischen gehen die funde auf der insel Sardinien und in Vetulonia zurück: schiffchen aus bronze, deren vordertheil in den kopf eines gehörnten thieres auszulaufen pflegt; in der mitte ist entweder am mast oder an einer die beiden borde verbindenden schleife eine öse angebracht, um das schiffchen aufhängen zu können[3]. Der

p. 150, taf. xi 3 vgl. p. 46, JFicker, Die altchristl. bildwerke im christl. museum des Lateran p. 110 u. 164.

1 s. Wilpert in Kraus' Realencykl. d. christl. alt. 2, 729 ff. Ein schiff mit vollen segeln zb. bei JFicker no. n. 208 s. 160 und AMLupi Dissert. ad Seuerae mart. epitaphium p. 123; zwei schiffe bei Lupi ao. p. 180.

2 Aegypten: Perrot-Chipier hist. de l'art Égypt. I 185, 1 (bearb. v. Pietschmann); Kypros: Ohnefalsch-Richter, Kypros, die bibel und Homer taf. 145; Tarent und Rhodos: Journ. of hellenic studies 1886 b. VII 34 f. taf. 63. Die nachweise verdanke ich meinem collegen Loeschcke.

3 Zusammenstellung in Notizie degli scavi 1881 p. 375 f. 377 f. vgl. Crespi im Bullettino archeol. Sardo 1884 p. 11 ff. Pais ebend. 21 ff. Abbildungen Notizie 1881 taf. VI 1—3 ebend. 1882 taf. XVIII 14 (mit fünf enten auf dem bordrand), Bull. Sardo 1884 taf. I—II. Das schiff von Vetulonia wurde in einem steinring gefunden, Notizie degli scavi 1895 p. 302 'una barchetta di bronzo da servire come lume per appendersi'; der vorderbug läuft in einen thierkopf mit rundgebogenen hörnern aus.

erste eindruck, den beschreibung und abbildung macht, wird jeden zur vermuthung führen, dass diese schiffchen bestimmt waren, als lampen zu dienen. Die möglichkeit dieser bestimmung wird von gelehrten kennern der originale wie Crespi und Pais geläugnet; ich kann die frage unentschieden lassen: symbolische andeutungen der fahrt ins jenseits waren diese beigaben der gräber in jedem falle. Zwei ähnliche schiffchen aus gebranntem thon sind in einem der ältesten gräber von Corneto (Tarquinii) gefunden worden[1], ihre beschaffenheit lässt in der that nicht daran denken, dass sie hätten als lampen dienen können. Und ebensowenig war an diesen zweck gedacht worden bei dem alterthümlichsten stücke, das wir bis jetzt kennen[2]: die grabungen, welche Cecil Smith 1897 auf der insel Melos vornahm, haben ein kleines boot zu tage gefördert, das uns die primitivste form eines kahns veranschaulicht, eine thierhaut über die hölzernen schiffrippen gezogen; Loeschcke, der mich damit bekannt machte, glaubt das kleine denkmal um 1200 v. Chr. ansetzen zu müssen. In späterer zeit hat dann der alte brauch dazu geführt, den grablampen die gestalt von schiffen zu geben. Das museum von Marseille[3] enthält eine thonlampe von der gestalt eines segelschiffes. Die lampen christlicher gräber haben nach dem zeugniss de Waals und Wilperts[3] in der regel die form von schiffchen. Ich denke, die richtigkeit unserer herleitung des bildes ist einwandfrei. Wer daran zweifelt, möge in zureichender weise erklären, woher die pferde und pferdeköpfe altchristlicher grabdenkmäler[4] kommen, wenn sie nicht mit den entsprechenden darstellungen der griechischen sog. 'todtenmahle' und anderer grabdenkmäler verglichen werden dürfen.

---

1 Ghirardini in den Notizie degli scavi 1881 p. 356 f. vgl. 359 und taf. v 25.
2 CSmith, Excavations in Melos 1897 (Annual of the British school at Athens 1896—7) p. 23 des sonderdrucks.
3 WFröhner Catal. p. 325 n. 1870. — FXKraus' Realencyklop. d. christl. alterthümer 2, 270. 729 vgl. oben s. 128.
4 s. AMLupi's diss. ad Senerae mart. epitaphium p. 57 f. (anm.) mit taf. IX 1. 2 und p. 2 num.

7 Wenn nun auf der grabstele des Herakon[1] unter der inschrift links und rechts, da wo auf älteren stelen eine rosette platz fand, je ein delphin angebracht ist, wird es augenfällig, dass der fisch dem schiffe, dem wir auf grabdenkmälern so häufig begegnet sind, völlig gleichwerthig ist. Aber auch für das uns so geläufige bild des delphinreiters dürfen wir dasselbe behaupten. Schon FPiper hat die wahrnehmung gemacht, dass dieses und ähnliche bilder 'den mythus von einer überfahrt der abgeschiedenen seelen nach den seligen inseln zur anschauung bringen'[2]. Nichts aber begegnet häufiger auf dem delphin reitend als der geflügelte Eros. Hat dies bild auch erst seit der hellenistischen zeit seine weite verbreitung erhalten, so war es doch längst vorher schon üblich: das zeigen uns die schönen silberstatere von Ambrakia aus dem vierten jahrhundert (münztafel n. 14); auch andere städte haben den delphinreitenden Eros auf münzen geprägt (s. oben s. 140 ff.), wie Anchialos (mt. n. 1), Deultum, Hadrianopolis, Perinthos (mt. n. 3), Nikomedeia (mt. n. 2), Lampsakos, Poseidonia (mt. n. 22). Unter den gräberfunden von Myrina sind die reste einer bronzekanne[3]

---

1 *CIA* II n. 3771; abgeb. von Brückner, Athen. Mitth. 13, 376. Vergleichbar sind auch die zwei gegen einander blasenden Tritone, die als ornament auf einer grabstele des Piraeus unter dem todtenmahle angebracht sind, Athen. Mitth. XIII taf. IV vgl. s. 381, worauf mich Wolters hinweist; sie sind auch auf römischen sarkophagen wie Museo Pio-Clem. IV t. 42 angebracht worden und in die christl. kunst (s. Le Blant, Étude sur les sarcophages chrétiens antiques de la ville d'Arles taf. IX. II 1 vgl. p. 19 und Les sarcophages chrétiens de la Gaule t. LIII 1 vgl. p. 150) übergegangen.

2 Piper Mythologie der christl. kunst 1, 222. Le Blant, Les sarcoph. chr. de la Gaule p. IV f. hat die bemerkung mit recht aufgenommen und erweitert: 'Longtemps après le triomphe de l'église, les Dioscures, dieux funéraires, les divinités, les monstres de l'Océan, antiques symboles du voyage des âmes aux iles Fortunées, les griffons, ces immobiles gardiens des tombeaux de l'idolâtre, apparaissent dans les bas-reliefs'.

3 Pottier und SReinach *BCH* 7, 443 taf. V Necropole de Myrina p. 496 taf. I..

bemerkbar, welche zur aufbewahrung der asche gedient hat: an dem griff war ein Eros in ephebenalter mit mächtigen flügeln, den rechten arm über einen delphin gelegt und mit ihm nach links schwimmend, angebracht, etwa von der haltung, welche wir aus dem münzstempel von Iasos (mt. n. 9) kennen. Auf die grosse fülle von darstellungen ähnlicher art — besonders häufig ist die gruppe in terracotta gebildet worden — ist wiederholt hingewiesen worden[1]. Dem leser mögen sie veranschaulicht werden durch das medaillonrelief eines Tarentinischen *guttus*[2] mit schwarzem firnisse, den das Bonner kunstmuseum besitzt: dass ich es hier durch die vignette des titelblattes zum ersten mal bekannt machen kann, verdanke ich der güte Loeschckes, welcher das relief auf ein vorbild des V jh. v. Chr. zurückführt. Auch von der christlichen kunst ist das bild übernommen worden. Was auf einem sarkophag von St. Maximin zwei blasenden Tritonen zufällt, die inmitten der vorderseite angebrachte viereckige inschrifttafel zu halten, das leisteten auf der sarkophagplatte der Exuperantia im Lateran zwei auf dem delphin reitende Eroten[3]. Die treffende bemerkung KDilthey's[4], dass 'die Eroten in gewissen typischen verbindungen und decorativen verwendungen die bedeutung von genien' haben, 'die in den heiteren regionen der seligen walten und bis-

---

1 s. Stephani Compte rendu 1864 p. 217 f. Beachtenswerth ein attisches vasenbild noch des V jh. Festschr. f. Benndorf s. 23 vgl. 318, ferner Museum der k. Odessaer gesellschaft für geschichte und alterthumskunde, heft I (Odessa 1897) t. XVI 5 (hier trägt Eros eine leier).
2 Von der gattung, welche aus den beispielen bei Benndorf, Griech. u. sicil. vasenbilder taf. I.VII f. und Furtwängler, Berlin, vasensammlung s. 982 ff. bekannt ist.
3 Die rechte seite der platte ist abgebrochen und damit das gegenstück zu dem erhaltenen Eros verloren gegangen. Abgebildet bei JFicker, Die altchristl. bildwerke im christl. museum des Lateran taf. I n. 11 vgl. s. 6. Das denkmal von St. Maximin bei Le Blant, Sarcoph. chr. de la Gaule t. LIII 1.
4 Jenaer literaturzeitung 1878 n. 28 art. 411 s. 420[b].

weilen mit dem bild der seligen abgeschiedenen in éines zusammenfliessen, ganz so wie die engel der christlichen mythologie, die eben nur getaufte und leicht verkleidete Eroten sind', hat zweifellos gültigkeit vor allem für unser bild, das so lange als schmuck der gräber beliebt blieb.

Hier eröffnet sich vielleicht das verständniss einer merkwürdigen thatsache. Schon früh tritt der fisch als symbol für Christus[1] auf. Durch die sorgfältige untersuchung Giamb. de Rossi's ist festgestellt, dass dasselbe auf den bildwerken bis in das IV jahrh. gebräuchlich war und dann zurücktrat. Die evangelien gaben dazu keinen anlass, auch das alte testament bietet keine stelle, die man typisch hätte verwenden können; weder der walfisch des Jonas noch der fisch des Tobias (c. 6) konnte anders als auf umwegen mit dem heilswerk in verbindung gebracht werden. Wenn also die kirchlichen schriftsteller gerne die fische der wunderbaren speisung heranziehen, so ist das ein nothbehelf; man versteht wohl leicht, wie die fische und brote jenes wunders häufig auf den bildern der katakomben und auf sarkophagen erscheinen und auf die seelenspeise der eucharistie bezogen werden konnten. Aber wie man von dieser speisung mit 'zweien' oder 'wenigen' fischen[2] auf den éinen fisch Christus springen konnte, das ist nicht abzusehen. Oft sagen uns die alten, und es

---

1 Aus der reichen litteratur nenne ich die fleissige, aber wenig gesichtete stoffsammlung von dom Pitra 'ΙΧΘΥΣ siue de pisce allegorico et symbolico' im Spicilegium Solesmense 3, 499—544 und das sendschreiben von Giamb. de Rossi 'de christianis monumentis Ιχθύν exhibentibus' ebend. 3, 545 ff., Ferd. Becker, Die darstellung Jesu Christi unter dem bilde des fisches, Breslau 1866 Houser in Kraus' Realencykl. der christl. alterthümer 1, 516 ff. HAchelis, Das symbol des fisches und die fischdenkmäler der röm. katakomben, Marburg 1888.

2 Bei der speisung der 5000 männer verfügt Jesus über πέντε ἄρτους καὶ δύο ἰχθύας Matth. 14, 17 Marc. 6, 38 Luc. 9, 13 Joh. 6, 9; unter den 4000 vertheilt er ἑπτὰ (ἄρτους) καὶ ὀλίγα ἰχθύδια Matth. 15, 34 Marc. 8, 7. Schon Achelis hat no. s. 49 aus den wechselnden deutungen der kirchenväter richtig geschlossen, dass der ursprung des symbols nicht in einer stelle der schrift liegen könne.

wird noch heute wiederholt, dass der fisch darum das symbol für Christus sei, weil der griechische ausdruck ἰχθύς sich aus den anfangsbuchstaben der für den Christen heiligsten worte Ἰησοῦς Χριστὸς Θεοῦ Υἱὸς Σωτήρ (dafür auch Σταυρός) zusammensetze. Man darf die einfache gegenfrage stellen, ob es denkbar sei, dass man erst aus jenen worten durch zufall oder anagrammatisches spiel das symbol herausgelesen habe. Eine bildliche vorstellung, die durch jahrhunderte den alten Christen wichtig war, sollte durch blosse spielerei entstanden sein und dann sofort allen eingeleuchtet haben? Oder ist nicht vielmehr das umgekehrte allein denkbar, dass, weil das bild des fisches lebendig und verbreitet war, klügelnder witz sich das griechische wort beschaute und ihm durch jene anagrammatische entdeckung eine tiefere bedeutung verlieh? Gerade die zeit, in welcher das Christenthum sich ausbildete, hat auch die klügeleien der Gnosis gezeitigt; man wurde nicht müde, mit den buchstaben bedeutungsvoller worte zu spielen, namentlich indem man ihren zahlenwerth in betracht zog. Aber es sind selbstverständlich immer gegebene worte, mit denen so gespielt wird, und niemandem konnte es einfallen, durch theologische speculation solcher art begriffe und bilder erst zu schaffen. Der fisch also, der den alten Christen ein so heiliges bild war, musste in der vorstellungswelt der zeit gegeben sein; und da die heilige schrift die quelle nicht war, kann er nicht anders als aus der heidnischen unterlage stammen.

Massenhaft uns erhaltene beispiele zeigen, wie üblich es bei den Christen der ersten jahrhunderte war, auf den grabdenkmälern, in den bildern der katakomben, auf geschnittenen steinen, die in ringe gefasst ebensowohl als siegel wie zur übelabwehr dienten, an gläsern und lampen das wahrzeichen des fisches anzubringen. Bald ist es ein einzelner fisch, bald zwei aufeinander zuschwimmende, bald zwei paare, seit dem III jahrhundert häufig delphine[1]; zuweilen

---

[1] Ein schönes beispiel gibt der sarkophag von St. Maximin bei

wird das bild durch das wort Ἰχθύς vertreten, einigemale tritt wort und bild zusammen auf; andere symbole, mit denen der fisch vereinigt wird, pflegen in losem zusammenhang zu stehen, wie die taube us., näher steht der öfter vorkommende anker. Eine zweifellose doppelung gleichwerthiger bilder ist es, wenn auf dem rücken des fisches das schiff angebracht wird, wie das mehrmals auf gemmen vorkommt[1], oder wenn umgekehrt — man wird dabei an den hymnus auf den Pythischen Apollon erinnert — die barkenartige bronzelampe von Porto so gestaltet ist, dass auf dem vordertheil der barke ein delphin liegt. Neben dieser weit überwiegenden verwendung als christlichen wahrzeichen begegnet der fisch schon auf den bildern der sog. sacramentskapellen in der katakombe des h. Callistus in weiterer verwendung. Zweimal sehen wir einen fischer, der mit der angelruthe einen fisch aus dem wasser zieht, einmal neben dem mahle der sieben seligen (oder wie Wilpert es erklärt, der sieben jünger am see Tiberias nach ev. Joh. XV), sodann neben einer taufszene[2]. Ferner erscheint dort der fisch neben einem laib brod auf dreibeinigem tisch mit runder tafel, rechts davon eine betende, links ein mann mit darüber gestreckten händen die speise segnend[3]: die

---

Le Blant, Sarcoph. chr. de la Gaule t. LIII 1. Reichliche belege bietet ausser den genannten schriften JFickers verzeichniss der altchristl. bildwerke im Lateran. Unter einem katakombenbild von Syrakus schwimmt auf eine amphora von jeder seite ein fisch zu, Bull. crist. 1877 tav. X usw.

1 FBecker ao. s. 84 n. 26—28 vgl. do Rossi im Spic. Sol. 3, 563 f. Bullett. crist. 1870 t. VII Garrucci Storia dell' arte crist. I t. 486. Die bronzelampe von Porto hat de Rossi Bull. 1868 taf. I vgl. p. 77 f. veröffentlicht, sie stellt ein geschlossenes schiff vor; das hintertheil bildet ein gekrümmter hals und kopf eines greifs, der im geöffneten schnabel einen apfel hält, auf seinem kopf erhebt sich das kreuz, auf diesem sitzt eine taube; der delphin ist so angebracht, dass er die oberfläche des henkels bildet.

2 Zuverlässigste abbildung bei JWilpert, Die malereien der sacramentskapellen in der katakombe des h. Callistus (Freib. 1897) s. 16 und 18.

3 Abbildung bei JWilpert ao. s. 17. Auch er hält diese deutung

weihung der seelenspeise, der eucharistie. So dient dem Aberkios 'der fisch von der quelle, der gewaltig grosse, der reine, den die heilige jungfrau sich gegriffen' zur speise[1], und nach dem Pers. Religionsgespräch (s. 227, 1) nährt der fisch 'die ganze menschheit, die wie in einem meere dahinlebt, mit seinem fleisch'. Dass der fisch sich so früh unter die bildlichen bestandtheile des abendmahls eindrängen konnte, ist eben so lehrreich, als dass diese verwendung zeitig verschwand und damit das symbol des fisches überhaupt seit dem IV jahrh. zurück trat. Jenes war möglich nur zu einer zeit, wo die ursprünglichen dh. heidnischen vorstellungen noch unwiderstehliche macht übten und die formen kirchlichen brauchs sich noch in fluss befanden; dies wurde zur nothwendigkeit, sobald die disciplin der kirche erstarkt war. Aber es bedarf keines wortes und ist auch schon von Achelis (ao. s. 51. 80) richtig hervorgehoben worden, dass diese sacramentale verwendung des fisches nur eine abgeleitete sein kann; sie setzt voraus, dass man allgemein gewohnt war, Christus unter dem bilde des göttlichen fisches zu denken.

Welche vorstellungen, unbewusst und unwillkürlich, diese grundanschauung veranlassten und beherrschten, wird keinem, der den bisherigen weg durchlaufen hat und die dehnbarkeit der bilder und symbole kennt, dunkel sein. Das alte katakombenbild des fisches an der angel des fischers ist in zusammenhang gebracht mit der taufe und mit dem mahle der seligen. Dadurch ist die ausrede verbaut, dass das fischergewerbe mehrerer apostel den anlass zu dem bilde gegeben haben möge. Die deutung ist sicher gestellt durch das apo-

---

s. 20 f. fest, nur dass er den consecrierenden als Christus selbst fasst. Die gleiche anwendung des fisches kommt auch vor, zb. auf einem bild in der katakombe der Domitilla bei Becker ao. s. 6. 115, auf einem sarkophag des Lateran ebend. s. 121, ebenso zu Avignon bei Le Blant Sarcoph. chr. de la Gaule taf. IX 1.

1 ADieterich, Die grabschrift des Aberkios, Leipz. 1896 p. 9 f. v. 13 f. vgl. die grabschrift des Pectorius von Autun bei Garrucci, Mélanges d'épigraphie ancienne p. 32—47 und Kaibel epigr. 725.

kryphe Religionsgespräch am Perserhof, wo in gnostischem synkretismus die gottesgebärerin auch als die 'Quelle' bezeichnet wird, 'die den einen fisch besitzt, der mit der angel der gottheit erfasst wird'[1]. Wenn aber der fisch an der angel Christus selbst war, so kann es nur der aus deutschen und romanischen märchen bekannte, aber auch schon in der indischen fluthsage hervortretende wunderbare fisch sein, der demjenigen, der ihn fängt, durch errettung oder wunscherfüllung es lohnt, dass er ihn schonte (oben s. 138); er hat sich in ein fischlein verwandelt, wenn er sich fangen lässt: in seiner ganzen grösse ihn aufzunehmen reicht nur das meer aus. Als retter wird der fisch auf gemmen geradezu genannt oder angerufen[2]. Nach dem Persischen Religionsgespräch (anm. 1) trägt die mutter gottes als Myria in ihrem leibe ein tausendfacher last fähiges lastschiff, als 'Quelle' den fisch, der mit seinem fleische die ganze welt speist. Hier fällt auf, dass das schiff, das wir uns als träger des heilands denken mussten (oben s. 127 f.), nun gleich dem fische als bild für Christus selbst genommen wird. Wir dürfen das nicht kurzweg dem gnostischen gaukler, der jene erzählung abfasste, auf die rechnung schreiben. Denn es ist folgerichtig gedacht. Der träger oder geleiter des göttlichen ist selbst ein gott gewesen. Der delphin, der auf dem deck des Kreterschiffs lagerte oder es geleitete, war der verwandelte Apollon (s. 146 f.); als träger des götterknäbleins tritt in einer reihe von sagen ohne jegliche verwandlung Hermes, als träger von göttern Herakles und Iason hervor. Auch in

---

1 AWirth, Aus orientalischen chroniken (Frankf. 1894) s. 161, 19 Πηγή... ἕνα μόνον ἰχθὺν ἔχουσα τῷ τῆς θεότητος ἀγκίστρῳ περιλαμβανόμενον, τὸν πάντα κόσμον ὡς ἐν θαλάσσῃ διαγινόμενον ἰδίᾳ σαρκὶ τρέφοντα, vorher wird der name Maria in Μυρία umgesetzt und es heisst da (161, 16) Μυρία δὲ αὐτῆς τοὔνομα, ἤτι; ἐν μήτρᾳ ὡς ἐν πελάγει μυριαγωγὸν ὁλκάδα φέρει (oben s. 128).
2 Auf einer gemme bei Becker s. 87 u. 33 steht zwischen zwei fischen die inschrift IX CWTHP I ΘV|C|; ein fischchen aus bronze, zum anhängen als amulet (περίαπτον) bestimmt, trägt die aufschrift σώσαις, bei Becker s. 96.

der grundvorstellung von Christus dem fisch ist der fisch nicht anders als in allen anderen mythischen anwendungen als träger gedacht. Christus ist es, der uns die befreiung aus des todes banden, die auferstehung, das selige leben im jenseits gewährleistet: er ist es, der die seele des frommen und gerechten ins himmelreich hinübertragt. Darum wurde er unter dem bilde des fisches angeschaut. Und weil die errettung aus dem tode und die seligkeit das höchste und wichtigste war, was der Christ in der heilslehre verbürgt fand[1] und im leben erstrebte, musste das bild, das für diese vorstellungsreihe gegeben war und feststand, für die Christen der ersten jahrhunderte diese wichtigkeit erlangen, die uns auf den denkmälern entgegentritt. Einmal übernommen fügte es sich von selbst in den bilderkreis der taufe und der eucharistie; die sache der theologen war es, nach anknüpfungen in der bibel zu suchen und die dem bilde unklar und unbewusst unterliegenden vorstellungen zu verdrängen. Aber zu einem dogma ist das bild nicht geworden; seine sinnfälligkeit widerstand dem exegetischen und dialektischen läuterungsprozess, durch den sonst die mythischen vorstellungen von der gottheit und ihrem verhältniss zum menschen in glaubenssätze umgebildet werden.

Christliches wahrzeichen habe ich den auf christlichen grabmälern für sich oder gepaart auftretenden fisch genannt. Wahrzeichen war er längst vorher vielen städten auch des classischen alterthums gewesen. Ausserordentlich häufig begegnet der delphin auf griechischen münzen nicht nur als beizeichen, sondern auch als stempelbild[2]: wir erinnern uns,

---

[1] Schon der ap. Paulus bezieht sich im 1 Korintherbrief 15, 54 f. auf die frohlockenden worte einer uns sonst nicht erhaltenen stelle des evangeliums vom sieg über den tod, und grosse kirchenschriftsteller wie Basileios in der homilie über Christi geburt (Migne PG 31, 1461 b) und Eusebios bei AMai Nova patrum bibl. 4, 112 sind sich deutlich bewusst, dass in dieser lehre die kraft zum siege über das heidenthum lag.

[2] Einen vorläufigen überblick gewährt die sammlung dom Pitras Spicil. Solesm. 3, 508 ff. Allein auf der insel Kreta kommen

dass der delphin heilig gehalten wurde (s. s. 144 f.). Der thunfisch ist das wappenzeichen von Kyzikos, und erscheint regelmässig auf den münzen der stadt, bald als beizeichen, bald in der hand eines gottes: auf einer der ältesten elektronmünzen[1] steht ein thunfisch aufgerichtet, so dass die hinterflossen als stützen dienen; auf beiden seiten hängt an ihm eine verknotete, in troddeln auslaufende tänie herunter, ganz wie so oft an den tempelidolen der münzen; der thunfisch ist dadurch unzweideutig als gegenstand göttlicher verehrung bezeichnet.

Göttliche verehrung von fischen ragt also recht weit noch in das classische alterthum hinein; dem dichter der Patroklie ist der fisch schlechthin ein heiliges wesen (ἱερὸν ἰχθύν Π 407). So konnte der fisch eine bildliche anschauungsform des göttlichen werden, das geheimnissvolle wesen, das götter und seelen durch den Okeanos hinüber ins lichtland trägt. Von dem alter der vorstellung zeugt ihre verwendung in der seit der Vedenzeit feststehenden indischen fluthsage; wie fest und dauerhaft sie war, lehrt der gräberschmuck hellenistischer und römischer zeit. So ist dann Christus selbst als erlöser und geleiter der seelen unter diesem bilde geschaut worden.

---

die orte Arsinoe Lisos Priansos Rhaukos Rhithymna in betracht, s. Svoronos' Numismatique de la Crète ancienne taf. II 26—28, XVIII 12. 13 xx 28—30, XXVIII 24—26 ua., XXIX n. 21 f. 25 f. 30 ff., XXX 4 f. 7—9.
1 Numismatic chronicle 1887 ser. III vol. VII taf. I n. 1 vergl. Groenwell ebend. s. 45 f.

VII

ERGEBNISSE

1 Wir haben bisher einen örtlichen niederschlag der Deukalionsage bei seite gelassen, der uns jetzt von wichtigkeit sein wird. Mitten in der argolischen landschaft liegt ein gebirg, auf dem Deukalion bei der grossen fluth gelandet sein sollte. Es ist die höhe, die sich über Nemea, dem bekannten schauplatze hellenischer preisspiele erhebt. Auf der höhe soll Deukalion nach der errettung aus den wassern dem Zeus Ἀφέσιος einen altar errichtet haben. Unser berichterstatter Arrian nennt den berg die höhe des Argos und bemerkt, sie sei später Nemea darum genannt worden, weil dort die herden des Argos zur weide giengen [1]. Der ortsheimische name des gebirges war aber Ἀπέσας, und es knüpfte sich an ihn der cultus des Zeus Ἀπέσας, wie ihn noch Kallimachos nannte, oder Ἀπεσάντιος [2], mit dem Zeus

---

1 Et. M. 176, 33 Ἀφέσιος Ζεὺς ἐν Ἄργει τιμᾶται. εἴρηται δὲ ὅτι Δευκαλίων τοῦ κατακλυσμοῦ γενομένου διαφυγὼν καὶ εἰς τὴν ἄκραν τὴν (so *VD*: τῆς vor Gaisford) Ἀργοῦς (l. Ἄργου) διασωθεὶς ἱδρύσατο βωμὸν Ἀφεσίου Διός, ὅτι ἀφείθη ἐκ τοῦ κατακλυσμοῦ, ἢ δὲ ἄκρα ὕστερον Νεμέα ἐκλήθη ἀπὸ τῶν (τοῦ add. *V*) Ἄργου βοσκημάτων ἐκεῖ νεμομένων. Οὕτως Ἀρρειανὸς ἐτυμολογεῖ ἐν τῷ β τῶν Βιθυνιακῶν. Die hss. weichen sonst nur in kürzungen ab; weder EMiller mél. de lit. gr. p. 55 noch Reitzonstein bieten etwas neues. Die weide des Argos kennt auch der scholiast zu Pindars Nem. I p. 425 B., nach dem der name Nemea von einigen hergeleitet wurde ἀπὸ τῶν βοῶν τῶν ὑπὸ Ἄργου νεμομένων ἐν τῷ χωρίῳ, αἳ ἦσαν Ἥρας ἱεραί.

2 Steph. Byz. p. 104, 13 Ἀπέσας: ὄρος τῆς Νεμέας, ὡς Πίνδαρος καὶ Καλλίμαχος ἐν τρίτῃ, ἀπὸ Ἀπέσαντος (so) ἥρωος βασιλεύσαντος τῆς χώρας, ἢ διὰ τὴν ἄφεσιν τῶν ἁρμάτων ἢ τοῦ λέοντος·

Νεμεαῖος (Pindar Nem. 2, 4) identificiert wurde. Wenn dieser name bei Stephanos von dem alten heros Ἀφέσας abgeleitet wird, der könig der landschaft gewesen sei, so erkennen wir darin leicht die verschiebung des ursprünglichen gottes zum heros, die naturgemäss folge der durchgedrungenen formel Ζεὺς Ἀπεσάντιος war. Dass dieser name nahe verwandt mit Ἀφέσιος sei, ist den alten nicht entgangen. Die in den handschriften des Stephanos, aber auch schon des Statius und seines scholiasten überlieferte schreibung Ἀφέσας wird nicht erst auf späterer verderbniss beruhen. Aber wie willkürlich und bedenklich die ableitung von ἀφιέναι ist, kann allein schon die haltlosigkeit der versuche zeigen, die von da abgeleitete benennung des berges mythologisch zu begründen. Während Statius Perseus zum Gorgonenabenteuer von dort abfliegen lässt, suchten Stephanos und seine gewährsmänner den anlass für die namengebung im ablassen der wagen zum kampfe oder darin, dass dort der nemeische löwe vom monde her losgelassen worden sei. Aelteres und besseres bietet uns ein mann, der einfach berichtet, ohne etymologien zu jagen. Pausanias gibt uns die kurze, aber inhaltschwere nachricht: 'es liegt auch ein berg Apesas über Nemea, dort soll Perseus zuerst dem Zeus Apesantios geopfert haben'[1].

ἐκεῖ γὰρ ἐκ τῆς σελήνης ἀφείθη. ἀφ' οὗ Ζεὺς Ἀπεσάντιος. Καλλίμαχος δὲ ἐν τοῖς ἰάμβοις (fr. 82 p. 237 Schn.) τὸ ἐθνικὸν Ἀπέσας φησί
 ' κοὐχ ὧδ' Ἀρείων τῷ Ἀπέσαντι πὰρ Διί
 ἔθυσεν Ἀρκὰς ἵππος.
[1] Paus. II 15, 3 καὶ ὄρος Ἀπέσας ἐστὶν ὑπὲρ τὴν Νεμέαν, ἔνθα Περσέα πρῶτον Διὶ θῦσαι λέγουσιν Ἀπεσαντίῳ. Statius Theb. 3, 633 bezeichnet daher die cultusstätte, wo er nach dem vorgang des Antimachos den Amphiaraos und Melampus vogelschau halten liess (3, 460 ff.), mit den worten *Persei montis culmina*. Er, wie sein scholiast (p. 166, 26 Jahnke), leitet den namen des gebirgs von ἀφιέναι ab und bezieht das wort auf den abflug des Perseus (3, 462 f.), er schreibt 3, 461 den accus. *Aphesanta*, vgl. Luctatius p. 181 Jahnke 'Aphesantem significat montem, in quo auguria captauerant. de hoc enim Perseus primum uolauit, quando ad caput Gorgonae auferendum profectus est'; mehr bei vWilamowitz im Hermes 33, 513 f.

VII Ergebnisse

Hier erst wird das Ἀπέσας verständlich; es muss die ältere heimische form sein für die jüngere gemeingriechische Ἀφέσιος, ein altes beispiel der psilosis eines mit s anlautenden wortstammes, wie sie auch in ἐπίστασθαι vgl. *si-stere* vorliegt, das von ἐπιίστωρ zu ἵστωρ ἱστορεῖν von wz. *vid* scharf gesondert werden muss. Denn nicht von ἱέναι konnte man das aoristische participium ἕσας bilden, sondern nur von ἕζειν sed-, Ἀπέσας ist danach der die truhe absetzt oder zum stehen bringt. Es leuchtet ohne worte ein, dass bei Pausanias die ältere und heimische form der sage vorliegt. Hier ist es nicht Deukalion, der das opfer bringt oder den altar errichtet, sondern Perseus; wenn aber Perseus dem Ἀπέσας opfert, so ist eben er der gerettete. Nach der dortigen sage kann also Perseus nicht, wie es sonst heisst, an die insel Seriphos getrieben sein, sondern auf die höhe über Nemea. Wenn nun ein schriftsteller der Antoninenzeit Deukalion und Zeus Ἀφέσιος statt Perseus und Zeus Ἀπέσας nennt, so setzt er gemeingriechische sage und worte an die stelle der örtlichen und echten überlieferung. Die entwickelte sage von der Deukalionischen fluth hat das alte mythische bild von der erscheinung des lichtgottes in den hintergrund geschoben.

Den cultus des Zeus Ἀφέσιος kennen wir noch aus der Megarischen landschaft. Auf einem östlichen ausläufer des gebirgs Geraneia lag ein tempel dieses gottes[1]. Die von Pausanias aufbewahrte legende bringt die einsetzung des cultus in zusammenhang mit dem gebet des Aiakos um regen. Da haben wir eine vierte, nicht eben glücklichere erklärung des wortes aus dem verbum ἀφεῖναι[2]. Aber auch das Geranische gebirg hatte seine sintfluthsage, wie oben (s. 41) bemerkt ward. Megaros, sagte man, hatte sich, als die Deukalionische fluth hereingebrochen war, schwimmend auf die bergeshöhe gerettet. Auch wenn man abstreicht, was die

---

1 Pausan. I 44, 9. Philios Ephem. arch. 1890 p. 46 und Lolling ebend. 58 ff. scheinen den ort des tempels ermittelt zu haben.

2 CRobert in Prellers gr. myth. I⁴ 118, 3 hat bereits seine bedenken gegen diese auffassung geltend gemacht.

ortssage zugefügt hat, um den namen des 'Kranichbergs' zu erklären, so bleibt doch der feste kern bestehn, dass Megaros bei der grossen fluth auf der Geraneia halt und rettung gefunden. Wir sind dadurch berechtigt, den megarischen Ἀφέσιος auf die gleiche vorstellung zurückzuführen wie den nemeischen Ἀπέσας.

Was sich uns auf dem umwege durch die einzelnen anwendungen des bildes von der truhe und anderer ergeben hat, die nothwendigkeit, die vorstellung von Deukalion im kasten auf den lichtaufgang zu beziehen, wird durch diese Argivische überlieferung, wenn es dessen noch bedürfte, erwiesen. Die alte vorstellung, die an dem gebirge über Nemea haftete, war anfangs mit dem namen des Perseus verbunden; später, nachdem die Deukalionsage griechisches gemeingut geworden, rückt unwillkürlich Deukalion in die stelle des Argivischen landesheros.

Die griechische sage kennt den Deukalion, der in der truhe über die fluthen getragen wird, nur als fertigen mann: mit ihm wird sein weib Pyrra gerettet. Man darf aus diesem umstande ein bedenken nicht ableiten. Freilich ist es in der regel ein neugeborenes knäblein, das in die truhe eingeschlossen wird. Aber nicht nur Tennes, den wir uns mindestens als epheben zu denken haben, sondern auch der greise Thoas, der vater der Hypsipyle, wird in der truhe dem meere übergeben. Und die älteren vasenbildner lassen den Dionysos als bärtigen mann seinen einzug auf dem schiff halten oder auf dem rücken des Herakles durchs wasser getragen werden, während er im arme des Hermes als knäblein erscheint. Dieser wechsel der altersvorstellung trifft also das wesen der sache nicht.

Nun hat uns die untersuchung des namens ergeben, dass Deukalion bzw. das durch patronymische ableitungen sicher gestellte grundwort Deukalos nichts anderes bedeutet als 'kleiner Zeus', 'Zeusknüblein', gerade so wie das anderwärts übliche Dioklos, Diokles. Hierin liegt der entscheidende beweis, dass in die ursprüngliche griechische sage, welche der Deukalionischen fluth zu grunde liegt, völlig gleichwerthig war mit den übrigen gestaltungen desselben bildes, die wir durchmustert haben. Diese vorstellung aber, durch die grammatische analyse verbürgt, durch die sagenvergleichung bestätigt, ist so verschiedenartig von dem inhalt der fluthsage, dass beide als unvereinbar bezeichnet werden müssen. Wir stehen vor der räthselfrage, wie das bild des kleinen Zeus auf den wassern zu einer Deukalionischen fluthsage umgestaltet werden konnte.

2 Wie immer diese umgestaltung vor sich gegangen sein mag, ein keimpunkt, ein anklang an die fluth musste bereits in dem ursprünglichen bilde gegeben sein. Weder eine naturgemässe fortbildung noch eine verschmelzung mit einer an sich fremden vorstellung ist denkbar ohne diese voraussetzung. Ich möchte glauben, dass ein sinneneindruck dazu mitgewirkt hat, dass man das aufsteigen des neugeborenen lichtes mit einer fluthwelle, die den sonnenball wie mit einem rucke emporzuheben scheint, in verbindung setzte. Thatsächlich wiederholt sich diese einfachere vorstellung der sich aufbäumenden woge oder des aufbrausenden wassers in einer reihe von bildern göttlicher erscheinung.

In der sage von Koiranos (s. 149) und in der Bithynischen legende vom h. Lukianos (s. 173) wird ausdrücklich hervorgehoben, dass der vom delphin getragene durch hoch gethürmte wellen ans land gebracht wird. Noch die Christophoruslegende berichtet, dass, als der heilige, das Christusknäblein auf den schultern, in den fluss getreten war, 'das wasser des flusses mehr und mehr anschwoll . . . und je weiter er schritt, um so höher die wellen wuchsen'[1]. Das sind nicht willkürliche ausmalungen des wunderbaren. In der grossartigen schilderung, die Alkaios von der epiphanie des Apollon in Delphi entworfen hatte, fehlt nicht der zug,

---

1 Legenda aurea 100 p. 432 Graesse 'et ecce aqua fluminis paulatim intumescebat et puer instar plumbi gravissimo ponderabat, quantoque magis procedebat, tanto amplius unda crescebat et puer magis ac magis Christophori humeros pondere intolerabili deprimebat'.

dass 'der Kephisos sich hoch hebt und seine wogen auf-
schäumen'[1]: auch das wasser, wird dazu bemerkt, soll die
persönliche nähe des gottes empfinden. Auch Dionysos muss,
um nach Dodona zu gelangen, über einen winterlich angeschwollenen see auf dem esel reiten (s. 125). Wie diese
nachricht unmittelbar an die fluthsage gemahnt, so werden
wir auch in jenen fällen einen nachklang der alten einfacheren fluthvorstellung finden dürfen. Eine bestätigung gibt
ein mythischer zug in der überlieferung von der taufe des
heilandes durch Johannes den täufer. Die Jordantaufe bedeutet nichts anderes als die herabkunft gottes auf erden,
daher das tauffest den alten heidnischen namen Epiphanie
erhielt. Der mensch Jesus wird nach der ältesten auffassung
erst durch diese herabkunft des göttlichen geistes zum gott-
menschen Christus. So hat sich denn mit dieser vorstellung
unwillkürlich auch das uralte bild der epiphanie verbunden,
dass das wasser, in dem dies vor sich gieng, sich aufbäumt
und aufschäumt. In einem hymnus des Epiphanientages fasst
Ephrem der Syrer[2] die hauptmomente der Jordantaufe in
die worte zusammen: 'Die himmel thun sich auf, die
wasser schäumen, die taube erscheint, die stimme des
vaters stärker wie donner wiederholt: dies ist mein geliebter
(sohn)'. In einem anderen sagt er: 'Es sahen dich die wasser
und wurden erschüttert, es schäumt vor erregung der fluss'.
Diesen zug konnte nicht die dichterische einbildungskraft
des Syrers dem feststehenden bilde der Jordantaufe zufügen.

---

1 Alk. fr. 2 bei Himerios r. 14, 11 καί Κηφισός μέγας αίρεται
πορφύρων τοῖς κύμασι, τὸν Ἐνιπέα τοῦ Ὁμήρου (λ 244 f.) μιμούμενος·
βιάζεται μὲν γὰρ Ἀλκαῖος ὁμοίως Ὁμήρῳ ποιῆσαι καὶ ὕδωρ θεῶν
ἐπιδημίαν αἰσθέσθαι δυνάμενον.
2 hymn. in epiph. 1, 20 (bei Lamy 1, 12) vgl. ebend. 14, 31
p. 124 l.. Für die mythische vorstellung, die sich unwillkürlich ein-
gedrängt hatte, fand man dann einen anhalt in psalm 113, 5 τί σοι
ἐστιν, θάλασσα, ὅτι ἔφυγες; καὶ σοί, Ἰορδάνη, ὅτι ἐστράφης εἰς τὰ
ὀπίσω; vgl. zb. [Hippol.] epiphanieprodigt h. l 2 p. 258, 12—16 Achelis,
Gildemeister zu Antonini Plac. itin. p. 41 f.

236   VII Ergebnisse

Seine hymnen sind für den gebrauch des gottesdienstes gedichtet; es konnte also in sie nur aufgenommen werden, was kirchliche überlieferung war. Obwohl uns aus mehreren apokryphen evangelien der taufbericht erhalten ist, findet sich darin keine spur dieses zuges; aber ich habe keinen zweifel, dass so gut wie die feuererscheinung einst auch das aufwogen des wassers in irgend einem später ausser curs gesetzten evangelium bei der Jordantaufe erzählt war. Ueberaus merkwürdig ist nun, dass die bildlichen darstellungen der taufe Jesu, die während des mittelalters in Deutschland und den angrenzenden ländern wie Frankreich und Oberitalien geschaffen wurden, fast ausnahmlos in einer gestaltung des Jordanwassers übereinstimmen, die ohne jenes von Ephrem verbürgte motiv unverständlich sein würde[1]. Das wasser wogt in der weise auf, dass die wellen sich zu einem hohen schwall aufbäumen, der die gestalt des heilands bald bis zur scham, bald zur brust, bald zum kopfe verdeckt. Der älteste beleg ist wohl das aus Langobardischer zeit stammende (um 700 entstandene) relief[2] in der lunette des grösseren portals von s. Giovanni in fonte zu Monza. Piper meint unter zustimmung Strzygowskis, es sei damit 'die natürliche erscheinung des flusses angedeutet, freilich in sehr unnatürlicher ausführung'. Das wird durch den blossen augen-

---

[1] Diese darstellungsweise trat mir zuerst an der herrlichen, durch Heinrich II veranlassten elfenbeinschnitzerei des Bamberger evangeliars in München (abgeb. bei Rohault de Fleury, L'évangile taf. XXXV 1 Strzygowski in der unten anm. 2 angeführten schrift taf. X 2) entgegen. Herr Dr. Boll, der mich damals freundlichst führte, wies mich auf die litteratur hin. Man findet in dem werke Strzygowskis ausser den unten besonders angeführten bildern nicht weniger als 52 weitere belege jener darstellungsweise.

[2] JStrzygowski, Iconographie der taufe Christi (Münch. 1885. 4°) taf. VIII 1, s. 35 'In einem spitzen winkel steigen von derselben basis, auf der Johannes und die engel-stehen, parallele wulste in welliger bewegung auf und zwar so hoch, dass die spitze gerade die scham Christi bedeckt', vgl. Piper, Mythologie und symbolik der christlichen kunst 2, 608.

schein widerlegt. Darsteller anderer zeiten und länder haben sehr wohl die 'natürliche erscheinung des flusses' wiederzugeben verstanden, ohne zu solchen erhebungen des wasserspiegels zu greifen. Auch wird diese auffassung durch die bilderreihe widerlegt, worin der Jordan als aus zwei quellen (Jor und Dan) zusammenfliessend dargestellt wird[2]: aus zwei urnen oder aus zwei mäulern von quellgöttern fliessen die wasser, die sich sofort zu dem fluthenberge thürmen. Ausserdem gibt es eine anzahl von bildern, in welchen die wellenzacken so deutlich hervorgehoben werden, dass die absicht der künstler, das aufbrausen des wassers auszudrücken, zweifellos ist[2]. Auch ohne die letzte quelle und die kanäle, welche diese vorstellung zu den deutschen stämmen führte, nachweisen zu können, dürfen wir das aufwogen des Jordan als einen überlieferten mythischen zug in dem bilde der Jordantaufe betrachten.

Nach der mitte des IV jahrhunderts hat man begonnen die herabkunft Gottes auf erden als menschwerdung am weihnachtstage zu feiern. Die mythische vorstellungsweise, unter welche die taufe Christi gefallen war, musste sich nun unwillkürlich auch für die menschwerdung Gottes geltend machen. Wir haben gesehen, wie nach volksthümlichem liede das göttliche schiff gefahren kommt, das den Christusknaben trägt. Wir werden uns nicht wundern, wenn wir hören, dass in der geburtsnacht ein grosses wasser herankommt, das den für den altar bestimmten fisch, dh. den heiland selbst heranträgt. Es ist ein religiöses volkslied der Eifel[3], in welchem

---

1 Strzygowski s. 45 ff. mit taf. IX 5 XI 3. 4. 5. *Ior* und *Dan* schon bei Theodosius de situ terrae sanctae 13 p. 16 Gildem.

2 Miniaturen der evangeliarien im Vatican von 1128 (Strzyg. IV 1), zu Paris n. 75 (Strz. IV 2), zu München (Strz. IX 3), elfenbeinschnitzerei im domschatz von Agram (Strz. X 4) und des museums in Berlin (Strz. X 7), hs. des Gregorius Naz. cod. Par. n. 543 (Strz. V 1). Hervorhebung der aufgethürmten wogen ohne die seitlichen wellensacken findet sich bei Strz. IV 3. 4 XIII 5. 7 XIV 1—3 XV 5 XVI 1 XVIII 1 XX 8. 9.

3 JHSchmitz, Sitten und sagen, lieder usw. des Eifler volkes (Trier 1856) 1, 119 f. n. 8.

diese mythische vorstellung wunderbar hervorbricht; trotz
seiner stammelnden sprache verdient es der vergessenheit
entzogen zu werden:

> Maria ist sich geritten heraus,
> sie ritt vor einer frau wirthin haus.
> Sie hielt sich wohl um die herberg an,
> sie thaten ihr all' sie versan.
> Sie versagten ihr feuer, sie versagten ihr holz:
> ach gott, wie feindlich die leute und stolz.
> Sie weisten Maria in einen stall fürwahr,
> da sich weder thüre noch dach auf war.
> Maria sie war sich der herberg so froh,
> sie legte das liebe kindlein ins stroh.
> Des nachts wohl um die halbe nacht
> Maria an ihr kindlein dacht.
> Maria gieng auf die thüre stahn,
> sie sah gross wasser kommen gahn.
> Wohl in dem wasser da war sich ein fisch,
> der war sich bereit auf Jesu tisch.
> Der fisch der ist sich 'Concelebrant',
> er wird sich in allen gottes messen genannt.
> Wird er nicht in allen gottes messen genannt,
> so entstehen sich erdbeben wohl in dem land.
> So bebet die erde, so reissen die stein.
> Maria ist sich eine jungfrau rein.

Selbst in dem an das evangelium sich anlehnenden
theil ist die erzählung sagenhaft beeinflusst; dass die von
wehen befallene jungfrau nirgends einlass findet, erinnert ua.
an das irren der Leto. Das wichtigste ist die auch hier
hervortretende fluthvorstellung. Sie ist insofern nicht ver-
mittelt, als die fluth nach der geburt des Christuskindes eintritt und der von der fluth getragene fisch gegen die alte
vorstellung und den ursprünglichen sinn dieser fluth von
Christus getrennt wird. Es ist schwer zu sagen, auf welchem
wege dieser bestandtheil der sage zu dem Eifler volk gelangt

sein mag. Man möchte denken, dass wie die durch das germanische mittelalter sich ziehende darstellung des Jordans, so auch die wasserfluth der geburtsnacht auf einer altgermanischen vorstellung beruhe, die an den beiden genannten stellen durch die christliche oberfläche hindurchschlägt.

Die letzten beobachtungen stellen es ausser zweifel, dass nach alter vorstellung der neugeborene oder wiederkehrende lichtgott durch eine fluthwelle in die höhe getragen wird; die vorstellung war so fest, dass sie ein unveräusserlicher bestandtheil der bilder von göttlicher epiphanie blieb. Wir werden bald gelegenheit haben (s. 259 f.), unsere beobachtung über den kreis der arischen völker auszudehnen, und dürfen somit der fraglichen vorstellung die weiteste verbreitung, um nicht zu sagen allgemeingiltigkeit, zusprechen. Erst durch die verbindung dieser fluthvorstellung mit dem bilde des in der truhe, im schiff oder auf dem delphin durchs wasser getragenen gottes ist der keim gegeben, der sich zu einer fluthsage entfalten konnte. Ob dieser keim an sich genügte, um durch organische entwicklung und ohne dazwischentreten eines andern gearteten vorbilds die verschiedenen fluthsagen hervorzutreiben, das bleibt nun zu untersuchen.

3 Zu dem ende müssen wir uns die charakteristischen züge vergegenwärtigen, aus denen sich das entwickelte bild der sintfluthsage zusammensetzt, wie es allein die semitischen berichte geben, und die beiden in erster linie uns beschäftigenden gestaltungen, die indische und die griechische, daraufhin prüfen, wie viel sie von jenen zügen enthalten und inwieweit diese bestandtheile aus dem gegebenen mythischen motiv ableitbar sind. Die in betracht kommenden bestandtheile sind

1 ursache und zweck: verderbtheit und vernichtung des menschengeschtes
2 warnung des frommen und gerechten menschen und anweisung zum bau eines kastens oder schiffes

3 die erhaltung aller thiergattungen durch mitgenom-
mene paare
4 die aussendung der vögel
5 die landung auf hohem berge.

Alle diese züge wird man mit ausnahme der vogelsendungen
für wesentlich erachten müssen. Zwei derselben, die warnung
(n. 2) und die landung (n. 5) waren, das wird jeder zuge-
stehn, überhaupt nicht in einer sintfluthsage zu umgehn. So
werden wir also die drei übrig bleibenden bestandtheile
(n. 1. 3. 4) als charakteristische motive der semitischen sage,
und darunter die vogelsendung, weil sie nur zur belebung
und zum schmucke der erzählung dient, als entscheidendes
merkmal derselben ansehn müssen.

Prüfen wir zunächst die indische fassung der sage, so
muss es auffallen, dass sowohl in der erzählung des Çata-
pathabrahmaṇa wie in der ausgeführteren des epos von den
drei charakteristischen zügen der semitischen sintfluth kein
einziger sich wiederfindet. Den grössten nachdruck müssen
wir darauf legen, dass jede motivierung der fluth fehlt. Nur
beiläufig wird im epos (v. 29) angedeutet, dass 'die zeit der
weltüberschwemmung' bevorstehe, aber dies ist nichts als
eine durch die philosophische lehre von weltperioden beein-
flusste ausdrucksweise des jüngeren dichters. Dass alles,
was auf erden lebt, ausser den insassen des schiffes durch
die fluth vernichtet wird (vgl. v. 30), versteht sich von
selbst; aber keinem der beiden alten berichterstatter kommt
der gedanke, darin einen göttlichen plan zu sehen. Besonders
lehrreich ist die behandlung des dritten punktes. Der bericht
des Brahmaṇa weiss nichts davon, dass irgend etwas anderes
als Manu selbst in dem schiffe gerettet worden sei; dieser
erzeugt nach der rettung, ohne es zu wissen, durch seine opfer
ein weib und durch dies reiche nachkommenschaft; wie seine
viehherden (v. 9) zu stande kamen, wird nicht gesagt. In der
episode des Mahābhārata wird Manu allerdings angewiesen,
'samen jeglicher art auf das schiff zu bringen' (v. 32 vgl. 37).
Dass jedoch dieser gedanke dem epos ursprünglich fremd war,

ergibt sich daraus, dass der weitere verlauf darauf nicht nur keine rücksicht nimmt, sondern ihm geradezu widerspricht. Denn nach seiner rettung liegt es Manu ob, 'alle wesen zu schaffen mitsammt göttern, Asuren und menschen und allen welten und was sich regt und was reglos ist' (v. 52 ff.). Von der vogelaussendung vollends ist keine spur.

Ich verstehe nicht, wie verständige forscher an eine beeinflussung der indischen fluthsage durch die semitische denken konnten [1]. Das einzige, was man dafür anführen könnte, der 'samen jeglicher art', wird durch die erzählung des epos selbst widerlegt. Die indische sage steht ganz auf sich und kann meines erachtens in befriedigender weise unmittelbar aus dem mythischen keim, den wir oben bestimmt haben, abgeleitet werden.

Zu grunde liegt auch ihr der aufgang des lichtgottes. Als erster mensch ist Manu ein heros, und seine ursprüngliche göttliche natur wird, wie das fast regelmässig bei den stammvätern von geschlechtern und völkern geschieht, nur um eine stufe zurückgeschoben [2]: er ist sohn des sonnengottes Vivasvat. Die mythischen anschauungsformen, die für den vater ausgebildet waren, mussten auch für den sohn gelten. Er wird über die fluthen hin zu dem höchsten gipfel des Himālaya getragen.

Ueberaus wichtig für die vergleichung ist die rolle des fisches, der als göttliches wesen nicht nur handelt, sondern im epos auch ausdrücklich bezeichnet wird (s. s. 28). Er dient dem schiff des Manu als geleiter, und das epos hebt wie geflissentlich hervor (v. 34), dass ohne ihn Manus rettung unmöglich sein würde. Den im abschnitt V und VI betrachteten erscheinungen wächst hiermit ein durchschlagender beleg zu. Dass in der indischen fassung eine doppelung gleichwerthiger bilder stattfindet, ist schon früher (s. 138. 185) hervorgehoben worden. An sich genügte der fisch als träger des Mann. Die verschärfung der fluthvorstellung konnte

---

1 vgl. oben s. 5 anm. 2.
2 vgl. Stoff des griech. epos s. 20.

es mit sich bringen, dass man für den zu errettenden bessere deckung in einem schiffe suchte, aber der fisch war gegeben und blieb bestehen. Jedoch das bild des schiffes muss darum nicht erst nachträglich hinzugekommen sein. Das heilkräftige kraut *kushṭha* wird, wie es mehrmals im Atharvaveda[1] heisst, in goldenem, goldgekettetem schiff am himmel hingefahren; wo das schiff sich niederlässt, auf des Himavant gipfel, da ist der ursprung des kushṭha. Auch den Açvin wird im Veda ein schiff beigelegt, auf dem sie vom himmel her den segen heranfahren; den Bhujyu retten sie aus den meereswogen bald mit einem schiffe, bald mit einem wagen[2]. Jacobi macht mich auf das wort *uḍupa* aufmerksam, das im classischen sanskrit meist 'nachen' und dann von der zeit des Mahâbhârata an 'mond' bedeutet. Zu dieser bedeutungsentwicklung konnte die sichelform des mondes anlass geben. Unter dem einfluss des prakrit, worin *ṛtu* zu *uḍu* wurde, deutete man das wort, um die bedeutung 'mond' zu vermitteln, auch *uḍu-pa* 'der die jahreszeiten beschützt'. Diese vorkommnisse genügen zu dem beweise, dass den Indern auch das bild des schiffes für die vorstellung des aufsteigenden lichtes nicht unbekannt war. Das würde übrigens, auch wenn jene belege uns mangelten, durch den epischen bericht selbst sich ergeben. Zu der doppelung der bilder von fisch und schiff, die schon im ältesten bericht vorliegt, hat der epische dichter noch eine neue combination hinzugefügt. Während in dem Brâhmaṇa Manu allein das schiff besteigt, gibt das epos ihm noch die sieben Ṛshis zu begleitern. Zu dem bilde der 'sieben weisen' oder '7 priester' hatte der Inder das gestirn des grossen bären belebt, dessen 7 sterne im Veda einmal *ṛxas*, im classischen Sanskrit gewöhnlich die '7 Ṛshis' heissen. Es ist einer der ersten

---

[1] Die stellen gibt VGrohmann in Webers Ind. studien 9, 421 f. vgl. Weber Ind. streifen 1, 11 anm. 2.

[2] vgl. HOldenberg, Religion des Veda s. 214 Myriantheus, Die Açvins s. 156 ff. und besonders Th. Baunack in Kuhns Zeitschr. f. vgl. sprachf. (1898) 35, 485 ff. s. auch oben s. 157. 186.

und überzeugendsten funde Adalbert Kuhns[1], dass das ältere ŗxas zusammenfällt mit dem gr. ἄρκτοι: diese sind in folge der einheitsvorstellung des sternbildes zu éiner ἄρκτος geworden, wie trotz des zahlworts die lat. *septem triones* zu einem *septentrio* sich verdichteten. Auch diese sieben sterne des nördlichen himmels sind also nach der indischen vorstellung durch die fluth im schiffe zum gipfel des berges gehoben worden, über dem sie zur nachtzeit sichtbar waren. Man möchte vermuthen, dass die erhebung der 7 Ŗshis durch die fluth ursprünglich selbständig gedacht und erst nachträglich mit der gleichartigen sage von Manu verknüpft worden war; die bedeutungslosigkeit, die sie im bericht des epos für die handlung haben, spricht für nachträgliche, unorganische einflechtung. Aber schon in einem vedischen hymnus jüngeren ursprungs wird des ersten opfers gedacht, das Manu in gemeinschaft mit 'den sieben priestern' den göttern dargebracht[2]. Diese anspielung setzt die epische fassung der fluthsage voraus und ist ein zeugniss für das alter der überlieferung, der das epos folgt.

Der held der indischen fluthsage berührt sich auch in anderer hinsicht[3] aufs engste mit dem sonnengotte Vivasvat, als dessen sohn er gilt. Auch in unserer sage tritt das deutlich hervor. Denn Manu ist es, der nach der fluth nicht nur das menschengeschlecht begründen, sondern auch alle anderen wesen, bewegliche und unbewegliche, ja sogar die

---

1 In Allöfers Ztschr. f. d. wissenschaft der sprache I (1845) s. 155 ff. vgl. MMüllers Vorles. über d. wissenschaft d. sprache 2, 341 ff. Ueber die bedeutung der Ŗshis im Veda s. Oldenberg, Religion des Veda s. 278.

2 Ŗigveda x 63, 7 (in Grassmanns übers. 2, 348) vgl. Oldenberg ao. 276; über das alter dieses x buchs s. Oldenberg, Die hymnen des Ŗigveda 1, 265 ff. Wie mich Jacobi belehrt, spricht auch der name *Arundhati*, den schon im Veda der wenig sichtbare stern über dem schwanz des bären führt als gemahlin eines der 7 Ŗshis, dafür, dass die beziehung der 7 Ŗshis auf das bärengestirn in die vedische zeit zurückgeht.

3 vgl. Oldenberg, Religion des Veda s. 275.

götter erschaffen soll. Es versteht sich also von selbst im sinne alter mythischer anschauung, in welcher eigenschaft er durch die fluth zum gipfel des in den himmel ragenden berges emporgehoben wird. Die indische fassung des mythus hat vor allen anderen das voraus, dass sie gestattet, die beiden stadien der entwicklung noch zu unterscheiden. Als sohn der Vivasvat steigt Manu zum himmel auf; als stammvater der menschheit steigt er vom bergesgipfel herab. Dies herabsteigen, diese herablassung der gottheit auf die erde wird in dem berichte des Brahmaṇa ausdrücklich hervorgehoben (v. 6); es erschien dem theil des indischen volkes, welcher der sage diese fassung gab, so bedeutungsvoll, dass danach sogar der berg, an dem das schiff gelandet sein sollte, den namen ʽdes Manu herabsteigen' erhielt (s. 26 v. 6).

Nach diesen darlegungen dürfen wir es als einleuchtend betrachten, dass die indische fluthsage eine ohne jede einwirkung von aussen erfolgte nationale gestaltung des alten und gemeinsamen mythischen bildes vom aufsteigen des lichtgottes ist.

4 Der überblick über geschichte und verbreitung der sage von Deukalion, der im ersten abschnitt gegeben wurde, hat bewiesen, wie spät diese sage in den allgemeinen strom der griechischen überlieferungen hinübergeleitet worden ist. Erst für das VI jh. v. Chr. kann die sage vorausgesetzt werden, und dieser ansatz würde nicht verschoben werden, auch wenn sie schon im Hesiodeischen Frauenkatalog erzählt gewesen sein sollte. Muss darum erst im VI jh. die sage von den Griechen aufgenommen und gestaltet sein? Wir haben längst verlernt die chronologie der griechischen religionsgeschichte von der litterargeschichtlichen zeitfolge abhängig zu machen, wie das seiner zeit IHVoss gethan. Wir wissen, dass abseits der strömung hellenischen culturlebens in landschaftlicher abgeschiedenheit culte und sagen hoher alterthümlichkeit fortlebten, um oft erst spät und zufällig an die öffentlichkeit der litteratur gezogen zu werden. Dem helden schafft

erst die dichtung unsterblichkeit: dichtung und bildende kunst sind es auch, durch welche göttergestalten und sagen in den grossen strom allgemeiner überlieferung hineingezogen werden. Wo ihr einfluss fehlt — und wie oft ist es werk des zufalls und der laune, ob ein stoff beliebt oder verschmäht wird —, da kann es auch einer bedeutungsvollen sage geschehen, dass sie eine weile im verborgenen blüht.

Schon eine oberflächliche betrachtung lässt, nachdem der anstoss hinweggeräumt ist, den die doppelung von schiff und fisch geben konnte, die griechische fluthsage der indischen verwandter erscheinen als der semitischen. Diese verwandtschaft zeigt sich besonders deutlich in der aufgabe, welche dem geretteten zufällt, das menschengeschlecht zu erneuern oder vielmehr zu schaffen. Wir haben (s. 43) wahrgenommen, dass das einer der festesten und sichersten bestandtheile der griechischen überlieferung war und schon im Hesiodeischen Frauenkatalog vorkam. Und während die schöpferische thätigkeit des indischen Manu nur eine geburt priesterlicher phantasie ist, hat hier die griechische sage, wie JGrimm schön gezeigt hat.[1], uralte überlieferung bewahrt. Die entstehung der menschen durch die von Deukalion und Pyrra über den rücken geworfenen steine haben die Griechen unter dem einflusse der volksetymologie (s. 34, 1) nicht erst geschaffen, sondern bewahrt und ausgebildet. Der glaube an den ursprung der menschen aus steinen ist ebenso alt und verbreitet, als die sagen und märchen von verwandlung einzelner menschen in steine. Selbst bei den Indianern hat man die vorstellung gefunden, dass der einzige mensch, der aus der grossen fluth sich gerettet, steine in menschen verwandelt habe, um sich genossen zu schaffen; und noch ähnlicher sagen die Tamanaken am Orinoko, dass die menschen aus dattelkernen entstanden seien, die ein bei der fluth auf hohen bergesgipfel geflüchtetes paar über sich geworfen habe, die männer aus den vom manne, die weiber aus den von der frau geworfenen

---

[1] Deutsche mythol. s. 538.

kernen¹. Man wird sich nach der prüfung der indischen sage leicht überzeugen, dass die erschaffung des menschengeschlechtes auf das engste mit der ursprünglichsten conception, wie sie sich uns ergeben hat, verwachsen ist. Der lichtgott, dessen aufgang in dem bilde einer ihn im schiffe oder kasten hebenden fluth angeschaut wurde, ist auch der schöpfer und bildner der einzelwesen auf der erde. Ja man wird sagen können, dass in ihrer älteren form die griechische sage so wenig wie die indische von menschen und lebewesen gewusst haben kann, die vor der fluth dagewesen und durch sie weggetilgt worden wären. Indess wir wollen den festen boden nicht voreilig verlassen und wenden uns darum zur vergleichung der semitischen berichte.

Von den fünf bestandtheilen der semitischen fluthsage fehlen in allen classischen darstellungen ebenso wie in den indischen zwei wichtige, die einschiffung von paaren der verschiedenen lebewesen und die aussendung der vögel (n. 3, 4). Der dritte zug, der den Indern fehlt, die auffassung der fluth als eines strafgerichtes über die verderbte menschheit, ist allerdings von den Griechen anerkannt worden. Dieser zug ist, wir müssen es einräumen, mit dem mythischen bilde, das wir als den keim der indischen fluthsage betrachten, unvereinbar. Aber dass er für sich genüge, um semitische entlehnung der Deukalionischen sage zu erweisen, das müssen wir bei ruhiger erwägung in abrede stellen.

Allenthalben² verbreitet sind sagen, welche den ursprung von seen oder das versinken von städten und weilern, im hochgebirge auch die vergletscherung von Alpenthälern aus dem zorne Gottes über ruchlose menschen herleiten; nicht nur in gebirgslandschaften, sondern auch in der tief-

---

[1] s. AvHumboldts Ansichten der natur 1, 240³.
[2] Zu den von Grimm Deutsche mythol. s. 546 f. angeführten deutschen sagen (auch eine keltische und eine serbische ist dabei) füge ich noch Jecklin, Volksthümliches aus Graubünden s. 34—6 Tscheinen, Walliser sagen 2, 189 n. 81 Müllenhoff, Sagen usw. von Schleswig-Holstein s. 129 ff.

ebene und am meeresgestade finden sie sich. Dass die vorstellung auch dem classischen alterthum geläufig war, zeigt ihre gelegentliche verwerthung in der Ilias (oben s. 31, 2). Aber auch zu einer richtigen sage ausgebaut liegt sie vor in der bekannten geschichte von Philemon und Baucis[1]. Zeus und Hermes hatten in menschengestalt die erde besucht, um die frömmigkeit der menschen zu prüfen, ähnlich wie Zeus in der Lykaonsage und wie vor der vernichtung von Sodom und Gomorra die beiden engel des herrn. An tausend thüren hatten sie vergeblich gepocht, um sich herberge zu erbitten, da nahm sie das arme alte paar in der kleinen hütte auf und bot ihnen, was es vermochte. Zum lohne dafür heissen die götter sie bis auf die höhe des gebirges zu folgen. Als sie nach dem aufstieg die augen zurück wandten, war das ganze land von einem see bedeckt; nur ihr haus war verschont, aber in einen stattlichen tempel umgewandelt, dessen nun Philemon und Baucis warteten, bis sie beide gleichzeitig vom tode ereilt und in bäume verwandelt wurden, er in eine eiche, sie in eine linde. Noch in späten zeiten zeigte man die beiden altheiligen bäume, durch eine mauer von der unheiligen welt abgetrennt. Es ist klar, dass die geschichte von Philemon und Baucis eine örtliche legende Phrygiens war, die sich an den see und das paar heiliger bäume knüpfte. Solche örtliche sagen konnten in Griechenland so wenig ausbleiben, wie in den Alpen und in Deutschland; namentlich mussten die hochthäler Arkadiens mit ihren geheimnissvollen wasserabläufen wie zb. die landschaft von Pheneos dazu auffordern: wir haben oben (s. 45 f.) gesehen, wie in die fluthsage des Dardanos Arkadien hereingezogen war.

Das häufige sagenmotiv des göttlichen strafgerichtes hat mit der mythischen conception, die wir aufzuhellen suchten, die fluth gemeinsam. Es lag nichts näher als beide mythen zu verknüpfen, und die sage von der Deukalioni-

---
[1] Ovidius metam. 8, 621—724 bes. 689 ff.

schen fluth war fertig. Unter dieser voraussetzung wird sogar die wichtige abweichung der griechischen von der indischen und ihre übereinstimmung mit der semitischen, dass nicht der eine stammvater des menschengeschlechts, sondern ein menschenpaar gerettet wird, unmittelbar verständlich. Es genügt die analogie von Philemon und Baucis, um begreiflich zu machen, was an sich nahe genug liegt, dass ein gottesfürchtiges paar, nicht ein einzelner von der vernichtung ausgenommen wird.

5 Ich habe mich bemüht, ruhig und unvoreingenommen die eigenthümlichkeiten der Deukalionsage zu erwägen. Es hat sich gezeigt, dass nichts uns zu der annahme fremdländischer einwirkung nöthigt. Die möglichkeit einer solchen einwirkung sollte damit nicht geläugnet werden. Sie lässt sich sogar erweisen. In einem alten grabe von Vetulonia, das im jahre 1886 von cavaliere JFalchi geöffnet wurde, fand sich ein kleines schiff aus bronze[1] von m 0,22 länge, von m 0,035 höhe am vordertheil und m 0,08 grösster breite. Dieser merkwürdige grabesschmuck, von welchem f. 4 (s. 250) eine auf die hälfte reducierte nachbildung gibt, ist ebenso zum hangen wie zum stehen eingerichtet. Gegen das hintertheil zu hat das schiff unten zwei auswüchse, die als untersätze dienen, um ihm die rechte stellung zu geben. Das hintertheil läuft in einen hirschkopf mit hohem geweih aus, der nicht herausgezimmert, sondern durch ein eng umgelegtes tau mit dem rumpfe verbunden erscheinen soll. Hinter dem hirschkopf ragt aus dem inneren des schiffes eine viergliedrige in unklar ornamentierten absätzen verlaufende säule empor, in der man

---

1 s. Notizie degli scavi 1887 tav. XVII 1 und Falchi's sorgfältigen bericht ebend. s. 500 ff. Milani Museo topografico dell' Etruria (Firenze 1898) p. 30 ff. hat weniger eine beschreibung als eine symbolische auslegung geliefert, in deren tiefe ich nicht zu folgen vormag. Auf den fund von Vetulonia hat mich Loeschcke zuerst hingewiesen, von Milani's erörterung desselben war GKaro so freundlich, mir eine abschrift mitzutheilen. Vgl. noch Amelung, Führer durch die antiken in Florenz s. 163 ff.

ein idol, die *tutela nauis*[1], erkennen darf. Das merkwürdigste nun ist die bevölkerung des schiffes mit verschiedenartigem gethiere. Es scheinen durchweg hausthiere[2] zu sein. An dem taue, durch welches der hals des hirsches an das schiff befestigt ist, nagt oben und unten ein kleineres thier, offenbar zwei ratten. Es folgt dann ein auf die vorderbeine sich stemmender hund, der gerne mit einem vor ihm liegenden zusammengeballten igel anbinden möchte. Gegenüber sieht man einen vierfüssler, kalb oder eselein, heu oder grass fressend; daran schliesst sich, wie die augenzeugen angeben, ein sitzender vogel (gans?), der nach innen blickt. Den mittelpunkt bildet ein auf die beiden seiten des schiffes vertheiltes paar zusammengejochter ackerstiere, die ein jeder aus einem futterkorbe fressen; das joch, das sie verbindet, bezeichnet den schwerpunkt des schiffes: ein daran befestigter metallring gestattet das schiff so aufzuhängen, dass es im gleichgewicht schwebt. Es folgt dann weiter auf der dem beschauer zugewendeten seite ein gleichfalls aus einem korbe fressendes schwein[3]; nach einem nicht sicher erkennbaren gegenstand folgt dann ein gehörntes thier, offenbar widder, das den kopf träumerisch auf das hintertheil eines fressenden schafs legt. Auf der gegenüberstehenden seite entspricht ein gruppenbild aus dem familienleben des schweins: eine muttersau nährt sich zusammen mit einem ihr zugewandten ferkel aus einem gefässe, hinter ihr ein kleineres ferkel, das seinen kopf zwischen die hinterbeine der mutter steckt um zu saugen. Was auf dem reste des vordertheils angebracht war,

---

1 s. JEnschedé in Ruhukens Opusc. (Lugd. Bat. 1807) p. 257 ff.

2 Der igel macht davon keine ausnahme. Wie er bei uns noch zuweilen an stelle der katze gern gesehen ist, um das ungeziefer zu vertilgen, so im alterthum, vgl. [Aristot.] thiergesch. 9, 6 p. 612ᵇ 7 οἱ δ' ἐν ταῖς οἰκίαις τρεφόμενοι (ἐχῖνοι) κτλ.

3 Mit welchem recht die beschreiber des schiffs dies thier gerade einen eber nennen, weiss ich nicht. An sich ist es freilich das wahrscheinlichste, dass der auf der hinterseite gebildeten muttersau ein eber gegenüber gestellt werden sollte.

lässt sich nicht sicher erkennen. So viel auch diesen thiergestalten fehlt um lebenswahr zu sein, so hat doch der bildner in den meisten fällen verstanden durch schärfere hervorhebung entscheidender merkmale an der gattung, die er darstellen wollte, keinen zweifel zu lassen. Der urheber des vorbilds, das uns nur in handwerksmässiger nachahmung erhalten ist, vermochte wohl auch in dieser hinsicht besseres zu leisten. Noch in der nachbildung überrascht uns das bestreben, jedes einzelne thier in bezeichnender naturgemässer stellung und handlung vorzuführen; man sehe hund und igel, die nagenden ratten, das schwein mit den beiden ferkeln, und die fein beobachtete haltung des widders. Ueberall macht sich das bedürfniss geltend, die thiere nicht bloss schematisch als figuranten hinzustellen, sondern sie in thätigkeit und soweit es möglich in gegenseitige beziehung zu setzen, sie zu kleineren gruppen oder scenen zusammenzufassen.

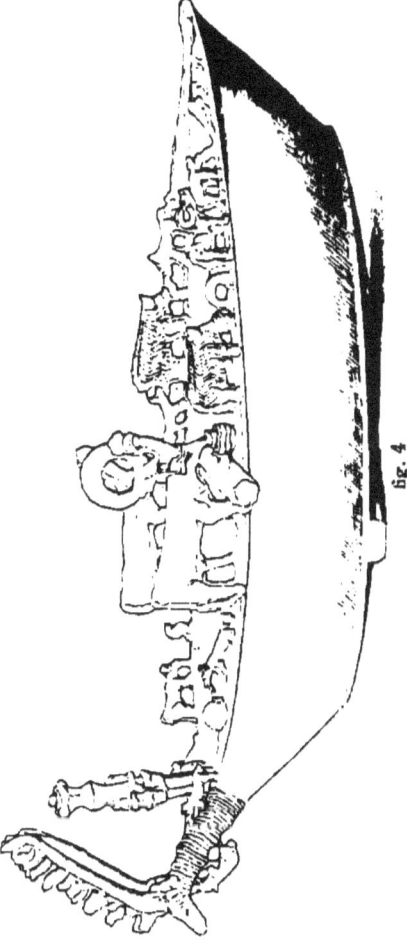

fig. 4

Dies denkmal ist einzig in seiner art. Am nächsten steht ihm ein auf Sardinien gefundenes an beiden enden ver-

verladung der thiere

stümmelten bronzeschiffchen[1], auf dem drei paare von thieren vertheilt waren: in der mitte zwei zusammengejochte stiere[2], links davon hund (?) und gegenüber schwein, rechts eine eidechse und gegenüber ein langohriger vierfüssler, der zu kunstlos dargestellt ist, um eine benennung zu gestatten. Die thiere sind abgesehen von dem rinderpaar ein jedes für sich unvermittelt hingestellt. Trotz dieser abweichung lässt sich der enge zusammenhang des Sardinischen und des Etrurischen gräberfundes nicht verkennen, beweisend ist dafür das rinderpaar. Das Sardinische schiff werden wir als abgekürzte nachbildung eines älteren, einfacheren vorbilds zu betrachten haben, auf welchem die thiere schematisch neben einander und gegenüber gestellt waren: das Etrurische lässt uns auf eine fortgeschrittene, durch schärfere naturbeobachtung und durch zusammenstel-

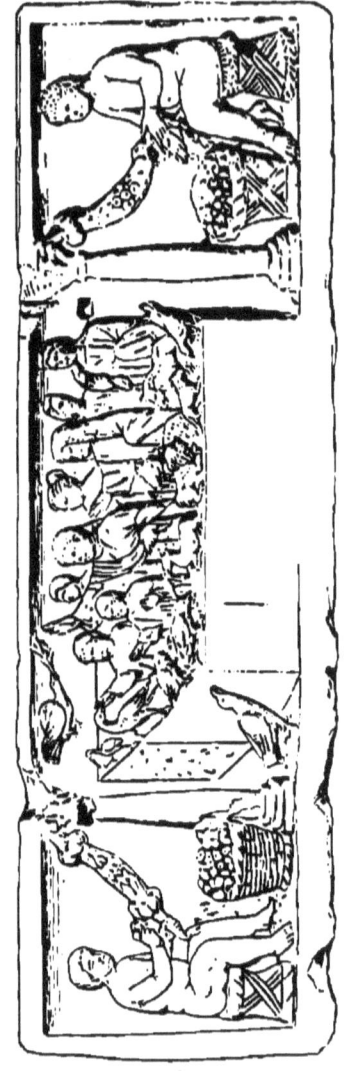

fig. 5

1 Abgeb. in Bullettino archeol. Sardo I (1884) tav. II 13. Anderer art ist das ebend. t. II 17 abgebildete schiffchen, auf dessen rechtem und linkem rand je 5 schwimmende enten angebracht sind. 2 Der stier der hinterseite fehlt jetzt, aber das verbindende joch ist erhalten.

lung von gruppen belebtere fortbildung des älteren und einfacheren bildwerks schliessen. So ergibt die vergleichung des Sardinischen schiffchens, dass der fund von Vetulonia nicht der zufälligen laune eines künstlers verdankt wird, sondern vertreter einer besonderen gestaltung des den todten ins grab mitgegebenen schiffes (s. s. 219 f.) ist, die ehemals weiter verbreitet war und ihre eigene geschichte hatte.

Beachtenswerth ist es, wie die thiere angebracht sind. Sie sind durchweg über den rand des schiffsbords hin vertheilt und nicht, wie man erwarten sollte, entweder aus dem bauch des schiffs hervorragend oder auf dem deck zusammen stehend dargestellt. Es war das die natürliche folge des bedürfnisses, die einzelnen thiergattungen zu möglichster anschaulichkeit zu bringen. Das auskunftsmittel konnte unerlässlich scheinen, um die verschiedene grösse der thiere bemerklich zu machen. Gegenüber diesen vortheilen kam die unwahrscheinlichkeit, dass die thiere auf dem schiffsbord gewissermassen ein seiltänzerkunststück zu leisten hatten, nicht in betracht. Die hier beliebte anordnung tritt nun zu unserer überraschung wieder hervor auf christlichen darstellungen der arche Noah. Wenigstens zeigt der Trierer sarkophag[1], wie man sich an f. 5 (s. 251) überzeugen kann, auf dem rande des kastens, wenn wir von links beginnen, hintereinander storch, adler (?), eule, unbestimmten vogel, pferd, löwen, hund und huhn; nur zwei thiere sind auf dem boden des kastens stehend gedacht, ein schaf und ein eber. Sowohl

---

[1] Abgebildet bei FHettner, Die römischen steindenkmäler des provinzialmuseums zu Trier n. 373 s. 156 (das dafür benutzte cliché war der verfasser so gütig mir für die obige nachbildung zu überlassen) und Le Blant, Sarcoph. chrét. de la Gaule t. III 1 vgl. p. 10. Während Noah (statt dessen auch wohl der gestorbene) in dem kasten stehend und die mit dem ölzweig heranfliegende taube häufig auf bildern der katakomben und auf grabdenkmälern dargestellt wird (s. Henser in FXKraus' Realenc. der christl. alterth. 2, 499 f.), scheint der Trierer sarkophag mit seiner darstellung der thiere und der ganzen familie Noahs bis jetzt allein zu stehn. Das fahrzeug des Noah aber ist überall dasselbe, viereckige kasten oder eine hütte vgl. RGarrucci, Vetri ornati di figure in oro (Roma 1858) p. 7 ff.

vierfüssler als vögel sind durch je fünf arten vertreten, wozu ausserhalb der arche noch die mit ölzweig heranfliegende taube und der am boden sitzende rabe kommen. Die naive anordnung ist also hier mit derselben treue gegen altes herkommen bewahrt, wie die rohe form des kastens, die uns aus der münze von Elaia (s. 89) und von Apameia (s. 48) bekannt ist.

Auch ohne diesen christlichen nachklang würden wir nicht zweifeln können, dass die funde von Vetulonia und Sardinien eine vorstellung des wunderschiffes zu geben bezweckten, das die erwählten vertreter aller irdischen wesen durch die grosse fluth zu neuem leben tragen sollte. Der künstler wollte eine richtige arche Noah im kleinen bilden. Das grab von Vetulonia, worin jenes schiff gefunden wurde, gehört nach dem erfahrenen urtheil Löscheckes und GKaros dem VII jahrhundert v. Chr. an. Es stammt aus phoenikischer kunstübung, wenn es auch nicht nothwendig phoenikischer import sein muss, sondern vielleicht von einheimischem handwerk der fremdländischen vorlage nachgebildet ist.

Die semitische überlieferung von der sintfluth ragt also, noch für uns greifbar, in die classische culturwelt hinein. Und das kleine denkmal, das dafür zeugt, ist mindestens um ein halbes jahrhundert älter als die älteste litterarische erwähnung der Deukalionischen fluth, die wir voraussetzen, aber nicht als bewiesen bezeichnen konnten, während der typus des bildwerks schon eine längere geschichte hinter sich hat und, wie das Sardinische schiffchen lehrt, auch schon in älterer gestalt seinen weg in den westen gefunden hatte. Die möglichkeit einer unmittelbaren einwirkung der semitischen fluthsage auf die Griechen ist damit erwiesen. Hat sie wirklich stattgefunden? Gerade an dem punkt, wo wir den beweis in den händen haben würden, wird die unberührtheit der griechischen sage offenbar. Von der errettung anderer wesen als des paares Deukalion und Pyrra hat die griechische sage nie etwas gewusst; sowohl die litteratur als die denkmäler schweigen davon; nicht einmal zu einer zeit, wo gelehrte kenntniss der semitischen legende solche kunde vermitteln konnte, ist dieser semitische zug des sintfluthbildes, die errettung der thiere, in die geschichte des Deukalion eingefügt worden. Wenn also, was der augenfällige träger der semitischen überlieferung war, das bild des schiffes mit den thieren an bord, in die griechische überlieferung nicht übergegangen ist, so kann diese überhaupt nicht vom osten her beeinflusst worden sein.

6 Schon am ziele könnte unser urtheil ins wanken gerathen angesichts einer thatsache, die für semitischen einfluss ein unwidersprechliches zeugniss scheinen könnte. Plutarch hat die nachricht aufbewahrt, dass 'die mythenerzähler berichteten, dem Deukalion sei eine aus der truhe aufgelassene taube zum merkmal geworden für die fortdauer des unwetters, als sie wieder drinnen schutz suchte, und für den eintritt heiteren himmels, als sie davon flog'[1].

Gerade weil sie ein nebensächlicher, von organischer entwicklung nicht geforderter zug des mythus ist, muss die auflassung der vögel, welche in allen semitischen berichten, wenn wir den Elohisten der Genesis ausnehmen, sich wiederholt, als entscheidendes merkmal semitischen ursprungs anerkannt werden. Es war alter, für eine zeit, welche den compass noch nicht kannte, unentbehrlicher schifferbrauch, vögel mit sich zu führen, um sie auf hoher see auflassen und durch ihren flug die richtung nach dem lande bestimmen zu können[2]. Nachdem sie einmal in gebrauch gekommen war, wurde zu diesem zwecke die haustaube besonders beliebt, durch die man auch briefliche nachrichten befördern konnte. Aber den Griechen ist diese, wie wir zufällig durch das zeugniss des logographen Charon aus Lampsakos wissen,

---

1 Plut. de soll. anim. 13 p. 968ᶠ οἱ μὲν οὖν μυθολόγοι τῷ Δευκαλίωνί φασι περιστεράν ἐκ τῆς λάρνακος ἀφιεμένην δήλωμα γενέσθαι χειμῶνος μὲν εἴσω πάλιν ἐνδυομένην, εὐδίας δὲ ἀποπτᾶσαν.
2 vgl. Plinius n. h. 6, 83. Auch bei den Indern erwähnt, wie mich Jacobi erinnert, eine kanonische schrift der Buddhisten diesen schifferbrauch s. Dahlmann, Das Mahâbhârata s. 179. Die tauben auf den Phoenikischen schiffen des Mardonios (s. 255, 1) konnten keine andere bestimmung haben.

erst im j. 492 bekannt geworden¹, dann freilich hat sie sich rasch eingebürgert und weiter nach dem westen verbreitet. Kann es also einen schlagenderen beweis für die semitische beeinflussung der Deukalionsage geben, als dass in ihr der so spät den Griechen bekannt gewordene heilige vogel der Astarte dieselbe rolle spielt wie in dem keilschriftepos und in der Genesis?

Welcher zeit gehören denn diese 'mythenerzähler' Plutarchs an? Wären es die alten logographen und genealogen des fünften jh., so würde ihr zeugniss für griechische volksüberlieferung ins gewicht fallen und uns überzeugen müssen, dass diese sich nicht selbständig und aus sich heraus entwickelt hätte. Aber es ist doch wohl klar, dass vor der zweiten hälfte des V jh. die einflechtung der taube überhaupt unmöglich war. Und wer ohne voreingenommenheit die angabe Plutarchs mit den griechischen fluthberichten vergleicht, wird sich sagen, dass sie nicht den eindruck macht, als sei sie echt griechischen darstellungen der Deukalionischen fluth entnommen. Die einflechtung der taube gehört einer erzählung an, die semitisches und griechisches gut mischte, vielleicht auch geradezu semitische sage unter dem griechischen namen Deukalion erzählte, wie wir das an der legende von Hierapolis (s. 47 f.) wahrgenommen haben. Eigentliche mythographie beginnt erst mit der hellenistischen epoche, und das ist zugleich die zeit, wo die orientalischen überlieferungen in die griechische litteratur eingeführt werden. Selbst wenn wir die weitere verbreitung der orientalischen geschichten erst von Alexander Polyhistor anheben lassen wollten, ergäbe sich ein zeitraum von fast zwei jahrhunderten, in welchem jene 'mythologen' des Plutarch ihre schriftstellerei entfalten konnten. So gewiss niemand darauf verfallen kann, die erzählung von der Deukalionischen fluth, wie sie nach

---

1 Charon fr. 3 *FHG* 1, 32 bei Athen. IX p. 394ᵉ 'καὶ λευκαὶ περιστεραὶ τότε πρῶτον εἰς Ἕλληνας ἐφάνησαν, πρότερον οὐ γιγνόμεναι': sie waren auf den am Athos gescheiterten schiffen des Mardonios gewesen, s. auch Aelian v. h. 1, 15. Vgl. VHehn, Kulturpflanzen und hausthiere (1874) s. 294 (332⁰) ff.

der schrift Von der Syrischen göttin zu Hierapolis umlief, als zeugniss griechischer überlieferung zu behandeln, ebensowenig dürfen wir die taube des Plutarch dem griechischen Deukalion zuschreiben; sie mochte hellenistisch sein, hellenisch war sie nicht.

7 Nicht nur die indische, sondern auch die griechische fluthsage ist, wie wir gesehen, ohne semitischen einfluss zu ihrer ausbildung gelangt. Beide sind folgerichtig aus dem alten mythischen bilde für den aufgang des lichtes erwachsen. Nur hat die griechische sage durch die vorstellung, dass die fluth als ein strafgericht über die gottlose menschheit verhängt worden sei, einen zuwachs erfahren, den wir, ohne hilfe im ausland zu suchen, durch den einschlag eines weit verbreiteten motivs localer sagen leicht erklären konnten.

Als ein räthsel erhebt sich nun die semitische sagenbildung vor uns. Sie steht ganz auf sich und ist die durchgebildetste von allen. Wie sollen wir uns ihre entstehung denken? Es zeigt sich hier, wie unentbehrlich zum verständniss von mythen die kenntniss und vergleichung älterer sagenformen ist. Wir würden ausser stande sein, jene frage zu beantworten, wenn wir auf die erzählung der Genesis angewiesen wären. Dass ihr sintfluthbericht thatsachen vorführe, die nach göttlicher offenbarung von Moses niedergeschrieben seien, konnte eigentlich schon nicht mehr behauptet werden, seitdem das neben- und ineinander zweier selbständiger berichte erkannt war. Aber selbst die annahme, die früher zulässig scheinen mochte, dass die beiden fassungen der Genesis ebenso wie die babylonische des Berosos selbständig aus derselben quelle, gemeinsamer überlieferung der semitischen völker entsprungen seien, ist nicht mehr haltbar, seitdem durch den keilschrifttext der beweis erbracht ist, dass der getreuere und ursprünglichere bericht des Jahvisten sich unmittelbar an ein ähnliches erzeugniss babylonischer litteratur anlehnen muss. Denn in dies ergebniss müssen wir doch wohl die beobachtungen zusammenfassen, die wir oben (s. 23 f.) über das verhältniss zwischen dem Jahvisten und dem keilschriftepos machten. Wir haben also so gut wie bei Indern und Griechen, auch bei den Semiten einen mythus anzuerkennen. Aber die entfaltung dieses mythus bei den Semiten zeigt, dass der stoff nicht bis zu dem augenblicke, wo ihm die älteste uns vorliegende litterarische gestalt gegeben wurde, in der volksseele geruht, sondern bereits damals eine längere litterarische entwicklung durchlaufen hatte. Das erhaltene keilschriftepos hat die spuren einer anderen fassung nicht ganz abgestreift (s. 12 f.), und der bericht des Berosos liefert für diese annahme einen weiteren beleg. Bevor die babylonische fluthsage in die hände mythographischer sammler wie Berosos fiel, waren es dichter, die ihn behandelt und gestaltet hatten. Nur dichterische ausführung hatte anlass, die sage mit all den einzelheiten zu beleben, durch welche die semitischen berichte überraschen; auf ihre rechnung kommen die genauen angaben über bau und maasse des schiffs, die verladung der lebewesen, die aussendung der vögel, um der bethätigung göttlicher mächte, die in der keilschrift noch so stark hervortreten, nicht zu gedenken. In einer langen litterarischen vorgeschichte liegt die erklärung für die besondere durchbildung, welche die semitische fluthsage gegenüber den anderen hat.

Wenn wir nun dem ursprunge dieser semitischen sage näher treten, so lassen wenigstens die babylonischen berichte keinen zweifel daran, dass der ausgangspunkt kein anderer war, als den wir für Inder und Griechen annehmen mussten. Nach Berosos sollte Xisuthros auf die frage, wohin er denn in dem grossen schiffe fahren wolle, seinen nachbarn zur antwort geben: 'Zu den göttern, um den menschen gutes von ihnen zu erflehen'. Und als dann das schiff auf einem gebirge Armeniens gelandet ist, wird Xisuthros sammt frau und tochter sowie dem steuermanne nach vollzug des dankopfers entrückt und geht ein zu den göttern. Hier liegt also das alte motiv noch unverschoben vor. Xisuthros wird mit den nächsten angehörigen im schiffe durch die fluth emporgehoben und zu dem gipfel des berges getragen, der in die wolken ragt und den zugang zum himmel gestattet, vielleicht geradezu, wie der griechische Olympos, als wohnsitz der götter gedacht war.

Es ist sehr wichtig, dass hierbei der steuermann nicht vergessen wird, der auch auf den götter- und geisterschiffen der Griechen eine so bemerkenswerthe rolle spielt. Phaon und Charon, Nausithoos und Phaiax (s. 215) sind uns schon bekannt. Ebendahin gehört der mythische steuermann der Argo, Tiphys aus Thespiai in Böotien, den Athene selbst zur theilnahme an der fahrt bestimmt haben soll [1]: begriff und name waren festgestellt, bevor das griechische volk sich von dem thrakisch-phrygischen zweige geschieden hatte. Denn Tiphys wurde auch in Bithynien verehrt, in dem gebiete der Mariandyner sollte er gestorben und begraben sein; sowohl in Bithynien wie in Phrygien und Paphlagonien war der davon abgeleitete, in Griechenland oft sklaven jener herkunft beigelegte name Tibios heimisch [2]. Ursprünglich allgemein geisterhafter fährmann wurde er einerseits steuermann der Argo, anderseits führer des todtenschiffes; dies glaube ich voraussetzen zu dürfen, wenn er im griechischen volksglauben als urheber des alpdrückens galt [3].

Während die indische und griechische sage das ursprüngliche ziel der fahrt, himmel und götterland, dadurch verwischt haben, dass sie den schwerpunkt auf eine besondere leistung des lichtgottes, die schöpfung des menschengeschlechtes legten, ist in dem berichte des Berosos das

---

1 Apollon. Argon. 1, 105 ff. Verg. ecl. 4, 34 usw. Tod und bestattung: Apoll. 2, 853 ff.
2 Nach thrakisch-phrygischem lautgesetz wird τιφ- zu τιβ-. Als paphlagonischer eigenname wird Tibios von Strabon XII p. 553 bezeugt; zu seiner geltung als sklavenname vgl. dens. VII p. 304 Theophr. charakt. 9 Lukian philops. 30 de saltat. 29 Galen t. X p. 4 K.; für Phrygien zeugt Stephanos Byz. p. 622, 12 Paroem. Gotting. 1 p. 431, 18 (Suidas II 2 p. 1118, 9 Bernh.).
3 Didymos im schol. Aristoph. vesp. 1038 ('Ηπίαλος) δαίμων, ὅν 'Ηπιάλην καὶ Τίφυν καὶ Εὐόπαν καλοῦσι.

ursprüngliche ziel und damit der wahre sinn des mythus unverfälscht bewahrt. Die äusserlich genommen ältere fassung des keilschriftepos zeigt in diesem punkte bereits eine abschwächung und verflachung, wie sie im gefolge dichterischer behandlung eintreten konnte. Sit-napištim und sein weib gehen vom bergesgipfel aus nicht in den himmel ein, sondern werden an einen aufenthaltsort der seligen versetzt (s. 12 z. 129), wo sie fortan 'gleich göttern erhaben' sind und ewiger jugend geniessen. An die 'mündung der ströme', wo sie nun leben, ist es einem menschen unmöglich zu gelangen: der weg führt an wilden thieren und den furchtbaren scorpionenmenschen vorbei durch unwegsame und in finsterniss liegende gebirge, zuletzt durch die wasser des todes. Es ist ein ort, wie die inseln der seligen und die Elysischen gefilde der Griechen. Schärfer entwickelte vorstellungen von göttern und sterblichen haben es sichtlich bewirkt, dass dichter wie der verfasser unseres Izdubar-epos dem menschlichen helden nicht den himmel, sondern ein allem elend entrücktes seliges erdenland zum wohnsitz anwiesen, wie die griechische sage dem Menelaos, Achilleus ua. Und doch hat trotz dieser umbildung das epos die spuren der ursprünglichen vorstellung noch nicht ganz verwischt: Izdubar weiss, dass sein ahne 'das leben in der versammlung der götter' erstrebt und erlangt hat[1]. Erheblich tiefer steht in dieser hinsicht die erzählung der Genesis, insofern dort Noah nur durch seine nachkommenschaft stammvater des menschengeschlechtes wird; die helden der arischen fluthsagen bewähren ihre alte göttlichkeit wenigstens dadurch, dass sie selbst das menschengeschlecht schaffen.

Dass wir auch in der so reich entwickelten semitischen fluthsage den kern des mythischen motivs richtig herausgeschält haben, vermag ich durch das auftreten derselben vor-

---

1 Oben s. 8 z. 5. Auch in der IX tafel (Jeremias s. 29) heisst es von dem ahnen des Izdubar, dass er 'versetzt ist in die versammlung der götter und über leben und tod entscheiden kann'.

stellung auf aegyptischem boden darzuthun. Der Perserkönig Dareios I hat zu Hib in der grossen Oase dem aegyptischen sonnengott Amon-Râ einen tempel errichten lassen (zwischen 521 und 486), der fast vollständig erhalten ist; die wände sind mit hieroglyphentexten ausgestattet, unter denen zwei hymnen auf den gott, die von HBrugsch bearbeitet und übersetzt sind, unser interesse erwecken. In dem grösseren dieser hymnen heisst es[1]: 'Dein sitz von alters her war auf dem hochfeld von Hermopolis-Magna (χomuni). Du hattest verlassen (der seligen inseln), das land der oase, und erschienest im feuchten, im verborgenen ei. In deiner nähe war die göttin Amente. Du nahmest platz auf (dem rücken) der kuh, und fasstest ihre hörner und schwammest einher auf der grossen fluth der heiligen Meh-ur (di. grosse fülle). Kein pflanzenwuchs war. Er begann, als sich einte er (selbst) mit der erde und als das gewässer zum berge empor stieg'. Hier hat man den ganzen mythus gewissermaassen in der knospe. Der gott schwimmt einher auf der grossen fluth und wird mit dem gewässer zum berge emporgetragen, von dessen gipfel er zum himmel emporsteigt. Dies letzte moment, das der obige hymnus nicht weiter berührt, wird in dem anderen liede hervorgehoben, laut welchem[2] die göttin Nut dem Amon 'himmel und erde übergibt, so wie sie sind, wann er emporsteigt aus der wassertiefe im hohen hochland von χomuni'. Auch dem Amon-Râ fehlt es nicht an einem fahrzeug: er sitzt auf dem rücken der kuh und hält sich an ihre hörner[3]. Es ist ein gleichartiges bild wie der griechische

---

1 Brugsch in den Nachrichten v. d. Göttinger gesellschaft d. wissensch. 1877 n. 6 s. 124 und in dem werke: Reise nach der grossen oase El Khargeh (Leipzig 1878) s. 30 col. 23 f. Die übersetzung ist im wesentlichen zuverlässig, wie mich college Wiedemann belehrt. χomuni sind die zu Hermopolis Magna verehrten 'acht götter' s. Brugsch ebend. s. 34 f.
2 Brugsch Reise usw. s. 50 col. 16 f. Dieser zweite hymnus ist unter Darius II abgefasst.
3 vgl. Brugsch Reise s. 42 f.

delphinreiter, und es fehlt auch der griechischen mythologie nicht an belegen desselben, zb. Dionysos[1], Artemis und Europa auf dem stiere, vorstellungen welche erst durch das aegyptische bild in die rechte beleuchtung gesetzt werden. Auch für die semitische fluthsage musste der grundriss in der volksüberlieferung gegeben sein, ehe sie von den dichtern Babylons ins einzelne ausgemalt wurde. Und dieser grundriss konnte nicht anders entstanden sein als alle sage, durch unwillkürliche oder unbewusste gestaltung und verknüpfung bildlicher vorstellungen. Den entscheidendsten und wichtigsten keim, das bild für den aufgang des lichtes, der sich uns in der griechischen überlieferung so zweifellos enthüllte, haben wir eben als maassgebenden bestandtheil auch der semitischen sage erkannt. Zur ableitung des ganzen bedarf es nun nichts weiter, als auch den zweiten bestandtheil, den wir für den aufbau der griechischen sage nicht missen konnten, das sagenhafte motiv des strafgerichts, das sich durch die fluth unmittelbar mit dem hauptmotiv berührt, als factor der semitischen sagenbildung vorauszusetzen. Mit diesem motiv, das die vernichtung aller lebewesen bis auf die auserwählten als zweck in sich schliesst, ist unmittelbar auch die nothwendigkeit gesetzt, die erneuerung der lebewesen durch einschiffung von paaren jeder gattung zu sichern. Dieser bestandtheil ist also nicht von aussen zugewachsen, sondern folgerichtig aus dem grundstock der sage herausgewachsen. Aber dass diese folgerung nicht unmittelbar, sondern erst allmählich gezogen wurde, gestatten die erhaltenen urkunden noch zu erkennen. Im keilschriftepos scheinen bei der landung alle die thierischen insassen des schiffes ganz vergessen; es liegt da deutlich ein unausgeglichener widerspruch vor. Der dichter hat zwar die göttliche erhebung in den himmel zu einer heroischen verpflanzung ins land der seligen verflacht, aber eben damit doch die spitze des ursprünglichen mythus bewahrt, ohne sich bewusst zu werden,

---

[1] s. Roschers mythol. lex. I 1094, 44.

dass die vorstellung einer sintfluth, die er so lebendig schildert, nothwendig forderte, dass der held mit allem, was gerettet war, nun auch wieder zur erde hinabstieg und eine neue welt begründete. Diese letzte folgerung sehen wir erst in den berichten der Genesis gezogen. Ich brauche nicht auszuführen, welche gewähr dieser thatbestand für die richtigkeit der hier durchgeführten auffassung bietet.

Wenn die nachricht sich bewahrheiten sollte, die eben jetzt, wo ich diesen abschnitt der druckerei übergebe, durch die zeitungen geht, dass ein um mehr als ein jahrtausend älterer keilschrifttext der sintfluthsage sich gefunden habe, so dürfen wir hoffen, noch deutlicheren einblick in die grundlage und entwicklung der merkwürdigen sage zu gewinnen.

Register

Abendmahl in der alten kirche 170, 3 s. eucharistie'
Aberkios 226
Abydenos 14 f.
Achaimenes 111
ἀχειροποίητα 105
Achelis 233, 226
Achilleus 92, 94 f. 259
Açvin 157, 186, 242
adler nährt knäblein 111
Adonis 106 f.
Adrastos 65
affe und delphin 144
Agapenor 108
agon der alten komödie 195
Agrionia 179
Ahi 193
ähre 156
HLAhrens 51
Aigeus 79
Αἴγλη 79
Aietes 187
Aegyptische todtenbestattung 215, 3 vorstellung von sonne und mond 130 der sonnengott auf der kuh in der fluth 260
Aiklos 52, 57
Aiolos' windschlauch 183, 1
Aion 133
Aischylos' Persertrilogie 65
Aisopos 184 s. thierfabel
Aithiopen 198
Aithra 79
Akakallis 110 vgl. anm. 2
ἄκατος 131
Ἀκρία Athena 85, 1
Ἀκρισίας 85, 1
Akrisios 84 f. 81 f.
Ἀκροκόρινθος masc. 72
akrostolion 155

Akusilaos 35
Aleos 70, 87 f.
Alexander d. gr. 166
Alexander Polyhistor 13, 255
Aliscamps 216
Alkaios, dichter 37, 187, 234 f.
Ἀλκαίος Ἀλκαῖδαι 59
Alkathoos 69
Ἀλκείδης 59
Alkibiades 162, 5
Alkidamas 163
Alkmeon 107 f.
Alkyonischer see 104
allegorische auslegung 223 f.
alpdrücken 258, 3
Alphesiboia 107
alter wechselnd in der sage 233
Ambrakia 142, 221
Amon-Rā 260
ἀμφεικάς 148, 2
Amphiaraos 56 unter Σχοίνικλος
Amphiklos 52, 56, 57, 1
Amphilochier 142
Amphiphanes 163, 1. 164
Amphithea 91, 2
Amphitrite 145, 161
Amprestion (?) auf dem Oita 64, 3
Ἀμύκλας 57
anagrammatische spielerei 224
Anaphe 79, 96
Anauros 190, 199
Anchialos 140
Andraimon 103, 106
RAndree 1
Androklos 52, 56, 57
Andros 97, 3 Ἀνδρεύς 98 anm.
anekdote 139, 142 f. 165, 166, 167 f.
Anios 96 ff. bedeutung 98 alte etymologie 97
anker christl. symbol 225

Annakos 50 anm.
anruf übelabwehrender götter 60
Antbesterion in Athen, culte 67.
70 f. 119 in Smyrna 116 f.
Antikleides 161
Antiklos 52, 57
Antipatros von Askalon 215
Antiphilos 143. 178 f.
Antiphos 163, 1
Antirrion 142. 165
Antissa 161
Anunnaki 10, 1
Apameia-Kibotos: fluthsage 48 f.
geschichtliches 50
Ἀπέσας und Ἀφέσας 230 ff.
Aphrodite auf dem schwan 187
liebe zu Adonis 107 von Phaon
gefahren 191 tempel zu Paphos
200, 2
Apion 52. 143
Apollodorisches handbuch 33 usw.
82, 1
Apollodoros 59, 3 vgl. 60. 77, 1
Apollon 92. 95, 1. 96. 97 Ἀγραῖος
69 Δελφίνιος 141 f. 145 Εἰκάδιος 147 Κλάριος 200, 3 Πυθαεύς 69 ausstattung durch
Zeus 187 epiphanie 134. 186 f.
auf dem dreifuss 133 f. 186 beziehung zu Dionysos 98 Ap.
quelle 184
apellativische götternamen 72
Ararat 20 vgl. Armenien
Araukaner 215, 2
arche Noah 252 f. gestalt 252, 1
schiffchen mit thieren 248 ff.
Archilochos 148 f.
Argivische fluthsage 230 ff.
Argos: sage von Chthonia 69 f.
Apollontempel 69 s. Perseus
Argos und Argeus 83, 2 herde des
Argos 230, 1
Ἀριάδνεια 165
Arianer 169, 1. 175
Arion 150 f. 160
Aristaios 123. 167, 3. 168, 2
Aristokles 45, 2
Aristophanes 162, 5
Aristoteles 40 f. 193, 3 Politien
90 f. 158. 163, 1
Arkadien 45 f. 247
Arkas 168

ἄρκτος 243
Arles 215 f.
Armenien: landung des Xisuthros
14 z. 50. 15, 5 s. Ararat
Arrianos 230. 232
Arsinoe frau des Alkmeon 107 f.
Artemis, Aetolische 200 Ἀγροτέρα
69 Ἀστιάς u. Κινδυάς 200, 2
Λαφρία 102 Λευκοφρυηνή 68
Τρικλαρία 100 f.
Arundhati 243, 2
ascho des opfers 199, 1
Asklepios nach Rom gebracht 135
Assurbanipal 5
Astakenischer meerbusen 174 ff.
Atharvaveda 242
Athena Ἀλέα 70 Πολιάς zu Athen
126 Erythrai 156, 2
Athenaios 132, 1
Atra-hasis 12. 15
attribut s. symbol
Auge 86 f.
augenbrauen 95
aussetzung im waldgebirg und ernährung des knäbleins durch
wilde thiere 88. 110 f.

Babrios 183, 1
Baiae 143
Bakchylides 143
Bambyke s. Hierapolis
bärengestirn 242 f.
Bari 136
bärin 111
h. Basileios inn. 144
Basilos 94
Batiffol 169, 1
Baucis s. Philemon
heil. bäumo 247
becher des Helios 131 f.
Bel 7 f. vgl. 8, 12. 9, 27. 11, 102.
105 ff.
berggipfel s. landung
Bernried 105
Berosos 13. 16. 256 f. 258
beutel 185
Bhujyu 157. 186. 242
bild, ursprung des mythus 182 lebloses und lebendiges 135 mittelbares 194 sprachliches und mythisches 194 vielfaltig 182 ff.
185 f. 193 gleichwerthige 185

Register 265

mehrdeutig 191 ff. gehäuft 184 f.
186 umgewerthet 213 entwerthet und übertragen 195 vgl.
motiv und mythen
bild der fluth 234 ff.
Bithynier: ethnogr. stellung 179 f.
kalender 176 f. Dionysos' epiphanie 178 ff. Tiphys 258
blume im haar 157 bildlich 192
bogen und pfeil 155, 160
Boll 236, 1
božić 73
Seb. Brant 120
Βραοιαί 100
Βρίσαι 123
Britannien 216
Brugsch 260
Brundusium 142, 159 f.
burg des Yima 209 ff.
burggötter 199, 3
Pb. Buttmann 47 f. 50 anm.
Bututuni 159, 3

h. Callistus 225
candere un. 78
carneval 119 f.
Çatapatha-Brahmaya 25 f. 240
Catullus 192
Charon 215 von Lampsakos 255, 1
chiliastische träume 207 f.
Chimaireus 196, 2
Chios 134, 191, 1
Chriemhild 184
Christmas-carol 130
h. Christophorus 189 f. 234
Christus als kind 73, 114, 189 f.
238 Jordantaufe 235 ff. als fisch
223—9. 237 f. als schiff 227, 1
chronographie, christl. 207
Chthonia: Demeter, heroine, fest
69 f.
Chytren 67
Claudia 135
Claudianus 197 f.
Clemens Alex. 128, 219, 215, 1
Cobern 136
'Concelebrant' 238
consolationes 202
k. Constantinus 174
Cordara 120 anm.
Corneto 220, 1

çravaṇaphala 31, 1
cultus s. festbrauch
Cumont 50, 2

Daÿklos, ·Deÿklos 53, 56
Δάμανθος 72, 2
dämon 97
Danae 81 ff.
Danyklos 53, 57
Dardanos: fluthsage 45 f. 50
Dareios 259 f.
dattelkerne 245
Degmenos 103 vgl. 102, 3
Deimas 46
Deinarchos, redner 96, 3
Delos mythischer begriff 96 culte
98 f. 126 sagen 96 ff.
Delphi 114 einsetzung des Apolloncultus 145 f. erinnerungen an
Deukalion und die fluth 40,
77, 79
delphin heiliges thier 144 f. 147,
228 des Apollon 145, 2. 146 ff.
158 des Dionysos 145, 3. 149,
154, 158 des Poseidon 144, 2.
155, 158 wappenbild 228, 2 den
gott tragend 138 ff. 231 f. einen
todten tragend 168, 173 stirbt
selbst am lande 168, 173 auf
christl. denkmälern 224, 1
Δελφίνια fest 148, 1
Δελφίνιον 147
Δελφίνιος gott und monat 148
delphinreiter s. delphin
Demeter Chthonia 69
deminutivbildung auf -ιχο biot. u.
dor. 75, 3 auf ινθο und -υθο 72
lat. *culo clo* gr. καλο κλο 58,
60, 66
Demoklos 53
δέπας des Helios 131
Deukalion: fluthsage 31—43. 239 f.
244 ff. etymologie 65 f. gleich
mit Zeus 66—70 in den sagen
von Athen 67, 74, 1 von Hierapolis 47 von Kreta 74 von Nemea 230—3 erinnerungen in
Delphi 40, 77, 79 die fluth gegenstand des cultus 67, 79
Deultum 140
Δεύς 66, 2

Register

Dexamenos 102
Διαικλῆς 53
Διαφένης 183, 1
dichter und mythus 181 s. mythen
ADieterich 136. 195, 4
Dietkirchen a. d. Lahn 136 f.
διπετῆ 104 f.
Dikaiarchia 143
Diktäisches gebirg auf Kreta 73, 4. 75
Diktys 85. 82. 131
KDilthey 222 f.
Δίοκλος Διοκλέας Διοκλῆς 53. 70 f.
vgl. 51. 56
Διονυσιάδες 62, 1
Dionysien auf Lesbos 119
Dionysios von Iasos 166 f. tyrann 183, 1
Dionysos 'heros' 64 Κολωνάτας 62, 1 Φαλλήν 105. 162 f. lichtgott 99 als sommergott verjagt oder getödtet 179 erweckt 104 von Herakles getragen 187 ff. auf esel oder maulthier 122. 123. 125. 185 f. im schiff 115 ff. in der truhe 99 f. (vgl. Thoas) schnitzbild in Patrai 100f. abenteuer mit den Tyrrenischen seeräubern 124 knäblein 122—4. 167 bärtig 116 ff. 189 vater des Staphylos 93 beziehung zu Apollon 98 epiphanie 185 f. in Bithynien 178 f. in Sparta 62 (s. epiphanie) verhältniss zu den stoffen der tragödie 65 s. delphin, Dodona, phallophorie
Διοσκόρινθος 71 f.
Dodona: erinnerung an die Deukalionische fluth 40 f. spur einer fluthsage 125. 235 Dionysos' ankunft 125. 185
doppelte väter 67
Dorippe 98
Doryklos 53. 57
Δράκαλος Δρακαλίων 58, 1
dreifuss 155. 157. 160 Apollons 133 f. 186 raub 184
dreiheiten von göttern 150 f. 153, 2 v. sondergöttern der vegetation 98 von brüdern 112 f.
dreizack 155. 157
Dropano am Astaken. busen 174
Duris 166

Ea gott der Babylonier 6 f.
Echeklos 54. 58
eibe 123
eiche heilig 247
Eifel 237 f.
eigennamen auf -κλος -κλεϝας -κλεϝες -κλης 51 ff. -κλω 57. durch appellativen gebrauch entwerthet und darum ersetzt 65
Eikadios 147 f.
εἰκάς 147. 148, 2 Apollinisch 147, 2
Eileithyia 69. 87 f.
Einsiedler gedicht auf Nero 206
'Ελαῖς 98
ἠλακάτη 156
Eleutherolakonen 99 f.
Elohist 16 f. 22 ff.
Elysisches gefilde 201. 259
h. Emmeram 137
empfängniss, wunderbare 108. 112
Enhalos 141. 161 f.
ennaeteris 193
Ennius 195
Ephesos: haus des evangel. Johannes 200 f.
Ephrem d. Syrer 235 f.
Epikteta von Thera 148
epiphanie der götter 213 des Apollon 133 f. 146. 186 f. des Dionysos 62. 115—125. 165. 178 f. wunder 98. 124 festzeit in Bithynien 176 ff.
Epiphanie, christl. 127. 170. 235
ἐπίστασθαι psilosis 232
epos 181
Eratosthenes 163
Erechtheion 126
Erichthonios 107
erlösung vom tode 228, 1
Eros delphinreiter 221 f. 140 ff. 143, III. 179
esel in der sage 185 f. im cultusbrauch 122 vgl. Dionysos
Eteoklos und -kles 53. 56. 57
Euboia 97. 122—4 myth. begriff 183, 1 sage 164. 167, 3
eucharistie: bildl. darstellung 225 fisch als seelenspeise 223. 226 s. abendmahl
Euenos fl. 191, 3. 190, 2
Euhaimon 100. 103
Euklos 53

Register

Eumolpos 91, 4
Euneos 106, 3
Euphorion 98, 131
Eupolis 205
Euripides 67 anm. 83. 86 f. 95, 5. 184, 1 Archelaos 65 Herakles 186, 2 Hippol. 183, 1. 184, 2
Europa auf dem stier 261
Eurypylos' ankunft in Patrai 100 f. 185. 214 tod durch Pyrros 103 grabmal und heroenopfer 102, 1 heros von Pergamon 103, 3 bedeutung 103 f.
AEvans 155

führmann des göttlichen schiffs 16. 258
Falchi 248
fass der güter und der übel 183, 1 an stelle der truhe 108. 109. 113. 115
fastnacht 119 f.
Faust 134
festbrauch in die göttersage übertragen 120 f.
fetisch-stein s. steine
Filaster 34, 4
fisch als mythisches bild 138 ff. 221 ff. des Manu 25—31. 185. 241 göttlich verehrt 228 f. Christus als fisch 223 ff. 237 f.
fischer 86, 1. 105. 109. 112. 123. 131, 2. 138
Florianu 108
flötenspiel 124 vgl. 116, 1. 118. 122 vom cultus des Tennes ausgeschlossen 92
flurnamen 164
fluth: ursprüngliche vorstellung 234 ff. als strafgericht 246 f. s. sintfluth
formale wucherung -ος -εύς 98 anm. -ος -ιων 65 f. 96, 3 -κλο -κλεFυ -κλεFεσ 50—58
Fortunat 134
fuchs bildlich 191
füllhorn 185. 156. 157. 159, 3
furche zur übelabwehr 208, 4

Gaddi, Taddeo 137, 4
Ganyktor 163 f.

Ganymedes 71. 198
Gargoris 111
gärten von göttern 100. 198
Gaus 1 f.
geburtsfeste von göttern 213
geisterschiff 216
Geldner 208
Genesis: garten Gottes 198. 202 sintfluth 16 ff. 256
Genovefa 97
Geraneia 41. 232 f.
Gervasius von Tilbury 216
geschichtliche sage 139. 163 unmittelbarkeit der entstehung 176
Gilgames 6, 1
Glaukias' grabaltar 218
Glykerios 172
Gnosis 224
goldener becher des Helios 131 f. trinkgefäss des Enhalos 161 mitra und leier Apollons 187 gehege des göttergartens 198 schiff 242 zeitalter 202 f. s. vogel und widder
götter wiegen schwer 135, 2. 190 ehemals mit den menschen zusammenlebend 202 besuchen die menschen auf erden 247 in den anfang der geschlechtsreihen gestellt 204. 241. g. der vegetation 98 mehrheitsbegriffe 98 götterland 197 ff. s. dreiheiten, epiphanie, gärten, träger, wiese
götterbilder übernatürlicher herkunft 104 f. 134 f. 163. 213 f. gott im bilde gegenwärtig 104 vgl. reliquien
Göttermutter in Rom eingeführt 135 f.
götternamen zu menschl. eigennamen umgeformt 168 s. appellativische g.
göttersage 139 vgl. mythen
'gottesverehrer' 50
grabdenkmäler s. pferd, reiter, schiff, schlange, todtenmahl
gräber von göttern 69, 1 von heroen in tempelbezirken 68 f.
'graf von Halfvnsten' 119, 2
Gras 161
Gregorius-sage 108 f.
JGrimm 1. 138. 245

gürtel der jungfrau Maria 137, 4
güter 183 f.
guttus 222, 2

Habis 111 vgl. 110
Hades als wirth 102 f. thor des
  H. 103 f.
Hadrianopolis 140
Haimon 103
'Halfvasten' 119, 2
ESHartland 81, 1
Hasis-atra: Xisuthros 15
häufung gleichwerthiger motive
  s. motiv
haustaube s. taube
heilige der christl. kirche 136 f.
  von delphinen getragen 143 f.
  s. märtyrer
k. Heinrich III 112
Hegesidemos 166
Hekataios logogr. 34, 86.88 Abder.
  205
Helena als Eileithyia 69, 2 ihr
  raub 184
Helena, mutter Constantins 174
Helenopolis 174 f.
Helikon 141
Heliopolis 177
Helios im goldenen becher 131 f.
  auf dem wagen 130 seine herde
  und schatzkammer 193 vater
  des Oidipus 90, 2
Hellanikos 34
Helle 94
Hellen 34 sohn auch des Zeus 66 f.
helm 155
Homithea 91—4
Henochbuch 183
Hera 58. 60 herde 230, 1 wiese 90
  von Iason getragen 190
Herakleitos 193, 1
Herakles der 'kleine Heros' 58-65
  Mantiklos 55. 57 schlangen-
  würgend 61. 63 von Hermes
  getragen 168, 3 don Dionysos
  geleitend 62, tragend 187 ff.
  don himmel tragend 190 er-
  grünende keule 190 im becher
  des Helios 132 dreifussraub 184
  zu den göttern eingegangen 64 f.
  ausruhend 63 f. der Heros 61 ff.
  als gott verehrt 59, 1 ort des
scheiterhaufens 64, 3 opfer an
  dieser stätte 199, 1 Koische
  sage 103 cult zu Marathon 61
  in Olympia 62 schnitzbild von
  Erythrai 134 schweineopfer
  61, 3
· Herakon 221
Herc(u)lus 60
Ἡρέας Ἡρᾶς 61, 1
Hereklus 60
Hermes Polygyios 190 H. als träger
  167 f. 123. 187. 214
Hermias in Iasos 166 f.
Hermione 69 f.
Hermippos kom. 119
Herodes Atticus 151
Herodianos 57
Herodotos 150. 160
heroen in tempelbezirken bestattet
  68 gründen tempel 69 f. 147
  weihen bilder 162, 1 errichten
  altäre 230, 1 bringen erste opfer
  231 f. trägervongöttern 187. 190
heroensage 139 vgl. mythen
Herondas 50 anm.
Heros als einzelbegriff 61—5 in
  Thrakien 63. 64 ὁ κατὰ πρύ-
  μναν 215, 1
Ἥρος 60, 2 Ἥρως 61 f.
Ἡρύκαλος 59, 3
Ἥρυς 60, 3
Hesiodos' Eöen 193 f. Frauenkata-
  log 32 f. Werke 32. 183, 1. 201.
  203 sage von H.'s tod 163 ff.
Hesychios verb. 56
Hierapolis in Phrygien 121 in Sy-
  rien: fluthsage 47
Hieronymus'chronik berichtigt 70, 2
Hiller v. Gärtringen 73 anm.
Himālaya 30 v. 47 f. 26, 6
himmelskönigin 184
himmlischer schatz 182 ff. 192 f.
Hippo Diarrytus 143
Hippoklos 54
hirschkuh 88. 110
heil. höhlen 149, 2. 123
Holländer, der fliegende 216
Homers Ilias (Π 384 ff.) 31, 2. 217
  Odyssee 183, 1. 193, 3. 197. 201.
  217 hymnus auf den Pyth. Apollon 145 f. auf Hermes 193 f., des-
  sen zeit 194, 1

Register

Horatius (c. 1 2) 36 (epod. 16) 205 f.
Ὅσιοι in Delphi 77, 2. 40
Ellübner 202, 2
hund führt zur entdeckung von
  mördern 164 hündin 110 radi-
  calmotapher 78
Hydrophoria zu Athen 67 auf Ai-
  gina 148, 1
Hyperboreer 134. 198. 205 in ver-
  bindung mit Apollon und Arte-
  mis 68
Hypermestra 94 anm.
Hyperochos und Hyperoche 68
Hypsipyle 105 f.

Iason 190
Iason in Karien 141. 150, 3. 166 f.
ἰχθύς anagrammatisch 224
Idaios 46
igel als hausthier 249, 2
Igigi 11, 3
Ikarios 106
Ikonion 49, 2
Imhoof-Blumer 278 f.
Inder, fluthsage 25 ff. 239 ff. vgl.
  Açvin Bhujyu Indra Ṛshi us.
Jessinx 207, 2
Indianer 245
Indra 183 anm. 184, 2. 192 f.
Ino 100. 152. 154
inseln des lichtaufgangs 96
Jon 168
Ios 141
Iphiklos und -kles 54. 57
Iphis 57. 53
Isis in Rom 120
Istar 6. 8. 11
Isthmos 141. 152 f.
Istros 46
Izdubar 6. 8. 259

H Jacobi 1, 3. 28. 242. 243, 2
h. Jacobus 136
Jahvist 16 f. 22 ff.
Jesaias 207, 2
Johannes Chrysost. 171 evangelist
  200 f.
Jordan schwillt bei der taufe Christi
  235 ff.
Jor und Dan 237, 1
Juden in Kleinasien 50. s. Messias
Julius Africanus 44, 3. 45

Kabiren 152
κάλαθος 186, 1
kalender Bithyniens 176 f.
Καλῆς δρόμος 152
Kallimachos 230, 2
h. Kallistratos 143 f.
Kalyke 91, 3
kampf mythisches bild 182. 179
kantharos 116, 1. 122. 155 f. 157
GKaro 263
Kastabos am Hellespont 93
Kastalische quelle 187
katakombenbilder 219. 224 f.
Kāṭhaka 27
Kaunos, sage 93
keilschriftlicher sintfluthbericht 5 ff.
  257 ff.
Kekrops' tochter 107
Kelaino und Kelainos 50
Kentaure als träger 191
Kephisos 187. 235
κιβωτός 80
Kirra s. Krissa
klagelieder 202
Kleisthenes von Sekyon 65
Klymene 86. 163, 1
Klymenos 69
kniestellung 87
knöchelspiel 198
U Koehler 40 f.
Koiranos 148 f. 234
Kolcherland 187
Kolontas 69
komoedie 119. 195. 205
κώνητες, κώνοι 154
Korinth 141. 150 ff. geschlecht des
  stadtnamens 72, 4 heros 72
Kos: sage 102 f.
Kranichberg 41. 233
krans 156
Kreta myth. begriff 199 f. 198, 3
  Zeus' geburt 73 ff. grab 69
  Deukalion 74
Kreter 145 f.
Kreusa 168
Krissa 146
Kronos 204 könig des goldnen zeit-
  alters 203 f. der seligen 201
  ort seiner fesselung 203, 5
Ktimenos 163, 1
kuh 110 trägt götter 260 kühe im
  Veda 193

AKuhn 193, 3. 194, 2. 243
Κουρής auf Thera 72, 4
Kureten 74 f. 121. 130
kushtha 242
Κυβερνήσια 215
Kydon 110, 2
Kyknos, sohn des Poseidon 91
 gleich Apollon 92
Kynthos 78. 96
Kynos 78
κύων 78
Kyrene 184
Kyros 110
Kyzikos 140 f.

Lactantius 208
ladung zu gebotenem ding 145, 2
lampen in schiffsgestalt 126, 1. 128.
 219 f. 220, 3 bronzelampe von
 Porto 225, 1
Lampsakos 141
land der seligen 201 f. der verheissung 207 f.
landung des schiffs (truhe) am
 gipfel des Nisir 10, 81 f. des
 Kordysiergebirgs Armeniens 14,
 50. 15, 15 des Ararat 20 des
 Himālaya 30, 47 f. 26, 6 des
 Aetna oder Athos 42, 1 der
 Geraneia 41 des Othrys 34 Parnass 33. 40
Laodokos und Laodoke 68
λαός und λάος 34, 1 [Dilthey erinnert noch an Kallim. fr 500
 p. 657 Schn.]
λάρναξ 38. 80 vgl. 252, 1
lautwechsel von δj zu δ 66, 2 θεο
 zu θε 54 boiot. ιει für εη, ια
 für εα 52
λέβης 131, 2
Le Blant 218, 4. 221, 2
legende, christl. 139 durch heidnischen cultus bedingt 178
leier s. lyra
Lemnos: weinreichthum 106, 1
 Argonautensage 105 f.
Lesbos 105. 119. 141. 150. 160 ff.
Leto 238
Λευκὰς πέτρα 217
Λεύκη 201
Leukippiden in Sparta 62, 1

Leukophryne, Λεύκοφρυς 68. 95
 s. Artemis
Leukothea 91, 2. 94. 152. 154, 2
 s. Ino
liber glosarum 199, 3. 200, 2
linde heilig 247
Lindner 5. 209
Lohengrin 187
ALoisy 5, 1
Lokrer 164f. Opuntische 35f. 78.
 141 Ozolische 141 f.
GLoeschcke 219, 2. 220. 248, 1.
 253 [aber auch da, wo er nicht
 genannt ist, verdanke ich ihm
 vielfach belehrung]
löwe von Nemea 230, 2
h. Lubentius 136 f.
Lucca 137, 4
Luctatius zu Statius 64, 3
[Lukian] de dea Syria 47
h. Lukianos 143. 168 ff. 234
Lykaion 198 f.
Lykaon 37. 42 f.
Lykia 84 nymphe 147
Lykophron 45. 36
Lykoreia 67. 76 f.
Lykos und Lykaon 195. 196
Lyktos 73. 75
Lynkeus 94 anm.
lyra 116, 1. 159. 3. 160 f. 187.
Lyrkos 94. 93, 2

EManss 115 f. anm.
Magna mater 135 f.
Magnesia am Maeander 68
Mahābhārata 28 ff. 240 ff.
Μακάρων νῆσοι 201 f. vgl. 199, 3
Makris 123
Manichäer 133
Manor avasarpaṇam 26. 244
Mantiklos 54. 57
Manu held der ind. fluthsage 25 ff.
 185. 240 ff.
Marathon, culte 61, 3. 72, 5
märchen: deutsche 97, 2. 111 ff.
 138 franz. und ital. 138, 2 rumänisches 108. 112
h. Marcus 136
Maria: Μυρία 227 Πηγή 226 f.
 im volkslied 238 ihr gürtel
 137, 4
marmor Parium s. Parische chr.

h. Martinianus 143
märtyrer: stehende motive ihrer
legenden 170, 2. 178
martyrologium, Syr. 177
Massalia 147, 3
h. Maternus 137
Matsyopākhyāna 28—31. 240 ff.
ap. Matthaeus 136
maulthier 122 s. esel
Maximinus Daza 169 f.
Megara: fest der Διόκλεια 70 f.
sagen von Alkathoos 69. 70, 4.
Megaros aus der fluth gerettet 41.
232 f.
Μείλιχος fluss 101
Melanippe's zwillinge 110
melek-qart 151
Melikertes-Palaimon 141. 150—4
Melitaia 34
Melos: altar des Heros 62 grabfund 221
menschen aus steinen entstanden 32. 34. 245 f. erschaffung 26 f.
31. 241. 243 f. 259
menschenopfer an Artemis 100
menschwerdung gottes 127 ff. 237 f.
s. epiphanie
Meron (-os) berg 122, 2
Messana 54 f.
Messias erhofft 207
Methymna s. Lesbos
Milani 248, 1
Miletos 110
Mimnermos 131. 193. 214
Molpadia 93
Molpos 91, 4
Molurischer fels 152
mond ein kahn 130. 133. 242 mondumläufe 193 die monatshälften 196
Montanisten 208
Monza 236
motiv, mythisches 182 (s. bild) geschichte 139 mehrfach angewandt 80 durch gleichwerthige ersetzt 80 f. gehäuft 111. 115.
124. 138. 184 f. 241 beispiele: der gott in der truhe auf dem wasser 81 ff. ansetzung im waldgebirg und wunderbare ernährung 110 f. wunderbare empfängnis 108. 112 die drei brüder 112 f. kampf 182-195 blutschande 108 f. entehrung durch oheim 84
münzen von Apameia 48 f. Brundusium 159, 3 Capua 110 Elaia 89 Iasos 150, 3. 167, 1 Korinth 151, L 153, L 154, 3 Kreta 228, 2 Kydonia 110, 2 Kyzikos 140 f. 229 Methymna 160, 1 Patrai 101, 1 Pergamon 103, 3 Pheneos 168, 1 Smyrna 117 anm. Tarent 150. 154-8 Tarsos 86, 1 mit delphinreiter 132-4 s. münztafel
Musen 179
Mykonos 98
Myrina 221, 3
Myrsilos von Methymna 161
mythen aus bildern entwickelt 181 ff.
(s. bild, motiv) einfluss des cultus 120 ff. der dichtung 181. 244 f. 257 rationalistische erklärung 122, 2. 124, 2. 131, 2 widersprüche 88 ausgeglichen 97 umbildung 104 f. aetiologische 99 s. sage, vergleichung mythographen 181. 255

nacht s. tag
Namakos 49 f.
Naoklos und Nauklos 55
Nasos 143
Naxos: Dionysossage 124. 106 höhle des Dionysos 149, 2
Naupaktos 141. 164. 165 f.
Nausithoos 215, 1
Νεανίας in Marathon 72, 5
Nebrophonos 106
Nehalennia 122
Nemea 230 f. s. löwe
Νέμειον 164
Nereide 141
Nerthus 126
Nessos, Kentauro 191
Nikandros 193. 194, 1
Nike 156. 157. 159, 3
h. Nicodemus 137, 4
h. Nicolaus 136
Nikomedeia 140. 169. 177. 179
Nimrod 6
Niṣir berg der babyl. fluthsage 7. 10, 82 f.

Noah (hebr. Noch, gr. Nώε) 16 ff.
259 sein kasten 252, 1 auf minzen von Apameia 48 f.
Th. Nöldeke 4 f. 32, 1. 138
Nonnos 38. 43, 44, 3. 46 novellenstoffe 108. 139
Nykteus und Nyktimos 195
Nymphen 179 'des Dionysos 98, 124. 167, 3

oase El Khargeh 259 f.
Oberführing 137
Ogygische Huth 44 f.
Ogygos ὑγύγιος ὑγένιος 43 f.
Oidipus in der truhe 90 sohn des Helios 90, 2 verbreitung des motivs der blutschande 108 f.
Oineon in Lokris 164
Οἰνώ 98
Oinoe 165 in Lokris 141. 164 für Sikinos 165 f.
Oinoklos 55. 57
Oinopion 106
Oinos 57
Οἰνοτρόποι 98, 1
Oioklos 55
Oita 64, 3. 199
Okeanos ursprung der quellen 44, 2 vgl. Ogygos
Olympia: altar des Heros 62
Olympieion in Athen 67 f.
Olympos göttersitz 197. 200, 1
ölzweig 156
Onoklos 55
opfer s. asche
opferduft 23
ὀφρύς 95
Opis Iapygerkönig 159
Oppian 122, 2
Opuntier s. Lokrer
Ὀρειᾶται 100
[Origenes] Hiobcommentar 177, 2
Orpheus 161
Örtel 99
ortssagen 246 f.
Ortygia 96
Oskische sage 110
Ovidius 37 f. 36. 161. 247

Paestum 142
Palaimon s. Melikertes
Pan als lichtgott 130 f.

Panathenäen 125 f.
Pankratios 170
Paphlagonien 179
Papias 207 f.
paradies auf erden vormals 202 f. künftig 205 f.
Parische chronik 67. 76 f.
Parnass 40. 33 us.
Paros 141. 148 f.
Parthenion 88
Parthenos 72. 93
parusie 207
Patrai 100 ff.
Patricolex 55
Patroklos 55. 56 f. 51 vocativ 55, 1 ap. Paulus 207. 228, 1 martyrium 218 f.
Pelops 62. 68
pentaeteris 194, 1
Pergamon: cult des Eurypylos 103 herleitung von Telephos 88 f.
Perge 65 anm.
Periandros 151. 160
Perikles 56
Perinthos 140
Persephone und Adonis 107
Perseus' geburt, aussetzung und landung 81 ff. landung auf dem Aposns 231 f. 233 in cultus und sage von Tarsos 86, 1 sonnengott 85 f.
Pessinus 49, 2. 135
EPetersen 191
Poucolier 159
pfeil 155. 157
pferd auf grabmälern 218, 4 vgl. 64
pflug 126, 2
Phaiax und Phaiaken 214 f.
Phalanna und Phalanthia 162
Phalanthos 158 f. 162 f. stadt Arkadiens 162
Φαλῆς 162
Φαλλήν 105. 162 f.
phallophorie 162
Phaon 191. 215
Pharmakos 94
Phogeus 107 f. 163, 1. 164
Phereklos 56. 58
Pherekydes 35. 82. 132, 1
φιάλη 131, 2
Philandros 110
Philemon und Baucis 247

Philiskos 125
Philostorgios 175
Phoeniker: kunsthandwerk 253
　glaube vom jenseits 215, 4
Phormion 134
Phrixos und Helle 91, 187
Phrygia auf dem Oita 61
Phrygien: flutssage 49 f. s. Philemon, Tibios, Tiphys
Phrynichos trag. 65
Phylakides 110
Phylonome 91
Pindar 35 f. 37. 119. 203
pinie 152, 4. 153 f.
Piper 221
Pistoja 136
Platon 39
Plutarch 165. 254 f.
Pluton 183. 185. 188 f.
Polemon rhetor 116, 2. 117
Polio 206
Polyboia 91, 3
Polybos 90
Polydektes 82. 85
polyp 155
Pordoselene 142
Poseidon 166 nö. ἐνάλιος 162, 1 vater des Taras 158, 1 werbung am Amphitrite 145 seine rosse 161 höhlen 149, 2 berührung mit Ares und Hades 102 f. beziehungen zum delphin 144 f. sage von Lesbos 161 f. cultus zu Apameia 50
Poseidonia 142
Prasiai 99 f.
Prato 137, 4
Praxiteles 83 [nicht 'statuengruppe' sondern relief nach Löschcke]. 167
LPreller 187 f.
priester den gott darstellend 117
Proitos 84. 81
Prokleia 91
Proklos 56 erzbischof 127 f.
Propertius 143
Protogeneia 34. 35
psilosis bei anl. urspr. s 232
Πτῷα zeit 147, 2
Ptolemaios Soter 111. 135. 146
Puteoli 143
Puzur-Bel der fährmann 7. 9, 3

Pylaochos 104
Pylos 146
Pyra auf dem Oita 64, 3
Pyrra 71. 75 f. 78, 1 in thessalischer überlieferung 34, 3 s. Deukalion
• Πύρρανθος 72, 2
Pyrrichos 75 f.
Pyrros-Neoptolemos 103 in delphischer sage 184
Pythaeus 69
Pythische spiele 31. 191, 1

Qat 1 f.
quelle 226 f. bild des himmlischen schatzes 184
XV uiri 145
Quinta Claudia 135

radicalmetapher s. volksetymologie
raserei beim anblick des göttlichen 101. 107
rationalistische deutung s. mythen
Gerh. Rauschen 137, 2
rebe s. wunderrebe
Regensburg 137
PRegnaud 152
SReinach 152
reiter auf grabdenkmälern 218
Religionsgespräch am Persenhof 226 f.
reliquien 136 f. 213 f. der arche 14 z. 49-52. 15, 15. 35 anm. 49
Rhea 73. 74, 2 s. Göttermutter
'Ρία 165
Rhion 142. 165
Rhoio 93 f. 97. 98
rhyton 116. 121. 122 anm. 157. 188
Rigveda 181. 183 anm. 184, 2. 186. 192 f. 193, 3
rinderherde 183. 192 f. des Argos, der Hera 230, 1 des Helios 193
Rshi s. sieben rshi
rxas 242 f.
Rodenkirchen 137, 2
ERohde 203
Rom: Aesculapius 135 Isis 120 Magna mater 135 carneval 119 f.
rosselauf als mass 210, 2
de Rossi 223
ruder 155
Rufinus 172, 1

18

Rnbnken 52
Russen: todtenbestattung 217
sacramentskapellen 225 f.
sage s. geschichtliche s., legende.
  mythen, ortssagen
Sal 111
Salerno 136
Samas sonnengott 7, 1. 12
Samothrake 45 f.
San Jago di Compostella 136
Sappho 215
Sardinische gräberfunde 219 f. 250 f.
sarkophag von Genzano 63
Saturnus 127. 203
schachtel 111 f. 115
OSchade 127
schaff und *schiff* 131
schattenlosigkeit 198 f.
schatz s. himmlischer sch.
schiff in mythus und cultus 115 ff.
  des Manu 25 ff. 185. 241 f. in
  anderen ind. mythen 242 des
  Saturnus 127. umgeführt 116—
  120. 125—7 an den Panathenäen 125 f. im cult von Delos
  126 lampe des Erechtheion
  126, 1 in christlicher vorstellung 127—130. 218 f. zur fahrt
  ins jenseits 214 ff. in gräbern
  beigegeben 219 f. auf grabre-
  liefs 217 f. schiffartige lampen
  in christl. gräbern 128. 220.
  primitive form 220
schiffbrüchige 217
schifferbrauch 254
schild 155. 157
schlange auf grabdenkmälern 218
  vgl. 64. des Asklepios 135
Schmerzenreich 97 vgl. anm. 2
Schoiniklos 56. 57 f.
scholiast des Euripides 90, 2 des
  Pindar 56
schwanenwagen 187
schwein opferthier 61, 3 verbotene
  speise 93
σεβόμενοι θεὸν ὕψιστον 50, 2
seapferd 155
seeräuber s. Tyrrenische
segel auf altattischen vasenbildern
  117, 1
Selene 130

selige s. land
Semele 100. 117
Seneca 206, 2
septentrio 243
Serapis 135. 146
Serbische lieder 109 f.
ˈ Seriphos 82. 86
Sertorius 205
Servius zu Vergil 145, 2
sieben *rshi* (seher, priester) 30
  (v. 31. 45. 51). 242 f. s. selige
  225 s. ströme 193
siegelringe, christl. 128, 2
Sigurd 110
Sikinos 106. 141. 149
Simon der findling 109 f.
Simonides 83
Simurg, vogel 111
Sinope 135
sintfluthsagen der Babylonier 5 ff.
  257 ff. Eranier 209 f. Germa-
  nen? (spur) 239 Griechen 31 ff.
  244 ff. (vgl. Argiv., Dodona,
  Megara) v. Hierapolis 47 der
  Inder 25 ff. 240 ff. Indianer 245
  Juden 16 ff. Litauer 3, 2 Melanesier 1 f. Phrygier 48 f. vgl. 247
  Semiten 239 f. 248 ff. 254 f. 256 ff.
  (vgl. Babyl., Juden) Skandinavier 3, 1
Sisilia 110
Sisithros (Xisuthros) 15 vgl. Σισύ-
  θης 48, 1
Sit-napistim held der babyl. fluthsage 6 ff. 259 name 6, 2. 13.
  14 f.
Skamandrodike 91, 1
skandinavische fluthsage 3, 1 todtenbestattung 216 f.
σκάφος σκάφη 131
σκύφος 131, 2
smilax 123
Smintheus 161
Smith, Cecil 220 George 4, 6
Smyrna 106 Anthesterienbrauch
  116 f.
summer und winter 179. 195 f.
sonne 130-133 sonnengott 243 f. 246
  sonnenrinder 193
Sophokles 83. 196. 198
Sophron 59, 3
speer 155. 157

speisung, wunderbare 223, 2
Σπερμώ 98
spinne bildlich 192
spinnrocken 156, 157
springwurzel 183
stammväter von völkern 204, 241
Staphylos 93, 97, 106
Statius 231
steine, heilige 135, 162, 1 zu menschen geworden 32, 34, 245
steinigung 55 unter "Ονοκλος
Stesichoros 132
steuermann 55 unter Φέρεκλος, des götterschiffs 258, 214 f.
stiefmutter 94
storch 113 f.
strafgericht 11, 4, 246 f. 261 s. Überschwemmung
Strzygowski 236 f.
Studniczka 158
suffix -ανθο 72, 162, 4 s. deminutivs.
symbolo 145, 2 des Tarentin. delphinreiters 155 ff.
Symeon metaphr. 169
Syrisches martyrologium 177, 2

tag und nacht 182, 195 f. die tageshälften 196
Tainaron 141, 150
Tamanaken 245
tänien 229
Taras 158 f.
Tarent 142, 150, 2. 154 ff.
Tartessische sage 111
taube bei der schiffahrt benutzt 254 einführung in Griechenland 254 f. christliches symbol 225 s. vögel
Tauler 129
tausendjähriges reich 207
Teannm 160 anm.
Tegea 70, 87 f.
Tegyra 96
Teleklos 56, 58
Telephos 86 ff. vater des Eurypylos 103
Tompe 39, 42 vgl. 33
tempelgesetze in Tenedos 92 im cult der Hemithea 93
tempelgründung 69 f. s. heroen
Tenedos 90—95

Tennes 91 ff.
Teos 55 unter Νάοκλος
Thargelienlegende 184, 1
Theben 199, 3
Thekla Θεκλά 54
Themis 38, 43
θεο- wird zu θευ- θε- 54
Theoklos 54, 57
Theokritos 71
theologie 128, 223 f. 228 antike 204
Theophrastos 165, 1
Theopompos 205
Thera: culte 72, 5 zeit des todtencults 148, 2
Theseus und Aigle 79 u. Deukalion 74, 1 auf dem delphin 143, 111 seine steuerleute 215
Thetis 179
thiere knäblein nährend 110 f. heilige s. delphin, fisch
thierfabel 144
thierkreis bei den Manichäern 133
Thoas 105 f.
thorwart des Hades 104
Thraker 178 Thrakerinnen 134 f. 161
Thrasyklos 54
thunfisch in Kyzikos 229
Thymoites 123, 1
thyrsos 154
Tiberinsel 135
Tibios 258, 2
Timavus 200
Tiphys 258
tischleindeckdich 185
tod: s. erlösung, austragung 196 vgl. 195
todtenbaum 217
todtenbestattung in kähnen 215 f.
todtencultus 148
todtenmahle 64, 218, 220
träger, göttliche 187-191, 227 f. 229
trinkhorn s. rhyton
tragödienstoffe 65
Trier 137 sarkophag 252, 1
Troilos 163, 1
s. Tron 126
tutela nauis 248 f.
Tyros 134 Tyrier 151
Tyrrenische seeräuber 124 f. 160

überschwemmung als strafgericht 31, 2. 246 f.

276 Register

udupa 242
umbildung von worten auf -κλης
 zu -κλος 58
h. Ursula 127

Vala 193
Valckenaer 52
vara s. burg
Varro 45
vasenbilder 115 f. 117 f. 121 f. 130 f.
 132, 2. 133, 4. 187 f. 189. 222, 1
vater s. doppelte v.
Venedig 146
Vergilius (ecl. IV) 296
vergleichung von mythen 80 f. 256
vergleichende mythologie 194, 2
verheissungen für lectüre usw,
 frommer bücher 31, 1
Vetulonia 219, 3. 248 ff.
Vilkina-saga 110
Vivasvat 25. 29. 204. 243 zd. Vīvańhan 209. 211
vögel aufgelassen bei der sintfluth
 7 (11, 86-92. 14, 20-27. 15, 7-14.
 18). 17. 24 f. 254 f. schifferbrauch
 254, 2. legen im märchen goldene eier 184
volksetymologie 34, 1. 245. 97. 156.
 278 mit lautlicher umgestaltung
 100
volkslieder, religiöse b. Griechen
 173 s. weihnachtslieder
JHVoss 244

wagen in cultus und sage 186. 117ff.
 ['auf Delos ist ein wagen für das
 bild des Dionysos inschriftlich
 bezeugt *BCH* 5, 508. G, 135.'
 Löschcke]
wagenlenker des Amphiaraos 56
Walcheren, insel 126
wappenbilder 228 f.
weihungen, myth. 162, 1 s. heroen
weihnachtsfest 237. 114, 2 -lieder
 129 f. 238
Weilburg a. d. Lahn 113 f.
weintraube 156. 157. 207, 1

Welcker 214
welt: dauer 207 perioden 28. 39.
 240 verschlechterung 202. 204 f.
wespe bildlich 191 f.
widder, goldener 184
Wiedemann 260, 1
wiese der Hera 90
vWilamowitz 59. 65. 186, 2
winter s. sommer
Wolfdietrich 111
wölfe in Delphischer sage 76, 2.
 184, 1 wölfin 110
PWolters 217. 218
wortbildung s. deminutivb., eigennamen. -stamm ἡλακατ- 156
 κυν- 78
wucherung s. formale w.
wunderrobe 116. 118. 124
wurzel *bhru* 95 *sed* 232 *vid* 232

Xisuthros 13 f. 257 entstehung des
 worts 15

Yama 204
Yima 203. 204. 208 ff.

zahlen zeitlicher begriffe 193 f.
Zakynthos 96. 142
zeitalter s. golden
zeitbegriffe im mythus 193 f.
Zendavesta 203, 2. 208 ff.
Zeus dor. boiot. Δεύς 66 Ἀγήτωρ
 84 Ἀπέσας Ἀπεσάντιος 230-2
 Ἀφέσιος 230 f. 232 f. Ἐνάλιος
 162, 1 Ἐπιτέλειος Φίλιος 64, 2
 Ἑρκεῖος 82 Ἠλακαταῖος 156
 Λαφύστιος 94 anm. Νεμεαῖος
 231 Νέμειος 163 f. Ὀλύμπιος
 67 f. geburt 73-6 jahreszeit 71
 oben. als knäblein 66 ff. herr
 des himmlischen schatzes 182, 1.
 183, 1. 184, 2 beschläft Danae
 81 f. 84. abaton auf dem Lykaion 198 f.
ziege 110
Zieliński 195
zweig 159, 2.

Abbildungen

Titelvignette Reliefmodaillon eines Tarentiner *guttus* im Akad. kunstmuseum zu Bonn, s. s. 222
Fig. 1 s. 48 Münze von Apameia-Kibotos s. s. 48, 3
2 s. 89 Münze von Elaia s. s. 89, 1
3 s. 118 Schwarzfiguriges vasenbild mit Dionysos auf dem schiffskarren s. s. 117, 1
4 s. 250 Bronzeschiffchen aus einem grab bei Vetulonia s. s. 248, 1
5 s. 251 Christlicher sarkophag mit Noahs kasten im Provinzialmuseum zu Trier s. s. 252, 1.

DIE MÜNZTAFEL

soll einen topographisch geordneten überblick über die wichtigeren gestaltungen des griechischen delphinreiters gewähren. Auswahl und gipsabgüsse verdanke ich der stets bereiten güte meines freundes FImhoof-Blumer. Die tafel umfasst folgende münzen:

1 Anchialos bronzem. des Maximinus, R(ück)s(eite): OYΛΠIH-NωN ΑΓΧΙΑΛΕωΝ (ωΝ beidemale in ligatur) Aphrodite nackt stehend, links von ihr delphin mit Eros. Mionnet supplém. II p. 225 u. 120. Nach dem Wiener exemplar. S. s. 140.

2 Nikomedeia bronze des Pius, Rs oben ΜΗΤ[ροπόλε]ΩΣ unten ΝΙΚΟΜΗΔΕΙ[ας] Eros delphin lenkend nach rechts. Mionnet suppl. V p. 179 n. 104. Original in München. S. s. 140 (wo diese münze irrig dem Commodus zugeschrieben ist)

3 Perinthos br. des Elagabal, Rs oben ΠΕ Ρ ΙΝΘΙΩΝ Β unten ΝΕΩΚΟΡΩ Ν Eros delphin zügelnd nach rechts. Mionnet descr. 1 p. 410 n. 314. Original in Paris. S. s. 140

4 ebendaher br. des Gordian, Rs ΠΕΡΙΝ ΘΙΩΝ Β unten ΝΕΩ-Κ(όρων) Eros auf delphin reitend nach links. Nach einem stück der Ermitage in S Petersburg. S. s. 140

5 Kyzikos autonome elektronmünze, Nackter mann, dem Tarentinischen stempel nachgebildet, auf delphin nach links reitend, in der r. thunfisch haltend; unter dem bilde ein thunfisch. Greenwell im Numism. chron. 1887 ser. III vol. VII t. I 9 vgl. p. 49 f. Original im besitze Imhoof-Blumers. S. s. 140

6 ebendaher auton. elektron, Vollbekleidete frau (Nereide nach Greenwell) auf dem delphin nach links reitend, in der L schild, in der r. kranz; darunter thunfisch. Greenwell ao. t. II 26 vgl. p. 72 Cat. Brit. Mus., Mysia t. VI 15. Original im British museum. S. s. 141

7 Methymna auf Lesbos: bronze des ersten jahrh. vor Chr. Vs Apollokopf mit lorbeerkranz Rs Μ Α Θ(υμναίων) Bekleideter mann, auf einem nach rechts schwimmenden delphin mit nach vorn herabhangenden beinen sitzend, in der L die leier. Cat. Brit. mus., Troas usw. t. XXXVII 4. Original im Brit. museum. S. s. 141. 160 f.

8 ebendaher bronze des Commodus, Rs Bekleideter mann auf delphin nach rechts reitend, zurückgewandt, in der L leier, darunter ΜΗΘΥΜ(ναίων). Mionnet descr. III p. 40 n. 60 Zeitschr. f. numism. IX s. 112 t. IV L. Original in Wien. S. s. 141. 160f.

9 Iasos in Karien: autonome bronze, Vs Kopf des Apollon Rs jüngling mit delphin, über den er den linken arm gelegt, nach rechts schwimmend, darunter ΙΑΣΕΩΝ. Aehnlich Cat. Brit. mus., Caria t. XXI 1—7. Original im besitz Imhoof-Blumers. S. s. 141. 159, 3. 166 f.

10—13 Korinth

10 bronze des Marcus Aurelius, Rs *Colonia Laus Iulia* Melikertes nackt wie schlafend auf dem nach rechts schwimmenden delphin ausgestreckt; dahinter die heilige pinie. Aehnlich Imhoof-Blumer and PGardner, Numism. comm. on Pausan. t. B 1. II vgl. p. 10. Original im besitz Imhoof-Blumers. S. s. 153, 1

11 bronze des Pius, Rs Melikertes mit über den rücken fallender chlamys aufrecht stehend auf dem nach rechts gewandten delphin. Imhoof-Bl. and Gardner Num. comm. B IX vgl. p. 11. Hier nach einem stück der Münchener sammlung. S. s. 153, 1. 151, 1

12 bronze des L. Verus, Rs *Colonia Laus Iulia* · COR*inthus* Melikertes als ephebe nackt auf dem delphin nach links reitend. Num. comm. B XIV vgl. p. 11. Nach dem exemplar der Pariser sammlung. S. s. 153, 1

13 bronze aus der zeit des Tiberius, Vs Melikertes als knäblein auf dem delphin nach rechts reitend, über der schulter thyrsosstab mit tänien, darunter COR Rs fichtenkranz mit inschrift. Ztschr. f. numism. XIII s. 131, 9 Cat. Brit. mus., Corinth t. XXIII 6 vgl. 4. Original im besitz Imhoof-Blumers. S. s. 154, 3

14 **Ambrakia** autonome silbermünze, Vs Pegasus Rs behelmter Athenakopf, darunter A, links beschwingter Eros auf dem delphin nach rechts sitzend, das l. knie hinaufgezogen und mit den händen umspannt. Ztschr. f. num. 8, 74 t. I 6 Cat. Brit. mus., Corinth t. XXVIII 10 vgl. p. 107. Original im Brit. mus. S. s. 142. 221

15—20 **Tarent** autonome silbermünzen, alle nach stücken der Imhoof-Blumerschen sammlung. S. s. 154 ff.

15 Vs delphinreiter nach rechts, in der l. polyp, darunter TARAS. Num. chronicle 1889 vol. IX taf. I 4 vgl. Carelli tab. CV 39—42

16 Rs delphinreiter nach links, darunter muschel, rechts oben TAPAS. Num. chr. ao. I 5 vgl. Carelli CV 43. 49

17 Rs delphinreiter nach rechts, darunter AΠ, links oben ΤΑΡΑΣ. Carelli CIX 111 vgl. Num. chron. ao. I 9

18 Rs delphinreiter dem beschauer zugekehrt sitzend, mit der r. den dreizack auf einen fisch richtend, l. K r. ΤΑΡΑΣ. Aehnlich Num. chr. ao. III 6—8 Carelli CXI 153 CXIV 214

19 Rs delphinreiter nach links, in der l. runden schild, in der r. aufgerichteten dreizack, rechts ΤΑΡΑΣ, unter dem delphin Π, weiter unten sind wogen angedeutet. Num. chr. IV 4 Carelli CXI 143

20 Rs delphinreiter auf dem nach links gewandten delphin mit dem rechten bein knieend, in der l. speer und schild, im linken feld ΣΟΡ. Num. chr. VII 4 vgl. p. 133 Carelli CXII 166

21 **Brundusium** autonome bronze, Vs kopf des Poseidon Rs nackter heros nach links auf dem delphin reitend, in der l. füllhorn, auf der r. kranzreichende Nike, r. im feld keule; unten BR VN, darunter als werthzeichen eine scheibe. Beschreibung der antiken münzen des k. museums zu Berlin III 1 taf. X 144 vgl. s. 213. S. s. 159, 3

22 **Paestum** autonome bronze, Vs kopf des Poseidon Rs Eros linkshin auf delphin reitend, in der l. aufgerichteten dreizack, in der r. einen kranz haltend, darunter ΠΑΙΣΤΑΝΩ. Ztschr. f. numism. VIII t. I 14 vgl. s. 87. Original im besitz Imhoof-Blumers (die linie, welche vertical über die ganze münze geht, beruht auf einem bruch des gipsabgusses). S. s. 142.

———